■ 本论丛是重庆大学"双一流"学科重点建设项目"新闻传播学一级学科水平提升计划"研究成果,由项目经费资助出版。

新闻传播研究论丛

提要探微：新闻传播理论纵横

董天策 著

重庆大学出版社

图书在版编目（CIP）数据

提要探微：新闻传播理论纵横 / 董天策著. -- 重
庆：重庆大学出版社，2022.12
（新闻传播研究论丛）
ISBN 978-7-5689-3671-2

Ⅰ.①提… Ⅱ.①董… Ⅲ.①新闻学—传播学—文集
Ⅳ.①G210-53

中国版本图书馆CIP数据核字（2022）第242049号

提要探微：新闻传播理论纵横
TIYAO TANWEI：XINWEN CHUANBO LILUN ZONGHENG

董天策　著
策划编辑：贾　曼　陈筱萌　唐启秀
责任编辑：陈　曦　　版式设计：叶抒扬
责任校对：王　倩　　责任印制：张　策

＊

重庆大学出版社出版发行
出版人：饶帮华
社址：重庆市沙坪坝区大学城西路21号
邮编：401331
电话：（023）88617190　88617185（中小学）
传真：（023）88617186　88617166
网址：http：//www.cqup.com.cn
邮箱：fxk@cqup.com.cn（营销中心）
全国新华书店经销
重庆升光电力印务有限公司印刷

＊

开本：720mm×1020mm　1/16　印张：21.75　字数：366千
2022年12月第1版　　2022年12月第1次印刷
ISBN 978-7-5689-3671-2　定价：88.00元

总序（一）

马胜荣[1]

重庆大学新闻学院推出一套新闻传播研究丛书，书稿涉及的内容比较广泛，有独到的视角和理论思考，是学院中青年教授在不同时间段的研究成果。

重庆大学文科教育有着近 100 年的历史，1929 年建校之初设立了文学院。新闻教育起步于 20 世纪末期，1998 年成立人文艺术学院，开设了广播电视新闻学专业。2007 年，学校组建文学与新闻传媒学院。2012 年，学校调整学科布局，更名为重庆大学新闻学院。此后，学院不断引进人才，教学和科研不断加速，成果显著。目前，新闻学院已经拥有新闻传播学一级学科硕士授权点、新闻与传播硕士专业学位点，新闻传播学一级学科博士点，形成了本—硕—博完整的新闻传播人才培养体系。

这套研究丛书成稿的时间跨度由各位作者跟踪各自所研究问题的时间不同而定，有的是多年来相关论文的选集，有的侧重传播史的研究，如书稿作者在前言或后记中所言，所著文字都是他们紧密结合不断变化的新闻传播实际进行的理论探讨与思考，或是自己对所关注领域的新闻传播史的研究。书稿所涉及的问题涵盖新闻传播研究的这些方面，迫切需要不断和深入地探讨、思考和追踪研究。我以为，新闻传播研究对现有一些观点或者权威论断进行阐述和解释是有必要的，但更重要的是要发现新闻传播中的现实问题，分析和研究这些问题存在的环境和内在逻辑，提出新的思路和看法，以推进问题研究的深化和相关理论的提升，或是进一步研究新闻传播史上的一些重要问题，提出新的见解。

新闻传播是实践性很强的学科。我认为，在新闻传播研究的过程中，坚持历史的观点和实践的观点是同样重要的。恩格斯在《路德维希·费尔巴哈和德国古典哲学的终结》这篇具有典型代表性的马克思主义哲学著作中批评了历史领域中的"非历史的观点"。他指出，这种观点"不能把世界理解为一种过程，理解为

1　马胜荣：第十一届全国政协委员、新华社原副社长兼常务副总编辑。

一种处在不断的历史发展中的物质"。他写道："在这里，反对中世纪残余的斗争限制了人们的视野。中世纪被看作是由于千百年来普遍野蛮状态所引起的历史的简单中断；中世纪的巨大进步……欧洲文化领域的扩大，在那里一个挨着一个形成的富有生命力的大民族，以及14和15世纪的巨大技术进步，这一切都没有被人看到。这样一来，对伟大历史联系的合理看法就不可能产生，而历史至多不过是一部可供哲学家使用的例证和插图的汇集罢了。"[1] 恩格斯的这个观点对新闻传播研究有重要的启示意义。

实践的观点同样重要。新闻传播研究无疑需要深刻的理论思考，但这种理论思考应当建立在考察和研究实践问题的基础之上，应当而且必须同新闻实践紧密地联系起来。著名新闻传播学教授方汉奇先生1999年讲过："21世纪是一个高度信息化的时代，是信息经济和知识经济占主导地位的时代。信息经济和知识经济有两大支柱，一是以高新科技为代表的传播技术产业，二是从事新闻和信息产品生产的媒体产业。新闻传播学作为将这两大领域有机联结的桥梁，在今后的国家建设和社会发展中必将发挥越来越重要的作用。"方汉奇先生当年的提醒是准确和重要的。进入21世纪后，随着传播技术的不断革新，新闻传播的环境发生了极其深刻的变化，新闻传播的形态、模式、渠道、受众等与传统媒体为主的时代极其不同，人工智能和算法等新技术给新闻传播领域带来的变化是颠覆性的。在这种传播环境中，越来越多的新闻学者认识到，新闻传播研究要更加关注新闻实践中遇到或者已经存在多年的问题，不断针对具体问题深入进行研究和理论思考。

关注和重视当代新闻传播实践是这套丛书的特点。八位教授的书稿涵盖面比较广，突出体现了他们关注实践的问题意识和在研究方法和理论思路上独有的视角，反映了他们研究所关注问题的进程与轨迹。董天策长期从事新闻理论的教学、研究和新闻教育管理工作，是很有成就的中年学者，现任重庆大学新闻学院院长。他的书稿《提要探微：新闻传播理论纵横》选编了过去四分之一世纪中所发表论文中的28篇文章。他对在这一时期"有幸参与其中"的"新闻传播研究波澜壮阔、高歌猛进"岁月深深怀念，这些文章"算是汇集了个人在新闻传播学术河流中的

---

1 恩格斯.路德维希·费尔巴哈和德国古典哲学的终结［M］∥马列著作选读（哲学）.北京：人民出版社，1988：23.

几朵浪花"。郭小安的《反思与重构：新时代舆论学的知识转型》、刘海明的《混沌与秩序：新闻伦理探微》、张小强的《颠覆与创新：新媒体生态及其治理》、曾润喜的《沟通与善治：网络时代的媒体与政策传播》等书稿紧密联系新闻传播实际，"眼睛始终没有离开业界的前沿问题"，时刻注意"去瞄准一个随时移动的靶子"，关注"没有得到足够重视"的有关领域，从实际问题入手进行深入的理论思考，提出了一些解决的问题思路与理论框架。龙伟的《历史的褶皱：近代中国的媒介与社会》、齐辉的《反击侵略：中国抗战的报界动员与新闻救国》、张瑾的《开放与嬗变：文献记录中的重庆形象》资料丰富、考证严谨，侧重从研究新闻传播史的视角，阐述他们各自研究领域的相关观点。张瑾、龙伟和齐辉三位教授历史学的造诣相当深厚，对各自领域的研究对象进行过多年的跟踪研究，成果比较突出，比如张瑾教授的一些研究在海外也产生了影响。无论是研究视角还是理论思考，他们的研究都有助于拓宽新闻传播史研究的视野。

我以为，新闻教育中教学与研究是相互支撑的两个方面，两者互为作用、相互完善，推动新闻教育的整体发展。教学主要是对学生的培养，为新闻媒体和其他有类似业务的机构输送人才。研究应该是对新闻传播领域各个方面的规律性研究和相关的理论研究，为新闻传播理论作出贡献。教师的出色科学研究无疑会推动教学工作，使学生能够在学习的过程中更直接分享教师的研究成果，从而推动教学。同样，出色的教学也会给研究注入动力。在丛书的书稿中，有一些研究是有学生参与的，能力比较强的学生肯定可以更多地贡献自己的智慧。丛书的这八位教授是学生十分欢迎和尊敬的老师，同时他们的科研成就也非常突出，在教学和科研两个方面都为学院做出了贡献。

我相信，随着重庆大学新闻学院的不断发展，学院的教师们一定会有更多的新闻传播研究著作问世，继续为推动新闻传播教育和研究而努力。

是为序。

马胜荣

2022 年 10 月 8 日于北京

总序（二）

董天策

2019年，对重庆大学新闻学院来说，是个具有重要意义的时间节点。这一年，经校内外专家评审与重庆大学学位委员会审议，新闻传播学成为重庆大学自主审核通过的首个一级学科博士点；这一年，"新闻传播学一级学科水平提升计划"获得学校支持，列入重庆大学"双一流"学科重点建设项目。

从1999年招收广播电视新闻学本科生，历经20年发展，重庆大学建成了新闻传播学本—硕—博的完整人才培养体系，学科专业水平不断提升。2019年、2021年，新闻学、广播电视学两个本科专业先后获批教育部国家级一流本科专业建设点。2020年，重大新闻传播学团队获批重庆市高校协同创新研究团队。同年，新闻传播学在软科排名中进入全国高校同类学科前20%。2021年，软科首次发布专业排名，两个本科专业均在全国高校同类专业前20位以内。

面对这样的发展态势，在推进"新闻传播学一级学科水平提升计划"的过程中，我提议出版一套新闻传播学研究丛书，让新闻学院的教授们在建院15周年之际来个集体亮相。经过一两年筹划与准备，"新闻传播研究论丛"终于完成了八本书稿的编撰，交付重庆大学出版社出版。

重庆大学是中央直管、教育部直属的全国重点大学，国家"211工程"和"985工程"重点建设的高水平研究型综合性大学，国家"世界一流大学建设高校（A类）"。20世纪40年代，重庆大学就发展成为拥有文、理、工、商、法、医6个学院的国立综合性大学。1952年全国院系调整，重庆大学成为以工科为主的多科性大学。改革开放以来，学校大力发展人文社科类学科专业，逐步发展成为研究型综合性大学。

1998年，重庆大学成立人文艺术学院，开设广播电视新闻学专业。1999年，成立广播电视新闻系，招收广播电视新闻专业本科生。2004年，获批新闻学、传播学、广播电视艺术学三个二级学科硕士学位授权点；2006年，获批新闻传播学一级学科硕士授权点，新闻学成为重庆市拟建设重点学科。

　　为了促进新闻传播学科专业的建设与发展，学校 2007 年组建文学与新闻传媒学院，聘任第十一届全国政协委员、新华社原副社长兼常务副总编辑马胜荣为院长。文新学院在马院长的率领下稳健发展。学院成立当年，即与学校宣传部共建舆情信息研究所（中宣部直报点）。2010 年，获批新闻与传播硕士专业学位点。2011 年，学院与中国人民大学新闻与社会发展研究中心共建新闻传播与区域发展研究院。2012 年，学校调整学科布局，将中文系划出，文学与新闻传媒学院更名为新闻学院。

　　正是在这个时候，学校物色我来主持新闻学院院务。这是我从未想过的。在学校领导的感召之下，我接受了邀请，深为能够服务于家乡的顶级大学而备感荣幸。当年，林建华校长曾提出一个问题：重大新闻学院能否不办博士教育而专注于硕士教育尤其是专业硕士教育，办出特色，像美国哥伦比亚大学那样？个人以为这是一个富有创意的构想，但考虑到国情，我不得不坦率回答：恐怕不行。在中国，一个学科专业没有博士点，大家就觉得水平不够。重大新闻学院还是要努力创建新闻传播学博士点。

　　就任院长后不久，重大人文社科学部负责人要我做一个比较完善的学科专业规划，我未能圆满完成任务，因为当时的师资队伍还不足以支撑一个理想的学科专业规划。我只好说：不急，"草鞋没样，边打边像"。幸好重大有个"百人计划"人才招聘项目，我能够陆续引进几位具有学术发展潜力的"百人计划"青年学者，同时努力招聘国内外的优秀博士，在三四年内逐渐组织起具有学术研究能力的基本科研与教学队伍。

　　2015 年，新闻学院成功申报教育部、财政部高等学校"专业综合改革试点"项目"新闻学—卓越计划"，启动卓越新闻传播人才培养；新闻学专业获批重庆市特色专业。2016 年，新闻学院成为中国记协确定的中国新闻奖试点报送 18 家新闻院所之一。2017 年，新闻传播学入选重庆市重点学科，新闻传播与影视艺术专业群（与电影学院联合申报）获批重庆市特色学科专业群，新闻传播与区域发展研究院更名为新闻传播与社会发展研究院，获批校级研究平台，后再更名为数字媒体与传播研究院。学院的发展受到学界关注，被誉为国内高校十所"最具成长力的新闻学院"之一。

成长，是后起学院的主题，甚至是后起学院长期的主题。重大新闻学院 2013 年确立了"入主流，有特色，成品牌"的办学思路，2019 年提出了"好学求真，力行至善"的院训，期待学院成长，期待教师成长，期待学生成长。令人欣慰的是，这些年来，重大新闻学院一直在成长，教师和学生也一直在成长。"新闻传播研究论丛"系列著作，就是重大新闻学院教师学术成长的部分记录，也是重大新闻传播学者参与中国新闻传播学术研究的个人见证。

对重庆大学这样的高校来说，建成新闻传播学一级学科博士点，新闻传播学进入软科学科排名前 20%，只不过是真正的学科起步，未来的发展道路还很漫长。我相信，重大新闻学院的专任教师，包括"新闻传播研究论丛"的各位作者，一定会奉献更多更好的学术力作。

在此，特别感谢创院院长马胜荣先生。2007 年，马老从新华社副社长兼常务副总编辑的领导岗位退下来，千里迢迢来到重庆大学创办文学与新闻传媒学院。2012 年，为了支持我顺利开展工作，马老主动让我走上前台，改任名誉院长。即使按规定结束在重庆大学的所有工作之后，马老仍然一如既往，始终关心、支持、爱护重大新闻学院。请允许我代表新闻学院师生道一声：尊敬的马院长，感谢您为重大新闻学院所做的一切，我们向您致敬！

董天策

2022 年 10 月 8 日 于重庆

新闻传播学术河流的几朵浪花

自 1997 年把新闻学与传播学组合成新闻传播学并提升为一级学科，到 2022 年刚好 25 年。在这四分之一世纪中，新闻传播学获得了前所未有的发展。国家的改革与开放，社会的发展与转型，网络的普及与迭代，传媒的创新与变革，学术的开掘与鼎新，彼此勾联，相互激荡，使新闻传播研究日益蓬勃，蔚为壮观，迅速成长为时代显学，备受推崇。

如果把新闻传播研究的发展历程比作一条学术河流，那么，最近四分之一世纪的新闻传播研究可谓波澜壮阔，气象万千。一个新闻传播学人，能够置身于这样的学术洪流，不能不说十分幸运，因为有丰富多彩的时代课题有待解决，有无限多样的学术机会等你捕捉。然而，传播科技的不断创新与传媒产业的急速变化，又让人目不暇接，眼花缭乱，难以潜心静气，从容研究，对一个研究者的学术精进与学术积累未必全是好事。如何勇立变革潮头开拓创新而又养成沉潜功夫深耕学术，是对这个时代新闻传播学人的严峻考验。

在新闻传播研究高歌猛进的这些岁月，我有幸参与其中，写过若干论文。选录新闻传播理论方面的 28 篇论文（文章）编成《提要探微：新闻传播理论纵横》一书，算是汇集了个人在新闻传播学术河流中的几朵浪花，分享给学界同仁与学术爱好者。全书分为五编，包括"新闻传播学术创新""新闻理论基本问题""新闻策划与传播交叉""互联网与媒体融合""公共事件与网络公共领域"五个大的论域。每编主题之下的论文既相对独立，又彼此关联，或从不同角度切入，或对同一论题加以拓展，或探讨论域中的全新问题，大都互文见义，可收相互阐发之效。

书中收录的论文，先后在《新闻与传播研究》《国际新闻界》《现代传播》《新闻大学》《新闻记者》《新闻界》《当代传播》《四川大学学报》《西南民族大学学报》《暨南学报》等刊物发表。其中，一些论文为二次文献刊物转载，包括人大复印报刊资料《新闻与传播》全文转载 6 篇，《新华文摘》全文转载 2 篇（其中 1 篇为网刊）、论点摘编 3 篇，《社会科学文摘》转载 1 篇，《中国新闻传播学年鉴》转载 1 篇。衷心感谢这些刊物的厚爱。有两篇论文《"新闻策划"研究的学理审视》《理性审视新闻学与传播学的关系》先后入选人大新闻学院新闻传播学博士生必读文献 30 篇之一，算是看得见的被采用。幸运的是，《民生新闻：中国特色的新闻传播范式》《从网络集群行为到网络集体行动——网络群体性事件及相关研究的学理反思》《新闻传播理论深化与创新的方法论路径》《"媒介事件"的概念建构及其流变》《新媒体与新闻传播机制创新》5 篇论文先后分别获得教育部人文社科优秀成果奖 2 项、广东省哲学社科成果奖 1 项、重庆市哲学社科成果奖 2 项、重庆新闻奖 1 项，有一篇论文获得两个奖，故而共有 6 个奖项，算是得到了学界及业界的肯定。

论文结集出版，按书籍格式，删除了摘要与关键词，对注释方式按国标要求加以调整，对个别文字做了适当润色，论文的具体内容一如其旧，未曾有所改动。只有《社会化媒体与网络公共事件》原是英文，转写成中文刊出。要特别说明的是，有些论文是与博士后、博士生、硕士生分别合作撰写的，还有两篇是记者、博士生分别对我做的学术访谈，已在文末一一注明。衷心感谢这些合作者所付出的辛勤劳动与学术智慧。《提要探微：新闻传播理论纵横》的顺利出版，得到了重庆大学出版社的大力支持。再次谨向出版社领导和编辑致以衷心的谢忱！

目　录

第一编　新闻传播学术创新

理性审视新闻学与传播学的关系

在我国传播学的发展过程中，一个挥之不去的学科建设问题是：究竟如何看待新闻学与传播学的关系？有关讨论虽不乏学术性探索，却不够充分，也不够深入，加上一些情绪化的表达与随意性的议论，问题变得更加扑朔迷离。因此，全面而深入地探讨新闻学与传播学的关系，澄清似是而非的看法，对于推进新闻学与传播学的学科建设与专业建设具有重要意义。本文将回顾有关文献，分析其中得失，阐明个人见解，以就教于方家。

一、讨论新闻学与传播学之关系的历史回顾

自 1978 年开始引进、介绍西方传播学以来，新闻学与传播学的关系就逐渐呈现在国人的学术视域中。这是因为，要阐述什么是传播学，必然牵涉到与新闻学的关系。早在 20 世纪 80 年代中期，就有研究者断言："传播学重视理论研究，而新闻学重视业务研究；传播学以'学理'为重点，新闻学以'术'为重点。"[1] 显然，这样的比较已涉及新闻学与传播学的关系问题。

进入 20 世纪 90 年代，新闻学与传播学的关系成为学界关注和讨论的学科建设问题。1992 年，王泽华在《新闻学和传播学之比较》一文中讨论了新闻学与传播学的异同，提出"新闻学是大众传播学的不同层次和分支，但传播学又不能代替新闻学。"[2] 从此，新闻学与传播学的关系，特别是传播学能否取代新闻学，就逐渐成为人们关注的问题。

1996 年，喻权域在《关于新闻学与传播学的调研随记》中写道，1995 年 6 月在成都出席第四次全国传播学研讨会期间，作者利用会议空隙"与来自各大学新闻系、新闻研究所和报社、电台、电视台的学者专家，就新闻学与传播学的问题，交换了意见。"结果，"接触过的所有学者专家，几乎一致认为：不能用传

1　何微.面向未来改革新闻教育［M］//中国社会科学院新闻研究所.中国新闻年鉴.北京：中国新闻出版社，1985：44.

2　王泽华.新闻学和传播学之比较［J］.中国广播电视学刊，1992（02）：90-91.

播学取代新闻学。"[1]作者就新闻学与传播学的关系开展调研，且强调"不能用传播学取代新闻学"，显然包含了一个前提性问题，那就是学界已经出现了"用传播学取代新闻学"的观点。

检索有关文献，不难发现90年代中期确有一些学者提出了这样的看法。1994年，明安香在《新闻学向传播学的历史性发展》一文中写道，随着传播媒介的迅猛发展，"'新闻学'这一传统概念和术语同其所研究的众多媒介对象、庞杂的传播实践相比，就像恐龙蛋同其破壳而出迅速为庞然大物的恐龙一样，极不相称、极不适应。"因此，"当前世界上新闻学正在向传播学发展"，这是一种"历史性趋势"。而"我国的新闻传播事业已确定无疑进入了大众传播阶段。为了适应国内外形势的发展，我国新闻学研究及时转入到以传播学、大众传播学为主的研究，已经势在必行。"[2]尽管明安香没用"取代"一词，但文章内容特别是结论确乎有"以传播学取代新闻学"的意味。1995年，邵培仁在《新闻传播学》一书中则明确提出：传统新闻学"正一步一步地走向衰老，即将成为'一门绝望的学问'"，"给新闻学植入新的基因，注入新的血液，引进新的方法，是新闻学获得新生的唯一出路"[3]。因此，"用新闻传播学取代新闻学，再以传播学替换新闻传播学，这实在是社会的需要，时代的趋势，历史的必然，并不以个人的意志为转移，也没有任何力量能够左右它、阻挡它。"[4]其后，邵培仁在一篇论文中又重申："用'新闻传播'取代'新闻报道'、用新闻传播学取代新闻学乃是大势所趋、势在必行。"[5]邵培仁的说法是"用新闻传播学取代新闻学"，不过他又说"再以传播学替换新闻传播学"，将其观点概括为"用传播学取代新闻学"，似乎不成问题。与邵培仁的主观设想不同，裘正义则从事实上判定传播学已开始取代新闻学。他在一次研讨会上说："学科的发展即意味着否定。传播学通过自身的研究已部分地取代了新闻学。"[6]

正是由于出现了"用传播学取代新闻学"的议论，因此新闻学与传播学的关

1 喻权域.关于新闻学与传播学的调研随记［J］.新闻战线，1996（01）：32-34.
2 明安香.新闻学向传播学的历史性发展［J］.新闻与传播研究，1994（01）：18-20.
3 邵培仁，叶亚东.新闻传播学［M］.南京：江苏人民出版社，1995：1.
4 邵培仁，叶亚东.新闻传播学［M］.南京：江苏人民出版社，1995：自序1.
5 邵培仁.论建设面向21世纪的新闻传播学［J］.宁波师院学报（社会科学版），1996（02）：65-68.
6 谢静.新闻学与传播学的关系——本刊编辑部召开学术研讨会进行研讨［J］.新闻大学，1996（03）：3-6.

系在 1996 年引起学界高度重视。李启在《试论传播学与新闻学的定位》中作了专门探讨，认为"大众传播学、传播学和新闻学都是独立的学科，它们在研究的重点（对象）和研究方法上都有所不同，提供的知识和理论也不同，因而相互之间不可能取代。""传播学同新闻学的关系，可以定位为传播学是一门同新闻学相辅相成、相得益彰的科学。"[1] 1996 年 5 月 8 日，《新闻大学》编辑部邀请复旦大学新闻学院部分师生与上海外国语大学新闻系教师，就"新闻学与传播学的关系"举行专题研讨会。"会议在对新闻学与传播学的研究作了一番简单回顾的基础上，分析了新闻学与传播学的区别，着重探讨了传播学会不会取代新闻学，并预测中国新闻学发展的前景，就如何发展有中国特色的传播学提出建议。"不过，对于"传播学会不会取代新闻学"，会议"没有得出统一的结论性意见，但是，从中大家都感觉到传统新闻学教学与研究的困境，更看到传播学在我国已站住了脚跟。"[2]

由于"传播学会不会取代新闻学"这个问题悬而未决，学界在如何对待传播学的问题上先后产生了对立的看法。一种是积极倡导借鉴、吸取传播学来改革、发展传统新闻学；一种是强烈批评传播学对新闻学的"侵占"乃至"一统"天下。

1998 年，李良荣、李晓林在《新闻学需要转向大众传播学》一文中提出："新闻学转向大众传播学不单是一个理论的问题，更是一个实践的问题。""新闻学的发展与借鉴大众传播学的要求愈来愈紧迫"，"借鉴大众传播学的优秀成果是新闻学的当务之急。"对于"新闻学需要吸收大众传播学哪些内容"来"为己所用"，文章说："首先，新闻学需要吸收大众传播学的核心内容受众理论"；"其次，新闻学需要吸收大众传播学的效果理论"；"最后，新闻学需要吸收大众传播学中有关媒介经营理论"。[3] 从字面上看，"新闻学转向大众传播学"这一表述很容易被解读为"用传播学取代新闻学"。然而，作者的本意是吸取大众传播学的有关理论来改革和发展传统新闻学。应当说，这种思路是从 80 年代中期以来就有的一种主流思路。正如吴廷俊所说："1984 年至 1988 年，中国传播学出

1 李启.试论传播学与新闻学关系的定位［J］.新闻与传播研究，1996（02）：27-33.
2 廖圣清.我国 20 年来传播学研究的回顾［J］.新闻大学，1998（04）：24-30.
3 李良荣，李晓林.新闻学需要转向大众传播学［J］.新闻大学，1998（03）：17-20.

现一次高潮。'他山之石，可以攻玉'，导入西方传播学，吸取传播学中的合理内核，改造中国传统新闻学，这是当时大多数研究传播学人士的想法。"[1]

2001年，李希光在一篇文章中慷慨激昂地发问："新闻学教育是培养埃德加·斯诺还是培养施拉姆？是培养一个健全的民主法治社会所需要的思想家和舆论监督者还是培养象牙塔里的传播理论家？……"李希光认为，随着传播学的发展，"新闻学的前途不是掌握在新闻学专家和学者的手中，而是掌握在传播理论家手中，其结果是用理论传播学抹杀新闻学的特点和价值，使新闻学枯萎下去"；而"用传播学那种经院式的教育模式一统新闻传播院系，将会影响新闻院系与主流媒体业界的关系"。"但是今天，不幸的是，新闻传播学教育正在掉进传播学的理论陷阱里"[2]。李希光的批评，点燃了21世纪初国内学界"声讨"传播学的炮火。后来有论者呼应说："传播学成为了近几年来新闻界最为时尚的新闻术语，以至于一些年轻的新闻理论工作者断言道：未来的新闻将是传播学取代新闻学。这种新闻学消失论乃至于成为了一种时髦，在许多人的嘴里传播着。""在这样的学术理念下，新闻学渐渐模糊着自己的本质，甚至有被传播学所取代的趋势。"[3]

有学者认为，李希光的文章"失之偏颇"，"但问题却很尖锐，可惜没有形成讨论"[4]。其实，回应是有的，不过没有指名道姓。2002年，张骏德发表《简论中国传播学与新闻学关系》一文，认为传播学的引进"对中国的学科建设尤其是中国的新闻改革"产生了"两大方面的积极影响：一是促进了中国新闻观念的更新与改革，推动了市场经济条件下中国的新闻改革"；"二是促进了新闻学的学科建设"。"因此，在新闻院系中设立传播学课程很有必要。有人担心，目前的新闻教育中出现了'用传播学统一新闻教育天下'的倾向，担心'用传播学代替新闻学'会导致新闻教学的失败。这实际是一种杞人忧天现象。目前教育界确实存在某种一哄而起办传播学系（专业）的泡沫现象，但这与用'传播学代替新闻学'是两码事。正规的新闻学教育仍坚持着它的传统特色，而加进了传播学教

---

1 吴廷俊.传播学的导入与中国新闻教育模式改革［J］.新闻大学，2002（01）：25-28.

2 李希光.是新闻记者的摇篮还是传播学者的温室？——21世纪新闻学教育思考［J］.新闻记者，2001（01）：24-27.

3 罗源."主流"的误区——关于新闻学中工具主义的批判［J］.西南民族大学学报（人文社科版），2004（03）：328-332.

4 李良荣，汪凯.2001年中国新闻学研究的回顾［J］.新闻大学，2002（02）：5-12.

育的内容，更有利于新闻人才的全面发展。"[1] 这些论述，显然是针对李希光的。

如果说 1996 年前后出现的第一次讨论主要是关注传播学能否取代新闻学，那么 2001 年以后出现的第二次讨论则聚焦传播学是否支配了新闻教育，即事实上开始取代新闻学。因此，在第二次讨论中不仅有以李希光为代表的一方在"讨伐"传播学"侵占"了新闻学的领地或"一统"了新闻学的天下，也有另一方的论者在感叹传播学教育尚未走出新闻学的阴影。汤晓羽认为，"传播学与新闻学课程设置雷同，是目前高校普遍存在的现象。这种现象的渊源在于传播学最初由新闻学界引入中国，之后中国的传播学研究似乎总是受到传统的新闻学研究带来的思维模式的影响，甚至在课程设置上也跳不出新闻学的旧框架。传播学的课程安排无非是一两门传播学基本理论之类的专业必修课，如传播学概论等，再加上新闻学方面的专题研究课程，涵盖新闻、广播电视、出版等，名为传播学，实际上还是新闻学范畴。"[2]

孰是孰非？难以简单回答。上述争论之所以反复出现，原因固然多种多样，但不容忽视的是，人们对新闻学与传播学各自的规定性还缺乏准确的把握，对其区别与联系也缺乏深入的辨析。因此，学界较为普遍的看法是：必须弄清楚新闻学与传播学的关系或定位。张国良指出，"立足于中国，展望传播学科的未来，一个无法回避的问题：它的定位，包括它与新闻学科的关系。"[3] 不少学者强调："新闻学与传播学的关系之争，……是一个世界性的问题"[4]，"在传播学发展过程中，如何正确处理新兴传播学与传统新闻学的关系"是一个重大问题[5]，"无论是传播学还是新闻学的发展，首要任务是搞清学科界限"[6]。

二、新闻学与传播学的异质性与关联性

搞清学科界限固然重要，但如果只强调这一点，难以避免片面性，辩证的方法是既弄清学科界限，又看到学科联系。只有弄清新闻学与传播学的异质性与关

1　张骏德.简论中国传播学与新闻学关系［J］.新闻知识，2002（02）：10-11.

2　汤晓羽.论高校传播学的学科建设［J］.江苏高教，2004（03）：129-130.

3　张国良.中国传播学的兴起、发展与趋势［J］.理论月刊，2005（11）：5-10.

4　王君超.新闻学：走出传播学还是走出自己——兼论新闻传播学对新闻实践的作用［J］.清华大学学报（哲学社会科学版），2007（03）：133-139.

5　阮志孝.大陆传播学的发展趋势、学科教育与就业问题［J］.西南民族大学学报（人文社科版），2005（04）：261-265.

6　魏玮.传播学研究的几块硬伤［J］.今传媒，2006（01）：60-61.

联性，以及相关的我国新闻学教育与传播学教育的现状，才能科学地判断上述两次争论的是是非非。

前已述及，《新闻大学》编辑部1996年曾专题研讨"新闻学与传播学的关系"，但会议综述表明，大多是即兴发言，分析并不深入。倒是过去十多年间的几篇专题论文，阐述还相对充分一些。这些文章主要有：《新闻学和传播学之比较》（王泽华，1992）、《试论传播学与新闻学关系的定位》（李启，1996）、《新闻学需要转向大众传播学》（李良荣、李晓林，1998）、《简论中国传播学与新闻学关系》（张骏德，2002）等。由于张骏德的文章论述传播学与新闻学的区别是引述李良荣在"新闻学与传播学的关系"研讨会上的发言，李启的文章侧重介绍传播学的研究领域，实际上只有王泽华和李良荣等的文章作了较为充分的论述。

王泽华从研究视角、研究侧重点、研究内容、研究范围、学科属性五个方面比较其区别，李良荣从学科背景、研究领域、主攻方向、研究方法、研究风格五个方面比较其差异。两位学者的表述有所差异，有的名异而实同，如"研究视角"与"研究风格"，都是说新闻学着眼微观而大众传播学侧重宏观，"研究侧重点"与"主攻方向"也基本一致，"学科属性"与"学科背景"也有一定关联性。当然，各自的阐述有所不同。两位学者也注意到新闻学与传播学的联系，但王泽华只说了一句"你中有我，我中有你"[1]，李良荣则认为：新闻与信息是新闻学与传播学"同胞式的研究内容"，新闻学与传播学研究的大众传播媒介内容具有重叠性，新闻学的"读者需要"理论与大众传播学中的受众理论有着天然的联系，因此，新闻学与大众传播学"有着不同程度的衔接"[2]。

现在回过头来看，两位学者对新闻学与传播学异同的分析都是一种基于经验观察的描述，而且是以个人的观察为依据的描述，难免主观随意，比较突出的问题是关键句与具体阐述之间时有不吻合或不准确的现象，显得学理分析不足。更主要的问题还在于：当时国人所引介的传播学主要是美国的主流传播学，即传播学的经验学派，而传播学的批判学派尚未得到充分介绍，论者对传播学的理解局限于主流传播学，几乎没有考虑到批判学派的传播学，比较分析的片面性也就在

1　王泽华.新闻学和传播学之比较［J］.中国广播电视学刊，1992（02）：90-91.

2　李良荣，李晓林.新闻学需要转向大众传播学［J］.新闻大学，1998（03）：17-20.

所难免。在对传播学有了更充分更全面更深入认识的今天，我们对新闻学与传播学之异同的把握，理应更加科学而且准确。

应当承认，要科学而且准确地把握新闻学与传播学的异同是有困难的，这是因为：传播学到底是一门独立学科还是一个研究领域，本身就有争议。潘忠党 2003 年在为《传播·文化·社会》译丛所作《总序》中指出："虽然'传播学'在教育部认定的学科分类中被安放在了'新闻传播学'之下，但它的学科面貌仍然不甚清晰。即使在被认为是'传播学'发生的美国，它也是一片混沌。曾有学者力主'传播科学（communication science）'，但那也只是一家之言，表达涉及传播现象的某一类研究，主要是由施拉姆整合前人的研究而建立的传统。很多人，尤其是从事文化或批判研究的学者，继承英国的文化研究、政经分析以及法兰克福学派的批判传统，更愿意将他们的工作称为'媒介研究（media studies）'；还有很多人，为了包括比'媒介研究'更广的范围（比如语言的使用、修辞艺术、社会仪式、人际关系之建立等），索性就用'传播研究（communication studies）'。这不是刻意咬文嚼字，而是因为对传播现象的研究涉及不同学科、不同取向，从事这类研究的学者各有侧重，也各有所好。"潘忠党表示，他"更倾向于使用'传播研究'"的表述，而且，"这一研究领域应全面开放，不必画地为牢"。因为"大众传播研究是一个综合研究领域（field of study），而尚不成为一个制度化了的独立学科（discipline）。"[1] 潘氏之论，先获我心，深为赞同。当然，国内学界也有比较中庸的看法："大众传播学既是独立学科，又是重要的研究领域。"[2]

为行文方便，姑且悬置传播研究的学科性论争，仍采用国人惯用的"传播学"及"大众传播学"来与新闻学作比较，同时充分考虑传播学的经验学派与批判学派之间的异质性。本着这样的立场，我认为新闻学与传播学特别是与大众传播学的异同主要体现在以下几个方面。

其一，研究对象或研究领域的异同。这体现在两方面，一方面是媒介范围的异同，另一方面是媒介内容的异同。在媒介范围方面，新闻学研究的是新闻媒介，

1 潘忠党.传播·文化·社会译丛·总序［M］//凯瑞.作为文化的传播："媒介与社会"论文集.丁未，译.北京：华夏出版社，2005：总序 2-3+4.
2 廖圣清.20 世纪 90 年代的西方大众传播学研究［J］.新闻大学，2005（03）：16-25.

主要是报纸、广播、电视，也涉及新闻期刊，现今还有互联网；传播学研究的主要是大众传播媒介，即新闻媒介加上电影、书籍，新闻期刊也扩展为所有不同种类的期刊，当然也包括互联网。在媒介内容方面，如果把大众传播媒介的内容概括为新闻、言论、知识、文艺（副刊）/文娱（节目）和广告等五种主要的信息类型[1]，那么，传统新闻学研究的主要是新闻与言论两块内容，而且主要是围绕着新闻与言论之采访、写作、编辑、评论、摄制、出版等"新闻工作"来进行研究。大众传播学则研究包括新闻与言论在内的所有信息类型，而且是将其作为一种整体来加以研究。诚然，新闻、言论、知识、文艺（副刊）/文娱（节目）和广告这些信息类型各不相同，如何作为整体来研究？要知道，大众传播学并不是一般地描述这些信息类型，而是从传播过程切入，一方面是要研究这些不同信息类型的传播活动所共有的传播规律，这是主流传播学的研究对象，另一方面是要研究这些不同信息类型的传播过程所赖以进行的社会生产机制，以及传播过程中所产生的各种社会问题，如色情、暴力对青少年所产生的影响等，这是批判学派传播学所关心的问题。

其二，研究层面或学理层面的异同。长时间以来，所谓"传播学重视理论研究，而新闻学重视业务研究"，或者说"新闻学偏于'术'的研究，传播学则偏于'学'的研究"之类说法，已被固化为人们的"常识"。其实，这样的理解并不准确。因为，这种比较忘记了传播学也有其业务研究的应用学科——公共关系与广告，只拿国人心目中作为概论性质的"大众传播学"来与新闻学做比较，难以避免片面性。如果承认新闻、广电、公关、广告都是不同形态与质态的传播活动，而且承认新闻学是研究新闻传播规律，广播电视学是研究广播电视规律，公关学是研究公关活动规律，广告学是研究广告活动规律，那么就应当承认，大众传播学是研究包括新闻、广电、公关、广告在内的所有形态与质态所构成的传播活动的总体性或一般性的规律。换言之，大众传播学的研究层面是基于新闻、广电、公关、广告之上的一般性传播规律的整体性层面，因而其学理层面也就比传统新闻学的学理层面更加抽象，更加一般，也更富有理论的概括性和指导性。同时，我们也不应忘记传播学的应用学科，比如公关、广告的研究层面或学理层面，

1　董天策.传播学导论［M］.成都：四川大学出版社，1995：244.

又处于大众传播学之下而与新闻、广电相类似的层面上。

其三，学术立场或学术取向的异同。这里，必须注意主流传播学（传播学经验学派）与传播学批判学派之间的原则性分歧。从新闻学与传播学及其不同学派的产生可以看出，学术立场或学术取向的差异导致新闻学与传播学的本质性差异。传统上，新闻学是为了培养为公共利益服务的媒体人才而产生的，因此，新闻学研究与教育一方面注重职业技能的培训，一方面注重专业理念或专业伦理的培养，也就是注重人文理想、人文精神的灌输与养成。归根结底，新闻学具有鲜明的人文取向，是人文学科。美国主流传播学则是为了满足政治、军事、企业等不同利益集团的需要而产生的，具体说，是为了探究媒体企业如何争夺商业广告、广告主怎样获得理想的广告效果、政治竞选采取什么传播策略、国家军队如何开展战时宣传等问题而出现的，从一开始就放弃价值理性，承认现行的传播制度是合理的，只追求工具理性，致力于寻找达成更佳传播效果的方法与策略，从而成为直接服务于不同利益集团的经营管理工具。难怪有学者认为，"美国传播学……本质……就是一个企业运作的理论。通过对社会学、心理学一些现象的缜密分析以求找到获得最大传播效果的方法，如果套用商业语言的话，就是如何投入最小的成本获取最大的利润。"[1]因此，美国主流传播学具有鲜明的行为科学取向，是社会科学。而传播学批判学派往往将传播尤其是大众传播视为整个社会结构中的组成部分，着眼于从社会学、政治经济学、文化研究乃至哲学的角度综合探讨传播与社会的关系，着重研究传播现象的阶级性、历史性与社会性，尤其重视对资本主义大众传播体制、传媒文化工业、传媒与权力等根本问题的批判性考察和深层次分析，追求的是价值理性而不是工具理性，具有鲜明的人文取向，是人文学科。要注意的是，尽管传播学批判学派与新闻学都具有人文取向，同属人文学科，但两者的学术立场仍然同中有异：传播学批判学派是以批判的方式表达对人文理想的坚持，而传统新闻学仅仅是强调要正面传授人文理想。相应地，两者所关注的学术问题处于不同层次，新闻学偏重"术"而传播学偏重"学"，可谓精神相通而层次有别。

其四，研究方法的异同。传统新闻学从来没有单独将研究方法作为问题提出

1　路海波.中国传播学发展的黄金时期业已到来［J］.现代传播，2002（01）：11.

来，这表明新闻学缺乏研究方法的自觉。这自然是一种基于科学主义立场所作的判断。事实上，新闻学主要是运用归纳与演绎这些最基本的逻辑推理方法来开展研究，关注的重点是业务操作，即报刊新闻的采、写、编、评，以及广电新闻节目的录制与播出。美国主流传播学一直强调运用社会调查、心理实验、内容分析等"科学性"方法来研究传播效果，通过量化与统计的数据来求得实证性的结论，对传播实践作出准确的事实判断，作为改进传播活动的依据。与主流传播学注重事实判断不同，传播学批判学派注重传播现象的价值判断，认为经验学派的实证研究方法不可能从根本上阐明纷纭复杂的传播现象，因而在研究方法上具有明显的哲学思辨特征，以确保其理论思想能从宏观的总体的辩证的高度上把握传播的意义。在研究方法上，传播学批判学派不仅迥异于主流传播学，而且与传统新闻学相比也是同中有异，因为其哲学思辨已深入到辩证逻辑的范畴，而新闻学主要运用归纳与演绎的逻辑方法，尚处于形式逻辑阶段。当然，文献研究、阶级分析等研究方法常为新闻学与传播学批判学派所共同采用，这又是其相同的一面。

为明确起见，我们可以将以上各项内容列出来，见表1.1。

表 1.1　新闻学与传播学的异同

	新闻学	传播学经验学派	传播学批判学派
研究对象或研究领域	新闻媒介；新闻、言论（采、写、编、评、摄）	大众传播媒介；大众传播过程与效果	大众传播媒介；传播与垄断控制、传播与意识形态、传播与大众文化
研究层面或学理层面	具体专业层次（层次Ⅲ）：新闻传播规律	专业性概括层次（层次Ⅱ）：大众传播规律；具体专业层次（层次Ⅲ）：公关规律、广告规律	社会性概括层次（层次Ⅰ）：大众传播与社会的关系
学术立场或学术取向	实践指导者；人文学科取向；以传授人文理想为宗旨	"传播军师"；社会科学取向；为各种社会组织的传播需要服务	社会理想守望者；人文学科取向；以批判的方式表达对人文理想的坚持
研究方法	逻辑推理（归纳与演绎：形式逻辑）、文献研究、阶级分析	实证的科学方法：社会调查、心理实验、内容分析	哲学思辨（辩证逻辑）、文献研究、阶级分析

1962 年，托马斯·库恩出版《科学革命的结构》一书，创造性地提出了科学发展的范式理论。在库恩看来，科学发展的过程是由一个常规科学传统转变到另一个常规科学传统，两个传统之间的变化就是范式（paradigm）的转换。所谓范式，就是一套共同的科学习惯，"它代表着一个由特定共同体的成员所共有的信念、价值、技术等等构成的整体"[1]。借鉴库恩范式理论的思想，这里要强调指出的是，正是研究对象或研究领域、研究层面或学理层面、学术立场或学术取向、研究方法这几个方面的异同所构成的整体，决定了新闻学与传播学的本质差异与内在联系，具有各自的学科传统与研究范式。

三、正确对待新闻学与传播学之间的分殊与吸取

上述分析表明：在全面理解新闻学与传播学的内涵之后，特别是在充分考虑传播学经验学派与批判学派的异质性之后，我们就会发现新闻学与传播学的异质性与关联性往往相互交织，错综复杂，并非以往论者所分析或想当然的那样简明单一，泾渭分明。或许正是其复杂的学科关系，导致以往的研讨出现了这样或那样的偏差。因此，此前引起关注和争议的一些看法需要加以认真反思，及时澄清。

（一）传播学能否取代新闻学与传播学是否统治了新闻学？

从学科发展历程来看，新闻学与传播学是随着传播媒介的发展而逐渐形成的，学科发展经历了报学→新闻学→大众传播学→传播学这样几个历史阶段[2,3]。问题在于，能否从这样的学科发展进程得出传播学将要取代新闻学的结论？前面对新闻学与传播学之异质性与关联性的辨析表明，无论是传统新闻学，还是主流传播学，抑或批判学派传播学，由于研究对象或研究领域、研究层面或学理层面、学术立场或学术取向这几个方面的异质性，显然无法相互取代，而只能相互补充，相互吸取，相互促进，共同进步。所谓"用传播学取代新闻学"的设想，其实是一种急于改革传统新闻学弊端而产生的冲动与幻想，既不切合实际，也不符合学科发展规律，是一种"左倾"的或者说"激进"的认识误区。诚然，传播学特别是大众传播学比传统新闻学更富理论性，值得新闻学借鉴。然而，正如芮必峰

1　库恩.科学革命的结构［M］.金吾伦，胡新和，译.北京：北京大学出版社，2003：157.

2　董天策.传播学导论［M］.成都：四川大学出版社，1995：10.

3　胡正荣.传播学总论［M］.北京：北京广播学院出版社，1997：9.

1988 年指出的那样，"就像美学无法替代其他具体艺术部类的研究一样，传播学也不能代替新闻学的研究"[1]。而且，在我国传播学的发展过程中，新闻学界的绝大多数专家学者都主张吸取传播学的理论与方法来改革和完善传统新闻学。

与"取代"说这种"左倾"或者说"激进"的认识误区相对，所谓"传播学统治了新闻学"的说法则是一种"右倾"或者说"保守"的认识误区。不少学者习惯于从学科发展的历史进程来讲"传播学有取代新闻学之势"。请看有关论述与判断：在美国，"传播学、大众传播学出现了取代传统新闻学与新闻教育之势"[2]；"在不少西方国家的高校教育中，传播学科有取代新闻学科之势，新闻院系普遍更名为传播院系"[3]。值得注意的是，这种判断的主要依据即"新闻院系普遍更名为传播院系"。问题在于，这种"更名"是一种"发展"还是一种"取代"，我以为，解读为"发展"更为切实。何况也有新闻院系并未更名，像密苏里大学新闻学院、哥伦比亚大学新闻学院等著名新闻学院，并没有更名。再说，美国20 世纪 90 年代以来出现的关于"传播学、传播教育与新闻学、新闻教育的相互关系是什么？"的争论[4]，不也从另一侧面反映出美国的新闻学与新闻教育在传播学、传播教育发展起来以后并未被取代吗？在我国，只能说 1990 年代中期以来传播学发展较快，根本就谈不上什么传播学"一统"了新闻学的天下。在李希光批评"用传播学一统新闻教育天下"[5]的文章里，我们看不到令人信服的事实依据，难怪黄旦毫不客气地指出，"新闻学被传播学吃掉"是一个"伪命题"[6]。

（二）传播学、传播教育是否伤害了新闻教育？

在对待新闻学与传播学的关系问题上，不同的国家是有差异的。在英国，新闻专业与传播专业界限分明。英国新闻教育学会会长罗德·艾伦(Rod Allen)认为："新闻学更注重过程和制作细节，传播学研究效果，而不注重过程"，"最理想

1　芮必峰.传播学·新闻学·新闻传播学［J］.安徽大学学报（哲学社会科学版），1988（01）：77-81.
2　阮志孝.大陆传播学的发展趋势、学科教育与就业问题［J］.西南民族大学学报（人文社科版），2005（04）：261-265.
3　吴信训.美国新闻教育扫描与启示［J］.新闻记者，2006（07）：82-85.
4　阮志孝.大陆传播学的发展趋势、学科教育与就业问题［J］.西南民族大学学报（人文社科版），2005（04）：261-265.
5　李希光.是新闻记者的摇篮还是传播学者的温室？——21 世纪新闻学教育思考［J］.新闻记者，2001（01）：24-27.
6　李晓静，黄旦.有真意、去粉饰、勿卖弄［EB/OL］.（2004-02）［2007-05］.http://cul.sina.com.cn/.

的状态是，新闻系和传播系是在不同的学院，因为他们对学生的培养方向和目标是不同的"[1]。在美国，新闻学与传播学则界限模糊。美国新闻与大众传播教育学会会长乔·福特（Joe Foote）说，美国的新闻学、新闻教育与传播学、传播教育"两者常常共存于同一学院。在很多时候，很难说清楚哪里是起点哪里是终点"[2]。应当说，我国的情况类似于美国。吴信训感叹我国"新闻学与传播学的关系，尤其是新闻人培养与传播人才培养的界限颇为模糊"[3]，恰好表明了这一现状。

诚然，美国确有人对新闻学与传播学的结合表示不满。《纽约时报》前总编辑基恩·罗伯特认为："人文学科，如文学和历史是新闻学的天然伙伴，更贴近新闻实践和媒体实践。而从社会科学派生出来的分支学科——传播学与新闻实践没有密切关系和实际意义。新闻学与传播学的'聚合'或新闻学'陷进'传播学，制约了新闻学这门学科的价值的张扬和个性的发展。"[4]这样的看法，正是李希光用来抨击传播学、传播教育伤害了新闻学、新闻教育的主要依据。其实，罗伯特的看法只是一家之言，并非不刊之论，大有商榷的余地。

首先，随着现代社会与传播业的发展，美国主流传播学以及传播学的应用学科包括公共关系、广告、媒介管理等学科专业与新闻学尽管都设在新闻与大众传播院系，但"培养的是不同的人才"，这一点是李希光也很明确且加以强调的[5]。在培养新闻人才的同时，新闻与传播院系是否可以培养传播人才，这并不是什么问题。正如乔·福特所说："除了做新闻记者外，很多学生毕业后从事公共关系、媒介管理以及与新闻传播相关的领域。我们的本科注重宽基础，这使学生在大众传播领域能获得更广的就业机会。"[6]在此意义上，新闻学、新闻教育与传播学、传播教育分途发展，实乃各得其所，两不相害。事实上，我国大学本科教育的专业目录设定为新闻学、广播电视新闻学、广告学、编辑出版学，研究生教育的专业目录设定为新闻学、传播学，已不言而喻地体现新闻人才与传播人

---

1 钟新.英国：新闻学与传播学严格分界［J］.国际新闻界，2002（05）：37-40.

2 钟新.美国：新闻学与传播学界限模糊［J］.国际新闻界，2002（06）：69-70.

3 吴信训.美国新闻教育扫描及启示［J］.新闻记者，2006（07）：82-85.

4 李希光.是新闻记者的摇篮还是传播学者的温室？——21世纪新闻学教育思考［J］.新闻记者，2001（01）：24-27.

5 李希光.是新闻记者的摇篮还是传播学者的温室？——21世纪新闻学教育思考［J］.新闻记者，2001（01）：24-27.

6 钟新.美国：新闻学与传播学界限模糊［J］.国际新闻界，2002（06）：65-70.

才分别培养的理念与规定。

其次，新闻专业引入一些传播学课程，是否伤害了新闻教育？我们承认美国主流传播学以及传播学的应用学科包括公共关系、广告、媒介管理等追求的是工具理性，是直接为各种社会组织的利益服务的。在某种意义上可以这样说，"传播以功利主义的眼光审视新闻，而不是研究它的内涵"，因而主流传播学及其应用学科并"没有无限增强我们对新闻作为一种社会行为、政治现象和想象中社会结构的理解"[1]。因此，指出新闻教育要"警惕那些把新闻降格为一种没有灵魂，没有思维，没有方向的纯粹的信息媒介和简单的传播行为的做法，更要警惕那些把新闻驯化为一种纯粹的营利工具、公关帮手的做法"[2]，的确具有重要的警醒作用。然而，凯利的批评只说对了一半。因为批判学派传播学的学术旨趣，正是对"民主""自由""解放"等价值理想与人文关怀的关注与追求，而这些，恰恰被凯利视为新闻的内在生命。由此可见，批判学派传播学引入新闻学的研究与教育，恰好有利于"增强我们对于新闻作为一种社会行为、政治现象和想象中社会结构的理解"。退一步说，即使让新闻专业的学生学习一些主流传播学的内容以及公共关系、广告之类的课程，拓展知识面，做到知己知彼，又有什么不好呢？如果说新闻专业的学生学了几门传播学课程就放逐了新闻理想与专业伦理，新闻教育岂不是太孱弱了吗？

（三）新闻学应当如何吸取传播学？

既然传播学无法取代新闻学，传播学更没有"一统"新闻学，新闻学引入传播学课程也有利于专业发展，我们就应当尊重新闻学与传播学各自的独立性，使其学科特质充分发挥出来，同时促进彼此之间的互动与吸取，使其相互促进，从而使新闻学与传播学获得更大的发展，而不必人为轩轾，制造"你死我活"的争论。

理论上，新闻学与传播学之间的互动与吸取是双向的，限于论题，这里只讨论新闻学应当如何借鉴传播学。前已述及，我国传统新闻学要改革要发展，就必须借鉴、吸取传播学的研究成果与研究方法。对此，绝大多数学者已达成共识，不必赘述，关键在于如何吸取。从我国新闻传播学术走过的历程来看，新闻学吸

1　CAREY J，李昕. 新闻教育错在哪里［J］. 国际新闻界，2002（03）：8-11.

2　郑保卫. 新闻≠传播≠媒体——对《新闻教育错在哪里》一文的思考与回应［J］. 国际新闻界，2002（05）：32-36.

取传播学的一个基本思路，就是新闻学研究吸取传播学的知识、理论与方法来改革传统新闻学，使其"涅槃"为"新闻传播学"。

1986年6月，第二次全国传播学研讨会在安徽黄山召开。吴文虎说，黄山会议的"最大成果就是着手讨论了如何建立具有中国特点的'新闻传播学'"[1]。1988年，芮必峰发表《传播学·新闻学·新闻传播学》一文，较早提出"新闻传播学"的构想。在他看来，"'新闻传播学'是新闻学与传播学结合的产物，是传播学的一般理论在新闻学研究中的具体应用。它既不像传播学那样，抽去所传信息的具体内容，把注意力集中于传播的一般形式上，也不像新闻学那样，过分局限于自己所规定的'新闻'内容上，将研究的重心放在传播者一方，而不十分关心实际新闻传播的全部过程，甚至忽略了其中影响传播效果的一些重要因素。从这一意义上说，'新闻传播学'可以说是将传播的具体内容和一般形式统一起来进行研究的一门学问。""'新闻传播学'所关心的具体内容就是实际新闻传播活动中所涉及的内容。"[2] 当然，究竟如何结合，研究的具体内容包括什么，作者语焉不详。

但是，探索的步伐并未停止。从1994年开始，以"新闻传播学"为书名的著述不断出现。这年，辽宁大学出版社出版高永振、丁国宁、文言的《新闻传播学》；云南大学出版社出版高宁远的《新闻传播基础理论》。1995年，江苏人民出版社出版邵培仁、叶亚东的《新闻传播学》；杭州大学出版社出版黄旦的《新闻传播学》。1996年，广西师范大学出版社出版徐小鸽的《新闻传播学原理与研究》。1997年，中国广播电视出版社出版胡钰的《新闻传播导论》；河北大学出版社出版李广增的《新闻传播学》。1999年，天津社会科学出版社出版刘卫东的《新闻传播学概论》；中央广播电视大学出版社出版童兵、展江、郭青春的《新闻传播学原理》。2000年，中国人民大学出版社出版童兵的《理论新闻传播学导论》，华中理工大学出版社出版程世寿、刘洁的《现代新闻传播学》。2001年，新华出版社出版李元授、陈扬明的《新闻传播学》。2003年，暨南大学出版社出版蔡铭泽的《新闻传播学》；福建人民出版社出版董天策的《网络新闻传播学》。

问题在于："新闻传播学"的内涵究竟是什么？有人说，"新闻传播学既是

1　吴文虎.对中国大陆传播学研究的思考［M］//吴文虎.拐点集：吴文虎文选.福州：福建人民出版社，2007：217.

2　芮必峰.传播学·新闻学·新闻传播学［J］.安徽大学学报（哲学社会科学版），1988（01）：77-81.

一门新闻学和传播学的综合学科，又是由新闻学演化出来的与新闻学相关、相近、相交叉的分支学科。"[1]这个说法貌似综合，力求全面，实则语义含混，逻辑混乱，"新闻传播学"怎么可能既是"综合学科"又是"分支学科"？从有关探索历程来看，对于"新闻传播学"的学科内涵，主要有两种意见。

一种意见认为，新闻传播学是不同于新闻学与传播学的新兴学科、交叉学科、边缘学科。邵培仁说："新闻传播学位于新闻学与传播学两个研究领域的交叉边缘地带，但它并不准备通过对传统新闻学做系统勘正来扩大自己的研究领地，也不准备通过对西方传播学作整体移植来淡化自己的学术个性，因为它有自己明确的研究对象和研究范围。相反，新闻传播学的建立与发展，可以促使当代传播学向各个社会生活领域推进，因为它的研究不是简单、机械地嫁接和拼凑，而是对包括新闻学和传播学在内的各种知识的合理融汇和重新整合。""新闻传播学对传统新闻学中那些反复论述的和已经论述的老问题没有兴趣，而只对那些尚未论述的和应该论述的新问题抱有热情；很难再以传统新闻学的眼光去审视那些陈旧不堪的文献资料，却乐意以全部感觉器官去感受现实中生生不息、丰富多彩的新闻传播活动。"[2]作者的这种看法，与其提出要"用新闻传播学取代新闻学"的想法互为表里。不过，由于作者把新闻传播学定位于"新闻学与传播学两个研究领域的交叉边缘地带"，就其《新闻传播学》所呈现出来的知识框架而言，很难说摆脱了"简单、机械地嫁接和拼凑"有关新闻学与传播学某些知识的境地。

另一种意见认为，新闻传播学是吸取传播学的某些知识、理念、方法来改革、更新、完善传统新闻学之后的现代新闻学。高永振、丁国宁、文言的《新闻传播学》写道："新闻传播学是关于人类社会新闻传播活动的本质和基本规律的科学，是新闻学的基础理论。""新闻传播学不是'新闻学与传播学'的交叉，而是新闻学的基础理论"[3]。不少学者强调：新闻传播学"不是新闻学加传播学"[4]，而是传统新闻学顺应时代的发展，"走出原来狭隘的圈子，在现代社会和现代传播科技高度发达的宏观背景下考察与自身相关的各种问题"[5]。具体说，"是在传

1　蔡铭泽.新闻传播学［M］.广州：暨南大学出版社，2003：25.

2　邵培仁，叶亚东.新闻传播学［M］.南京：江苏人民出版社，1995：自序1-2.

3　高永振，丁国宁，文言.新闻传播学［M］.沈阳：辽宁大学出版社，1994：2-7.

4　童兵.理论新闻传播学导论［M］.北京：中国人民大学出版社，2000：序言1.

5　程世寿，刘洁.现代新闻传播学［M］.武汉：华中科技大学出版社，2000：10.

统新闻学的基础上，吸收传播学的一些学术成果，运用传播学的一些学术名词，用新的视角和方法审视新闻传播现象，考察新闻传播过程，讨论这种不同于大众传播的新闻传播的特殊规律及其原理、原则。"[1]因此，"新闻传播学不是对传统新闻学的削弱，而是对其的充实与提高；新闻传播学也不是西方大众传播学的翻版，而是取其精华式的学科改造。它综合了新闻学与大众传播学的特色与优势，内化了它们的基因与营养，它以更广阔的理论视野，研究信息时代新闻传播的特色与规律"。[2]在此意义上，"新闻传播学其实是现代意义的新闻学"[3]。显然，这些看法是主流性意见，也是科学的意见，代表了新闻学吸取传播学的基本方向。

值得注意的是，这里所说的"新闻传播学"并未包括新闻学、传播学两个二级学科并作为一级学科名称的"新闻传播学"。后者的准确称谓应当是"新闻学与传播学"，英文表述为"Journalism & Communication"；而前者的英文表述只能是"Journalism"。在"Journalism"的意义上，已出版的各种以"新闻传播学"作书名的著述还存在着各种问题。正如郝雨所批评的那样："通观近年出版的这一类教材，其中往往存在两方面的问题，一种是既讲新闻理论，又要同时介绍传播学理论，这不仅在结构上存在着两层皮的问题，而且，在很大程度上还侵犯了新闻专业的另一门主干课——《传播学》的内容，这样的弊病在徐小鸽的《新闻传播学原理与研究》中尤其明显。"[4]既然如此，吸取了传播学某些知识、理念、方法来改革、更新、完善传统新闻学之后的现代新闻学，是否一定要表述为模棱两可甚至引起歧义的"新闻传播学"，也是需要进一步研究的问题。不过，理论创新过程中存在的问题，只能在理论探索的实践过程中逐渐解决。只要正确对待新闻学与传播学的关系，正确选择新闻学吸取传播学的科学路径，吸取了传播学合理内核的"新闻传播学"（实乃"新闻学"，对应于英文的"Journalism"）一定会慢慢走向成熟。

原载于《暨南学报》（哲学社会科学版）2008 年第 2 期。

1 童兵.理论新闻传播学导论［M］.北京：中国人民大学出版社，2000：序言 1.

2 程世寿，刘洁.现代新闻传播学［M］.武汉：华中科技大学出版社，2000：13.

3 董天策.网络新闻传播学［M］.福州：福建人民出版社，2003：4.

4 郝雨.新闻学："绝望"与"新生"［N］.社会科学报，2003-07-03.

试论新闻传播学术创新

经过改革开放以来几十年的不断发展，当代中国的新闻传播学术已进入一个历史性的节点：专业教育扩张迅猛，而办学条件难如人意；学科领域不断拓展，而知识增长比较有限；学术队伍日益壮大，而名家大师尚不多见；研究成果日益丰硕，而学术泡沫普遍存在；学科地位不断提升，而学术贡献难副其实。因此，如何开创新闻传播学术的崭新局面，已成为重要的时代课题。笔者不揣简陋，根据个人的治学体会与学术观察，结合有关学科的理论认识，谈谈新闻传播学术的创新问题。

一、研究套路与知识生产

探讨新闻传播学术的创新，首先要反思现有学术研究。如何反思？自然见仁见智，可以有不同的切入角度与分析路径。从科学哲学角度看，最好是运用库恩（Thomas Samuel Kuhn）的范式理论加以分析。由于种种原因，国内新闻传播研究除了"少数杰出的研究"[1]和确有学术价值的成果，相当数量的研究很难说遵循了什么研究范式，往往是即兴式的个人感悟，或者是对某种新闻传播政策的理解阐释，或者是从业者实务工作的心得体会与工作总结。面对这样的学术现实，比较可取的分析路径是探讨其"研究套路"。所谓"研究套路"，主要是指现有新闻传播学术的研究路径、价值取向与知识生产方式等构成的学术习惯。

以国内新闻传播学术的实际情形而论，研究套路大致可概括为七种：一是政策阐释式研究，主要是阐述党和国家以及领导人关于如何开展新闻传播工作的方针政策或讲话精神，用来指导当前的新闻传播工作；二是经验总结式研究，主要是实务工作者对业界自身一段时间的阶段性工作、主题性工作或整体性工作进行工作总结，借以交流经验，切磋业务；三是体系建构式研究，主要是理论工作者试图建构新闻学、传播学等各门学科的理论体系，总结新闻传播的规律；四是历

1　陈韬文.中国传播研究的发展困局：为什么与怎么办［J］.新闻大学，2008（01）：1-7.

史描述式研究，主要是新闻传播史研究者通过历史的描述与分析来呈现新闻传播的历史进程与发展规律；五是问题探讨式研究，主要是以发现和解决新闻传播理论、业务与历史以及学科自身的学理性问题为中心的一种研究，力求提供新见解、新知识、新思想；六是对策建议式研究，是"为业界营运和管理问题出谋献策的实用性行政研究"，提供实用性的对策研究报告[1]；七是媒介批评式研究，"对媒介产品、媒介行为、媒介现象乃至媒介体制、媒介文化的是非、善恶、美丑、得失作出分析评判与价值判断"[2]，主要体现为批评媒介的评论性文章。

1968 年，哈贝马斯（Jürgen Habermas）在《认识与兴趣》一书中把社会科学知识分为三种类型，即经验—分析科学、历史—阐释科学、以批判为导向的科学。在哈贝马斯看来，"经验—分析科学的进路包含了一种技术的认知旨趣，历史—阐释科学的进路包含了一种实践的认知旨趣，而以批判为导向的科学的进路则包含了一种解放的认知旨趣"[3]。在哈贝马斯"知识三型"说的基础上，黄卓越认为科学研究可划分为三种类型，即对象性研究、理论性研究、策略性研究。如果研究是为了准确揭示既有、既存的对象事实及其秩序，那么就是"对象性研究"，这主要体现为历史学与自然科学研究。理论性研究给自己确定的目标，不是以历史事实或历史真性为旨趣，只是提供"推理的技术"，研究者以不同的构造形式建立不同的论说模式。至于策略性研究，不是为了单纯寻求事实及其规律，而是将自己的工作指向一种主体性"重建"的意图。典型的策略性研究强调付诸实践，贯穿着一种"前瞻"与"设计"的思维，是走出历史的"既有""既定"之后的一种再度选择，是力图带动历史进一步前趋的可行性规划[4]。

如果以对象性研究、理论性研究、策略性研究三种类型来审视现有的新闻传播学术，那么上述七种研究套路皆可纳入这三种研究类型之中。不用说，历史描述式研究属于对象性研究，体系建构式研究、问题探讨式研究属于理论性研究，政策阐释式研究、经验总结式研究、对策建议式研究属于策略性研究，媒介批评

1　陈韬文.中国传播研究的发展困局：为什么与怎么办［J］.新闻大学，2008（01）：1-7.

2　董天策，唐金凤.加强媒介批评，促进传媒发展，深化新闻学术［J］.今传媒，2011（03）：14-17.

3　HABERMAS J. Knowledge and Human Interests［M］. Translated by J Shapiro. London: Biddles Ltd, 1981: 308.
　　转引自邓正来.社会科学与知识类型——兼评荷曼斯的《社会科学的本质》［J］.中国书评，1994（2）.

4　黄卓越.规范的界说与思想的限度［M］// 邓正来.中国学术规范化讨论文选.北京：法律出版社，2004：90-103.

式研究则介于理论性研究与策略性研究之间而可能具有不同的偏向，或偏向于理论性研究，或偏向于策略性研究。

　　换个角度，按博耶（Ernest L.Boyer）的学术观，也可确认上述七种研究套路的合理性。20 世纪 90 年代前期，美国卡内基教学促进基金会主席博耶在研究报告《学术反思：教授工作的重点领域》和讲演《学术评价》中指出，"应当超越'教学与科研'这一令人厌倦的老式争论，赋予'学术'这一熟知和崇高的提法以更广阔的、内涵更丰富的解释，以确立学术工作各个方面的合理性。"[1] 博耶提出了四种既有区别又有联系的学术形式，即："发现的学术"，创造或发现新知识；"综合的学术"，促成学科内和学科间建立新的联系；"应用的学术"，运用学科专业知识解决重要的个体、组织和社会问题；"教学的学术"，传播知识和改进教学实践[2]。依照博耶所界定的广义学术概念，问题探讨式研究无疑是"发现的学术"，而政策阐释式研究、经验总结式研究、对策建议式研究，则是"应用的学术"，体系建构式研究、历史描述式研究可能是"发现的学术"，也可能是"综合的学术"，媒介批评式研究可能是"发现的学术"，也可能是"应用的学术"。显然，不同研究套路的新闻传播学术具有不同的意义与价值，都有其现实的合理性，都有深入展开的必要。

　　历史描述式研究可以发掘新闻传播历史事实，呈现新闻传播发展进程全貌，为进一步解释新闻传播史奠定基础，为后人汲取历史的经验与智慧提供认识对象，在整个新闻传播学术中具有十分重要的基础地位。

　　政策阐释式研究、经验总结式研究、对策建议式研究这些策略性研究，是关于新闻传播业发展的决策、对策和政策研究，对于新闻传播业具有强烈的现实关怀，深受业界欢迎。陈力丹说得好："新闻学与多数其他社会学科的不同之处，在于社会上还存在着一个庞大的新闻传播行业。行业的发展不断地催生出各种新问题，需要学界从理论上予以阐释，并为新的行动决策提供理论依据"[3]。不过，从知识生产的角度看，这些研究对知识增长的贡献相当有限，甚至没有多少价值。

1　BOYER E L. Scholarship Reconsidered: Priorities of the Professoriate［M］. San Francisco：Jossey-Bass, 1990: 16.
2　许彬奇 . 论博耶的学术观及其对中国的启示［J］. 理工高教研究，2008（06）：86-88.
3　陈力丹 . 大力加强新闻学科的理论和体系的建设［J］. 新闻界，2002（05）：10-11.

所谓策略，无论宏观层面的社会管理策略，还是微观层面的传媒运作策略，都是达成某种现实目标的行动方案、方式方法，本质上是一种权衡取舍之术，因时因地因事因人而异，常变常新，难以上升到理论的高度，更难以理论化。因此，在西方国家，这种实用性的行政研究主要是咨询公司为顾客所作的报告，在严格的意义上"不被列入学术的范畴"[1]。

体系建构式研究与问题探讨式研究同属于理论性研究，学术取向与研究宗旨却有所不同。体系建构式研究的宗旨是建构学科的理论体系，这种努力在实际操作中主要体现为概论式教材的编撰，其实是对学科知识的归纳整理。譬如，有位教授先后推出几种不同版本的《新闻学概论》，坦陈自己多年来讲授"《新闻学概论》课的基本框架未变，但每年总有一些新的观点、新的思考充实进去。这是从不断进步着的新闻实践中总结出来，也是从不断深化着的新闻学研究中借鉴过来的"[2]。按博耶的学术观，这种概论式教材的编撰属于"综合的学术"，是对已有认识成果的归纳整理，旨在建立或完善学科的理论架构或知识框架，作为教科书而发挥知识传承的作用。而理论创新或知识增长，主要依靠"发现的学术"，依靠问题探讨式研究。

至于媒介批评式研究，在国内还是一个新兴领域，当前正处在成长过程之中。我说过，媒介批评是深化新闻传播研究的切入点。这是因为，媒介批评是一种往返于理论与实践之间的学术活动。一方面，媒介批评是对鲜活的媒介现实进行学理性审视，剖析、判断、评价其利弊得失，为业界提供有价值的参考意见，帮助业界弘扬优势，正视问题，修正错误，从而促进传媒业的健康发展；另一方面，媒介批评所发现的问题，所进行的分析，所阐明的学理，所提出的对策，又能为新闻传播的理论研究添砖加瓦，或储备素材，或增添新说，或完善旧说，或更新观念，从而推进新闻传播学的不断深化乃至重构。[3]可见，媒介批评若偏向策略性研究，其价值主要体现为对传媒实践的理性反思；若偏向于理论性研究，则成为理论创新或理论重构的前奏。无论如何，媒介批评都蕴含了哈贝马斯所谓"一

1　陈韬文.中国传播研究的发展困局：为什么与怎么办［J］.新闻大学，2008（01）：1-7.

2　李良荣.新闻学概论［M］.3 版.上海：复旦大学出版社，2009：366.

3　董天策.搭建学术平台，促进媒介批评［M］//董天策.中外媒介批评：第 1 辑.广州：暨南大学出版社，2008：2.

种解放的认知旨趣"，对于新闻传播学术的创新具有不可忽视的意义。

二、科学问题与问题意识

如果暂且不论新闻传播学术的几种策略性研究，着重讨论对理论创新与知识增长贡献较大的历史描述式研究、体系建构式研究、问题探讨式研究、媒介批评式研究，那么，这四种不同的研究套路又可归结为两种不同的学术取向：一种是学科体系取向，一种是问题研究取向。

卡尔·波普尔（Karl Raimund Popper）强调："科学和知识的增长永远始于问题，终于问题——愈来愈深化的问题，愈来愈能启发大量新问题的问题。"[1] 这意味着，学术研究应当提出问题和解决问题，即以问题研究为导向。然而，新闻传播学界长期以来大力倡导和践行的，却是学科体系取向。在新闻传播的理论研究与业务研究中，学科体系取向一方面体现为以"△△学概论/导论/通论/教程"方式命名的基础理论著作、教材得以大量编撰，一方面体现为把新闻传播业务活动分门别类地建构为以"△△学/教程"方式命名的应用理论著作、教材得以不断出版。结果，不管基础理论还是应用理论，绝大多数研究成果都体现为不同版本的教材。除了"始作俑者"和少数"后来居上"的论著具有某种程度的创新，对有关学科知识做了具有某种新意的系统论述，大多数后来"翻版"的教材，不过是把有关学科知识重新排列组合，替换一些案例材料，更新一下叙述语言，并没有多少实质性的理论创新与知识增长。

应当承认，在新闻传播学科从无到有的过程中，"把构建学科知识地图摆在首要位置也是必然的、必要的"[2]。这是因为，"学科知识地图"即学科知识体系的建构，对于学科地位的合法化、专业教育的开展、学术共同体的形成，具有重要意义。而且，在学科创建初期，研究者建构学科知识体系的努力，本身就是难能可贵的学术创新，其筚路蓝缕的开创之功，永远值得后学敬佩。然而，一旦学科知识体系基本建立，学术研究又没有根本性突破，就急忙"翻新"学科知识体系，无疑会导致低水平的重复生产，不利于学术研究的真正进步。因此，在学科格局基本确立的情况下，新闻传播研究就应当毫不犹豫地从学科体系取向转变为

---

1 波普尔.猜想与反驳——科学知识的增长［M］.傅纪重,纪树立,周昌忠,等译.上海：上海译文出版社,1986：318.

2 黄旦,丁未.传播学科"知识地图"的绘制和建构［J］.现代传播,2005（02）：23-30.

问题研究取向。用黄旦等人的话说，就是要"从教材转向专著，从学科转向领域，从一般的知识性介绍转向问题研究"[1]。

在科学哲学中，"问题"就是认识过程中的"疑难"，大致分为两类：一类是"知识性疑难"，是认识主体对科学背景知识无知而产生的疑难，反映出认识个体当前认识能力与对问题的求解理想之间的差距，教学过程中学生的"疑难"就是典型的例子；另一类是"科学探索性疑难"，产生于对科学背景知识的分析，反映出当前科学技术能力与对问题的求解理想的差距，科学探索性疑难成为真正意义上的"科学问题"[2]。所谓科学问题，就是认识主体基于一定的科学知识或理论背景，为解决科学认识和科学实践中需要解决而未解决的疑难、冲突或矛盾而提出的求解目标或解答任务。[3,4]

面对科学问题，研究者对认识对象不轻信，不盲从，自觉抱持一种分析、质疑、批判而弄清问题、探索真知、创新理论的思维方式和心理状态，就形成了问题意识。问题意识"就是对一些尚待解决的有科学价值的命题或矛盾的承认以及积极解决这些问题的自觉。"[5]大体上，问题意识包括"寻找问题，追溯问题，展示问题，阐释问题，解决问题"[6]等具体内涵，或者说包括"发现问题、界定问题、综合问题、解决问题、验证问题"[7]等具体环节。在这些环节中，关键是提出问题与解决问题。

在现代学术体制中，提出问题本来是研究者在大学阶段特别是研究生阶段应当完成的学术训练。遗憾的是，一些已经或即将进入新闻传播学术圈的研究者，对提出问题这个基本功却不求甚解，不甚了然，以致分辨不清研究对象与学术问题、学术领域与学术问题、社会现象与学术问题；也有不少人为多年的习惯套路所左右，缺乏明确的问题意识。2003年，潘忠党为"传播·文化·社会译丛"作《总序》，明确指出国内不少人"将'治学'等同于建构学科体系，于是，力图以各种方式阐述'大众传播学''体系'的教科书层出不穷，相比之下，提出

1 黄旦，丁未.传播学科"知识地图"的绘制和建构［J］.现代传播，2005（02）：23-30.
2 林定夷.科学问题的提出与价值评价［J］.求索，1988（04）：62-68.
3 波普尔.客观知识——一个进化论的研究［M］.舒炜光，卓如飞，周柏齐，等译.上海：上海译文出版社，1987：75.
4 岩崎允胤，宫原将平.科学认识论［M］.于书亭，译.哈尔滨：黑龙江人民出版社，1984：312.
5 王永斌.人文社会科学研究中的问题意识［N］.光明日报，2005-04-05（8）.
6 李思民.问题意识的理论阐释［J］.哈尔滨学院学报，2002（01）：75-80.
7 劳凯声.人文社会科学研究的问题意识、学理意识和方法意识［J］.北京师范大学学报，2009（01）：5-15.

并解答具有理论意义的问题的研究却乏善可陈。"针对这种种情形，潘忠党强调："应当大声疾呼：到现实中去，发掘具有理论意义的可作实证考察的问题！没有提出问题的'学'是空泛的，当然是'脱离实践'的；它是既无'学'也无'问'，而且是因无'问'而无'学'。所谓'学问'者，学习提问也！"

那么，"学术研究应提什么样的问题？或者说，什么是真问题？"潘忠党举例说，2000年前后学界和业界都关心的一个现象是传媒产业的整合（集团化），不同的问题由此产生：

○中国传媒集团如何做强、做大？（产业发展政策指导型问题）

○中国传媒产业集团正在如何组合？（现象描述型问题）

○在中国这一特殊的转型社会，党—国力量在传媒集团过程中的行使方式及其原因是什么？（理论建构型问题）

潘忠党认为，尽管针对传媒产业整合的问题绝不限于上述三个，但这三个问题显示了提问者的立足点与问题的类型。第一个问题的提出与解答是改革现象的一部分，也是提出第二个，尤其是第三个问题的人应该研究的对象之一部分。从第二个到第三个问题有逻辑递进和发展的关系，即从描述现象的过程中寻求理论的视角并提炼出理论问题。当然，真正有可能显示大众传播研究之学术价值的是第三个问题所代表的类型，即以理论学说为指导、以理论建构为目标的问题。[1]

在学术研究中，研究者既可针对媒介现实提出问题，也可针对理论研究提出问题。譬如，对于新闻的真实性，国内几乎所有的新闻学论著都要论述，但往往是在不同的理论范畴内讨论。首先，绝大多数的新闻学论著在讲新闻的基本特征时要讲真实性；其次，不少新闻学论著在讲新闻价值的要素时要讲真实性；再次，绝大多数的新闻学论著在讲新闻工作准则（或原则、要求）时要讲真实性。在同一门学科的理论体系中，一个概念既属于A，又属于B，还属于C。于是，笔者曾提出这样的问题：真实性在新闻理论体系中究竟归属于什么理论范畴？也就是说，我们在建构新闻理论体系时必须追问：（1）真实性是不是新闻的基本特征？（2）真实性是不是新闻价值的要素？（3）真实性是不是新闻工作准则？[2]

1　彼德斯.交流的无奈——传播思想史［M］.何道宽，译.北京：华夏出版社，2003：总序7-8.

2　董天策.新闻的真实性是什么？——兼论新闻理论体系的科学性［J］.新闻与传播研究，2004（03）：8-12.

值得注意的是，问题有真假，只有发现和提出真问题，才能使研究具有学术价值，才能促进学术进步。在学术研究中，问题是研究者理论积累和经验发现碰撞的产物。"真问题"是研究者基于一定的科学知识或理论背景且立足于现实经验而发现的有待解决的具有学术价值或现实意义的难题；而"假问题"，一方面可能是没有充分的现实经验作为依据的问题，另一方面可能是在一定的科学知识或理论背景中难以成立或者是已经解决的问题。

"假问题"不一定完全虚假，很可能是某种程度的不准确。譬如，对"新闻无学论"的判断是否准确，就值得商榷。有论者认为："'新闻无学论'不是一个无中生有或出于敏感而夸大的'假想敌'，而是客观存在于新闻学的发展过程中，并已然对新闻学的学科发展带来了消极影响的现实威胁者。"然而，作者检索文献的结果却是："在专业期刊上，很少见到'新闻无学论'白纸黑字的明确论述，在正式场合也很少有坦言直陈'新闻无学'的明确持论者"；直接宣称或阐释"新闻无学"的著述仅四处，出现在30年代后期至80年代前期，即：顾执中1937年发表的《经验便是新闻学》；中美日报读讯会1941年编的《新闻学的基础知识》认为"新闻学还是内容贫乏而混乱，似乎尚不够称之为科学的资格"；"文化大革命"前，康生、陈伯达认为新闻无科学可言，主张取消大学的新闻系；1984年初全国新闻职称评定委员会的一位副主任认为"新闻无学"，不必给新闻工作者评定职称。[1] 由此可见，"新闻无学论"尽管存在，但要说"流传近百年的形形色色的'新闻无学论'"，"已然对新闻学的学科发展带来了消极影响的现实威胁"，却没有多少客观证据。难怪有书评认为，反驳"新闻无学"，杀"小鸡"焉用"宰牛刀"？用一部洋洋洒洒近40万字篇幅的专著来批判"新闻无学"论，实乃小题大做，徒劳无益。[2]

新闻传播学术要创新，不仅要提出真问题，而且要关注大问题。科学社会学家朱克曼（Harriet Zuckerman）指出，"在著名的科学家当中，科学修养的主要标准是能否抓住'重要问题'和是否能想出新的解决方法。对他们来说，艰深的

1 唐远清.对"新闻无学论"的辨析及反思——兼论新闻学学科体系建构和学科发展［M］.北京：中国广播电视出版社，2008：8-12.
2 孔大为."新闻无学论"何以死而不僵——读《对"新闻无学论"的辨析及反思》一书的困惑［J］.青年记者，2011（09）：27-28.

问题和巧妙的解决方法使杰出的科学区别于仅仅是能干的或普通的科学。"[1] 在当前媒介化社会、全球化社会、转型期社会三重基本社会语境相互交织的中国社会历史进程中，新闻传播研究固然要研究一切值得研究的真问题，但也不能满足于战术层面、技术性问题的浅尝辄止，而要敢于研究那些直接影响到现实传媒发展格局与根本走向的重要问题、战略问题、根本问题，不断向纵深推进，才可能带来新闻传播研究的根本突破。

三、研究传统与学术创新

如果说问题是科学思考的焦点，那么理论就是其终极结果。[2] 换言之，发现和确立问题之后，科学研究要做的工作就是解答问题，建构理论。麻烦的是，恰如罗伯特·默顿（Robert King Merton）所说，理论"所指的对象是如此多种多样——包括从小的工作假设，到综合的但含糊不清和未经整理的思索，直至思想的公理体系——使这个词的运用常常不是导致而是阻碍理解。"因此，首先要解决的问题是如何界定"理论"。

罗伯特·默顿力倡"中层理论"，指出"中层理论既非日常研究中广泛涉及的微观但必要的工作假设，也不是尽一切系统化努力而发展出来的用以解释所能观察到的社会行为、社会组织和社会变迁的一致性的统一理论，而是指介于这两者之间的理论。"[3] 理查德·罗蒂（Richard Mckay Rorty）提出，不应把"理论"看成隶属于某一学科、对该学科性质和方法加以说明的一种系统表述，而应把它看成一种超然于具体学科之外，融智力史、伦理原则、社会预言和评价标准为一体的一种特殊话语[4]。乔纳森·卡勒（Jonathan Culler）发展了这一观点，从不同维度对"理论"作了界定：（1）理论是跨学科的话语，具有超出某一原始学科的作用；（2）理论是分析和推测，阐明对研究对象的某种认识；（3）理论是对常识的批评，是对被认定为"理所当然"的批评；（4）理论具有自反性，是关于思想的思想，是对话语实践中创造意义的范畴质疑。[5] 乔纳森·卡勒强调理论

1　朱克曼.科学界的精英——美国的诺贝尔奖金获得者［M］.周叶谦，冯世刚，译.北京：商务印书馆，1979：176.

2　黄光国.社会科学的理路［M］.北京：中国人民大学出版社，2006：170-171.

3　默顿.社会理论和社会结构［M］.唐少杰，齐心，等，译.南京：译林出版社，2006：59.

4　刘亚猛.什么是"理论"？［J］.外国语言文学，2006（04）：264.

5　卡勒.文学理论入门［M］.李平，译.南京：译林出版社，2008：16.

的"跨学科"性质，力求达到"统一理论"（"总体理论"/"理论体系"）的层面，是对理论超越（具体学科）性与普遍性的追求，理想化的色彩相当浓厚。

可见，从"小的工作假设"到"中层理论"，再到"统一理论"（"总体理论"/"理论体系"），都可称为"理论"。学术研究的终极目标与最高境界，便是形成或建构理论。在学术策略上，新闻传播研究要建构那种"统一理论"（"总体理论"/"理论体系"）是不太现实的，至少在目前是不太现实的。可行的路径应当是建构罗伯特·默顿所倡导的"中层理论"。事实上，除了像自由主义理论、社会责任理论、党报理论等宏大理论外，西方传播研究的进步主要体现在中层理论的不断建构。譬如传播效果理论，就先后产生了"魔弹论""有限效果论""创新扩散论""议程设置""沉默的螺旋""培养分析""信息鸿沟""第三人效果"等学说，从而使传播效果研究不断深化，不断发展。我国新闻传播研究的一个致命弱点，便是几乎没有提出诸如此类的原创性理论。追求原创性的理论建构，已成为摆在我国新闻传播学界面前的学术使命。

必须承认，能够达到建构"理论"或创建"理论体系"境界的学术研究，总是极少数。通常情况下，学术研究的结果多种多样："或者在一个崭新的领域有新的发现、建立新的理论；或者推翻原有的理论框架或部分结论，得出新的结论；或者证明前人的某些受到质疑的说法不谬，但这必须是在一种更高层次上的验证，并在部分论据论点上有所充实、有所发展"[1]；或者对人们熟悉的研究对象在新的理论视阈中重新加以探讨，得出新的认识成果；或者运用前人正确的理论来解决现实中的新问题，从而拓展或延伸原有的理论命题；或者对某一领域的文献资料进行深入的发掘整理，形成比较全面的资料汇集或文献分析。诸如此类，不一而足。

然而，无论结果如何，学术研究的灵魂和精髓却始终不曾改变，这就是学术创新。论者说得好，"学术创新是学术研究的本质和根本价值之所在。不断创新，是学术研究的本质特点；不断创新，也是学术研究存在的理由和必要性之所在，即是其生命力之所在。"[2]如何界定学术创新，言人人殊，莫衷一是。大体上，

---

1 翁飞.关于学术创新的几点认识［J］.学术界，2002（05）：28-32.
2 余三定.学术创新的本与末［N］.人民政协报，2011-11-28（C01）.

发现新问题，发掘新材料，运用新方法，提出新观点，建构新理论，开辟新领域，建立新学科，创立新范式，都属于学术创新的要素范畴。一项研究成果只要具备某些创新要素，就在某种程度上实现了学术创新。当然，它具备的创新要素越多，其创新程度就越强。

那么，新闻传播研究怎样才能实现学术创新呢？科学哲学告诉我们：学术研究要创新，就必须融入研究传统。拉瑞·劳丹（Larry Laudan）认为，每一门学科都有自己的研究传统。所谓"研究传统"，不是个别的理论，而是一种理论的系列，或者说知识的谱系。一方面，"每一个研究传统都显示出某些形而上学的方法论的信条，它们作为一个整体，表现出这个研究传统的个性并从而与其他研究传统相区别"。另一方面，"每一个研究传统都与一系列具体理论相联系，具体理论被构作出来以使研究传统的本体论具体化，并说明或满足该研究传统的方法论。"劳丹强调："研究传统是一组本体论规则，规定'能做什么'和'不能做什么'。""一切理论活动都发生在一定的研究传统背景之中"，也正是研究传统"通过其组成理论导致越来越多的经验问题和概念问题获得合适的解答。"[1]

如何把研究的问题纳入特定的研究传统呢？陈韬文曾以自己的博士论文为例作了具体说明：20 世纪 80 年代，他在美国明尼苏达大学攻读博士学位，以香港的媒介发展作为博士论文选题，导师是提出"知沟"（knowledge gap）理论的菲利普·蒂克诺（Phillip Tichenor）。如何让一个从未到过亚洲的美国学者接受其选题？可以说，将选题纳入有关的研究传统与知识谱系，是问题的关键。尽管香港政治过渡期的媒介变化本身具有"内在"的重要性，但无论如何也只是理论研究的个案。如果仅仅描述这一个案的变化，论文便停留在新闻专题分析的层次。如果从理论的高度来分析，论文所提出和解决的问题就具有理论价值："当社会的权力结构更替时，权力结构跟媒介如何互动？"大凡权力结构有过改变的地方或时期，不管是法国大革命、辛亥革命、1949 年新中国成立，以至 20 世纪末东欧解体、菲律宾人民革命、韩国的民主化，这个问题都适用。香港作为其中的一个案例，"代表"的是权力渐变模式，有别于革命剧变模式。这样一来，博士学位论文 *Mass Media and Political Transition：The Hong Kong Press in China's Obrit*

---

1 劳丹.进步及其问题［M］.2 版.刘新民，译.北京：华夏出版社，1999：80-95.

（《大众传媒与政治过渡：中国轨迹中的香港新闻媒体》）就把研究的问题纳入了权力结构的变革模式之中，使该研究超越地方知识的限制，在理论上与国际上找到对应的学术位置。[1]

当然，把自己研究的问题纳入一定的研究传统或知识谱系，并不是要研究者匍匐不前，而是要通过对研究传统或知识谱系的考察，更好地研究自己的问题，从而实现学术创新。借用冯友兰的话来说，并不是要"照着讲"，而是要"接着讲"，因为"自己怎么想，总要以前人怎么说为思想资料，但也总要有所不同"[2]。而且，这"接着讲"，既可以是"承接讲"，在前人的基础上有所发挥；也可以是"反着讲"，批判否定，另辟新说；甚至可以是"重新讲"，提出新问题，发表新见解，建构新理论。总之，在研究传统或知识谱系的烛照之下，自己研究的问题更容易"豁然开朗"，从而获得新的感悟与体认。譬如，新世纪以来蓬勃兴起的"民生新闻"从一出现就受到学界的高度关注，但究竟应当如何把握"民生新闻"的本质，众说纷纭，莫衷一是。笔者引入库恩的范式理论，明确提出民生新闻是一种新的新闻传播范式，本质上是一种具有中国特色的发展新闻学或发展传播学的新范式[3]。此说超越了此前的各种理论界说，可能是一种比较科学的阐释。

由于我国新闻传播学术的研究传统或知识谱系尚处在形成过程之中，研究传统或知识谱系方面的资源还相对有限。因此，把新闻传播研究的问题纳入特定的研究传统或知识谱系，就不能局限于新闻传播学自身的研究传统或知识谱系，而应当着眼于包括人文学科与社会科学在内的整个研究传统或知识谱系。陈韬文研究香港的媒介发展，着眼于权力结构的变革模式来研究权力结构跟媒介的互动，动用了社会学、政治学的理论资源。可见，新闻传播研究者只有拓宽学术视野，吸纳整个人文学科与社会科学的相关成果，从问题本身的性质与论域出发，寻找有效的研究框架与理论资源，确立可行的研究路径，在恰当的学术范式中展开研究，才能使自己的研究与人类社会已经取得的认识成果相衔接、相生发、相激荡，取得富有学理内涵和创新意义的成果，切实推动新闻传播学术的不断进步。

1　陈韬文.理论化是华人社会传播研究的出路：全球化与本土化的张力处理［C］// 张国良，黄芝晓.中国传播学：反思与前瞻——首届中国传播学论坛文集.上海：复旦大学出版，2002：146-156.

2　冯友兰.三松堂自序［M］.北京：人民出版社，2008：234.

3　董天策.民生新闻：中国特色的新闻传播范式［J］.西南民族大学学报，2007（06）：88-95.

四、余论

新闻传播学术创新，是改革开放以来新闻传播学术发展到今天所面临的时代课题。本文从反思迄今为止的新闻传播研究套路入手，着重探讨了强化问题意识与遵循研究传统两个问题。在笔者看来，强化问题意识与遵循研究传统是新闻传播学术创新必须解决的基本问题。只有这两个问题解决好了，新闻传播学术创新才不是一句口号，才不会成为一句空话。然而，解决这两个问题，只是解决了新闻传播学术创新的内在规范与学术理想。从学术生产场域来看，这种内在规范与学术理想要变成现实，还受到诸多社会因素的制约。换言之，新闻传播学术创新还有不少问题有待解决。譬如，学术问题与理论建构的主体性，学术研究者的独立性，学术共同体的建构，学术生产的编辑出版生态，学术生产的评价标准与评价机制，学术生产的社会环境与学术风气，都是必须加以正视并逐渐解决的问题。对这些问题的探讨，要做专门研究，不是本文所能一一论列的。

原载于《新闻与传播研究》2013 年第 2 期，人大复印报刊资料《新闻与传播》2013 年第 7 期全文转载。

新闻传播理论深化与创新的方法论路径

　　无论从学科发展、专业建设的现状看，还是从媒体变革、社会转型的现实看，新闻传播理论已到一个亟待拓展、深化、创新、变革的历史性节点。近年来对此问题的探讨逐渐密集。2014年，《新闻大学》《新闻记者》《新闻与写作》《青年记者》等刊物先后发表了反思、创新乃至重建新闻传播理论的研讨文章，《新闻记者》更在第9、12两期发表了两组多篇研讨文章，既各抒己见，又观点碰撞，引起较大反响。

　　如何推进新闻传播理论的深化与创新，对研究者个人来说，是一个学术智慧问题，见仁见智，各有取舍，难以一概而论；而对整个学术研究来说，却是一个方法论问题，即在学理路径上解决"怎么办"的问题。一般地说，方法论作为人们认识世界、改造世界的根本方法，是一种以解决问题为目标的体系或系统，是对一系列具体的方法进行分析研究、系统总结并最终提出的一般性原则。在新闻传播学研究中，究竟有没有推进新闻传播理论深化与创新的一般性原则呢？如果有，又是什么？又如何将其贯彻到研究之中？

　　应当说，学界对这些问题已做过不同维度、不同程度的探讨。譬如，谈得很多的传播学本土化，就是典型的方法论路径，也是自觉的方法论路径。除此而外，是注重学科体系建构还是突出问题研究，也是一个方法论路径问题。对此，一些文章有所涉及而未充分讨论。再有，新闻传播学界很少关注的研究传统与学术创新的关系，同样是一个方法论路径问题。从知识生产的角度看，充分把握这些方法论路径，对新闻传播理论的深化与创新具有十分重要的意义。

　　就逻辑结构而言，新闻传播理论深化与创新的方法论路径，首先是学术研究的取向问题，即是注重学科体系建构还是突出问题研究；其次是研究传统与学术创新的关系问题，即如何在研究传统的基础上进行理论的开拓创新；再次是西方学术与本土学术的关系问题，即如何在全球视野中做好本土学术研究。因此，本文将依次对这些方法路径展开具体论述。

一、体系建构与问题研究

在科学哲学或知识社会学的视域中,科学研究的"问题"极其重要。拉里·劳丹(又译:拉瑞·劳丹)指出,应将科学"理解为由精神和自然之间的辩证交换而引起的解题活动。"[1]解题就是解答问题,或解决问题。托马斯·尼克勒斯指出,"问题的明确提出和解决,是科学研究的核心。"[2]卡尔·波普尔强调:"科学和知识的增长永远始于问题,终于问题——愈来愈深化的问题,愈来愈能启发大量新问题的问题。"[3]这些论断表明,"善于提出和解决问题是科学研究的根本任务,不能提出和解决问题,科学的生命也就停止了。"[4]

不用说,学术研究以问题研究为取向,才符合科学进步或知识增长的内在规律。然而,新闻传播学界长期以来的学术实践却是以学科体系建构为取向,格外重视新闻(传播)理论体系的建构,把理论体系的有无以及质量高低,看成一门学科是否成熟的尺度。因而,建构新闻(传播)理论体系,始终是众多学人念兹在兹的大事。改革开放以来,从甘惜分出版《新闻理论基础》(1982)开始,先后出版了大量教材及个别专著,如李良荣《新闻学概论》(1985)、郑保卫《新闻学导论》(1989)、刘建明《宏观新闻学》(1991)、成美、童兵《新闻理论简明教程》(1993)、黄旦《新闻传播学》(1995)、杨保军《新闻理论教程》(2005)、陈作平《新闻理论新思路:新闻理论范式的转型与超越》(2006),无不以建构新闻理论体系为己任[5]。教育部"九五"社科规划项目有"建设有中国特色的新闻理论体系"课题,由丁柏铨主持,其最终成果《中国新闻理论体系研究》于2002年出版。对于即便在欧美也尚未形成核心理论体系的传播学,国人也热衷于理论体系的建构。1993年,第三次全国传播学研讨会提出建设"中国特色的传播理论体系"[6]。十年后,有青年学人将"中国当代传播研究中的理论体系建构"作为选题,写成博士学位论文[7]。

1 劳丹.进步及其问题[M].刘新民,译.北京:华夏出版社,1990:2-7.

2 NICKLES T. Scientific Discovery, Logic, and Rationality[M]. Dordrecht, Holland: D. Reidel Publishing Company, 1980: 33.

3 波普尔.猜想与反驳——科学知识的增长[M].傅纪重,纪树立,周昌忠,等译.上海:上海译文出版社,1986:318.

4 刘梅.高校哲学社会科学研究的问题意识与理论创新[J].技术与创新管理,2005(01):22-25.

5 纪忠慧.新闻理论体系建构的三个十年[J].国际新闻界,2008(12):18-23.

6 王怡红,胡翼青.中国传播学30年[M].北京:中国大百科全书出版社,2010:103-104.

7 庹继光.中国当代传播研究中的理论体系建构[D].成都:四川大学,2004:1-180.

事实上，学科理论体系建构，往往体现为教科书对该学科的各种理论学说的系统整理和归纳。说到底，这样的理论体系并非真正意义上的理论体系，而是一门学科的知识架构或知识体系。如果说理论就是明确的概念体系，那么，报刊的自由主义理论，社会责任理论，新闻专业主义，党报理论，等等，自然是理论。对于这些理论，教科书都会按照一定的知识架构将其组织起来加以介绍，由于各自的理论范畴不同，很难从中提炼出更高层面的能够贯穿这些不同理论的具有内在统一性的理论体系。因此，新闻传播学的理论体系建构，其实是一种对本学科各种理论学说的归纳整理，是一种系统化的学科知识建构。

从知识生产的角度看，这样一种学科知识建构，有利于知识的传承，却并未带来知识的增长。知识的增长，即理论的创新，是从解决问题开始的。按波普尔的说法，"一种科学理论，一种解释性理论，只不过是解决一个科学问题的一种尝试，也就是解决一个与发现一种解释有关或有联系的问题。"[1] 因此，新闻传播理论的深化与创新，必须强化问题意识，以问题研究为中心，而不是以理论体系建构为中心。

当然，在新闻传播学科从无到有的过程中，"把构建学科知识地图摆在首要位置也是必然的、必要的"。这是因为，"学科知识地图"即学科知识体系的建构，对于学科地位的合法化、专业教育的开展、学术共同体的形成，具有重要意义。然而，在学科格局基本确立的情况下，新闻传播研究应当毫不犹豫地从学科体系取向转变为问题研究取向，要"从教材转向专著，从学科转向领域，从一般的知识性介绍转向问题研究"[2]。

什么是"问题"？问题就是认识过程中的"疑难"，大致分为两类：一类是"知识性疑难"，即认识主体对科学背景知识无知而产生的疑难，反映出认识个体当前认识能力与对问题的求解理想之间的差距，教学过程中学生的"疑难"就是典型的例子；另一类是"科学探索性疑难"，产生于对科学背景知识的分析，反映出当前科学技术能力与对问题的求解理想的差距，科学探索性疑难成为真正

---

1 波普尔.猜想与反驳——科学知识的增长［M］.傅纪重，纪树立，周昌忠，等译.上海：上海译文出版社，1986：317-318.

2 黄旦，丁未.传播学科"知识地图"的绘制和建构［J］.现代传播，2005（02）：23-30.

意义上的"科学问题"。[1] 如果明确定义,科学问题就是认识主体基于一定的科学知识或理论背景,为解决科学认识和科学实践中需要解决而未解决的疑难、冲突或矛盾而提出的求解目标或解答任务。[2,3]

当前,网络与新媒体正在全面改写人类传播的基本格局,PC 互联网,移动互联网,网络媒体,自媒体,社交媒体,媒体融合,全媒体,大数据,智能传播……这些正在蓬勃发展的信息技术、计算机技术、通信技术,使新闻传播业面临前所未有的机遇与挑战。在传播格局的历史性巨变中:哪些传统的新闻传播理论需要修正;哪些传统的新闻传播观念需要更新;传统媒体与新兴媒体如何融合;媒体新闻与公民新闻如何建构合理的新闻生态;相应于全新的媒介现实,应如何建构新型的公共领域;新闻传播学科应当如何转型或重建;[4,5] 诸如此类,都是当前新闻传播研究需要回答的理论问题。

早在 2003 年,潘忠党在"传播·文化·社会译丛"《总序》中指出:"将'治学'等同于建构学科体系,于是,力图以各种方式阐述'大众传播学''体系'的教科书层出不穷,相比之下,提出并解答具有理论意义的问题的研究却乏善可陈。针对这方面的问题,我们应当大声疾呼:到现实中去,发掘具有理论意义的可作实证考察的问题!没有提出问题的'学'是空泛的,当然是'脱离实践'的;它是既无'学'也无'问',而且是因无'问'而无'学'。所谓'学问'者,学习提问也!"并以当时的传媒产业集团化现象为例,说明"学术研究应提什么样的问题?或者说,什么是真问题?"他列举了如下三个问题:

○中国传媒集团如何做强、做大?(产业发展政策指导型问题)

○中国传媒产业集团正在如何组合?(现象描述型问题)

○在中国这一特殊的转型社会,党—国力量在传媒集团过程中的行使方式及
　其原因是什么?(理论建构型问题)

1　林定夷.科学问题的提出与价值评价[J].求索,1988(04):62-68.
2　波普尔.客观知识——一个进化论的研究[M].舒炜光,卓如飞,周柏齐,等译.上海:上海译文出版社,1987:75.
3　岩崎允胤,宫原将平.科学认识论[M].于书亭,译.哈尔滨:黑龙江人民出版社,1984:312.
4　黄旦.整体转型:关于当前中国新闻传播学科建设的一点想法[J].新闻大学,2014(06):1-8.
5　孙玮.为了重建的反思:传播研究的范式创新[J].新闻记者,2014(12):50-58.

潘忠党认为，尽管针对传媒产业整合的问题绝不限于上述三个，但这三个问题显示了提问者的立足点与问题的类型。第一个问题的提出与解答是改革现象的一部分，也是提出第二个，尤其是第三个问题的人应该研究的对象之一部分。从第二个到第三个问题有逻辑递进和发展的关系，即从描述现象的过程中寻求理论的视角并提炼出理论问题。当然，真正有可能显示大众传播研究之学术价值的是第三个问题所代表的类型，即以理论学说为指导、以理论建构为目标的问题。[1]

时至今日，新闻传播学的不少研究生和一些博士生，甚至一些新闻传播学研究者，不仅缺乏问题意识，写起论文来也是教科书体例。这种状况，并非个别，具有相当程度的普遍性。因此，强化问题意识、突出问题研究的方法论路径，尚有待学界共同努力，才能真正内化为整个新闻传播学界自觉的方法论路径。

二、研究传统与学术创新

如果说问题是学术思考的焦点，那么理论就是其终极结果。[2]发现和确立问题之后，学术研究的任务就是解答问题、建构理论。形成或建构理论，也是学术研究的终极目标与最高境界。

当然，最终能够建构"理论"或创建"理论体系"的学术研究毕竟是极少数。学术研究的常态结果多种多样："或者在一个崭新的领域有新的发现、建立新的理论；或者推翻原有的理论框架或部分结论，得出新的结论；或者证明前人的某些受到质疑的说法不谬，但这必须是在一种更高层次上的验证，并在部分论据论点上有所充实、有所发展"[3]；或者对人们熟悉的研究对象在新的理论视域中重新探讨，得出新的认识成果；或者运用前人正确的理论来解决现实中的新问题，从而拓展或延伸原有的理论命题；或者对某一领域的文献资料进行深入的发掘整理，形成比较全面的资料汇集或文献分析；诸如此类，不一而足。

无论如何，学术研究的灵魂和精髓始终不曾改变，这就是学术创新。"学术创新是学术研究的本质和根本价值之所在。不断创新，是学术研究的本质特点；不断创新，也是学术研究存在的理由和必要性之所在，即是其生命力之所在。"[4]

---

1 潘忠党.传播·文化·社会译丛·总序［M］//凯瑞.作为文化的传播："媒介与社会"论文集.丁未，译.北京：华夏出版社，2005：总序2-3+4.

2 黄光国.社会科学的理路［M］.北京：中国人民大学出版社，2006：170-171.

3 翁飞.关于学术创新的几点认识［J］.学术界，2002（05）：28-32.

4 余三定.学术创新的本与末［N］.人民政协报，2011-11-28（C01）.

大体上，学术创新可划分为三个不同的层次："第一层次是原创性创新，即研究的是前人没有研究过的问题，提出了前人没有提出过的新观点或新理论；第二层次为持续性创新，即研究是在别人研究的基础上进行的，是对已有理论的补充与深化；第三个层次是应用性创新，即借用别人的理论来研究现实中的新问题。"[1]

问题在于，学术创新如何成为可能？科学哲学告诉我们：学术创新必须建立研究传统的基础之上。拉瑞·劳丹指出，所谓"研究传统"，不是个别的理论，而是一种理论的系列，或者说知识的谱系。"研究传统是一组本体论规则，规定'能做什么'和'不能做什么'。"正是研究传统"通过其组成理论导致越来越多的经验问题和概念问题获得合适的解答。"[2]卡尔·波普尔也强调，"所有知识的增长都在于修改以前的知识——或者是改造它，或者是大规模地抛弃它。知识绝不能始于虚无，它总是起源于某些背景知识——即在当时被认为是理所当然的知识——和某些困难以及某些问题。"[3]

当然，把研究的问题纳入一定的研究传统或知识谱系，并非让研究者匍匐不前，而是通过对研究传统或知识谱系的考察，更加深入而且创造性地研究自己的问题，从而实现学术创新。借用冯友兰的话来说，并不是要"照着讲"，而是要"接着讲"，因为"自己怎么想，总要以前人怎么说为思想资料，但也总要有所不同"[4]。而且，这"接着讲"，既可以是"承接"讲，在前人的基础上有所发挥；也可以是"反着"讲，批判否定，另辟新说；甚至可以是"重新"讲，提出新问题，发表新见解，建构新理论。总之，在研究传统或知识谱系的烛照之下，自己的研究更容易"豁然开朗"，获得新的感悟与体认。

如何把研究的问题纳入特定的研究传统？陈韬文以自己的博士论文为例做过说明：20世纪80年代，他在美国明尼苏达大学攻读博士学位，以香港的媒介发展作为博士论文选题。尽管香港政治过渡期的媒介变化本身具有"内在"的重要性，但仅仅是理论研究的个案。如果只描述这一个案的变化，论文便停留在新闻专题

1　董泽芳.博士学位论文创新的十个切入点［J］.学位与研究生教育，2008（07）：12-17.

2　劳丹.进步及其问题［M］.2版.刘新民，译.北京：华夏出版社，1999：80-95.

3　波普尔.客观知识——一个进化论的研究［M］.舒炜光，卓如飞，周柏齐，等译.上海：上海译文出版社，1987：75.

4　冯友兰.三松堂自序［M］.北京：人民出版社，2008：234.

分析的层次。而从理论的高度来分析，论文所提出和解决的问题就具有理论价值："当社会的权力结构更替时，权力结构跟媒介如何互动？"大凡权力结构有过改变的地方或时期，不管是法国大革命、辛亥革命、1949 年新中国成立，以至 20 世纪末东欧解体、菲律宾人民革命和韩国的民主化，这个问题都适用。香港作为其中的一个案例，"代表"的是权力渐变模式，有别于革命剧变模式。这样一来，博士学位论文 *Mass Media and Political Transition: The Hong Kong Press in China's Obrit*（《大众传媒与政治过渡：中国轨迹中的香港新闻媒体》）就把研究的问题纳入权力结构的变革模式之中，使该研究超越地方知识的限制，在理论上与国际上找到对应的学术位置。[1]

我国新闻传播研究的一个严重弊端，恰恰是众多研究者对研究传统缺乏充分的了解、考察、分析，就事论事地发表意见。业界在专业刊物上大量发表"有感而发的体会文章"，或许情有可原。新闻传播学者也迎合"这种快餐式体会文章的潮流，经常在学术刊物上撰写有感而发的短文"[2]，就很不学术了。遗憾的是，即使一些学术论文，对于相关背景知识、理论资源的文献综述，往往也比较随意，只涉及能够方便查阅的二手文献、转手材料，而对有关研究传统的原始文献、权威文献及其学术发展脉络，却语焉不详。其结果，不仅局限了问题的深化，而且局限了学理的深入，不是谈不上学术创新，就是使学术创新大打折扣。

显然，新闻传播理论的深化与创新，不仅要面对深刻变革的传媒现实、面对日新月异的传播科技、面对全球化进程与中国崛起，去研究现实中富有学理的问题，而且要拓宽学术视野，夯实研究传统，丰厚学术底蕴。对研究者个人来说，做任何一项研究，都要把自己的问题建立在相关论域的理论脉络之中，以对学术背景的阐释作为研究基础。对新闻传播学科来说，则应当加强对重要理论学说的专题研究，梳理各种理论学说的发展脉络、理论价值与现实意义，把握其理论精髓，澄清其错误与局限，从而建构起科学的理论发展脉络。譬如，自由主义新闻理论，马克思主义新闻理论，新闻专业主义，议程设置理论，传播政治经济学，

1　陈韬文.理论化是华人社会传播研究的出路：全球化与本土化的张力处理［C］//张国良，黄芝晓.中国传播学：反思与前瞻——首届中国传播学论坛文集.上海：复旦大学出版社，2002：146-156.

2　何志武，孙旭培.有感而发不是定性研究——对于新闻学定性研究的思考［J］.国际新闻界，2007（02）：44-47.

媒介环境学派，公民新闻，……诸如此类乃至更加细化的专题研究，对于新闻传播理论的深化与创新，都是必不可少的学术功夫。

由于我国新闻传播学的研究传统或知识谱系尚处于形成过程之中，研究传统或知识谱系方面的资源相对有限。因此，强化研究传统，就不能局限于新闻传播学自身的研究传统或知识谱系，而应当着眼于包括人文学科与社会科学在内的整个研究传统或知识谱系。譬如，21世纪以来蓬勃兴起的"民生新闻"从一出现就受到学界的高度关注，但究竟应当如何把握"民生新闻"的本质，众说纷纭，莫衷一是。笔者从科学哲学中引入库恩的范式理论，提出民生新闻是一种新的新闻传播范式，本质上是一种具有中国特色的发展新闻学或发展传播学的新范式[1]。此说超越此前的各种理论界说，可能是一种比较科学的阐释。由此可见，只有拓宽学术视野，吸纳整个人文学科与社会科学的相关成果，从问题本身的性质与论域出发，寻找有效的研究框架与理论资源，确立可行的研究路径，在恰当的学术范式中展开研究，才能使自己的研究与人类社会已经取得的认识成果相衔接、相生发、相激荡，取得有价值的研究成果，切实推进新闻传播理论的深化与创新。

三、全球视野与本土学术

现代新闻传播业率先在西方发达国家产生，新闻学与传播学也率先在西方发达国家形成，我国的新闻传播学是在引进的基础上逐渐发展起来的。新闻学的开山之作——徐宝璜的《新闻学》是"取材于西籍"并根据自己的理解加以完善而写成的[2]；传播学研究则是在改革开放以后系统引进的；即便我国的党报理论，也是根据列宁的党报思想而发展起来的。尽管我们在学习借鉴中有了自己的理解与创造性发挥，形成了"典型报道""正面宣传""民生新闻"等相当中国化的理念与实践，但真正独创的理论学说还不多。引进、借鉴西方的新闻学与传播学，自然会产生如何对待中国学术与西方学术的关系问题。只有处理好这个问题，才能真正创造出别具一格、自成一体的理论成果。

20世纪中期，在当时的社会历史条件下，基本上是从阶级对立的斗争哲学出发，将新闻学划分为资产阶级新闻学与无产阶级新闻学，然后对资产阶级新

1　董天策.民生新闻：中国特色的新闻传播范式［J］.西南民族大学学报，2007（06）：88-95.

2　徐宝璜.新闻学［M］.长春：时代文艺出版社，2009：5.

闻学进行批判。从 1942 年延安整风开始一直到十年"文化大革命"期间，包括五四时期徐宝璜等人创建的以"新闻为本位"的新闻学，都被视为"资产阶级的新闻学"而加以批判[1]。20 世纪五六十年代，中国大陆最初译介传播学的动机，也是为"批判西方资产阶级新闻学"提供材料[2]。结果，新闻实践与新闻研究全面转向"以党报为本位"的"无产阶级新闻学"，不仅被意识形态"权力话语"所支配，更在"反右运动"和"文化大革命"中走上"阶级斗争工具""无产阶级专政工具"的极端道路。十一届三中全会以后，新闻学研究重新起步，以新闻为本位的新闻观念开始回归，对新闻规律的思考成为主题。[3,4]在此背景下，传播学才得以正式引进，希望利用大众传播研究中某些有用的理论和方法，来促进新闻学研究，推动新闻事业发展[5]。因此，自 1978 年正式引进传播学以来，就面临如何让西方传播学与中国实际相结合的现实问题，传播学本土化也就提上学术日程。

从 1982 年第一次全国传播学研讨会提出"系统了解、分析研究、批判吸收、自主创造"的 16 字方针，到 1986 年第二次全国传播学研讨会提出"建立有中国特色的传播学"的学术目标，通常被视为传播学本土化的开始，且有学者将 80 年代看成本土化的一个阶段[6]。不过，80 年代除了学术立场的宣示，本土化并未有什么实质性进展，故可存而不论。进入 90 年代之后，才真正有明确的本土化倡导与实践。1993 年和 1997 年，在余也鲁、徐佳士的推动下，大陆与港台学者在厦门两次召开"海峡两岸中国传统文化中传的探索座谈会"，本着"应该可以从中国的历史中找寻到许多传的理论与实际，用来充实、光大今天传播学的领域"[7]的学术愿景，力图从中国传统文化中发掘本土化的传学理论与传学史料。

1997 年，孙旭培的《华夏传播论》出版，堪称本土化的标志性成果。2001 年，

1　陈力丹.五四新文化运动和中国的新闻学［M］//胡惠林，陈昕，单世联.文化战略与管理：第 2 卷.上海：上海人民出版社，2013.

2　王怡红，杨瑞明.历程与趋势：改革开放以来的中国传播学［G］//中国社会科学院社会政法学部集刊编辑委员会.中国社会科学院社会政法学部集刊（第 2 卷）：改革开放 繁荣发展.北京：社会科学文献出版社，2009：577.

3　单波.论二十世纪中国新闻业和新闻观念的发展［J］.现代传播，2001（04）：24-30.

4　谢鼎新.中国新闻学研究的现代化进程［J］.山东社会科学，2009（10）：50-54.

5　本刊讯.第二次全国传播学学术讨论会召开［J］.国际新闻界，1986（04）：19-22.

6　刘海龙.传播研究本土化的两个维度［J］.现代传播，2011（09）：43-48.

7　余也鲁，郑学檬.从零开始：首届海峡两岸中国传统文化中传的探索座谈会论文集［C］.厦门：厦门大学出版社，1994：6.

又有"华夏传播研究丛书"出版，包括《说服君主：中国古代的讽谏传播》《汉字解析和信息传播》《传在史中：中国传统社会传播史料初编》三本著作。2005年，金冠军、戴元光主编的四卷本《中国传播思想史》出版，成为国内系统挖掘整理中国传播思想资源的重要成果。在世纪之交，与这种"回到过去"的本土化研究路径相区别，张国良提出了第二条路径："借鉴世界前沿的传播学理论和方法，在此基础上，努力摸索本土传播学研究的特色，可谓'拿来主义'取向。"[1]张国良等一批学者的具体做法，是在中国语境下对"议程设置理论""沉默的螺旋理论""使用满足理论""涵化理论""知沟理论"等西方传播理论进行本土的验证。

　　"回到过去"与"拿来主义"的路径尽管在操作方式上有所不同，但在方法论上无不秉持"西方理论，中国经验"的研究路径[2]，或者说"全球知识，本地实践"的思维框架[3]。其结果，仅仅是在本土的语境中，或对原有理论做了自己的理解与阐发，或进行了新的验证，其价值不容抹杀，却未最终达成传播理论的自主创新。有学者评论说，"由于研究问题的缺失，余也鲁团队从古代传播的现象中整理出来的一系列结论仍然是经验，而不是理论。"而"随意地把西方理论与其语境剥离开，并不假思索地套用到所谓的'中国经验'之上，或是直接类比，或是移花接木，完全不顾二者之间的互动"，"任何理论建构都只是空中楼阁"[4]。何以如此？因为"从方法论上说，本土化路径以中国的例子来验证西方的理论，运用的是把西方理论放在中国经验中加以验证的演绎逻辑（即便运用归纳法的背后也暗含着演绎法，且被后者所支配）。该路径不是因为解释了中国经验而创建了中国理论，反而是借助中国的经验强化了西方的理论，从而导致了研究手段与目的相背离，研究结果与研究目标渐行渐远。"[5]

1　张国良.中国传播学的兴起、发展与趋势［J］.理论月刊，2005（11）：5-10.
2　胡翼青.传播研究本土化路径的迷失——对"西方理论，中国经验"二元框架的历史反思［J］.现代传播，2011（04）：34-39.
3　李智.在"理论"与"经验"之间——对中国传播研究二元路径的再思考［J］.国际新闻界，2011（09）：33-39.
4　胡翼青.传播研究本土化路径的迷失——对"西方理论，中国经验"二元框架的历史反思［J］.现代传播，2011（04）：34-39.
5　李智.在"理论"与"经验"之间——对中国传播研究二元路径的再思考［J］.国际新闻界，2011（09）：33-39.

那么，究竟应当如何本土化才能实现学术创新的根本目标呢？在有关的讨论中，学界已有基本的共识。譬如，超越西方理论与中国经验的二元对立，"需要理论与经验自然地融合和互动"[1]；"在学术全球化语境下，……以西方传播理论为先导（范导），以中国传播经验为依据，成就相对独立自主而又世界通行的传播学术知识"[2]。问题在于，如何才能把这样的原则性理念变成具体的操作方式？刘海龙认为，要处理好"中国传播研究本土化背后的两对张力"，即"应用与理论的张力、特殊性与普遍性的张力"，并进而提出了"进行本土化研究的四个行动路径"[3]，不失参考价值。学者汪琪长期致力于本土传播研究，最近提出了更富有学理性与建设性的解决方案。她借用库恩科学范式理论中的"不可共量性"（incommensurability，大陆译为"不可通约性"）与"可共量性"（大陆表述为"可通约性"）两个概念，来处理本土传播研究中的矛盾：

> "不可共量性"让我们免于武断、轻率地推论、引领我们经由诠释的功夫，找到本土经验与外来理论"可共量"的部分；而"可共量性"让我们找到理论对话与交流的基础，两者的对比，更蕴含无数理论创新的线索。换言之，无论做研究的人选择将重点放在外来理论与本土现象的可共量性或不可共量性，他都已经不仅仅是要指出本土的特殊或普同之处（也就是"what"的问题），而是描述本土经验"如何"展现独特性、它与（外来）理论论述间"如何"相通（也就是"how"的问题），以及这两者相互观照所透露的意涵。如此，做到"立足本土"的同时，才可能也做到"放眼天下"；而我们眼前的所谓"天下"，也才不至于沦为"西方的自白"。

汪琪在讨论此问题之际，来了个釜底抽薪。鉴于"许多人在谈本土化的时候，常把'中'和'西'、'社会现实'与'理论'、'西方'与'去西方'对立起来"，陷入"二元对立"的思考模式，她提出用"发展本土学术"的概念来取代"本土化"的概念。[4]陈韬文认为，传播理论本土化有三个层面或三个阶段：一是简单地移植，

1　胡翼青.传播研究本土化路径的迷失——对"西方理论，中国经验"二元框架的历史反思［J］.现代传播，2011（04）：34-39.

2　李智.在"理论"与"经验"之间——对中国传播研究二元路径的再思考［J］.国际新闻界，2011（09）：33-39.

3　刘海龙.传播研究本土化的两个维度［J］.现代传播，2011（09）：43-48.

4　汪琪，肖小穗.本土传播研究的下一步［J］.传播与社会学刊，2014（29）：1-15.

把外来的理论直接应用在本土社会；二是因为本土社会的特殊性而对外来理论作出补充、修订或否定；三是建基于本土社会的原创理论。[1]汪琪的"发展本土学术"概念，也就是陈韬文所说的"建基于本土社会的原创理论"研究。话语更新之后，更有利于我们科学地把握"全球视野"与"本土学术"的关系。

按汪琪的说法，真正意义上的传播研究本土化，就是立足本土社会，又在"全球视野"中来"发展本土学术"。祝建华说得好，应"从本土实情出发（而不是从某一理论或假设出发）、广泛搜索国际学术界的知识巨库、从中严格选择直接相关而又能够操作化的概念、命题或框架，以此为基础而发展本土化理论。"[2]对此，秦晖所说"'主义'可拿来，'问题'须土产，理论应自立"[3]的学术路径，也极富启发意义。具体而言，以下两方面的操作要领，既是对"发展本土学术"的具体化，又是对本文一、二部分所述方法论路径的照应。

首先，要有明确的本土问题意识，要分析研究中国语境中的新闻传播问题。像潘忠党所说的那样，"我们的落脚点只是中国，分析的是中国的问题，以期建构的是解答中国的问题的理论和话语。""无论我们采纳什么取向、运用什么方法，我们都得将分析的目光投向我们所身处的现实，都要考察对现实经过独立思考后而提出的问题，都要就这些问题展开系统的经验观察，并且采取理论的资源——我们批判的武器——分析这些观察，以期对所提问题作出解答，并同时都要对自己所采用的批判的武器展开批判。""这么做了，做好了，我们的研究可对其他国家、文化有参照意义，才有可能拓展出学术对话的空间。"[4,5]

其次，要在认真梳理古今中外研究传统的基础上进行学术创新。汪琪讲得很清楚，从事一项研究的"文献探讨"非常关键："作者必须兼顾空间的横向轴线与时间的纵向轴线。横向轴线包括'外来'与本土文献，而纵向轴线则包括理论与概念的历史文化脉络，以及一项理论论述从提出以来的讨论。过去本土研究之

1　陈韬文.理论化是华人社会传播研究的出路：全球化与本土化的张力处理［C］//张国良，黄芝晓.中国传播学：反思与前瞻——首届中国传播学论坛文集.上海：复旦大学出版社，2002：146-156.

2　祝建华.精确化、理论化、本土化：20年受众研究心得谈［J］.新闻与传播研究，2001（04）：69-73.

3　秦晖.求索于主义与问题间［M］//秦晖.问题与主义：秦晖文选.长春：长春出版社，1999：438-468.

4　潘忠党.传播·文化·社会译丛·总序［M］//凯瑞.作为文化的传播："媒介与社会"论文集.丁未，译.北京：华夏出版社，2005.

5　潘忠党.反思、思维的独立和研究真问题［J］.新闻大学，2008（02）：31-34.

所以经常陷于'套用'西方框架的泥沼而不自拔，一方面是因为作者不重视它与本土脉络之间的歧异与共通之处，另一方面也因为他经常忽略了这框架的利弊得失，而利弊得失的讨论，直接牵引着作者所要提出的主张。"[1]

四、结语

综上所述，本文主要从科学哲学与知识社会学的角度，着眼于知识生产的视域，对新闻传播理论深化与创新的方法论路径做了较为全面的梳理。体系建构与问题研究，研究传统与学术创新，全球视野与本土学术，这些问题如此复杂，即便分别探讨，也不容易阐述清楚。作为方法论路径，它们相互关联，且层层深入，对其做一番总体论述，或许有助于我们更好地把握新闻传播理论深化与创新的内在规律。

当然，要将上述三重方法论路径全面贯彻到新闻传播学研究之中，还需要我们建立健全学术研究的主体性、独立性、批判性，建立健全学术研究的规范性与超越性，建立健全学术共同体的价值追求与使命担当。对这些问题，本文无法展开，只有点到为止。

原载于《当代传播》2015 年第 4 期，人大复印报刊资料《新闻与传播》2015年第 10 期全文转载，补出发表时编辑删节的文字。

1　汪琪，肖小穗.本土传播研究的下一步［J］.传播与社会学刊，2014（29）：1-15.

新闻传播研究的问题意识与学术追求

从历史发展进程看，当前正处于人类第三次传播革命爆发期。第一次是印刷传播革命，第二次是电子传播革命，第三次是如今的网络传播革命。新闻传播就是在这样的传播革命进程中诞生并发展的。置身于第三次传播革命的当口，网络与新媒体发展所造成的巨大变革而产生的各种问题，无疑就是新闻传播研究面临的新课题、新方向。无论是业界还是学界，近年来已把这样的新课题、新方向作为新闻传播研究的主轴。

时代的"问题单子"是如此繁复多样，业界学界对新课题、新方向的研究已是急管繁弦，"嘈嘈切切错杂弹，大珠小珠落玉盘"。别的不说，单是看看2015、2016国家社科基金的课题指南，就不难明白其丰富性与多样性。对新闻传播研究来说，要研究什么已不是问题，而如何研究才是问题。因此，我愿借此机会谈谈新闻传播研究的问题意识与学术追求。

当然，对于那些优秀的学者来说，问题意识与学术追求根本就不是问题。这是因为，一个学者没有问题意识与学术追求，自然无法做出有价值的成果，也就不可能成为优秀的学者。因此，优秀的学者总是具有强烈的问题意识，总是具有高远的学术追求。遗憾的是，由于种种原因，缺乏问题意识，缺乏学术追求，不能不说仍是我国新闻传播学界一种亟待改进的现实情况。

之所以这样说，是因为围绕新媒体、媒体融合、网络舆情、数据新闻、"两微一端"等新课题、新方向而展开的研究论文，相当普遍地存在着一窝蜂追逐时尚热点的情形。有些"论文"，不外乎描述某种现象，或举例说明某种理论，或抒发个人对某种问题的经验感受，最多也就相当于新闻专题的水平。其等而下之者，"要么是老生常谈的东西，要么是伪问题，有些甚至根本是在无病呻吟——连问题都没有"。[1] 结果，就出现当年美国社会学家米尔斯所批评的现象："许

---

1 吴飞.贴地慢行，慎思细问[M]//王怡红，胡翼青.中国传播学30年：1978—2008.北京：中国大百科全书出版社，2010：568.

多学术上的狂热不到一年，在尚未冷静下来之前，就被新的狂热所代替。这种热情或许可以给文化活动增添一些佐料，但却没留下什么学术发展的痕迹。"[1]

哲学家卡尔·波普尔说过："科学和知识的增长永远始于问题，终于问题——愈来愈深化的问题，愈来愈能启发大量新问题的问题。"[2]因此，"善于提出和解决问题是科学研究的根本任务，不能提出和解决问题，科学的生命也就停止了。"[3]在科学研究中，"问题"不是研究对象，也不是课题名称，也不是研究主题，"问题"是研究者基于一定的科学知识或理论背景，为解决科学认识和科学实践中需要解决而未解决的疑难、冲突或矛盾而提出的求解目标或解答任务。[4,5]

值得注意的是，问题有真假。只有那些现实社会中需要解决而整个学界尚未解决的疑难、冲突或矛盾，才是真正意义上的问题。如果是现实社会中需要解决，而学界已有人解决了的疑难、冲突或矛盾，只是你个人尚未理解，那就只是你个人的"知识性疑难"，而不是科学研究的求解目标或解答任务。假如你硬要将其当作问题来研究，那就是假问题。还有，那种没有充分的现实经验作为依据的问题，也是假问题。应当如何发现和提出"真问题"？一方面，问题要有现实意义，要着力解决社会发展所急需解决的问题；另一方面，问题要有理论价值，在解决社会现实问题的过程中对理论发展或知识增长有所贡献。

当前，网络与新媒体正在全面改写人类传播的基本格局，PC互联网、移动互联网、网络媒体、自媒体、社交媒体、媒体融合、全媒体、大数据、智能传播……这些正在蓬勃发展的信息技术、计算机技术、通信技术，使新闻传播业面临前所未有的机遇与挑战。在传播格局的历史性巨变中，新媒体对传统媒体带来了哪些挑战与机遇？新媒体如何进行内容生产？新媒体如何运营与发展？传统媒体与新兴媒体如何融合发展？媒体新闻与公民新闻如何建构合理的新闻生态？相应于全新的媒介现实，应当如何建构新型的公共领域？传统的新闻传播理论有哪些需要修正与创新？新闻传播学科面对新的传播现实应当如何转型或重建？所有这些，

1　米尔斯.社会学的想象力［M］.陈强，永强，译.北京：生活·读书·新知三联书店，2005：12.

2　波普尔.猜想与反驳——科学知识的增长［M］.傅纪重，纪树立，周昌忠，等译.上海：上海译文出版社.1986；318.

3　刘梅.高校哲学社会科学研究的问题意识与理论创新［J］.技术与创新管理，2005（01）：22-25.

4　波普尔.客观知识——一个进化论的研究［M］.舒炜光，卓如飞，周柏齐，等译.上海：上海译文出版社，1987：75.

5　岩崎允胤，宫原将平.科学认识论［M］.于书亭，译.哈尔滨：黑龙江人民出版社，1984：312.

都是值得深入研究的问题。

如果说问题是科学思考的焦点，那么理论就是其终极结果[1]。解决问题，建构理论，是学术研究的最高目标。当然，能够达到建构"理论"或创建"理论体系"境界的学术研究，总是极少数。通常情况下，学术研究的结果多种多样：或在一个新的领域有新的发现、建立新的理论；或推翻原有的理论框架或部分结论，得出新的结论；或证明前人某些受到质疑的观点不谬，并在部分论据论点上有所充实、有所发展；或对人们熟悉的研究对象在新的理论视阈中重新探讨，得出新的认识成果；或运用前人正确的理论来解决现实中的新问题，从而拓展或延伸原有的理论命题；诸如此类，不一而足。[2]

无论如何，学术研究的灵魂和精髓始终不曾改变，这就是学术创新。一个真正意义上的学者，孜孜以求的就是学术创新。换言之，学术创新应当是每一个学者的学术追求。如何做到学术创新，十分复杂，并非三言两语就能说清楚。就新闻传播研究而言，这里强调以下三点。

其一，对问题的现实环境要有透彻的把握。问题总是在特定的社会环境中产生的，在提出问题与解决问题的过程中，只有透彻地把握现实环境的特点，才能形成对问题的科学认识，才能提出切实有效的应对策略。譬如，为什么当今中国的网络舆情如此汹涌，以致党和国家及整个社会高度关注？要回答这个问题，就必须联系我国的政治制度、媒体政策、社会转型、新媒体发展等诸多因素来进行综合性的深入探讨。

其二，对问题的理论脉络要有清楚的认识。卡尔·波普尔强调，"所有知识的增长都在于修改以前的知识——或者是改造它，或者是大规模地抛弃它。知识绝不能始于虚无，它总是起源于某些背景知识——即在当时被认为是理所当然的知识——和某些困难以及某些问题。"[3]这就意味着，研究某个问题，要弄清楚已有的相关理论及其发展演变，并且将这个问题放进有关的理论谱系与学术史背景之中加以探讨。这是因为，"既成理论是一个窗口也是一个框架，它决定提问

1　黄光国.社会科学的理路［M］.北京：中国人民大学出版社，2006：170-171.

2　董天策.试论新闻传播学术创新［J］.新闻与传播研究，2013（02）：14-23.

3　波普尔.客观知识——一个进化论的研究［M］.舒炜光，卓如飞，周柏齐，等译.上海：上海译文出版社，1987：75.

的预设、方式又框定思考的方向，还规定了研究路径和技术线路"。[1]

其三，对问题的研究要独立思考，有真知灼见。1929 年，陈寅恪在王国维纪念碑铭中提出了"独立之精神，自由之思想"的学术精神。独立思考意味着研究者既不依赖于任何外在的精神权威，也不依附于任何现实的政治力量，在真理的追求中具有独立判断的能力，以自我的、独立的眼光去观察、审视和验证，并在此基础上进行探索和发现。有真知灼见，即形成正确而深刻的认识和高明的见解，自然是研究者所祈盼的结果。至少，也应力求做到不人云亦云，有自己的见解。

谈论如何做研究，总是相当枯燥。不妨举个例子来略加说明。十年前，国内学者提出了"网络群体性事件"的概念来研究众多以事件为中心的网络舆论聚集这种现象，尽管人们先后还使用了"新媒体事件""网络热点事件""网络舆情事件""网络舆论事件""网络公共事件""网络集群行为""网络集体行动"等众多概念，然而占据绝对支配地位的还是"网络群体性事件"，且绝大数论文都认为"网络群体性事件是网络社会政府经常遭遇的一种危机"[2]，于是，绝大多数的课题与论文都以"应对""处置""控制""引导""防范""监测"作为研究主题，这样一种认识已成为一种主流共识，进而成为网络舆情管理的政策依据。

问题在于，这样的认识符合实际吗？2010 年，钟瑛等学者对 1998 至 2009 年 160 起重大网络舆论事件进行系统分析，研究发现，"网络舆论在推进事件发展中作用多向。其中，起正向作用的案例有 106 起，比例为 66%，起中性作用的案例有 39 起，比例为 24%，起负向作用的案例有 15 起，比例为 10%。"基本结论是，"起正向作用的网络舆论占绝大多数，其正面的积极的意义十分明显。"[3]

然而，这样有理有据的研究成果并未受到应有的重视，大多数研究者往往不假思索地使用"网络群体性事件"概念，在危机管理的研究范式中一路狂奔。2015 年，我又对这个问题做了进一步的研究，发现大部分乃至绝大部分的所谓"网络群体性事件"，主要是一种网络舆论聚集，要说是"事件"，大多数都是"网

---

1 黄旦.问题的"中国"与中国的"问题"［C］.上海：复旦大学"西方理论与本土经验：全球化视野中的中国传播学"学术会议，2010.

2 王扩建.网络群体性事件：一种新型危机形态的考量［J］.天津行政学院学报，2010（02）：29-34.

3 钟瑛，余秀才.1998—2009 重大网络舆论事件及其传播特征探析［J］.新闻与传播研究，2010（04）：45-52.

络热点事件"，或者说"网络舆情事件""网络舆论事件"，或者说"网络公共事件"，并非发生在网络中或者通过网络动员而形成的群体性事件，借用一位学者的话来说，大部分乃至绝大部分"网络群体性事件本质上是一种舆论和意见表达"[1]。

这样一来，值得深入探讨的问题就有这样几个：（1）网络群体性事件的概念是否科学？如果不科学，更科学的概念或概念群是什么？（2）如何评判被命名为网络群体性事件的这种网络舆论聚集行为的性质与作用？（3）采取什么样的理论框架来研究被命名为网络群体性事件的这种网络舆论聚集行为？是群体性事件好，还是公共领域好？或者两者各有自己的适用对象，抑或还有其他的理论框架？（4）究竟应当如何对待被命名为网络群体性事件的这种网络舆论聚集行为？在我看来，对这些问题的深入研究与独立思考，必然会得到更加科学的见解，从而切实推动这个领域学术研究的进步，为互联网时代的社会治理提供科学而有效的理论支持。

原载于《中国记者》2016 年第 2 期，《新华文摘》2016 年第 9 期全文转载。

1　陶建钟. 网络群体性事件与地方政府治理创新——基于网络典型案例的分析［J］. 未来与发展，2011（08）：65-69.

新闻传播学术创新应回归学术研究的基本路径

历经改革开放 30 多年的发展，新闻传播学俨然已成时代的显学。学术自身的发展与积累，已经到了需要突破局限、开创崭新局面的历史时刻。更何况互联网的崛起与发展，正在重新划分传媒业的版图，构建全新的传媒业生态，使新闻传播学术创新的时代要求更显紧迫。为此，本人受《新闻爱好者》委托，就新闻传播学术创新问题专访了重庆大学新闻学院院长、博士生导师董天策教授。

梁辰曦：董老师，我们应当怎样理解与把握"学术创新"的内涵？

董天策：什么是"学术创新"？学界已做过很多讨论。有人说，"学术创新意指学术研究要创造出新的东西：或发明出新范式和新方法，或孕育出新思想和新见解，或发掘出新材料和新证据。一言以蔽之曰——创造新知"[1]。也有人说，学术创新就是"发现了新问题，挖掘了新材料，采集了新数据，提出了新观点，采用了新方法，构建了新理论"[2]。像这样的说法，各有差异，也有共同点，就是试图对学术创新的内在要素进行归纳和概括。不过，由于论者的学科背景不同，认识深浅有别，列举式的概括自然难以周全。大体上，发现新问题，发掘新材料，运用新方法，提出新观点，构建新理论，开辟新领域，建立新学科，创立新范式，都属于学术创新的要素范畴。

一项研究成果只要具备某些创新要素，就在某种程度上实现了学术创新。当然，一项研究成果具备的创新要素越多，其创新程度就越高。换言之，学术创新具有层次性。从语义上看，创新主要有两种：一是创造，即从无到有的原创性活动；二是更新，即对旧事物加以改造，"旧瓶装新酒"，推陈出新。[3]不管是哪种情况，学术创新的本质"是对新知识的发现及对前人知识的超越"[4]。"创造"

---

1 李醒民.学术创新是学术的生命［N］.光明日报，2005-11-01.

2 陈光中.只有创新才能提高哲学社会科学研究质量［N］.光明日报，2006-01-16.

3 翁飞.关于学术创新的几点认识［J］.学术界，2002（05）：28-32.

4 葛剑雄，曹树基.是学术创新，还是低水平的资料编纂［J］.历史研究，1998（01）：154-166.

与"对新知识的发现"是一个层次，"更新"与"对前人知识的超越"是另一个层次。当然还有另一个层次，那就是借用前人或别人的理论来研究自己所面临的现实问题。

因此，有人把学术创新划分为三个层次："第一个层次是原创性创新，即研究的是前人没有研究过的问题，提出了前人没有提出过的新观点或新理论；第二个层次为持续性创新，即研究是在别人研究的基础上进行的，是对已有理论的补充与深化；第三个层次是应用性创新，即借用别人的理论来研究现实中的新问题。"[1]我认为，从一般意义上说，这个划分是很有道理的。

梁辰曦：那么，新闻传播学研究应当怎样创新呢？

董天策：这个问题太大，不容易说清楚。要说怎样创新，先得明确为什么要做学术研究。从道理上讲，学术研究是从特定的知识背景或理论脉络出发，去解决社会实践中的各种问题，包括理论问题，也包括实践问题。因此，学术研究以问题为导向，不仅要从问题出发，而且要以解决问题为目的。当然，问题总是相对于特定语境而呈现的，所以问题的解决总是要寻求新的思路、新的理论、新的方法。这就决定了创新是学术研究的内在本质与根本价值，没有创新的学术研究，其实不是真正意义上的学术研究。

梁辰曦：学术研究以问题为导向，您在指导研究生的过程中也总是询问研究什么问题，但我们很多研究生总是不太明白什么是"问题"。

董天策：什么是"问题"？没理解，就一头雾水，理解了，其实很简单。问题就是认识过程中的"疑难"，大致分为两类：一类是"知识性疑难"，这是认识主体对科学背景知识无知而产生的疑难，反映出认识个体当前的认识能力与对问题的求解理想之间的差距，教学过程中学生的"疑难"往往是知识性疑难；另一类是"科学探索性疑难"，它本身是对科学背景知识进行分析之后的"结果"，反映出研究者当前的科学技术能力与对问题的求解理想之间的差距，科学探索性疑难才是真正意义上的"科学问题"。[2]这就是说，学术研究中的"问题"，其实是"科学问题"。按科学哲学或知识社会学的定义，科学问题就是认识主体基

1　董泽芳.博士学位论文创新的十个切入点［J］.学位与研究生教育，2008（07）：12-17.

2　林定夷.科学问题的提出与价值评价［J］.求索，1988（04）：62-68.

于一定的科学知识或理论背景，为解决科学认识和科学实践中需要解决而未解决的疑难、冲突或矛盾而提出的求解目标或解答任务。[1,2]

拉瑞·劳丹指出，应将科学"理解为由精神和自然之间的辩证交换而引起的解题活动"[3]。解题就是解答问题，或解决问题。托马斯·尼克勒斯指出，"问题的明确提出和解决，是科学研究的核心"[4]。卡尔·波普尔强调，"科学和知识的增长永远始于问题，终于问题——愈来愈深化的问题，愈来愈能启发大量新问题的问题"[5]。这些论断表明，"善于提出和解决问题是科学研究的根本任务，不能提出和解决问题，科学的生命也就停止了"[6]。

梁辰曦：问题既然如此重要，该怎样去发现和提出问题呢？

董天策：问题并不是存在于客观事物和研究对象之中的现成之物，只有当研究者对认识对象所存在的矛盾加以思考、分析、把握、判断，才能发现和提出问题。恩格斯说得好，问题产生于"怀疑地批判的头脑"[7]。归根结底，"问题"是现实存在的主客观矛盾在主体思维中的反映。[8]这就要求学术研究必须强化问题意识。

所谓问题意识，就是研究者对认识对象不轻信、不盲从，自觉抱持一种分析、质疑、批判进而弄清问题、探索真知、创新理论的思维方式和心理状态。换句话说，问题意识"就是对一些尚待解决的有科学价值的命题或矛盾的承认以及积极解决这些问题的自觉"[9]。大体上，问题的产生主要有以下途径：一是通过不同经验事实的相互联系而发现问题；二是发现原有理论与新的经验事实之间的矛盾而提出问题；三是揭示理论内部的逻辑矛盾或悖论而提出问题；四是在若干理论

1　波普尔.客观知识——一个进化论的研究［M］.舒炜光，卓如飞，周柏齐，等译.上海：上海译文出版社，1987：75.

2　岩崎允胤，宫原将平.科学认识论［M］.于书亭，译.哈尔滨：黑龙江人民出版社，1984：312.

3　劳丹.进步及其问题［M］.2版.刘新民，译.北京：华夏出版社，1999：80-95.

4　NICKLES T（ed.）. Scientific Discovery, Logic, and Rationality［M］. Dordrecht, Holland: D. Reidel Publishing Company, 1980: 33.

5　波普尔.猜想与反驳——科学知识的增长［M］.傅纪重，纪树立，周昌忠，等译.上海：上海译文出版社.1986：318.

6　刘梅.高校哲学社会科学研究的问题意识与理论创新［J］.技术与创新管理，2005（01）：22-25.

7　恩格斯.自然辩证法［M］.中共中央编译局，译.北京：人民出版社，1971：39.

8　董中保，石阔."科学问题"概念及其本质特征和属性［J］.辽宁工程技术大学学报（社会科学版），2000（01）：10-14.

9　王永斌.人文社会科学研究中的问题意识［N］.光明日报，2005-04-05.

假说之间的差别和对立中洞察问题。[1,2]

当前，网络与新媒体正在全面改写人类传播的基本格局，PC互联网、移动互联网、网络媒体、自媒体、社交媒体、媒体融合、全媒体、大数据、智能传播……这些正在蓬勃发展的信息技术、计算机技术、通信技术，使新闻传播业面临前所未有的机遇与挑战。在传播格局的历史性巨变中，哪些传统的新闻传播理论需要修正，哪些传统的新闻传播观念需要更新，传统媒体与新兴媒体如何融合，媒体新闻与公民新闻如何建构合理的新闻生态，面对全新的媒介现实，应如何建构新型的公共领域，新闻传播学科应当如何转型或重建，[3,4]诸如此类，都是当前新闻传播研究需要回答的理论问题。

强化问题意识，善于发现和提出问题，是学术创新的第一步。这个基本功夫不到家，谈学术创新就是梦呓。在现代学术体制中，发现和提出问题本来是研究者在大学阶段特别是研究生阶段应当完成的学术训练。遗憾的是，一些已经或即将进入学术圈的新闻传播研究者对提出问题这个基本功夫却不求甚解、不甚了然，以致分辨不清研究对象与学术问题、学术领域与学术问题、社会现象与学术问题；也有不少人为多年的习惯套路所左右，缺乏明确的问题意识。这种状况必须引起高度重视。

梁辰曦：爱因斯坦说过，"提出一个问题往往比解决一个问题更为重要"，但我认为，提出一个问题很重要，解决这个问题也同样重要。提出问题之后，该如何解决好这个问题呢？

董天策：发现和提出问题是学术创新的第一步。没有这一步，解决问题自然无从谈起。不过，能够发现和提出问题，并不意味着就能解决好问题。要解决好问题，学术研究必须做好两个方面的工作：一是尊重研究传统，二是讲究研究方法。

先说研究传统。按拉瑞·劳丹的说法，所谓"研究传统"，不是个别的理论，而是一种理论的系列，或者说是知识的谱系。"研究传统是一组本体论规则，规定'能做什么'和'不能做什么'。"正是研究传统"通过其组成理论导致越来

1　马来平.科学问题的几种基本类型［J］.山东社会科学，1992（01）：76-79.

2　周春.问题与创造——创造认识中的问题方法研究［D］.北京：中共中央党校，2001.

3　黄旦.整体转型：关于当前中国新闻传播学科建设的一点想法［J］.新闻大学，2014（06）：1-8.

4　孙玮.为了重建的反思：传播研究的范式创新［J］.新闻记者，2014（12）：50-58.

越多的经验问题和概念问题获得合适的解答"[1]。卡尔·波普尔也强调，"所有知识的增长都在于修改以前的知识——或者是改造它，或者是大规模地抛弃它。知识绝不能始于虚无，它总是起源于某些背景知识即在当时被认为是理所当然的知识和某些困难以及某些问题"[2]。

当然，把研究的问题纳入一定的研究传统或知识谱系，并非让研究者匍匐不前，而是通过对研究传统或知识谱系的考察，更加深入而且创造性地研究自己的问题，从而实现学术创新。借用冯友兰的话来说，并不是要"照着讲"，而是要"接着讲"，因为"自己怎么想，总要以前人怎么说为思想资料，但也总要有所不同"[3]。而且，这"接着讲"，既可以是"承接"讲，在前人的基础上有所发挥；也可以是"反着"讲，批判否定，另辟新说；甚至可以是"重新"讲，提出新问题，发表新见解，构建新理论。总之，在研究传统或知识谱系的烛照之下，自己的研究更容易"豁然开朗"，获得新的感悟与体认。

举个例子来说，新世纪以来蓬勃兴起的"民生新闻"一出现就受到了学界的高度关注，但究竟应当如何把握"民生新闻"的本质，却众说纷纭，莫衷一是。我在一篇论文中引入库恩的范式理论，明确提出民生新闻是一种新的新闻传播范式，本质上是一种具有中国特色的发展新闻学或发展传播学的新范式[4]。在这篇论文中，我运用范式理论来阐释"民生新闻"，既把这一研究纳入原有的研究传统，又在范式理论的框架中为"民生新闻"准确定位，从而超越此前的各种理论定义，可能是一种比较科学的阐释。

梁辰曦：我读到过这样的论述，"学术活动是一项在前人积累的基础上进行的事业，不充分了解某一专门领域中先前的思想发展路径和研究成果就发表意见，哪怕是认真而诚恳地发表意见，也是不行的"[5]。还有学者强调，任何真正意义上的学术研究，"首先必须做的就是为学术研究建立一个相关的学术史背景"。只有建立学术史背景，才能充分彰显研究成果的学理性：第一，可以为自己的学

1　劳丹.进步及其问题［M］.2版.刘新民，译.北京：华夏出版社，1999：80-95.
2　波普尔.客观知识——一个进化论的研究［M］.舒炜光，卓如飞，周柏齐，等译.上海：上海译文出版社，1987：75.
3　冯友兰.三松堂自序［M］.北京：人民出版社，2008：234.
4　董天策.民生新闻：中国特色的新闻传播范式［J］.西南民族大学学报，2007（06）：88-95.
5　徐友渔.为提倡学术规范一辩［G］//邓正来.中国学术规范化讨论文选.北京：法律出版社，2004：83-84.

术研究限定一个边界相对明晰的论域；第二，可以使问题的解决从属于自己所学且在学术从业者社群内部人人都能看到、都能检验的事实；第三，从而证明自己的研究属于科学研究的范畴。[1] 这种"建立学术史背景"的说法，是否就是您说的把要研究的问题纳入特定的学术传统或知识谱系？

董天策：对，是这么回事。除了"研究传统""知识谱系""学术史背景"，还有"理论脉络""理论框架"等表述，话语虽然不同，实质却是一样的。还有，学术论文要求做"文献综述"，其实质也就是把要研究的问题纳入特定的学术传统或知识谱系。

梁辰曦：说到研究方法，现在一般比较强调实证研究，或者说量化研究，似乎采用这样的研究方法才比较科学。

董天策：关于研究方法，并非像你说的这么简单。改革开放后引进的传播学，在相当一个时期内主要是美国经验学派的传播学，具有鲜明的行为科学取向与社会科学属性，强调实证研究，尤其是量化的实证研究。加上当时新闻学界希望通过这样的学术理路来破除极左意识形态的桎梏，所以倡导实证研究成为一时风气，教学中讲传播学研究方法也主要讲实证方法，特别是量化研究，这可能会给不少青年学子造成如你所说的错觉。

总体上，人文社会科学中的研究方法可分为"思辨研究"与"实证研究"两类。"思辨研究与实证研究相比，其本质属性在于：操作概念而不是操作事实，让事实符合自己的概念而不是从事实中发现概念。实证研究的使命是确认事实，思辨研究则假定事实已确认，直接对所研究的现象进行概括：建立概念，发展一系列命题，进行逻辑推演，直至揭示理论性结论。"[2]

实证研究又包含"定性研究"与"定量研究"（或说"质化研究"与"量化研究"）两种："定性研究是在研究者和被研究者的互动关系中，通过深入、细致、长期的体验、调查和分析，对事物获得一个比较全面深刻的认识；而定量研究则依靠对事物可以量化的部分进行测量和计算，并对变量之间的相关关系进行

1　周祥森.新旧中西的冲突：关于学术规范讨论的思考［J］.史学月刊，2003（10）：98-107.

2　卜卫.传播学思辨研究论［J］.国际新闻界，1996（05）：31-35.

分析以达到对事物的把握。"[1]

梁辰曦：原来是这样，那应当如何选择研究方法？

董天策：没有最好的研究方法，只有最恰当的研究方法。研究方法的选择，关键是要与你研究的问题、你确定的理论框架相适应、相匹配。适合思辨的，就展开思辨研究；适合实证的，就展开实证研究；适合量化的，就用量化研究；适合质化的，就用质化研究。在研究方法的采用上，应当"看菜吃饭""量体裁衣"，选择与研究的问题、确定的理论框架相匹配的研究方法。

梁辰曦：学术创新必须善于提出问题，重视研究传统，采用正确方法，还有没有其他需要遵循的路径？

董天策：现代新闻传播业率先在西方发达国家产生，新闻学与传播学也率先在西方发达国家形成，我国的新闻传播学是在引进的基础上逐渐发展起来的。新闻学的开山之作——徐宝璜的《新闻学》是"取材于西籍"，并根据自己的理解加以完善而写成的[2]；传播学研究则是在改革开放以后系统引进的；即便我国的党报理论，也是根据列宁的党报思想而发展起来的。尽管我们在学习借鉴中有了自己的理解与创造性发挥，形成"典型报道""正面宣传""民生新闻"等相当中国化的理念与实践，但真正独创的理论学说还不多。引进、借鉴西方的新闻学与传播学，自然会产生如何对待中国学术与西方学术的关系问题。只有处理好这个问题，才能真正创造出别具一格、自成一体的理论成果。

梁辰曦：国内学者有人提倡传播学中国化，有人提倡传播学本土化，中国化、本土化的提法，应该是相对西方学术而言的。

董天策：对，主要的提法还是传播学本土化。关于这个问题，有倡导，有批评，有争论，从理论上说相当复杂。2014年，汪琪提出了一个新的说法，用"发展本土学术"的概念来取代"本土化"的概念。[3]我觉得很有道理，其独特价值与意义在于摒弃了二元对立的思维模式。当然，"本土"说法本身就意味着它仍有一个参照，这个参照不是中西对立，而是全球视野。因此，刚才所说的"中国

1 陈向明.社会科学中的定性研究方法［J］.中国社会科学，1996（06）：93-102.

2 徐宝璜.新闻学［M］.长春：时代文艺出版社，2009：5.

3 汪琪，肖小穗.本土传播研究的下一步［J］.传播与社会学刊，2014（29）：1-15.

学术与西方学术的关系"，就应转换成"全球视野"与"本土学术"的关系。对此，祝建华早有论述，他说，应"从本土实情出发（而不是从某一理论或假设出发），广泛搜索国际学术界的知识巨库，从中严格选择直接相关而又能够操作化的概念、命题或框架，以此为基础来发展本土化理论"[1]。秦晖有一句名言："'主义'可拿来，'问题'须土产，理论应自立。"[2]可以说相当生动而形象地昭示了"发展本土学术"的追求。

梁辰曦：基本明白您所说的意思，能不能讲得更具体一点：究竟怎样发展本土学术？

董天策：如果说善于提出问题，重视研究传统，采用正确方法，是新闻传播学术创新的基本要求，那么，发展本土学术，就是新闻传播学术创新的最高要求。从操作层面来说，我以为"发展本土学术"有两个方面的基本要领：

首先，要有明确的本土问题意识，要分析研究中国语境中的新闻传播问题。像潘忠党所说的那样："我们的落脚点只是中国，分析的是中国的问题，以期建构的是解答中国问题的理论和话语。""无论我们采纳什么取向、运用什么方法，我们都得将分析的目光投向我们所身处的现实，都要考察对现实经过独立思考后而提出的问题，都要就这些问题展开系统的经验观察，并且采取理论的资源——我们批判的武器——分析这些观察，以期对所提问题作出解答，并同时都要对自己所采用的批判的武器展开批判。""这么做了，做好了，我们的研究可对其他国家、文化有参照意义，才有可能拓展出学术对话的空间。"[3,4]

其次，要在认真梳理古今中外研究传统的基础上进行学术创新。汪琪讲得很清楚，从事一项研究的"文献探讨"非常关键："作者必须兼顾空间的横向轴线与时间的纵向轴线。横向轴线包括'外来'与本土文献，而纵向轴线则包括理论与概念的历史文化脉络以及一项理论论述从提出以来的讨论。过去本土研究之所以经常陷于'套用'西方框架的泥沼而不能自拔，一方面是因为作者不重视它与

1 祝建华.精确化、理论化、本土化：20年受众研究心得谈［J］.新闻与传播研究，2001（04）：68-73.

2 秦晖.求索于主义与问题间［M］//秦晖.问题与主义：秦晖文选.长春：长春出版社，1999：438-468.

3 潘忠党.传播·文化·社会译丛·总序［M］//凯瑞.作为文化的传播："媒介与社会"论文集.丁末，译.北京：华夏出版社，2005：总序2-3+4.

4 潘忠党.反思、思维的独立和研究真问题［J］.新闻大学，2008（02）：31-34.

本土脉络之间的歧异与共通之处，另一方面也因为他经常忽略了这一框架的利弊得失，而利弊得失的讨论直接牵引着作者所要提出的主张。"[1] 要知道，所有的学术创新都建立在科学地检讨"外来"与本土文献中理论与概念的历史文化脉络的基础上。

　　本篇为学术访谈，原载于《新闻爱好者》2015 年第 12 期，副标题"访重庆大学新闻学院教授董天策"，署名：梁辰曦。

1　汪琪，肖小穗 . 本土传播研究的下一步［J］. 传播与社会学刊，2014（29）：1-15.

第二编　新闻理论基本问题

新闻定义的语义学探讨

作为新闻学的一个基本理论问题，新闻的定义已经得到广泛讨论，似乎没有再作探讨的必要。但是，1990 年代中后期关于"新闻策划"的争论却让人看到这样一个事实：对于新闻概念，人们总是有不同的理解，而且总是根据各自的理解来倡导或反对"新闻策划"[1,2,3]。这倒应验了唯物辩证法的一条认识论原理："如果不先解决一般的问题，就着手解决个别的问题，那么，随时随地都必然会不自觉地碰上这些一般的问题。"[4] 因此，在 20 世纪末最后两三年中，新闻的定义又成为学界关注和讨论的一个话题。本文也就新闻定义这个"一般的问题"作一些语义学的分析，以便对新闻的本质达成更加深入而科学的认识。

一、两种对立的新闻定义

历史地看，自 1919 年徐宝璜的《新闻学》问世到 1980 年代前期，我国新闻学界关于新闻的定义，一直存在着两种对立的看法。用报刊史学家戈公振的话来说，一种是"主张为发生事件之本自身"，一种则"主张为发生事件之报告"[5]。前者可称为"事实说"，后者可称为"报道说"。为了有一个具体的认识，我们不妨按时代先后列出有代表性的观点：

（1）新闻者，乃多数阅者所注意之最近事实也。（徐宝璜：《新闻学》，1919 年）

（2）新闻是现在新的、活的、社会状况的写真。（李大钊：《在北大记者同志会上的演说词》，1922 年）

（3）新闻者，对于读者引起兴趣与影响事件、意见等正确而得时之报告也。（张静庐：《中国的新闻纸》，1928 年）

1　董天策. "新闻策划"剖析 [J]. 新闻大学，1998（01）：17-20.

2　董天策. "新闻策划"之我见 [J]. 四川大学学报（哲学社会科学版），1998（01）：95-100.

3　董天策. 传媒竞争中公关行为的介入及其影响 [J]. 新闻与传播研究，1999（04）：28-33+92.

4　中共中央马克思恩格斯列宁斯大林著作编译局. 列宁全集：第 12 卷 [M]. 北京：人民出版社，1959：476.

5　戈公振. 中国报学史 [M]. 上海：生活·读书·新知三联书店，1955：17.

（4）新闻就是最多数人所注意而感到兴趣的最新的事实也。（黄天鹏：《新闻学概要》，1934 年）

（5）新闻的定义，就是新近发生的事实的报道。（陆定一：《我们对于新闻学的基本观点》，1943 年）

（6）新闻是一种新的、重要的事实。（胡乔木：《人人要学会写新闻》，1946 年）

（7）凡世界上所发生的新发现的与人类生存有关的事实与现象，都是新闻。（萨空了：《科学的新闻学概论》，1946 年）

（8）新闻者，对于最近发生之事实，择其对于新闻纸读者之个人生活、社会生活最有关系而且最能使读者感到兴趣者，加以客观的正确的记载之谓也。（马星野：新闻学概论讲义，1948 年）

（9）新闻，就是广大群众欲知、应知而未知的重要的事实。（范长江：《记者工作随想》，1961 年）

（10）新闻是新近变动事实的传布。（王中：《论新闻》，1981 年；在 1982 年版《辞海》中又表述为：新闻是新近变动事实的传播。）

（11）新闻是最近发生的、人民群众关心的重要的事实的报道。（戴邦：《关于新闻改革问题》，1984 年）

（12）只要是社会上新近发生的、为群众所关心、对人民有较大影响，具有典型意义的事实，就是新闻。（徐铸成：《新闻艺术》，1985 年）

不难看出，如果暂且不论中心语措辞和限定语范围的差异，上述定义不是属于"事实说"，就是属于"报道说"。（1）、（4）、（6）、（7）、（9）、（12）属于前者，（2）、（3）、（5）、（8）、（10）、（11）属于后者。在 20 世纪的历史长河中，两种说法交替出现，互为消长。尽管其间也还有别的定义，如甘惜分在其 1982 年出版的《新闻理论基础》一书中认为，"新闻是报道或评述最新的重要事实以影响舆论的特殊手段"。但"事实说"与"报道说"才是新闻定义的主导性观点。

从学术渊源上看，不论"事实说"还是"报道说"，大抵皆粗述西方新闻学的见解。早在 18 世纪末，创刊于 1785 年的英国《泰晤士报》就标榜新闻是"变迁的记录"[1]，是为"报道说"之滥觞。到 19 世纪，美国报人丹尼尔·韦伯斯则明确提出，新闻是"最近事件的报道"[2]，开"报道说"之先河。但是，到 20 世纪初，美国新闻界却认为，新闻就是新近发生的事实。例如，1911 年美国新闻学家伍德·柏莱耶向报界搜集到的十条新闻定义，无一不是主张新闻乃"发生事件之本身"[3]。当"事实说"风行一段时期以后，"报道说"又重新得到认同。1924 年，美国新闻学者卡斯伯·约斯特在《新闻学原理》中指出，"一件事情的本身不是新闻，对这些事情的报道才是新闻"[4]。到 1980 年代，沃伦·K. 艾吉等美国新闻学者也指出，"新闻从来就不单单是事件、进展或主张本身。一场森林大火直到有人报道才成为新闻。一个政府官员有鉴于某市犯罪率正在上升，提出让某个居民区的许多人到另一个居民区去找工作的主张，也只能在报道后才成为新闻。"[5]日本新闻学者稻叶三千男和新井直之也特别强调，"人们往往以为事件、事实就是新闻，这是不正确的"[6]。

有趣的是，正如大多数西方新闻学者公认新闻是"新近事件的报道"一样，我国大多数新闻学者也对"报道说"深表赞同，并且认为陆定一 1943 年提出的新闻定义已经概括了古今中外新闻的一般特征，是一个较为科学的定义。1986 年 10 月，全国新闻理论教育研讨会在南京召开，与会代表倾向于暂时将新闻定义统一到陆氏定义上去。[7]所以 1990 年出版的《中国大百科全书·新闻出版》对新闻的定义，仍然是"新近发生的事实的报道"。

如此看来，中外新闻学界似乎已经达成了共识：新闻是新近发生的事实的报道。从物质第一性、意识第二性的唯物主义认识论来看，以陆定一的新闻定义为代表的"报道说"完全是正确的。事实在前，报道在后。任何新近发生的事实只有经过报道才转化为人们所阅听的新闻。没有报道，也就没有新闻。

然而，直接将新闻定义为"……的报道"是否妥当呢？按 1996 年《现代汉

1　张达芝.新闻理论基本问题［M］.陕西：陕西人民出版社，1990：9.

2　梅茨.怎样写新闻——从导语到结尾［M］.苏金琥，阮宁，洪天国，译.北京：新华出版社，1983：1.

3　后藤武男.新闻纸研究［M］.上海：光华书局，1930：13.

4　约斯特.新闻学原理［M］.北京：中国人民大学新闻系内部译本，1960：19.

5　艾吉，奥尔特，埃默里.实用新闻学基础［M］.北京：中国新闻出版社，1988：1.

6　稻叶三千男，新井植之.日本的报业理论与实践［M］.北京：新华出版社，1990：62-63.

7　郑保卫.新闻学导论［M］.北京：新华出版社，1990：7.

语词典》修订本的解释，"报道"有二义：其一是"通过报纸、杂志、广播、电视或其他形式把新闻告诉群众"；其二是"用书面或广播、电视形式发表的新闻稿"。在新近发生的事实转化成为新闻的过程中，"报道"的含义显然是前者，即新闻传播者（包括新闻工作者和新闻传播机构）借助新闻媒介向社会成员报告或评述新闻事实的过程。采访、写作、编辑、出版或播出，就是这一传播过程的基本环节。可见，在将事实转化为新闻的过程中，"报道"是新闻传播者的主要活动，正是报道活动使事实成为新闻。因此，报道活动是新闻得以产生的手段。不用说，新闻产生的手段并不等于新闻本身的内涵。对此，有学者作过有趣的论述："新闻离不开报道（传布），因为世上不存在不经报道（传布）的新闻；报道又不等于新闻，因为它只是新闻产生的必要条件，新闻则是它所产生的结果。这很容易使人想起爆米花：米放进铁罐，变热膨胀，产生压力，'砰'的一声米花爆出。没有这一系列过程及最后的'爆炸'就不可能有米花，但绝没有人因此会说米花就是'砰'这一爆炸。如按'新闻是报道'之理论模式，则恰好是把活动与结果混同起来，犹如把米花说成'爆炸'一模一样。"[1]从这个意义上说，把新闻定义为"……的报道"显然是不科学的。

　　不过，细心的读者一定会争辩：当把新闻定义为"……的报道"时，"报道"一词指的是作为报道活动结果的"那个东西"，如"这篇报道写得不错""来自两会的报道"等语句或语汇中的"报道"，都是如此。诚然，"报道"既可以是动词，又可以是名词，既可以是报道活动，又可以是报道结果。问题在于，如果从名词的角度来理解新闻定义中的"报道"，根据《现代汉语词典》修订本列出的第二个义项，即"报道"是"用书面或广播、电视形式发表的新闻稿"，新闻的定义岂不成了"……的新闻稿"？这恐怕是任何一个严肃的新闻学者都不能接受的。

　　实际上，当"报道"作为新闻传播活动的结果，即作为名词时，其语义所指，就是"所报道出来的（那个东西）"。假如进一步追问："所报道出来的（那个东西）究竟是什么？"回答必然是"所报道出来的那个新闻事实（事件）"。比如，中外新闻界每年都要评选各式各样的"十大新闻"，而所谓"大新闻"也就

1　黄旦.新闻传播学［M］.杭州：杭州大学出版社，1995：144-145.

是所报道出来的"重大新闻事实（事件）"。这样一来，"报道说"岂不成了"事实说"？岂不陷入了一种语义怪圈？

为了跳出这种怪圈，我们不妨"以毒攻毒"，从语义上进一步检验"事实说"与"报道说"。请看下列两组新闻学的专业术语：

A组：新闻报道、新闻评论、新闻采访、新闻调查、新闻分析；

B组：新闻写作、新闻编辑、新闻广播、新闻联播、新闻节目。

显然，在A组的几个专业术语中，"新闻"的内涵并非"新近发生的事实的报道"，而是"新近发生的事实"。换言之，只能从"事实说"的角度加以解释，才符合其中"新闻"概念的内在意蕴。在B组的几个专业术语中，"新闻"的内涵则刚好相反，不是"新近发生的事实"，而是"新近发生的事实的报道"。就是说，只有从"报道说"角度加以解释，才与"新闻"概念的内在意蕴相吻合。可见，"事实说"与"报道说"这两种截然相反的定义，实际上都是一种尴尬的定义：一方面符合部分新闻概念的内涵，一方面又不符合另一部分新闻概念的内涵。或许正因如此，我国新闻学者才始终在"事实说"与"报道说"之间选来挑去。可惜无论如何挑选，"事实说"与"报道说"都是既合理又不完善的新闻定义。要完整而全面地揭示新闻的本质内涵，还需要作进一步探讨。

二、从信息角度界定新闻

1980年代以来，有关信息的理论和观念在我国得到广泛传播，受到高度重视，形成了势头强劲的"信息热"。在这样的背景下，新闻学研究者纷纷转而从信息的角度探讨新闻的定义，提出了不少新观点：

（1）新闻是崭新存在状态的、社会关注的、公开传播的信息。（肖保航：《试论新闻与信息》，1985年）

（2）新闻是经过报道（或传播）的新近事实的信息。（宁树藩：《新闻定义新探》，1987年）

（3）新闻是及时公开传播的新闻事实的信息。（项德生：《论新闻学的信息范畴》，1990年）

（4）新闻是新近发生的事实变动的信息。（成美、童兵：《新闻理论教程》，1993年）

（5）新闻是被及时、公开传播的新近发生的重要的事实信息。（黄旦：《新闻传播学》，1995年）

这些观点可称为新闻定义的"信息说"。与"事实说""报道说"一样，"信息说"的具体表述存在着很大的差别。之所以出现这种情况，一个重要的原因是信息概念本身就是一个人言言殊的问题。从语义上看，信息一词的拉丁语为informatio，有描述、陈述、概要等意；英文information有通知、报告、消息、报道、情报、知识、资料、数据等多种含义。在定义上，不同的学科有不同的界定。在通信科学中，"信息是不肯定程度减小的量"；在控制论中，"信息是系统状态的组织程度或有序程度的标志"；在传播学中，"信息是降低环境中不确定因素，即减少可能发生的不同情况数量的内容"。此外，还有关于生物信息、遗传信息、细胞信息、社会信息、技术信息等不同信息的定义。[1]因此，科学地把握信息概念的本质与内涵，是讨论新闻定义"信息说"的前提。

汉语"信"和"息"二字都有音信、消息的意思。将二字连用为"信息"一词始见于唐代。论者常常以为，"信息"最早见于晚唐诗人李中《暮春怀故人》诗中"梦断美人沉信息，目穿长路依楼台"之句。其实，据《全唐诗》所载，李中实际上是五代诗人。早于李中的晚唐诗人许浑在《寄远》诗中已有"塞外音书无信息，道旁车马起尘埃"之句，这才是"信息"一词的最早出处。两诗中的"信息"，皆指音信、消息。这就是说，汉语的"信息"，最初完全是"消息"的同义词。要弄清"信息"的内涵，不妨顺藤摸瓜，看一看"消息"到底是什么意思。

事实上，汉语"消息"一词要比"信息"更为古老。先秦典籍《周易》有言曰："日中则昃，月盈则食。天地盈虚，与时消息。"在这里，"消"是消逝、消失之意，"息"是生息、繁衍之意，二字对举连用，系指自然界兴衰生灭、盈虚动静的变化情况。所以这几句话的意思是说：太阳到了正午就西下，月亮圆了就会亏缺，天地间的万物时盛时衰，随着时间的推移而时生时灭。大约到汉魏时代，"消息"的词义有所扩大，不仅指自然界的生灭动静，而且指人世间的沧桑浮沉。《三国志·魏·齐王传》以及《三国志·蜀·许靖传》裴松之注所引《魏

1　中国大百科全书总编辑委员会《新闻出版》编辑委员会，中国大百科全书出版社编辑部. 中国大百科全书·新闻出版［M］. 北京：中国大百科全书出版社，1990：424.

略·王郎与许靖书》，均有"消息"一词用为人世变迁的实例。传为蔡琰所作的《悲愤诗》有句曰："有客从外来，闻之常欢喜。迎问其消息，辄复非乡里。"其中，"消息"一词就是指人世沧桑，非关自然变化。到了唐朝，"消息"的这一含义得到了广泛运用。单是杜甫在安史之乱时期的诗篇中，就频繁地使用"消息"一词来表述社会变迁、家庭吉凶、朋友生死等人世变动情况。例如：《对雪》有"数州消息断，愁坐正书空"句；《天边行》有"几度附书向洛阳，十年骨肉无消息"句；《梦李白》有"江南瘴疠地，逐客无消息"句；等等。

值得注意的是，无论是自然界的生灭动静，还是人世间的沧桑凶吉，种种变动情况都是"消息"的本义。而且，这些变动情况要让人知晓，就需要运用语言文字将其表达出来。所以汉唐时人所用"消息"一词，就是指用语言文字表达出来的变动情况。简要之，消息的本义是客观世界（自然、社会）的变动情况以及这种变动情况的表述。

弄清了"消息"的本义，也就弄清了"信息"的本义。因为从哲学的高度看，无论信息如何丰富多样，其本质内涵都可以表述为："事物存在的方式或运动状态以及这种方式或状态的直接或间接的表述。"[1] 这是我国信息科学研究者对"信息"所作的一般定义。把这个一般定义与"消息"一词的本义相对照，我们就会发现两者除了语词形式的差别外，实际内涵完全一致，如出一辙。因为"事物"就是"客观世界"，"存在或运动状态"就是"变动情况"；反言之，也同样成立。

作为事物的存在方式或运动状态以及这种存在方式或运动状态的表述，信息在其现实性上包含了非常丰富多样的具体形态。如前所述，通知、报告、消息、报道、情报、知识、资料、数据等都是其具体的现实形态。毫无疑问，无论是"新近发生的事实"，还是"新近发生的事实的报道"，都是表征客观世界的运动状态的。因此，我们可以肯定地说，新闻在本质上是一种信息。

确立新闻是一种信息的观念，新闻的定义才能走上科学的轨道。列宁曾经指出，"下'定义'是什么意思呢？这首先就是把某一个概念放在一个更广泛的概念里。例如，当我下定义说驴是动物的时候，我是把'驴'这个概念放在更广泛

1　钟义信.信息的科学［M］.北京：光明日报出版社，1988：39.

的概念里。"[1]从逻辑上讲，下定义就是要明确被定义概念的属概念，同时揭示被定义概念与其同一属概念之下的种概念之间的差别，即种差。按照这个标准来衡量新闻定义的"事实说"与"报道说"，不管在限定语上如何改来改去，始终都没有明确新闻的属概念到底是什么，只是从"事实→报道→新闻"的产生过程对新闻内涵作出的一种逆向性或溯源性解答，并未指明新闻的属概念，所以是"释义"而非"定义"。与此不同的是，"信息说"则十分明确地指出，新闻是一种信息，从而科学地揭示了新闻的属概念。

当然，新闻作为一种信息，是有其特殊性的。所以在明确新闻的属概念之后，有必要讨论其"种差"问题。如果把上述"信息说"定义连同"事实说""报道说"定义放在一起来看，就会发现各种定义所使用的限定语，即对种差的揭示是很不相同的。限于篇幅，这里不能一一分析。从总体上讲，新闻之所以成为新闻，一方面由于它是这种新近发生或变动的事实，一方面由于它是这种事实的报道。正是事实和报道的有机结合，才产生出为人们所阅听的新闻。因此，我们可以将新闻概念的种差确定为"报道新近发生或变动的事实"，或更明确地表述为"向公众报道新近发生或变动的事实"。关于新闻概念种差的分析，体现为新闻特征的研究，需要专门的探讨，这里无法展开，仅指出一个小小的老问题：是用陆定一的"发生"好还是用王中的"变动"好？不同的学者有不同的看法。我们认为，"变动"始终存在于事物的发展过程中，可以是常态性的不显著的变化，即哲学上讲的"渐变"或"量变"，也可以是非常性的显著的变化，即哲学上讲的"突变"或"质变"。而"发生"则往往是指非常性的显著的变化。显著的变化当然是新闻产生的源泉，如"事件性新闻"；而不显著的变化也是新闻产生的源泉，如"非事件性新闻"。进一步看，事物"变动"与否，不仅取决于事物发展变化本身，而且取决于衡量事物是否发展变化的参照系。即使事物本身没有变化，只要参照系发生了变化，我们就会认为事物正处在变动过程之中。从这个意义上讲，"变动"比"发生"更加全面，也更加突出了新闻的特点，诚如王中所说，"变动出新闻"。因此，完整的新闻定义应当是："新闻是报道新近变动事实的信息"，或者更加明确地说，"新闻是向公众报道新近变动事实的信息"。

1　列宁.列宁选集：第2卷［M］.北京：人民出版社，1972：146.

三、确立新闻是一种信息之后

至此，新闻的定义问题似乎已经解决。可是，如果作进一步的思考，我们就会发现还有一些深层次的问题值得继续探讨。

迄今为止，我们对信息的认识还处于探讨过程中，对其本质的把握还处于二元并列的状态，即：一方面把信息看作事物的存在方式或运动状态，一方面又把信息看作事物的存在方式或运动状态的表述。前引信息概念的一般定义就清楚地显示出这一特点。值得注意的是：事物的存在方式或运动状态，本身是以事物的变动情况这样一种事实显现出来的，所以新近变动的事实本身就是一种信息；同时，对新近变动的事实的报道，就是对事物新近运动状态的表述，自然也是一种信息。因此，在将新闻定义为"报道新近变动事实的信息"的时候，由于信息内涵的二元性，事实上又分别肯定了"事实说"和"报道说"。1989 年新版《牛津高级英语词典》在 News 词条下列出的也是两个义项：1. news or fresh information；report（s）of recent events；2. person，thing，event，etc that is reported as news。这似乎也从一个侧面表明，新闻定义的"事实说"与"报道说"仍然有其存在价值。

这是怎么回事？岂不是终点又回到了起点？从认识论角度看，这并非简单的定义回归。"信息说"的探索，让我们对新闻的定义获得了新的认识。如前所述，只有信息才是新闻的属概念，只有从信息角度界定新闻才使新闻的定义走上科学的轨道，也只有信息概念才能整合"事实说"和"报道说"这两种相互对立的概念。

进一步讲，"信息说"定义也启迪我们应对"事实说"定义加以修正。根据信息论原理，任何事物的存在方式或运动状态，只有为人们所感知、加工、储存、传递的时候，才成为现实意义上的信息，否则只是一种有待开发的潜在信息或信息资源。简言之，只有人们感知到的事物的存在方式或运动状态，才是严格意义上的信息。这就意味着，只有人们感知到的新近变动的事实，才是新闻；那些尚未被人们感知到的新近变动的事实则只是一种客观事实，一种客观存在。因此，新闻的"事实说"定义应修改为："新闻是人们感知到的新近变动的事实。"从哲学的高度看，作为人们感知到的新近变动的事实，已经不再是客观事实，而是经过人的思维加工的经验事实。所以，新闻的"事实说"定义也可以这样表述：

"新闻是新近变动的经验事实。"

其次，"信息说"定义对新闻本质的揭示是否充分，也是我们不能不进一步思考的问题。

历史唯物主义的新闻史观告诉我们，人类的社会交往是新闻传播活动的根本动力。当人们在社会交往过程中越来越迫切地需要了解现实社会最新变动情况的时候，自觉的新闻传播活动就开始出现了。这就是说，新闻传播事业是为满足社会成员了解当前现实最新变动情况的需要而产生的，新闻工作的首要功能就是向社会成员传播当前社会的最新变动情况，即提供有关当前社会最新变动的信息。可见，在理论上确立新闻是一种信息，无疑是正确地"揭示了新闻的本质属性，从根本上回答了新闻到底是什么的问题。同时也为我们进一步把握、研究新闻传播活动的基本规律，建立科学的理论框架，为研究新闻理论的其他问题，如新闻的本源、特征，新闻活动的主体、受众，新闻事业的性质及规律等奠定了基础"[1]。

然而，新闻是否仅仅是一种信息呢？现实地看，自从新闻传播活动走向自觉即成为新闻事业以来，一切新闻传播活动总是要为一定的阶级、一定的利益群体服务，总是要在一定程度上成为一定阶级、一定利益群体的"耳目"和"喉舌"，成为宣传一定阶级、一定利益群体的立场、态度、观念、方针、政策的"一种无形的意见"[2]，从而成为意识形态的一个组成部分。因此，新闻不仅是一种报道新近变动事实的信息，而且是一种报道新近变动事实来反映社会现实生活的意识形态。

如果说"新闻是报道新近变动事实的信息"这个命题揭示了古今中外一切新闻的一般本质，那么，"新闻是报道新近变动事实来反映社会现实生活的意识形态"这个命题则揭示了阶级社会中新闻的特殊本质。自新闻事业产生以来，新闻的本质就是一般本质和特殊本质的对立统一。关于其对立统一的矛盾运动，相当复杂，尚待另文申论。

综上所述，我们可以得到以下结论：其一，用"事实"和"报道"去定义新闻，其实都不是在给新闻"下定义"，而仅仅是对新闻进行"释义"。从释义角

1　胡正荣.新闻理论教程［M］.北京：中国广播电视出版社，1995：23-24.

2　胡乔木.人人要学会写新闻［G］//中国社会科学院新闻研究所.中国共产党新闻工作文件汇编（下）.北京：新华出版社，1980：226.

度说，新闻既是"人们感知到的新近变动的事实"，又是"新近变动的事实的报道"。在新闻实践和新闻理论中，两种内涵的新闻概念都有各自的使用场合，不能相互取代。虽然新闻学以对事实的报道作为研究重点，但起点却是事实，不能简单地以"报道说"否定"事实说"，反之亦然。其二，从信息角度界定新闻，确立"新闻是报道新近变动事实的信息"，明确了新闻的属概念，揭示了新闻的一般本质，使新闻定义走上了科学的轨道，对深化新闻学研究具有重要理论意义。其三，不能以此信息说对新闻的界定为满足，还必须看到"新闻是报道新近变动事实来反映社会现实生活的意识形态"这一特殊本质。只有把新闻的一般本质和特殊本质结合起来进行研究，并且充分揭示两者既对立又统一的矛盾运动，才能真正深刻地认识新闻的内在含义，真正深刻地把握新闻传播活动的根本规律。

原载于《西南民族学院学报》（哲学社会科学版）2001 年第 9 期。

新闻的真实性是什么?
——兼论新闻理论体系的科学性

想写这篇文章,已经好长一段时间了,然而一旦落笔,又不能不扪心自问:新闻的真实性是什么?难道这是一个问题吗?是一个真正的学术问题吗?

国内所有教科书性质的新闻学理论著作,几乎都要对新闻的真实性作出自己的回答。我们很容易读到这样的论述:

> 我们所说的新闻真实性是指新闻媒介对客观事物的如实反映,如实报道。它要求一切新闻报道都必须完全按照客观事物的本来面貌反映事物,报道事物。事实怎样,新闻就怎样;事实是多少,新闻就反映多少,既不夸大,也不缩小;事实没有的,就不应该弄虚作假,"合理想象",更不能无中生有,凭空捏造。[1]

> 所谓新闻真实性,就是指新闻与其所反映的客观现实必须完全相符。也就是说,新闻报道要如实地描述、解释现实生活真相,不可有些许的误差和曲解。[2]

> 新闻真实性指的是在新闻报道中的每一个具体事实必须合乎客观实际。即表现在新闻报道中的时间(when)、地点(where)、人物(who)、事情(what)、原因(why)和经过(how)都经得起核对。[3]

这些说法略有不同,但总体上都相当一致地肯定了新闻的真实性是指新闻与其所报道的事实之间的一致性、相符性,凡是一致、相符就真实,反之则虚假。如此看来,新闻的真实性是什么的问题似乎已经解决,不再是什么学术问题了。

如果不深究现象真实与本质真实、宏观真实与微观真实这两个新闻真实性研究中的学理问题,仅就新闻真实性的含义而言,以上的论述确实已回答了真实性

---

1 郑保卫.新闻学导论 [M].北京:新华出版社,1990:46.

2 黄旦.新闻传播学:修订版 [M].杭州:浙江大学出版社,1997:246.

3 李良荣.新闻学概论 [M].上海:复旦大学出版社,2001:204.

是什么的问题。然而，如果把视野放开些，将新闻真实性放到整个新闻理论体系中来考察，就不难发现，学者们在论述不同的新闻理论范畴时都要讲到真实性这个概念。首先，绝大多数新闻学论著在讲新闻的基本特征时要讲真实性；其次，一部分新闻学论著在讲新闻价值的要素时要讲真实性；再次，绝大多数新闻学论著在讲新闻工作准则（或原则、要求）时要讲真实性。在同一门学科的理论体系中，同一个概念既属于 A，又属于 B，还属于 C，难道不是一个值得探讨的问题吗？说得明确些，这个问题就是：真实性在新闻理论体系中究竟归属于什么理论范畴？也就是说，我们在建构新闻理论体系时必须追问：（1）真实性是不是新闻的基本特征？（2）真实性是不是新闻价值的要素？（3）真实性是不是新闻工作准则？

从国内现有的新闻学理论著述来看，学者们相当一致地把真实性归属于新闻工作准则。在这一点上，学者们具有相当的理论自觉，十分明确地把真实性作为新闻工作的首要准则来加以论述。童兵教授认为，"新闻传播，是在传播的客观规律支配下传受双方的有机运动过程。无论是传方抑或是受方，都必须遵循必要的规则，而这些规则，是由新闻传播的基本要求提出并受这些要求制约的。……新闻传播的基本要求有五个，即真实、客观、公正、全面、快捷。对于这些要求的认识与总结，凝结着几百年来传播工作者的智慧与经验，是新闻传播学研究的宝贵理论积累"[1]。李良荣教授则从中国新闻事业的工作原则这个角度展开论述，认为"坚持新闻真实性、指导性、群众性、战斗性和党性原则，是我国新闻工作的五项基本原则，这既是中国新闻事业基本性质的必然要求，也是党领导下新闻工作长期积累的传统"[2]。即使有的新闻学论著没有在章节的安排上明显地将真实性放置于新闻工作准则这一范畴之下，实际上也是把真实性作为新闻工作的首要准则来论述的。比如郑保卫教授的《新闻学导论》第三章专论"新闻的真实性"，第一节"真实是新闻的生命"下面有三个小标题："一、真实是新闻存在的基本条件和特有优势"，"二、真实性是无产阶级新闻事业的根本原则"，"三、坚持真实性原则是无产阶级新闻事业的光荣传统"[3] 在作者阐述的三个观点中，后两个命题已经清楚地显示了新闻的真实性归属于新闻工作原则这一理论范畴。

1 童兵. 理论新闻传播学导论［M］. 北京：中国人民大学出版社，2000：72.

2 李良荣. 新闻学概论［M］. 上海：复旦大学出版社，2001：204.

3 郑保卫. 新闻学导论［M］. 北京：新华出版社，1990：32-39.

总之，把真实性归属于新闻工作准则这一理论范畴，可以说是新闻学界的共识。无论中外，真实性是新闻工作的首要准则，这是毫无疑问的。在明确了这一点之后，我们接着讨论真实性是不是新闻价值的要素。

关于真实性是不是新闻价值的要素，新闻学界的状况是：一方面，一些新闻学论著把真实性纳入新闻价值要素之中，认为真实性不仅是新闻价值的要素，而且还是首要的因素；另一方面，不少论著并未将真实性作为新闻价值的要素，在论述新闻价值要素时自然也就不加论列。值得注意的是，不管是将真实性纳入新闻价值要素还是不纳入其中，学者们往往是我行我素，并不充分阐述其理由，更没有就此问题展开理论上的论争。这样，真实性究竟是不是新闻价值的要素，长时期以来是一个悬而未决的问题。

在新时期以来的新闻学著作中，郑旷主编的《当代新闻学》（1987）、郑保卫著的《新闻学导论》（1990）、王益民著的《系统理论新闻学》（第三版，1999），都将新闻价值要素分为不变要素与可变要素两类，认为前者包括真实性、新鲜性，后者包括重要性、接近性、显著性、趣味性（或人情味）。缪雨著的《新闻学通论》（1987）、吴高福著的《新闻学基本原理》（1993）、蔡铭泽著的《新闻学概论新编》（1998），对新闻价值要素的归纳各不相同，却一致将真实性列为新闻价值的首要因素。另外，在一部分论文中，如吴高福的《关于新闻与价值的思考》（1989）、郑浩的《求新闻价值的"最小内三角"——判断新闻价值的一种方法》（1995）、夏文蓉的《新闻改革与新闻价值观的嬗变》（1998）、夏青松的《略论新闻价值的四维结构》（1999）、王景文的《透视新闻传播的价值形态》（2001），也把真实性纳入新闻价值要素之中。[1]一般说来，学者们在将真实性作为新闻价值要素时，往往并不特别阐明其理由，最多就是强调真实性是一个重要的新闻价值要素。如有学者认为，"真实性是判断和选择新闻的首要价值标准，没有真实性就没有新闻。判断一个新近发生的事实是否真实，能否构成新闻，不仅要判断它是否确有其事，而且还要判断它是局部真实还是整体真实，是现象真实还是本质真实。只有具有整体真实或本质真实的新闻才值得传播"[2]。

1　黄顺铭.新闻价值理论研究在中国［D］.成都：四川大学，2002：36-37+48+57.

2　徐小鸽.新闻传播学原理与研究［M］.桂林：广西大学出版社，1996：66-67.

从学术渊源上看，我国最早把真实性作为新闻价值要素的学者是萨空了。早在20世纪40年代，萨空了就明确提出了判定新闻价值的两个标准，即："（1）这新闻是不是与人类的生存直接或间接有关。那关系对于某些人类愈是密切，对于他们也就是最重要的新闻，如果直接密切之外，还有'有益'这一条件，那就是重要而且好的新闻了。（2）新闻的价值除了凭上述的条件而外，还有两点不可缺乏的要素：（甲）是新，（乙）是真。有了第一条的条件而不'新'，当然不算新闻。有了第一条的条件，也新，而不真，也就没有了新闻价值。"[1] 显然，新时期以来学者们所谓新闻价值的不变要素之说，就是秉承萨空了关于新闻价值"新"与"真"的说法而来的。

然而，真实性果真是新闻价值的要素吗？ 20世纪80年代初，郑兴东教授曾有过深刻的反思。在他看来，"有的同志在探讨新闻价值时，把真实性、可读性等都归纳为新闻价值问题。这是欠妥的。我们知道，任何概念都有一定的内涵，不能把所有内容概括到一个概念中去。新闻价值主要是对事实以及事实的转化形式——新闻的内容的一种衡量标准，因此，事实是必要的前提，不真实的新闻已不符合这个前提，所以也根本谈不上新闻价值问题"[2]。对于"不真实的新闻"，徐宝璜在1919年就曾斩钉截铁地指出："凡凭空杜撰闭门捏造之消息，均非新闻。""若登载之，是为假冒。"[3] 这就是说，"不真实的新闻"根本就不是新闻，何新闻价值之有？

应当承认，新闻价值究竟包括哪些要素，新闻学界迄今仍未达成共识。其中原因，"除了理论归纳的差异外，新闻价值要素本身也在不断发展、不断变化，人们对新闻价值要素的认识也在不断深化。"[4] 关于新闻价值要素的构成问题，这里暂不全面讨论，只探讨将真实性纳新闻价值要素体系是否科学。笔者认为，把真实性纳入新闻价值要素体系，是很不科学的。除了郑兴东先生所论述的理由外，我们还可以运用类比推理和反证法来加以更充分的证明。

1　萨空了.科学的新闻学概论［M］.香港：香港文化供应社，1946：55-56.

2　郑兴东.再论新闻价值［M］//中国人民大学新闻系《新闻学论集》编辑组.新闻学论集：第4辑.北京：中国人民大学出版社，1982：19.

3　徐宝璜.新闻学［M］.北京：北京大学新闻学研究会，1919：8，9.

4　董天策.网络新闻传播学［M］.福建：福建人民出版社，2003：97.

在笔者看来，所谓新闻价值要素，其实是衡量新闻有无价值以及价值大小的指标，每一个指标既是一个测量维度，又是一个测量参数，它本身是相对的，具有明显的可变性。西方学者已经注意到新闻价值的这个特性。林赛·雷维尔、科林·罗德里克曾指出，"记者关于'接近性'的判断还要受他所服务的传播媒介的制约。对一位市郊记者来说，'接近性'就是指市郊那个范围。对大多数都市日报来说，'接近性'就包括了自己所在的州和整个国家。如果你是为《时报》或者《新闻周刊》工作，那么整个世界似乎是很接近"[1]。事实上，当传媒的性质和服务的范围不同时，新闻工作者对新闻的重要性的判断是很不相同的。比如，省级机关报的头版头条，到了《人民日报》可能成了头版上的一块"小豆腐干"，也可能被放在其他版面，还可能不见踪影了。综合性日报上二、三版或其他版上的一条消息，在专业性报纸上也许会变成头版头条。接近性、重要性是如此，显著性、趣味性以及其他新闻价值要素，又何尝不是如此呢？

对于新闻价值要素本身的这种可变性或者说相对性，国内学者并没有加以深究，一般都是比较笼统地说："新闻价值是新闻事实适应社会需要的各种素质的总和。素质（即：要素——引者按）的级数越高，新闻价值就越大。"[2] 不过，所谓"素质的级数越高，新闻价值就越大"的说法本身，就已经承认了新闻价值的要素具有可变性。即使前述一些学者所列出的"不变要素"之一的新鲜性或时新性，也完全是一个可变的量度指标。道理很简单，日报对新闻所要求的新鲜性以天为计量单位，广播电视新闻所要求的新鲜性则以小时为计量单位，网络媒体对新鲜性的要求更是提高到分秒的程度，而周报周刊依然不得不以周为计量单位。所以，新鲜性或时新性尽管是新闻价值判断的一个必不可少的测量维度和测量参数，但它本身并非什么"不变要素"，而是一个可变量。

由此可见，所有的新闻价值要素都是可变的量度指标。这就意味着：对新闻价值的每一个要素，我们都可以进行语义程度上的区分，比如重要性可以区分非常重要、相当重要、比较重要、有点重要、不够重要、不重要，新鲜性可以区分为非常新鲜、相当新鲜、比较新鲜、有点新鲜、不够新鲜、不新鲜。同样的道理，

---

1 雷维尔，罗德里克.新闻实践指南［M］.北京：中国新闻出版社，1987：56.

2 郑保卫.新闻学导论［M］.北京：新华出版社，1990：16.

如果真实性是新闻价值的要素，那么它也应当是一个充满了变化性的测量维度，也就是说，我们可以将其区分为非常真实、相当真实、比较真实、有点真实、不够真实、不真实。然而，谁都知道，新闻的真实性要求的是完全真实，在真实性的程度上不能从百分之百逐渐降低到零，或者从零增长到百分之百。这个推论显然是十分荒谬的。按照反证法的原理，先假设一个命题成立，结果却推出一个荒谬的结论，那么就证明了这个命题不能成立。因此，笔者认为，把真实性归属于新闻价值要素是不成立的，当然也是不科学的。

在阐明了真实性是新闻工作准则而不是新闻价值要素之后，我们不得不面对真实性是不是新闻的特征这个问题。就笔者所见，除了极个别论著没有把真实性作为新闻的特征以外，绝大多数的新闻理论著作都把真实性作为新闻的基本特征，而且是首要特征。然而，把真实性作为新闻的首要特征，不过是一个因袭已久的说法，究竟科学不科学，还需要学理上的证明。

新闻的特征有哪些？学者们有不同的回答。李良荣教授认为，"新闻与生俱来的基本特点是两个：一是真实，二是新鲜，由此而延伸出新闻报道上迅速及时的要求"[1]。黄旦教授认为，"新闻是信息，信息并不都是新闻，新闻信息具有自己的独特性。这就是：真实、新鲜、公开、重要。因此，如果问什么叫新闻，完整的定义应该是：新闻是被及时、公开传播的新近发生的重要的事实信息"[2]。郑保卫教授根据陆定一"新闻是新近发生的事实的报道"这个定义，将新闻的基本特性概括为以下四个方面：（1）真实性，（2）新鲜性，（3）及时性，（4）公开性。并且认为，"除了上述四个特性外，新闻还具有广泛性（报道内容、服务对象和传播范围都十分广泛）、连续性（定期、连续地报道新闻，始终不断地通过提供住处为受众服务）、易碎性（今天的新闻，明天就成为历史，失去新闻价值，所以它是一种'易碎品'）等等。但是这四个特性是新闻的基本特性，如果缺少了其中任何一个，新闻（新闻学中所研究和特指的'新闻'）就不是新闻，而成为另外的东西了。"[3]

1　李良荣.新闻学概论［M］.上海：复旦大学出版社，2001：22.

2　黄旦.新闻传播学：修订版［M］.杭州：浙江大学出版社，1997：157.

3　郑保卫.新闻学导论［M］.北京：新华出版社，1990：8-9.

就以上几位学者的论述而言，关于新闻的特征的描述一共有这样几个概念：真实性、新鲜性、及时性、公开性、重要性、广泛性、连续性、易碎性。对此，笔者的看法是：

其一，有的论著在讨论"新闻"（新闻学理论著作所讨论的作为传播内容的"新闻"，即英文的"news"）的特征时，把作为工作行业的"新闻传播"或"新闻工作"（即英文的"journalism"）的特征也带进来了，而且将两者混淆在一起。"广泛性""连续性"并非作为传播内容的"新闻"（即"news"）的特征，而是作为工作行业的"新闻传播"或"新闻工作"（即"journalism"）的特征。英文中的"journalism"，本义是新闻工作、新闻传播、新闻事业，1989 年版《现代高级英语词典》（*Oxford Advanced Learner's Dictionary*）将"journalism"解释为"work of collecting, writing, editing and publishing material in newspapers and magazines or on television and radio"，就十分清楚地揭示了这一点，但"journalism"经常简译为"新闻"，将"广泛性""连续性"这两个"新闻传播"（即"journalism"）的特性当成"新闻"（即"news"）的特性，实在是一个误解。而"及时性"作为"新鲜性"在新闻传播上延伸出来的要求，准确地讲也是"新闻传播"的特性，童兵教授在《理论新闻传播学导论》中就十分明确地表述为"新闻传播必须迅速及时"，而且是放在"新闻传播要求"这一范畴中来加以论述的。[1]

其二，有的论著把一些并非新闻基本特征的一些属性当成了新闻的基本特征。这有两种情况：一是把不属于新闻（即"news"）特征的属性作为新闻的特征来加以论述，例如，并不是所有的新闻都必须具备"重要性"的特征，而且如前所述，"重要性"属于新闻价值要素的范畴；二是把一个概念的另一种说法又独立出来作为新闻的一项特征，如"易碎性"不过是对"新鲜性"的另一种说法，如同一个镍币的两面，因为新闻丧失了新鲜性，自然就成了"易碎品"。

其三，在排除了广泛性、连续性、及时性、重要性、易碎性作为新闻的特征之后，就只剩下真实性、新鲜性、公开性了。在笔者看来，新鲜性、公开性是新闻（即"news"）的基本特征，已经得到了充分的阐述，毋须赘述。而将真实性作为新闻的特征却是一个突出的问题。从理论说，新闻的特征不过是新闻本质规

1　童兵.理论新闻传播学导论［M］.北京：中国人民大学出版社，2000：88.

定性的展现或具体描述，是新闻区别于其他信息形态的具体规定性。不管是作为新近发生或变动的事实，还是作为新近发生或变动事实的报道，抑或作为报道新近发生或变动事实的信息，[1]新闻（即"news"）在具体形式上大体包括了简讯、消息、通讯、特写、调查报告、记者述评、记者来信或采访札记、答记者问、新闻公报等形态[2]，这些形态其实就是不同的文本。这就是说，在本体论的意义上，新闻是以文本的形态而存在的。作为一种信息，作为一种文本形态，新闻区别于其他信息或文本形态的首要本质规定性是"事实性"，而不是"真实性"。

1991年，刘建明教授就将"事实性"作为新闻的首要特征，认为"新闻是事实的报道，它能囊括宇宙的种事实"，新闻工作者"选择出来的事实如果适合传播的需要，就能转化为新闻"。[3]笔者要加以补充的是，所谓"事实性"，就是指新闻所反映的内容本身是事实，事实不仅是新闻赖以成立的前提，而且是新闻赖以成立的内核，如果"新闻"中没有事实，或"风干"了事实，新闻将不成其为新闻。让人遗憾的是，刘建明教授在将"事实性"作为新闻的第一特征加以论述之后，又将"真实性"作为新闻的第二特征，这是笔者所不能苟同的。正如成美教授所指出的那样，决定一个信息是不是新闻的主要因素，"首先必须是事实。人类在生产实践和社会实践中所发生的各种事实，是新闻的本源。新闻，无论其内容和形式都离不开事实。从内容上说，新闻必须是以事实为根据的真实的信息；从形式上说，新闻必须用事实说话"[4]。这个说法可以看成是对事实性的准确阐述，尽管作者并非使用"事实性"的概念，却在实际的论述过程中把"事实性"作为新闻的首要特征来阐述的。尤其重要的是，成美、童兵的这部《新闻理论教程》，是国内少有的没把"真实性"作为新闻的特征来加以论述的著作。

如果说新鲜性是"新闻与历史资料分手告别"的临界点，公开性是区分新闻与情报的主要特征[5]，那么，"事实性"正是将新闻与文学区别开来的根本标志。因为新闻是以报道事实的方式来反映现实的，而文学则是以想象的或虚构的方式

1 董天策.新闻定义的语义学探讨［J］.西南民族学院学报（哲学社会科学版），2001（09）：190-194.
2 成美，童兵.新闻理论教程［M］.北京：中国人民大学出版社，1993：28-29.
3 刘建明.宏观新闻学［M］.北京：中国人民大学出版社，1991：39-40.
4 成美，童兵.新闻理论教程［M］.北京：中国人民大学出版社，1993：31.
5 黄旦.新闻传播学：修订版［M］.杭州：浙江大学出版社，1997：150-153.

来反映现实的。鲁迅先生说得好，"艺术的真实非即历史上的真实……因为后者须有其事，而创作则可以缀合、抒写，只要逼真，不必实有其事也"[1]。鲁迅说"实有其事"是历史与文学的分野，又何尝不是新闻与文学的分野，因为在"实有其事"这一点上，新闻与历史是完全一致的，正所谓"今日的新闻，即明日的历史"[2]。这里要强调的是，新闻必须同时具有事实性、新鲜性、公开性三个基本特征，才能最终同时与文学、历史、情报区别开来。还要强调的是，正是新闻的事实性特征决定了新闻报道或者说新闻传播的两个根本准则，这就是真实性原则与客观性原则，换言之，新闻工作或新闻传播的真实性原则与客观性原则，正是建立在新闻的事实性这一首要特征基础之上的。

综上所述，本文的结论是：真实性只是新闻传播或新闻工作（journalism）的首要准则，而不是新闻（news）的首要特征，也不是新闻价值（news values）的首要因素或不变因素，这就是真实性在整个新闻理论体系中的范畴定位。在证明这一观点的过程中，自然而然地修正了学术界关于新闻特征的看法，阐明事实性、新鲜性、公开性才是新闻的基本特征；同时也进一步论证了将真实性纳入新闻价值要素之中是不科学的观点。在论述这些观点的同时，还表达了一个十分重要的理念，这就是：新闻理论体系的建构必须讲究科学性，只有将有关的理论概念科学地纳入理论体系之中，找准理论概念的范畴归属，新闻理论体系的建构才能走上真正科学的轨道。

原载于《新闻与传播研究》2004 年第 5 期。

1　鲁迅.鲁迅全集：第 12 卷［M］.北京：人民文学出版社，1981：302.

2　曼切尔.新闻报道与写作［M］.艾丰，张争，朋安香，等，译.北京：广播出版社，1981：67.

试论客观性原则与真实性原则的关系

　　"客观报道"本是新闻理论和新闻实践中的基本问题，已有许多研究。1998年甲 A 足球联赛大连万达对广州松日这一首场比赛及其报道而产生的"羊城疑案"又引起了新闻学界对此问题的关注。《新闻记者》1999 年第 2 期开始组织专题讨论，转载了《新闻界》1998 年第 5 期程天敏教授《也谈"客观报道"》，同时发表了周也平先生的商榷文章《客观报道辨析》。这表明我们的新闻学研究在发扬理论联系实际传统的同时，正在光大学术争鸣的精神，对学术问题开展深入的探讨。这不能不令人欢欣鼓舞。因此，笔者愿意就"客观性原则"与"真实性原则"的关系从学理上作些梳理，以就教于方家。

　　既是谈"关系"，首先就必须明确关系主体，即弄清楚谁与谁或什么与什么的关系。程天敏教授谈"客观报道"，将其视为"新闻写作的一种基本方法"，进而强调客观报道与新闻真实性原则不能混为一谈。周也平先生认为客观报道不仅是一种新闻写作的基本方法，而且是一个新闻学理论的重要问题，进而强调客观报道与新闻真实性的密切关系。两文立论角度不同，各有道理，但对"客观报道"与"真实性原则"异同的论述有些语焉不详，而且对关系主体的理解实际上存在着很大的不同。在程教授那里是"客观报道方法"与"新闻真实性原则"，在周先生那里则是"客观报道原则""客观报道方法"与"新闻真实性原则"。这就使学术对话的理论聚焦与深刻切磋受到了限制。之所以出现这种局面，主要是对"客观报道"具体内涵的不同理解造成的。从新闻实践和研究文献上看，"客观报道"既是一种报道原则，又是一种报道方法。《新闻传播百科全书》就很明确地将其分列为"客观报道原则"和"客观报道方法"两个辞条。[1] 不过，后者作为在前者指导下形成的一系列操作规程，是从属于前者的；客观报道原则，或

1　邱沛篁，吴信训，何纯武，等.新闻传播百科全书［M］.成都：四川人民出版社，1998：107，112.

称"客观性法则"[1]，或称"客观性原则"[2]，才是"客观报道"的根本内涵。因此，本文所要讨论的两个关系主体就是"客观性原则"与"真实性原则"。

所谓"原则"，按《现代汉语词典》修订本的解释，是"说话或行事所依据的法则或标准"。当我们谈"客观性原则"和"真实性原则"时，就是在阐明新闻报道活动所应遵循的法则或标准，或者说准则或规范。既然客观性与真实性都属于报道原则的范畴，就更有必要弄清楚这两个原则的异同。因为只有在理论上弄清楚，在认识上达成共识，才能在新闻实践中更好地加以奉行。

应当承认，我们的新闻学研究对于新闻报道的客观性与真实性的体认向来有如雾里看花，模糊不清。一本已多次印刷发行的新闻理论教科书在讲新闻报道的真实性时写道："我们所说的新闻真实性是指新闻媒介对客观事物的如实反映，如实报道。它要求一切新闻报道都必须完全按照客观事物的本来面貌反映事物，报道事物。事实怎样，新闻就怎样；事实是多少，新闻就反映多少，既不夸大，也不缩小；事实没有的，就不应该弄虚作假，'合理想象'，更不能无中生有，凭空捏造。"随后论及客观性时又说，"我们所说的新闻的客观性是指新闻报道要忠实于客观事物，要按照客观事物的本来面目反映它。新闻报道的内容必须是现实生活中确确实实发生的事情，不虚构、夸张和编造；新闻报道的形式也应客观地叙述事实，报道者不随意作主观的解释和议论，而是将自己对于事实的意见寓于对事实的客观叙述之中。"[3]试将这两段文字加以对照，不难看出作者在解释客观性时基本上是在重复真实性的内涵，仅仅是在作进一步阐述的后半部分才真正触及真实性问题。难道客观性同真实性没有实质的区别而仅仅是叙述方法的差异吗？

问题在于对客观性的本质规定性缺乏深刻的洞悉。从哲学的高度看，真实性也好，客观性也罢，都是关系性概念，即概念本身所指陈的是甲事物与乙事物之间的关系性问题。离开了客观存在与对这种客观事物的反映，就没有真实与虚假的问题；同样，离开了客观存在与认识主体，就谈不上客观与主观的区分。因此，

1　陆晔.美国新闻业"客观性法则"的历史演进［J］.新闻大学，1994（01）：51-54.

2　李良荣.西方新闻事业概论［M］.上海：复旦大学出版社，1997：42.

3　郑保卫.新闻学导论［M］.北京：新华出版社，1990：46+56-57.

要弄清楚真实性与客观性的内在规定性，一个简单而有效的途径就在于明确两者是在什么关系中产生的。我们知道，新近发生或变动的事实，经过记者的采写等报道活动，才成为人们所阅听的新闻。在新闻的这一产生过程中，事实、记者、新闻三者缺一不可。正是在这三个基本要素的相互关系中产生了真实性与客观性的问题。具体地说，记者所采写的新闻是否如实地反映了事实本身，这是真实性问题；而记者怎样认识、把握、表述新近发生或变动的事实，必然有一个主客观问题。为了更好地说明这一点，可图示如图 2.1。

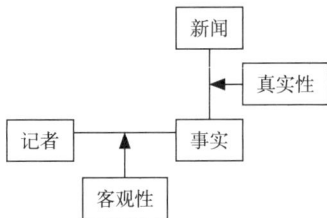

图 2.1　事实、记者、新闻的相互关系

透过图 2.1 可以清楚地看到：真实性概念所表达的内涵是新闻与事实之间的一致性、相符性问题。凡是新闻，严格地讲，应是新闻所表述的事实与社会中存在的事实相一致、相符合，新闻报道就是真实的，就具有真实性；反之则是报道失实，或报道虚假。而客观性概念所表达的内涵是记者在报道过程中的态度和方法。凡是以客观的态度来报道事实，并且以客观的方法来叙述事实，新闻报道就是客观的，就具有客观性；反之则是主观的，存在着主观倾向。

显然，新闻报道的客观性与真实性是具有不同性质的两个概念。其不同性质让笔者想起了画工为王昭君画像的故事。据载，王昭君在汉元帝时被选入后宫，时美女甚多，不得一一召幸，帝乃使画工为宫女画像，按图召见。众宫人都争着贿赂画工，唯独昭君不肯，画工就丑化她的形象，遂不得见。后来匈奴呼韩邪单于来朝，元帝为了和亲，决定以一宫女嫁给单于，昭君越席请行，帝见其举止娴雅，光彩照人，容貌为后宫第一，与画像迥异，后悔不及，只得让昭君出塞。在这里，画像丑化昭君形象，没有真实性；而造成这种情形的是画工凭主观好恶作画，没有以客观的笔法进行描绘，不具客观性。新闻报道的真实性所指涉的新闻与事实的关系就好比是画像与人物（被画物）的关系；新闻报道的客观性所指涉的记者与事实的关系就好比是画工与人物（被画物）的关系。若用哲学的语言来说，真实性就是"意识"和"物质"（或"存在"）的关系在新闻报道领域的体现；而客观性则是"主体"和"客体"（即"物质"或"存在"）的关系在新闻报道领域的体现。两者性质殊异，不能混同。

不过，认识到客观性与真实性是两个不同性质的新闻报道原则，只是把握了两者关系的一个方面。另一方面，客观性与真实性又具有密切的联系。

首先，在新闻报道过程中，不论是真实性还是客观性，都必须以客观存在为前提，为依据，为第一要素。离开客观存在的事实，新闻报道必然没有真实性，必然是虚假的，虚假的报道根本就不是新闻，只能算"传闻"。新闻都不是，哪有真实性？如果记者明知其虚假却还要报道，不是别有用心，就是存心欺骗读者，当然也就谈不上什么客观性了。正是由于新闻报道的真实性和客观性必须建立在客观事实的基础之上，我们讲的客观性才不同于客观主义和有闻必录。程天敏教授说得好："客观报道应提倡，客观主义要不得。客观主义和有闻必录实质上是相通的。有闻必录的含义是：（1）只要是听到有人讲过的事实，传媒就可以报道，至于真假如何，传媒一概不负责任；（2）传媒所听到的重要新闻都应一律刊布，不应以利害关系和其他主观因素决定取舍。客观主义呢？它所追求的是'纯客观'，反对新闻报道的倾向性，排斥新闻记者对新闻事实的分析和选择，以'不偏不倚、不党不私'自诩。客观主义也罢，有闻必录也罢，都是反科学的倾向，都是我们要反对的。"[1]

其次，从动态的角度看，真实性与客观性既在新闻报道过程中产生，又靠记者在报道过程中自觉地加以解决。这样，真实性与客观性在记者报道新闻的过程中就获得了统一性，即记者必须在报道中同时遵循真实性原则和客观性原则，才能使新闻报道如实地再现外部世界。一般地讲，新闻报道要真实，就必须客观报道，即注重事实，把事实和观点分开，避免主观倾向。[2]因为主观倾向介入报道之中，必然导致对事实的任意裁剪，削足适履，使事实为主观倾向服务。这在中外新闻传播史上都有许多值得汲取的教训。不用说纳粹宣传、帮派新闻，就是美国独立

1　程天敏.也谈"客观报道"兼舆论监督——就"羊城疑案"说些题外话［J］.新闻界，1998（05）：22-23+27.
2　李良荣.西方新闻事业概论［M］.上海：复旦大学出版社，1997：108-111.

战争时期的"政党报刊"，我国大跃进时期的新闻报道，也是各取所需，各随己意，甚至不惜歪曲事实，制造事实来进行宣传，使新闻报道丧失了起码的声誉。因此，笔者完全赞同这样的新闻职业思想："真实是我们的最终目标。客观报道是另一个目标，它是一个有经验的职业记者的标志。客观报道是新闻工作的一项标准，我们都要努力达到这个标准。"[1] 简言之，"真实报道"是新闻报道的第一个基本原则，"客观报道"是新闻报道的第二个基本原则，两者互为表里，相辅相成，共同促使记者将客观世界如实地呈现在公众面前，帮助人们独立而有效地把握外部世界。

总之，客观性原则与真实性原则既有质的区别，又有密切联系。任何只强调一面而忽略另一面的观点，虽有一定的道理，有可取之处，但终究存在着片面性，是不可能全面而深刻地把握二者辩证关系的。在探讨客观报道与真实报道的关系时，我们需要更多的辩证思维。当然，如何在新闻传播实践中切实贯彻真实性原则与客观性原则，还有许多问题值得进一步探讨，限于学力和篇幅，本文就不一一论列了。

原载于《新闻界》1999 年第 6 期。

1　赫尔顿. 美国新闻道德问题种种［M］. 刘有源，译. 北京：中国新闻出版社，1998：25.

虚假新闻的产生机制与治理路径

自 2001 年以来，《新闻记者》每年评选"十大假新闻"，已坚持了整整十年。为此，原主编吕怡然先生专门撰文诉说衷曲：鞭挞"客里空"，自然是见义勇为、义无反顾，然而也不无感慨："十年了，我们无惧，但有困惑。心底无私天地宽，面对无理交涉和诉讼，我们并不害怕，以事实说话，凭证据论辩。但我们的困惑挥之不去：为什么如今真实性这个新闻的铁律在现实的诱惑面前会如此不堪一击？为什么浮华浮躁浮夸肤浅之风在新闻界如此盛行？为什么一些新闻把关人对疑窦丛生的虚假信息会如此漫不经心？为什么至今尚未对造假责任者实行'零容忍'、'零宽恕'，以致常常无人为造假担责？"[1] 显然，吕先生所说的困惑是值得我们深入思考的。

历史地看，无论古今中外，虚假新闻都是一个现实的存在，时不时就会冒出来。治理虚假新闻也就成为新闻界常说常新的现实课题。不过，在不同的社会历史条件下，虚假新闻的产生机制有所不同，治理路径也会有所差异。本文试就当前社会语境中虚假新闻的产生机制与治理路径谈谈个人的看法，以期对维护新闻的真实性、增强媒体的公信力有所裨益。

一、虚假新闻的概念解析

不论是探讨虚假新闻的产生机制，还是思考虚假新闻的治理路径，都必须清晰而科学地把握虚假新闻的概念。已有学者注意到：人们对什么是"虚假新闻"还缺乏足够清晰的认识，理论研究和新闻实践中对"假新闻"和"失实新闻"往往不加区分，比如媒体每年"评选"出的"十大假新闻"并不都是"假"新闻，有些"新闻"的性质属于失实或严重失实的范畴[2]。这就是说，虚假新闻至少包括"假新闻"和"失实新闻"两种形态。其实，新闻出版总署 1999 年 7 月 8 日

1　吕怡然. 鞭挞"客里空"，我们见义勇为、义无反顾——年度"十大假新闻"评选十年感言［J］. 新闻记者，2011（01）：12-14.
2　杨保军. 假新闻、失实新闻内涵辨析［J］. 今传媒，2008（03）：10-12.

颁布的《报刊刊载虚假、失实报道处理办法》已有这样的两分法，只不过使用的表述是"虚假、失实报道"。不用说，"虚假、失实报道"包括"虚假报道"和"失实报道"两种形态。当然，也有用"假新闻"作为总概念来统摄这两种形态的，《新闻记者》所说的"假新闻"，其实包括"虚假新闻""失实新闻""不实报道"等形态[1]。

"假新闻"和"失实新闻"（或"虚假报道"和"失实报道"）的本质区别在于有无事实依据。凡以虚构出来的新闻事实为本源的"新闻"，是"假新闻"或"虚假报道"；而具有新闻事实依据，却没有全面、准确、恰当地报道新闻事实的新闻，是"失实新闻"或"失实报道"。当然，失实的情形多种多样，从理论上说，可大致分为"严重失实"和"一般失实"两种：严重失实，是指新闻报道遗漏了决定某事实之所以是某事实的关键片断、侧面、事项等信息，使人难以通过新闻报道来把握新闻事实的大致面貌，已近乎是假新闻；一般失实，是指新闻报道遗漏了应该包含在其中的事实片断、侧面、事项等信息，但还不足以影响人们对新闻事实真实情况的大致把握[2]。

把虚假新闻区分为假新闻、失实新闻两种形态，这是没有什么争议的。问题在于，近年来人们谈论的虚假新闻又增加了新的类别。譬如，杨保军教授撰文说："虚假新闻是一个比较宽泛的概念，是一个用来描述和反映各种失实新闻、假新闻甚至是公关新闻（涉及公关事实和公关事件、制造新闻、策划新闻等）现象的总概念。"并将虚假新闻具体区分为失实新闻、假新闻、策划（性）新闻三种类别[3]。这里所说的"策划新闻"或"公关新闻"，也就是业界所说的"商业炒作"。还有，大约2004年前后出现的"疑似新闻"，也有人将其称为"疑似假新闻"[4]，被认为是假新闻的一个变种：确有真切的新闻背景，却无实在的事实依据。[5]有人批评说，"疑似新闻"是虚假新闻这一"害"上衍生的一颗"毒瘤"[6]。

在我看来，把"策划（性）新闻"或"公关新闻""疑似新闻"纳入虚假新

1　贾亦凡，陈斌，阿仁.2009年十大假新闻［J］.新闻记者，2010（01）：32-40.

2　杨保军.假新闻、失实新闻内涵辨析［J］.今传媒，2008（03）：10-12.

3　杨保军.认清假新闻的真面目［J］.新闻记者，2011（02）：4-11.

4　冯越.疑似假新闻——报刊编辑共同面对的"传染病"［J］.报刊之友，2003（06）：33.

5　解放.从"虚假新闻"到"疑似新闻"［N］.中华新闻报，2005-08-03（B03）.

6　胡舜文."疑似新闻"严重践踏媒体公信力［N］.中华新闻报，2004-05-21（001）.

闻的范畴是否科学，还需要进一步讨论。诚如杨保军教授所说："公关新闻并不必然就是失实新闻或虚假新闻，也并不一定没有新闻价值，但这种自己报道自己的新闻，往往存在着'注水'、'膨化'、'美化'、'遮蔽'等等现象，新闻媒体在采用公关新闻时，应该进行新闻专业原则的再审查，不然，就容易出现失实新闻甚至是虚假新闻报道。"[1] 也就是说，"策划新闻"或"公关新闻"存在着某种程度虚假的可能性，但并不就是失实新闻或虚假新闻。因此，将其作为虚假新闻的一种类别，学理上有失严谨。同样，对于"疑似新闻"也不能一棍子打死。有论者指出，"疑似新闻的出笼，首先在于'确凿新闻'的缺位"，"缘于信息求证难"[2]；不过，正如马克思所说的那样，"只要报刊有机地运动着，全部事实就会完整地被揭示出来"[3]，应当"充分信任媒体'有机运动'的属性，给'疑似新闻'存在的空间"[4]。

　　由此可见，作为一个相当宽泛的概念，近年来所谓"虚假新闻"或"虚假报道"，其实包含了三种具有不同本质内涵的形态：第一是假新闻或虚假报道，没有事实依据，纯粹凭空捏造，这无疑是需要大力杜绝的；第二是失实新闻或失实报道，或严重失实，或一般失实，程度有所差别，应视具体情况作具体分析；第三是可能出现的失实报道，所谓"策划新闻""公关新闻""商业炒作""疑似新闻"等，并非必然是虚假新闻，但很可能出现报道失实甚至严重失实的情况，需要特别警惕。

二、虚假新闻的产生机制

　　虚假新闻是如何形成的，又有哪些具体的表现形式？对此，人们已作了不少探讨。譬如，有人将其形成原因或表现形式概括为十种：政治需要，公开造假；于己不利，隐匿真情；宣传典型，任意拔高；屈从压力，写昧心稿；唯利是图，编造新闻；粗枝大叶，调查不实；道听途说，捕风捉影；知识贫乏，不懂装懂；合理想象，添枝加叶；偷梁换柱，移花接木。[5] 有人将其形成原因或表现形式概

1　杨保军.认清假新闻的真面目［J］.新闻记者，2011（02）：4-11.
2　李文凯."疑似新闻"迭出缘于信息求证难［EB/OL］.（2004-05）［2011-01］.http：www.thebeijingnews.com.
3　马克思，恩格斯.马克思恩格斯全集：第1卷［M］.北京：人民出版社，1983：212.
4　李天伦.给"疑似新闻"以存在的空间［J］.新闻记者，2004（07）：32.
5　郑保卫.当代新闻理论［M］.北京：新华出版社，2003：274-278.

括为十三种：一是捕风捉影，无中生有；二是一叶障目，不见泰山；三是张冠李戴，人地错位；四是移花接木，刻意拼凑；五是现场模拟，情景再现；六是引蛇出洞，不择手段；七是添枝加叶，涂脂抹粉；八是追求轰动，肆意炒作；九是大而化之，不讲细节；十是盲目轻信，不顾后果；十一是受制于人，甘当枪手；十二是滥用权力，大开后门；十三是挟私报复，指鹿为马。[1]

应当说，这样的论述对虚假新闻的形成原因或表现形式作了相当全面的归纳，对我们认清虚假新闻的真实面目是有帮助的。不过，诸如此类的论述也存在着较为明显的学理局限性：基本上都是从新闻从业者的角度来探讨问题，视野不够开阔；而且，把不同层面的原因与不同性质的形态并列在一起，对虚假新闻产生的归因分析存在着简单化的倾向。事实上，虚假新闻的产生不仅与新闻从业者相关，而且与整个的新闻生产过程相关，还与当时的社会历史条件相关。因此，要深入揭示虚假新闻的产生机制，就必须紧密结合新闻生产过程及其社会语境来加以研究。

从媒介社会学的角度看，新闻生产是一种社会过程，这一过程包括若干不可或缺的要素及其相互间的制约/影响关系，而这种制约/影响关系又是与具体的社会历史条件联系在一起的。所有这一切便构成了新闻生产的社会场域。当前，新闻生产的社会场域正处于广泛而深刻的变革过程之中。当今中国正处在改革开放与社会转型的历史进程中，当今世界正处在前所未有的信息革命与新媒体发展的技术变革中。正是在这样的社会历史条件下，整个传媒业正在从宣传事业转变为传媒产业，传媒业的市场化经营、产业化发展已成为业态变革的历史潮流。这样一来，新闻生产过程中的各种要素及其相互关系与权力实践变得日益复杂，虚假新闻的产生机制也随之而变得日益复杂。

首先，从新闻机构与消息来源的关系看，消息来源更加丰富多样，而不同的消息来源由于主观与客观的原因，往往导致虚假新闻的产生。譬如：新闻通讯员、自由撰稿人的故意编造或技术失误，往往导致新闻虚假或新闻失实；互联网尤其是网络自媒体的传言与恶搞，往往导致新闻虚假或新闻失实；党政机构的片面宣传很可能导致新闻虚假或新闻失实，而不时释放的"试探气球"又可能成为"疑似新闻"；利益群体的公关宣传或打压甚至抹黑竞争对手的信息传播，往往导致

1　张书省.虚假新闻十三种及其矫正［J］.今传媒，2005（08）：19-21.

新闻虚假或新闻失实，或者形成"疑似新闻"……这就是说，虚假新闻的产生首先与消息来源具有密切的关系。

其次，从新闻机构与传媒市场的关系看，在传媒业市场化经营、产业化发展的过程中，受众与广告主成为传媒的两个基本市场。受众的文化品位是一个金字塔结构，作为受众市场主体的大多数人群，并没有多少高雅的文化品位，往往充满了世俗的好奇心，甚至低俗的窥视欲，在社会转型期的当今中国尤其如此。新闻机构出于市场竞争的需要，为了吸引受众的眼球，往往迎合受众的低俗需求，在新闻娱乐化的道路上越走越远，炒作明星八卦与社会问题，从而导致新闻虚假或报道失实。同时，广告主即以企业为主体的利益群体，在支付传媒大量广告费用的同时，往往凭借金钱的力量迫使媒体或利诱媒体心甘情愿地与之合谋，进行"商业炒作"乃至"有偿新闻"或"软文广告"，甚至"有偿不闻"，从而导致虚假新闻的产生。

再次，从新闻机构的从业者及其管理方式看，新闻从业者正面临着日益激烈的行业竞争与内部竞争，正面临着日趋企业化的工作绩效考核与薪酬奖励机制，工作压力明显增加。在这种情况下，新闻从业者的职业道德往往受到冲击，专业主义精神往往难以养成。于是，在受众市场的压力下，在广告市场的利诱下，面对日益复杂的新闻来源，记者不时出现盲信盲从、采访不深入、调研不扎实等技术失误，甚至为了某种目的而故意编造新闻等问题，编辑又不时出现把关不严，对虚假新闻宽容乃至放纵的情况，其结果必然导致虚假新闻的不时出现。可见，新闻从业者在新闻理想追求、职业伦理操守、专业主义精神等方面的缺失，往往为虚假新闻的产生大开方便之门。

总而言之，当前虚假新闻的产生具有明显的结构性特征，是各种社会因素相互作用的结果。社会转型过程中的浮躁社会心理，新闻媒体市场化运作的竞争压力，互联网自媒体所造成的信息革命，各种社会组织对新闻传播的利用，记者编辑新闻专业伦理的淡薄，构成了虚假新闻产生的社会场域。

三、虚假新闻的治理路径

从虚假新闻产生的社会场域来看，当前虚假新闻的产生有其深刻的现实社会根源，甚至可以说是社会转型过程中社会诚信缺失与精神文明缺陷等文化弊端在新闻领域的集中体现。然而，这并不意味着新闻界可以推卸责任。作为精神文明建设的重要载体与社会文化展示的重要窗口，传媒业理应加强行业自律，通过综合治理，尽可能杜绝虚假新闻的产生，至少要把虚假新闻的产生减少到最低限度。

从立足于行业自律出发，以综合治理为手段，我国当前虚假新闻的治理路径主要包括以下几个方面：

首先，切实加强新闻行业的职业伦理建设。正如有学者指出的那样，"新闻文化领域的大量'违规'是典型的'错与非错界限不清而难以确认的行为'，不能用法律条令来惩戒，而主要依靠道德伦理来规范"[1]。

在我国，经过 20 世纪 80 年代两次草拟，即 1981 年中宣部新闻局和中央新闻单位共同商拟制定并颁布《记者守则（试行草案）》，1987 年中华全国新闻工作者会（中国记协）公布《中国新闻工作者职业道德准则（草案）》，90 年代正式颁布并两次修订《中国新闻工作者职业道德准则》（简称《准则》，1991 年中国记协正式通过并公布，1994 年和 1997 年两次修订），2003 年中央新闻单位又联合制定《"弘扬职业精神、恪守职业道德、维护队伍形象"自律公约》，新闻职业道德的现实境况仍不如人意，存在着诸多不完善之处。譬如，《准则》的制订过程缺乏广泛的协商程序，内在认同度不足；《准则》条文缺乏职业针对性，以政治话语替代职业话语；《准则》规定缺乏责任、权力和利益的统一，现实可操作性差……据有关研究，超过半数的新闻从业者认为《准则》对其职业行为的指导和约束作用很有限[2]。因此，切实加强新闻职业道德建设已迫在眉睫。

当前，应当以全国新闻单位开展"杜绝虚假报道，增强社会责任，加强新闻职业道德建设"专项教育活动为契机，大力加强新闻职业伦理建设。首先，在职业伦理建设的内涵上要大力加强新闻专业主义理念的培育与养成，促使新闻从业者恪守真实、客观、公正等新闻专业准则；其次，在职业伦理建设的程序上要逐步加强新闻职业道德准则制订与修正过程的共同协商机制，让新闻从业者更加自觉地参与并认同新闻伦理准则；再次，在职业伦理建设的操作上要努力做到责、权、利相统一，厘清角色冲突（如采访过程中的救死扶伤与新闻本职工作）与权

---

1 赵心树，阴卫芝."心中之规"最具道德权威——新闻职业伦理规范问题答问［J］.新闻记者，2006（08）：7-12.
2 周俊.试析我国现行新闻职业规范——以《中国新闻工作者职业道德准则》为例［J］.国际新闻界，2008（08）：16-20.

利冲突（如公众知情权与公民隐私权、消息来源保护与信息公开、媒体自由与公正审判等），强化操作可行性，使新闻职业伦理从"印在纸上的伦理"变成"刻在心里的伦理"，成为每一个新闻从业者的"心中之规"[1]而加以自觉地遵守。

其次，全面形成治理虚假新闻的舆论压力。新闻行业要形成广大从业者认同的伦理规范，并将其内化为发自内心深处的道德律令，这是一个长期而艰巨的任务。在社会转型日益深化、新闻伦理失范问题突出、虚假新闻屡禁不止的现实情况下，必须全面形成治理虚假新闻的舆论压力。为此，应做好三个方面的工作：

第一是充分发挥新闻发言人的作用，及时澄清有关事实真相。新闻报道总是随着事件的发生、发展、变化、结果同步进行的，事件发展了，报道也就随之变动，只有从有关事件的全部新闻报道中才能得出对事件的完整认识。随着传媒竞争的加剧，要让媒体的新闻报道不出一点差错，事实上是不可能的。关键在于，一旦出现虚假新闻，所涉及的当事人，无论是个人还是组织机构，特别是权威部门，都应当通过新闻发言人及时发布真实信息，澄清事实真相，消除不实传闻，纠正视听偏差，保障社会舆论始终在健康的轨道上运行。

第二是大力倡导媒体之间对虚假新闻的相互调研、求证与更正。虚假新闻一旦出现在某一媒体，其他媒体就可以而且应当及时跟进，深入调研求证，发表正确的报道，让新闻界自身形成对虚假新闻的纠错能力。有统计分析表明，2001—2006年"十大假新闻"的纠错情况是："10%的假新闻是自己出来纠正错误，以正视听的；有76.7%的假新闻是由其他媒体揭穿的；还有8.3%的假新闻是同时由自身及其他媒体纠正的。此外，还有来自于网民揭穿的假新闻，只占很小的比例，但是由网民进行新闻'打假'是一个值得关注的趋势。"[2]绝大部分虚假新闻由其他媒体揭穿这一事实也表明，马克思所说的"报刊的有机运动"是完全正确的。

第三是大力开展媒介批评，对虚假新闻进行公开的批评。媒介批评是对媒介产品、媒介行为、媒介现象乃至媒介体制、媒介文化的是非、善恶、美丑、得失的分析评判，抨击虚假新闻是媒介批评义不容辞的使命。通过对虚假新闻的曝光

1　赵心树, 阴卫芝."心中之规"最具道德权威——新闻职业伦理规范问题答问［J］.新闻记者, 2006（08）：7-12.
2　张涛甫.假新闻是怎样生成的? ——以《新闻记者》六年来"十大假新闻"为分析样本［J］.新闻记者, 2007（02）：36-38.

与批评，可以充分发挥媒介批评惩恶扬善、祛邪扶正的作用，让新闻界对虚假新闻始终保持警醒，防微杜渐，自觉地抵制虚假新闻。在这方面，《新闻记者》已付出了极大努力，近十年来坚持每年评选"十大假新闻"，揭示其症状病因，抨击其不良后果，对于遏制虚假新闻的泛滥发挥了重要的建设性作用。如果有更多的专业期刊以各种方式批评虚假新闻，必将大大强化约束虚假新闻的舆论环境。

再次，建立健全治理虚假新闻的约束机制。一般地说，约束机制是指为规范组织成员行为而经法定程序制订和颁布执行的具有规范性要求、标准的规章制度和手段的总称。广义上，形成治理虚假新闻的舆论压力，就是一种社会约束机制。不过，这里所说的约束机制主要是指惩戒性的制度化约束机制。在这方面，研究者已提出过不少建设性意见。譬如，有人主张"尽快建构起制度化的来自传媒外部的新闻监管体系，这主要包括了主管机关的行政监督、新闻行业协会的行业监督、新闻评议会等对新闻媒体的社会监督"[1]；有人认为"法律阻击虚假新闻，不失为一种战略选择"[2]。从综合治理的角度看，我认为当前需要建立健全系统化的约束机制。

所谓系统化的约束机制，全面地说，主要有三个层面：其一是新闻单位内部的约束机制。每一个新闻单位对于虚假新闻的治理都应有自身的规章制度。譬如，新闻单位对故意制造假新闻的从业者严格处理直至开除，对不同程度的失实报道追究相应的责任，同时改变"家丑不可外扬"的传统做法，公开纠错或公开道歉。其二是新闻行业的约束机制。新闻出版总署 1999 年出台《报刊刊载虚假、失实报道处理办法》，2009 年又发布《关于采取切实措施制止虚假报道的通知》。尤其是后者，明确提出完善问责制度是遏制虚假、失实报道的重要手段，督促新闻单位要建立健全责任追究制度，并对不同情况的虚假新闻提出了具体处罚措施。可以说，行业约束的制度性规定已基本明确，关键是要有效实施。其三是法律约束机制。如果虚假新闻触犯法律，譬如涉嫌诽谤或损害他人名誉等，就应依照法律程序由司法机关进行审判。1987 年上海《民主与法制》杂志的记者沈涯夫、牟春霖因发表《二十年"疯女"之谜》而以诽谤罪被判刑，2007 年北京电视台

---

1 唐远清.防治虚假新闻的关键靠制度化的新闻监管体系——从"前新闻人自爆造假"遭冷遇说开去［J］.新闻记者，2010（01）：41-44.

2 俞评.法律阻击虚假新闻不失为一种战略选择［J］.观察与思考，2007（15）：6.

聘用记者訾北佳因炮制虚假电视专题片《纸做的包子》而被判刑，就是两宗著名的案例。

不过，如前所述，虚假新闻问题主要属于新闻职业伦理的范畴，主要依靠道德伦理来规范。除非虚假新闻触犯法律，法律这一"行为的底线"是不能轻易动用的。在此意义上，治理虚假新闻的约束机制主要还是要靠新闻单位的自律与新闻行业的自律，特别是新闻行业的自律。在行业自律方面，如果能够建立起相对独立的新闻评议会之类的社会监督机构，新闻行业的自律必将收到更加理想的成效。当然，本着民主法治的精神，无论是新闻单位的自律，还是新闻行业的自律，对虚假新闻炮制者的处罚都必须秉持独立调查、全面核实、公开处理的理念与原则，避免处罚不公正、不合理等问题，让造假者心服口服，从而使更多的新闻从业者认真对待这项严肃的事业 [1]。

原载于《新闻记者》2011 年第 3 期。

1　李韧 . 虚假新闻处罚中存在的问题——以《新闻记者》2001 年 ~ 2006 年十大假新闻为样本［J］. 新闻记者，2008（01）：26-29.

民生新闻：中国特色的新闻传播范式

21 世纪以来，"民生新闻"不仅是我国传媒界大力推进的传播新潮，而且是学术界广泛关注的理论问题。检索中国学术期刊全文数据库，自 2003 年到 2006 年 6 月，各种刊物发表关于"民生新闻"的研讨文章已近 200 篇。事实上，有关研讨文章远不止这个数。且不说网上发布的这类文章，单是正式出版的《南方传媒研究》第一辑"民生新闻专辑"，就收录未进入上述统计的有关文章 30 余篇。然而，民生新闻研究虽然很热闹，学术上的进展却难以令人满意。一方面，众多的研讨文章"大多处于零散的、经验性的、个案式的研究层面上，比较欠缺学术深度"[1]；另一方面，这些研讨文章往往自说自话，对"民生新闻"的研讨很少展开学术意义上的对话，以致有论者认为民生新闻研究存在着"七大待解之谜"：（1）"民生新闻"是否是一个严谨的科学命题？（2）"民生新闻"与"社会新闻"的关系究竟如何？（3）"民生新闻"究竟有哪些本质特征？（4）"民生新闻"是传播理念还是新闻类别抑或节目形态？（5）电视与报纸究竟是谁"抄"谁的"民生新闻"？（6）民生新闻热潮中的"尴尬"处境（指受到质疑、批评）为哪般？（7）"红旗"到底能够打多久？[2] 因此，澄清"民生新闻"的基本学理问题，给"民生新闻"一个科学的"说法"，仍是摆在我们面前的理论课题。本文将在吸取有关研究成果的基础上，从科学社会学的范式理论出发，对民生新闻的基本理论问题进行深入的分析与阐述，以期推进民生新闻研究的深化。

一、民生新闻：一种新的新闻传播范式

民生新闻是什么？这自然是一切研究首先面对的问题。从现有资料看，这个问题并未解决。或认为是一种"新闻类型"，如说民生新闻是"经济新闻、社会新闻两大板块中各划出一块来合并而成的"一类新闻[3]；或认为民生新闻是一种

---

1 宋志标．摇摆于民本与民主之间——简析两种民生新闻观的现状、嬗变及意义［M］//南方报业传媒集团新闻研究所．南方传媒研究：第 1 辑．广东：南方日报出版社，2006：68．

2 陈立生．电视"民生新闻"的七大待解之谜［J］．淮北煤炭师范学院学报（哲学社会科学版），2005（02）：1-7．

3 韩泽．民生新闻小札［J］．视听界，2004（01）：28-29．

"新闻体裁"，如说"民生新闻的主要形态是以城市居民为传播对象，以频道主要覆盖城市为报道范围，以市民日常经济、社会生活息息相关的新闻事件为主要题材的一种电视新闻体裁"[1]；或认为是一种"节目形态"，如说"'电视民生新闻'是以民众生活为主体的新型电视新闻节目"[2]；或认为是一种"价值取向"，如说"'民生新闻'并不是一个关乎新闻体裁样式的专业性概念，它更多地体现为一种针对新闻媒介和新闻记者的实践活动的价值取向"[3]；或认为是一种报道风格，如说"民生新闻不应该再作为新闻题材的一种，也不单纯是一种固定的节目形态或新闻体裁，而应该是一种风格追求与手法运用"[4]；或认为是一种"话语建构"，如说"'民生新闻'的提出是针对当前社会的'话语建构'，它只能成为社会发展的一个过渡产物"[5]。诸如此类，不一而足。

　　显然，上述不同说法之间存在学理上的矛盾。这是因为，新闻类型、新闻体裁、节目形态、价值取向、报道风格、话语建构这些概念各自具有内在的规定性，分别以之作为民生新闻的属概念，也就把民生新闻纳入了各不相同的理论范畴，这就必然让人产生"民生新闻"究竟是什么的疑问。已有学者注意到："民生新闻与新闻学领域里传统的按照单一标准划分的样式不同，是多个标准共同生效的划分结果。"从内容上看，民生新闻主要报道的是日常状态下平民百姓的衣食住行及其所想、所感；从表达上看，民生新闻的基调和具体的表现手法与西方新闻界的"软新闻"类似，多采用一些符合普通百姓接受心理与接受能力的"软性"表达；从宗旨和终极目标上看，民生新闻是以关切的目光关心民生疾苦，将硬新闻软处理，同时赋予软新闻以硬道理，在进行舆论监督的时候也立足于问题的解决而不是简单地批评了事。不过，"让多个分类标准共同生效，一方面帮助我们从内容、表达、受众定位三个方面理解民生新闻这一概念，同时也给我们带来困惑：在原有的新闻专业领域里我们无法找到与其对应的分类项。民生新闻就是这

1　孟建，刘华宾.对"电视民生新闻"现象的理论阐释——以安徽电视台《第一时间》栏目为例［J］.中国广播电视学刊，2004（07）：22-24.

2　路璐.解析电视民生新闻的资源优势［J］.传媒观察，2004（06）：54-55.

3　陆晔，苏菲.地方电视新闻的新走向［J］.中国广播电视学刊，2004（06）：37-38.

4　程前，陈杭.望诊电视民生新闻［J］.中国电视，2005（02）：30-34.

5　郑宇丹.民生新闻——主流意识的话语建构［M］//南方报业传媒集团新闻研究所.南方传媒研究：第1辑.广东：南方日报出版社，2006：58.

样充满悖论地存在着"。

如何解决这个悖论，作者的办法是等待民生新闻的再实践与再认识："对于这样一个新的专有名词，没有必要急于给予其统一的界定。"因为"在民生新闻的概念认识系统内，多元观念的相互影响和讨论，客观上必然带来对民生新闻认识的逐渐清晰，甚至最终达成共识"[1]。诚然，对于新出现的理论问题，我们需要有一种开放的学术心态，容许多元观念的碰撞与交流。但是，这并不意味着我们应当放弃学术研究固有的探索性，不然，还要学术研究干什么？因此，科学地回答民生新闻是什么，解决民生新闻研究中的"悖论"——既是一个重要的新闻现象，却又无法在原有的新闻专业领域里找到与其对应的分类项，就是不能回避的问题。而要解决这个悖论，我们就不能停留在现有的理论架构或认识框架之内，需要引入科学社会学的"范式"概念及其理论模式。

1962年，托马斯·库恩出版《科学革命的结构》一书，创造性地提出了科学发展过程中的范式理论。在库恩看来，科学发展的模式是由一个常规科学传统转变到另一个常规科学传统，两个传统之间的变化就是范式（paradigm）的转换。不同范式之间具有不可通约性（incommensurable），即"两个范式之间找不到共同的基础来理性地比较高下"[2]；而同一范式则具有共享性，即范式是一套共同的科学习惯。1969年，库恩对范式作了进一步阐释："一方面，它代表着一个特定共同体的成员所共有的信念、价值、技术等等构成的整体。另一方面，它指谓着整体的一个元素，即具体性谜题解答；把它们当作模型和范例，可以取代明确的规则作为科学中其他谜题解答的基础。"[3]在库恩看来，范式的构成包括以下四种要素：（1）符号概括，科学共同体共同使用的公式；（2）共同信念，包括形而上学的世界观或是理论模型；（3）共有价值，科学共同体培养了科学家共同的鉴赏力；（4）范例。[4]1974年，库恩又把范式的构成要素概括为"符号概括、模型、范例"[5]三种。不论是四种还是三种，范例都是范式的典型体现，反过来说，

1 李舒，胡正荣．"民生新闻"现象探析［J］．中国广播电视学刊，2004（06）：33-36.

2 王巍．科学哲学问题研究［M］．北京：清华大学出版社，2004：116.

3 库恩．科学革命的结构［M］．金吾伦，胡新和，译．北京：北京大学出版社，2003：157.

4 库恩．科学革命的结构［M］．金吾伦，胡新和，译．北京：北京大学出版社，2003：163-168.

5 库恩．必要的张力——科学的传统和变革论文选［M］．范岱年，纪树立，罗慧生，等，译．北京：北京大学出版社，1981：290.

"范式是共有的范例"[1]。因此，在简化的意义上，"一个范式就是一个公认的模型或模式（Pattern）"。[2]

值得注意的是，库恩所谈的"范式"其实是科学共同体所遵循的"科学范式"。推而广之，任何"范式"都意味着由一定的概念或术语、一定的世界观（主要是信念与价值）、一定的范例所构成的实践模式或理论模式。这样看，中外新闻传播显然存在着多种多样的范式。比如，源自西方新闻界的客观报道、解释性报道、调查性报道、深度报道、新新闻主义，我国新闻界开创的典型报道、正面报道，就是不同的新闻传播范式。"民生新闻"的实践及其概念化，本质上是对我国当前一种新型的新闻传播范式的理论概括。换言之，如果要问民生新闻是什么，我们可以初步确定：民生新闻是一种新的新闻传播范式。2003年初，江苏广播电视总台城市频道总监景志刚曾指出，《南京零距离》这一档电视新闻节目的追求是着意"打造中国电视新闻新模式"[3]，实际上已触及民生新闻是一种新的新闻传播范式之真义。

二、民生新闻传播范式的具体内涵

作为一种新闻传播范式，"民生新闻"是多种独特内涵有机结合在一起而形成的新闻实践模式。前引李舒、胡正荣认为民生新闻是"多个标准共同生效的划分结果"之论说，其实已在一定程度上触及民生新闻传播范式的内在规定性。陆晔等人的论述更为明确："'民生新闻'不仅仅概括了媒介对报道内容的选择标准，还体现着报道者的立场、态度和出发点，更蕴含了媒介对自身社会功能的认识。"[4]遗憾的是，这些论说尽管把民生新闻作为一种新闻传播范式的多重内涵及其整合性较为充分地揭示出来，却并没有把民生新闻的本质明确地概括为新闻传播范式，可谓功亏一篑。

那么，民生新闻传播范式究竟包括了哪些具体内涵呢？应当说，以往对民生新闻内在规定性或本质特征的探讨，其实就是对民生新闻范式具体内涵的探讨。

1　库恩.科学革命的结构［M］.金吾伦，胡新和，译.北京：北京大学出版社，2003：168.

2　库恩.科学革命的结构［M］.金吾伦，胡新和，译.北京：北京大学出版社，2003：21.

3　李幸，景志刚.打造中国电视新闻新模式——关于《南京零距离》的谈话［J］.现代传播，2003（02）：60-62.

4　陆晔，王硕，侯宇静.突破从"民生新闻"开始——《第一时间》与地方电视新闻发展前瞻［J］.现代传播，2004（04）：48-50.

当然，关于民生新闻本质特征的认识还存在分歧。或认为"'民生新闻'的本质特征应该是：民生内容，平民视角，民主的价值取向"[1]；或认为"平民视角、民生内容、人文叙事是其根本和核心"[2]；或认为民生新闻的基本内涵是"民间立场、民众视角、民本取向"[3]；或认为"民生新闻的基本定位是'民生内容、民众视角、民本取向'"[4]；或认为"构成民生新闻要件的是新闻本位、舆论监督、人文关怀"[5]；此外，还有"本土化""大众话语""现场直播"等说法[6]。这些论说同异互见，可谓见仁见智。这里无意提出什么新说，只在众多说法中进行选择，从而进一步明确民生新闻传播范式的独特内涵。在我看来，作为一种新闻传播范式，民生新闻的独特内涵主要包括以下方面。

（一）题材选择上的民生内容

一般地说，民生新闻所聚焦的是平民百姓的生活、生计、生存、生命。在此意义上，"民生新闻"的题材选择十分广泛，"除了日常社会新闻外，可以涵盖与地方百姓最直接相关的政策服务资讯，有与时政新闻、社教新闻的交叉，还可涵盖一部分消费、经济信息"[7]。因此，就民生新闻的内容而言，可以说是"对最新的有关人民大众生计来源、生活质量、生存状态、生命安全及其相关心态的事实的报道"[8]。在这里，民生新闻在题材内容上已突破以往新闻学理论按题材内容进行的分类方式，以"民生"概念为核心对题材内容作了新的整合或聚合，形成了新的题材内容范畴。

（二）报道立场上的平民视角

多年来，传统的党报党刊或者电视新闻，往往过分注重自上而下的指导性，将受众看成是需要教育的对象，高高在上，存在着脱离群众的倾向。报道立场上的平民视角，就是贴近百姓生活，站在百姓的立场上去关注民生问题，用"平视"而不是"俯视"的目光看待百姓，更多地聚焦平民百姓和弱势群体，更多地反映

1 陆晔，苏菲.地方电视新闻的新走向［J］.中国广播电视学刊，2004（06）：37-38.

2 赖浩锋.解析电视民生新闻三内核［J］.山东视听（山东省广播电视学校学报），2005（01）：4-6+1.

3 易前良."民生新闻"的理论阐释［J］.河海大学学报（哲学社会科学版），2005（02）：64-67+94.

4 朱寿桐.论电视民生新闻理论的可能性［J］.中国电视，2005（12）：15-20.

5 陈龙.新闻本位、舆论监督、人文关怀：民生新闻的公信力要件［J］.中国电视，2004（06）：49-53+7.

6 陈立生.电视"民生新闻"的七大待解之谜［J］.淮北煤炭师范学院学报（哲学社会科学版），2005（02）：1-7.

7 朱天，程前，张金辉.解读电视"民生新闻"现象［J］.传媒观察，2004（08）：52-54.

8 陈立生.民生新闻的界定与完善［J］.新闻爱好者，2005（09）：10-11.

他们的生存状态。因此，平民视角意味着新闻工作者摒弃那种居高临下的心态，意味着新闻传播过程以传者为中心转变为以受众为中心，意味着记者站在与民众同呼吸共命运的立场上来审视民生新闻题材。

（三）价值取向上的民本意识

所谓民本，就是"以民为本"。在中国，民本思想源远流长。从《尚书·夏书·五子之歌》提出"民惟邦本，本固邦宁"的理念，到孟子力倡"民为贵，社稷次之，君为轻"的思想，一直到孙中山先生的"三民主义"，无不闪耀着民本思想的光辉。民生新闻在价值取向上的民本意识，就是把人民作为国家的根本，充分反映民众生活，关注民生疾苦，为民排忧解难，表达对普通民众的人文关怀。如果说平民视角是新闻传播的出发点，那么民本意识则是新闻传播的根本宗旨。

（四）报道方式上的民众话语

在这里，"民众话语"主要有两层含义：一是用老百姓喜闻乐见的语言形式来报道民生内容，如采用一些符合普通百姓接受心理与接受能力的"软性"表达，特别是在电视民生新闻中，主持人多采取"说新闻"的形式，使观众产生"拉家常"的亲切感和收视愉悦。二是让民众在新闻报道中发出自己的声音，表达自己对民生问题的看法和观点，再加上电话热线、短信平台等交流形式，使媒体成为民众言说公共事务的公共领域，较好地发挥传媒的舆论监督作用。

当然，民生新闻传播范式的这几个独特内涵是紧密联系在一起的，换句话说，正是这几个独特内涵的有机统一才构成了完整意义上的民生新闻。正如湖南经济电视台台长吕焕斌所说："何谓'民生新闻'？我的理解是：媒体站在人文关怀的立场，从最广大普通百姓的需求出发，用他们喜闻乐见的形式，播报、评说百姓关心的人和事，在反映百姓欲望、情感、意志的同时，积极为百姓排忧解难。"[1]这就意味着"民生新闻不是一种具体的新闻体裁，也不是一种新的新闻类型"[2]，也不仅仅是一种新的价值取向，而是题材选择上的民生内容、报道立场上的平民视角、价值取向上的民本意识、报道方式上的民众话语的有机结合所构成的一种

---

1 吕焕斌.民生视角 本色表达 人文关怀 整合营销——湖南经视《都市一时间》的探索［J］.中国广播电视学刊，2004（06）：28-30.

2 新浪网.演讲人：《南京零距离》总制片人张建赓（图）［EB/OL］.（2004-07）［2007-05］. http：//ent.sina.com.cn/v/2004-07-26/2103455311.html.

新型新闻传播范式。

需要说明的是，作为一种新闻传播范式，"民生新闻"中的"新闻"并非新闻文本意义上的 news，而是新闻传播活动意义上的 journalism。在英语中，"news"是指新闻、新消息（facts that are reported about a recent event or events），或者新闻报道（the news: a regular report of recents broadcast on radio and television）；"journalism"是指新闻业、新闻工作（work of collecting, writing, editing and publishing material in newspapers and magazines or on television and radio）。两者的关联在于：journalism 所包括的新闻采访、写作、编辑、出版等各项工作，都是围绕 news 这个轴心而展开的。大体上，news 对应于汉语的新闻、消息；journalism 对应于汉语的新闻业、新闻工作，即新闻传播活动。假如将"民生新闻"翻译成英文，准确的表述不是"news of the people's livelihood"，而是"journalism for the people's livelihood"。明确了这一点，就可以更好地理解为什么说民生新闻是一种新的新闻传播范式。

三、民生新闻传播范式的产生过程

民生新闻概念的提出，是与《南京零距离》这一档电视新闻节目联系在一起的。江苏省广播电视总台城市频道总监景志刚曾明确指出："在我们的节目中，既有社会新闻、也有舆论监督，还有生活资讯，甚至时政新闻，反映的都是平民百姓日常状态下的衣食住行，以至于用任何一种传统新闻分类概念来概括都是片面和不合适的。……我们需要新概念来概括并确认《南京零距离》这类已大量出现在我们新闻实践中的节目样态的内涵与价值。"作者认为，对于将"实用资讯、生活投诉和社会新闻"这几个方面内容整合在一起的《南京零距离》及其同类节目，"用旧有的诸如'社会新闻''舆论监督'等概念来概括已严重词不达意。也许更适合使用的是'民生新闻'这一概念。因为，这一概念不仅字面上比较切题，而且内容上比较准确地概括了这类新闻的平民视角以及民主的价值取向这样一些本质性的内涵"[1]。

在这种观点得到广泛认可的同时，也有不少学者提出了不同的看法。时统宇把"民生新闻"与中央电视台 1993 年开播的《东方时空·生活空间》栏目联系起来，认为"'讲述老百姓自己的故事'通过对'民生'的个别反映，去表现'国

1　景志刚.存在与确认：如何概括我们的新闻［J］.中国广播电视学刊，2003（11）：35-45.

计'的总体态势，包含了大智慧、大思路、大手笔。这句当年央视《东方时空》中'生活空间'的栏目语犹如石破天惊，给中国电视以永恒的亮色，生动形象地表明了中国电视传播的基本定位，在中国电视现代化的道路上具有里程碑的意义。平民意识和人间真情构成了'讲述老百姓自己的故事'的基本内涵和价值取向，芸芸众生的喜怒哀乐成为观众的新视点，普通人的生存状态和人生体验使得中国电视屏幕上洋溢着真诚和温馨"[1]。后来有论者或把央视《生活空间》栏目看作"电视民生新闻节目的雏形"[2]，或将其认定为"'民生新闻'的真正开始"[3]。不过，正如有论者所指出的那样，"民生新闻在其刚刚'面市'时，并没有获得如此命名，打出的却是'都市新闻'或'晚报新闻'的旗号"[4]。被当作电视"民生新闻"节目范本的《南京零距离》，在其运作初期所打出的旗号，恰恰就是"打造南京人的电视晚报"[5]。于是，又有论者提出，"民生新闻的孕育和生成应该说是以平面媒体——报纸为依托，特别是都市报"。作者进而断定，"民生新闻孕育、生成的时间应该说是 20 世纪 90 年代初期"[6]。这样一来，民生新闻的产生就成为一个需要加以分析的问题。

值得注意的是，民生新闻的孕育与生成是两个不同的阶段，孕育阶段意味着民生新闻的某些构成要素开始出现，甚至形成雏形；生成阶段则是完整意义上的民生新闻的"真正开始"。在我看来，央视《生活空间》"讲述老百姓自己的故事"的确建构了电视节目的平民意识，体现出一种民本取向，但《生活空间》所讲述的老百姓故事只是具有一定新闻性的故事，并非严格意义的新闻，更非民生新闻。因此，"讲述老百姓自己的故事"至多只能说是电视民生新闻的孕育。而在 1995 年诞生的都市报，从一开始就明确定位为"市民生活报"[7]，"全方位报道各个市民阶层关心的政治、经济、文化、社会、科技、体育等各方面的内容"[8]。

1 时统宇.从"讲述老百姓自己的故事"到"民生新闻"——《都市—时间》的有益启示[J].中国广播电视学刊，2004（06）：30-32.

2 赖浩锋.解析电视民生新闻三内核[J].山东视听（山东省广播电视学校学报），2005（01）：4-6+1.

3 郑宇丹.民生新闻——主流意识的话语建构[M]//南方报业传媒集团新闻研究所.南方传媒研究：第1辑.广东：南方日报出版社，2006：58.

4 白小易.在市场与传统的"角力"中发展——从《法制现场》的崛起看民生新闻的新趋向[J].中国电视，2005（02）：64-66.

5 陈立生.电视"民生新闻"的七大待解之谜[J].淮北煤炭师范学院学报（哲学社会科学版），2005（02）：1-7.

6 李洋.民生新闻：兴起与兴盛——兼论新闻的嬗变[J].新闻界，2005（05）：55-57.

7 吴信训.都市新闻传播学[M].北京：中国社会科学出版社，2001：4-5.

8 席文举.研究读者市场探索办报艺术[M]//席文举.报纸策划艺术.北京：中国社会科学出版社，2000：102.

当然，都市报最具特色的新闻报道还是"市民新闻"。对此，刘建明先生作过中肯的分析："《华西都市报》在确定市民新闻的空间上做了精心的选择，在众多新闻印刷媒体中独领风骚。一是选择市民衣食住行、生老病死中发生的事件，尽量避免报道发生在机关、企业内部的事实；二是对政治活动、单位内部事件如需报道，力求选择与市民相关的角度展现新闻的都市空间；三是除重大事件和党与政的重要活动，《华西都市报》不直接刊载或极少刊载经验性新闻，工作典型或会议新闻，或需报道，寻找同市民生活的粘合点，把事实的内涵拉向市民的心理空间，或突出简要信息加以提示；四是为扩展市民新闻报道，每天开辟外省市新闻专版，精选各地发生的典型事件。"[1] 当然，都市报的这种"市民新闻"在20世纪80年代后期至90年代前期崛起的新型晚报（如"晚报四小龙"即《扬子晚报》《钱江晚报》《深圳晚报》《武汉晚报》）中已得到较为充分的体现。随着报业竞争的加剧，90年代中后期以来的传统晚报也在一定程度上吸取了这种"市民新闻"的做法。显然，都市报、晚报的这种"市民新闻"与后来的"民生新闻"在题材选择与价值取向上具有一致性，已成为民生新闻的雏形。

与此同时，90年代中后期的电视新闻已开始吸取都市报、晚报的"市民新闻"做法，成就了电视民生新闻的早期形态。李幸说得好："1995年，在《北京特快》上，就已经有这种民生新闻的品质了。然后在1999年成都台有一个《今晚8:00》，也有这个品格了。"[2] 不过，严格地讲，民生新闻的真正产生还是新世纪初的事情。其显著标志有二：一是深圳报业集团的子报《晶报》在2001年8月1日创刊，明确提出"以民生新闻为特色"的办报方向；二是2002年1月1日江苏广播电视总台都市频道《南京零距离》的开播。特别是《南京零距离》，更是民生新闻的典型范本，是民生新闻真正形成的显著标志。之所以如此，是有其内在理论依据的，只不过以往的研究没将其中道理讲清楚。从范式理论来看，此前都市报、晚报的"市民新闻"虽然在做民生内容，并且具有民本意识的价值取向，但还没有产生民生新闻的典型范例，更没有进行自觉的理论概括。按库恩的范式理论，"范例"与"符号概括"都是构成范式必不可少的要素。人们之所以广泛认同《南

1　王时廪.领导专家评说"都市报现象"［M］//阮观荣，席文举.都市报现象研究.北京：新华出版社，1998：16.

2　李幸.十年来中国电视的第三次革命［J］.视听界，2004（01）：5-7.

京零距离》标志着民生新闻的真正开始，就在于这个节目不仅将都市报、晚报的民生报道发扬光大，而且将"实用资讯、生活投诉和社会新闻"这三个方面的内容整合在一起，形成了民生新闻的典型范例，进而产生了普遍的"示范"效应，使民生新闻在报刊与电视等媒体上得到广泛实践，形成了新世纪以来的民生新闻热潮。与此同时，新闻业界人士又十分明确地把这种新的新闻传播现象概括为"民生新闻"，完成了"符号概括"这一理论使命，从而使民生新闻作为一种新的新闻传播范式清晰地呈现出来。

当然，民生新闻传播范式还有待进一步完善与升华，特别是要处理好以下两个关键的问题。

其一，科学对待民生新闻与社会新闻的关系，尤其是科学看待民生新闻实践中的各种问题。如前所述，民生新闻在题材内容上与社会新闻具有相当大的交叉重合关系，而那些在题材内容的意义上与民生新闻相同的"社会新闻"之所以成为民生新闻，关键在于"在传播的过程中又多了'一种加工的态度'——即'从民生的角度、从百姓的视角、从人民群众的根本利益出发'，也就是说，一样的世界，但不一样的观点和解释的方式，使它的价值取向有所不同"[1]。然而，恰恰是在这一点上，新闻业界还把握得不够好，以致"在全国性的'民生新闻'的大潮里，泥沙俱下，鱼龙混杂，裹挟着社会新闻、新闻娱乐化等花样"。细加分析，不难发现当前的民生新闻大潮在品格上存在着明显的区别。应当说，"地方电视台做的这类新闻其实可以分为三种，即一般的、中间层的'市民新闻'，往下走、俗一点的'市井新闻'以及往高里追求的'民生新闻'"[2]。如何让民生新闻避免降格为低俗化的"市井新闻"，同时让"市民新闻"提升为"民生新闻"，这是必须在实践中不断探索和解决的问题。

其二，正确认识民生新闻传播范式与其他新闻传播范式的异同，特别是要弄清民生新闻与公共新闻的关系。民生新闻研究起步后的第二个年即2004年，一些论者便针对通常被称为南京电视民生新闻节目之一的江苏卫视《1860新闻眼》的实践，特别是其"公推公选"的现场直播，提出了"公共新闻"的概念。一方

1　陈青，韩意凝.我们所理解的民生新闻［J］.中国广播电视学刊，2005（01）：59-60.

2　李幸.民生新闻≠社会新闻≠新闻娱乐化［J］.中国电视，2004（11）：64.

面，一些学者认为公共新闻与民生新闻并不矛盾，如孙旭培将公共新闻的理念概括为四个方面，即"培育和营造公民社会，监督和构建公共领域，报道和指导公共事务，交流和引导公共意见"，这些内涵与民生新闻显然具有某种关联度。另一方面，一些学者又认为公共新闻是民生新闻的一种提升，按陈昌凤的说法，"公共新闻突出一些民权的问题，突出公众的权益的问题，这个理念是对民生新闻的一种提升"[1]。在后来的研究中，比较普遍的观点是把公共新闻看作民生新闻的提升之道。或认为从"民生新闻"到"公共新闻"是一种"价值理念的提升"[2]；或认为公共新闻是"民生新闻的品质提升与自我超越"[3]；或认为公共新闻是"民生新闻的成功突破"[4]；等等。20 世纪 80 年代末 90 年代初在美国发起公共新闻运动的倡导者罗森教授（Jay Rosen）认为，面对新闻业在商业化过程中遭致的社会批评和信任危机，"公共新闻"（public journalism，准确的汉译应是"公共新闻学"或"公共新闻主义"或"公共新闻事业"）所要倡导的理念与做法是："1）视人民为市民、公共事务的潜在参与者，而非受害者或旁观者；2）帮助政治性社群针对问题而行动，而非仅仅知晓问题；3）改善公共讨论的环境，而非仅仅眼看着它被破坏；4）帮助改善社会公共生活，使得它值得人们关注。"[5] 由此可见，"公共新闻"与"民生新闻"的确具有一定的关联，但其区别也是显著的：公共新闻的本质理念是民主，民生新闻的本质理念是民生。民主与民生，是既相联系又有区别的两个概念。在我看来，"民生新闻"（journalism for the people's livelihood）与"公共新闻"（public journalism）应当是具有本质区别而又相互联系的两种新闻传播范式，如何在实践上与理论上辩证地把握其异同，还需要不断探索与深入探讨。

四、民生新闻传播范式的价值体认

确认民生新闻是一种新的新闻传播范式，这是事实判断。科研研究在进行事

---

1 张恩超. 从民生新闻到公共新闻［N］. 南方周末，2004-11-04（25）.

2 朱菁，江黎黎. 从"民生新闻"到"公共新闻"——电视民生新闻的可持续发展探讨［J］. 新闻实践，2005（02）：52-53.

3 赵虎，王欣. 从"民生新闻"到"公共新闻"——论民生新闻的品质提升与自我超越［J］. 新闻前哨，2005（07）：31-32.

4 佚名. 民生新闻的成功突破——江苏卫视〈1860 新闻眼〉的实践及其启示［EB/OL］.（2005-05）［2007-05］. http://qnjz.dzwww.com/.

5 谢静. 建构权威·协商规范——美国新闻媒介批评解读［M］. 上海：复旦大学出版社，2005：134.

实判断之后，还应进行价值判断。因此，接下来有必要追问：应当如何认识和评价民生新闻这一新的新闻传播范式？已往的研究存在着两个极端，批评者认为"民生新闻不是一个严格意义上具有独立内涵的新闻学概念"，因为"所有新闻都是为了民众和民众关心的，因此，应该都是民生新闻"[1]。所谓"民生新闻"，"实际上也还是传统的'社会新闻'的花样翻新，这有点类似于家电业的概念游戏，只是为了听着更新鲜更招人耳目罢了"[2]。而赞同者对民生新闻给予高度评价，或称为"中国电视的第三次革命"[3]，或称为"中国电视新闻改革的第三次浪潮"[4]。在我看来，前引论者对民生新闻的批评，如果不是故意曲解"民生新闻"，就是根本没有认识到"民生新闻"的特定内涵，是经不起推敲的。那么，民生新闻是否就是"中国电视的第三次革命"或"中国电视新闻改革的第三次浪潮"呢？如果是，又是从什么意义而言的呢？这在学理上需要作进一步分析。

对民生新闻在整个中国新闻发展进程中的"改革"或"革命"意义，大多数论者都给予积极评价。或认为民生新闻是"中国新闻改革稳妥而有效的突破口"[5]；或认为"民生新闻"形成了"具有中国本土特色的'大众化新闻'"[6]，从此，"中国才真正开始拥有了自己所谓的'本土化新闻'"[7]；或认为"民生新闻之所以能够成为中国电视传播的主流，关键在于它是新闻宣传贴近实际、贴近群众、贴近生活的'三贴近'方针的最直接、最形象、最生动的体现"[8]；或认为"民生新闻实现了一种话语权的转移，即从传统上以传者为中心向以受众为中心的转移"[9]；等等。

应当说，这些评价都闪耀着论者的真知灼见，对认识民生新闻的价值很有启发意义。不过，从总体上看，这些评价往往是随意议论多而严谨分析少，缺乏深

1 陈龙.新闻本位、舆论监督、人文关怀：民生新闻的公信力要件［J］.中国电视，2004（06）：49-53+7.

2 王立纲.民生之后，电视何去何从？［J］.青年记者，2005（06）：25.

3 李幸.《南京零距离》与中国电视的三次革命［J］.广告大观，2004（03）：128-129.

4 潘知常，邓天颖，彭海涛.中国电视新闻的第二次革命［EB/OL］.（2005-05）［2007-05］.http：//www.cddc.net/shownews.asp？newsid=7679.

5 朱寿桐.论电视民生新闻理论的可能性［J］.中国电视，2005（12）：15-20.

6 白小易."民生新闻"：CCTV.COM一种具有中国特色的大众新闻——兼论南京"民生新闻"大战［J］.中国电视，2004（06）：54-58.

7 胡智锋，刘春.会诊中国电视——关于中国电视现状及问题的对话［J］.现代传播，2004（01）：1-9.

8 张冬.提升以民为本理念 显示"三贴近"要求——试论民生新闻的品格［J］.山西煤炭管理干部学院学报，2005（02）：4-5+12.

9 陈青，韩意凝.我们所理解的民生新闻［J］.中国广播电视学刊，2005（01）：59-60.

层次的理论概括，难免给人以一鳞半爪之感。究其原因，主要是在评价民生新闻时大多就事论事，没有把民生新闻作为一种新的新闻传播范式来进行本体性的观照。如果着眼于本体性层面，我们就不难发现民生新闻传播范式具有以下三个方面的独特价值。

首先，开拓了一个具有中国特色的新闻传播空间。作为一种新闻传播范式，"民生新闻"不仅包括了题材选择上的民生内容，而且包括了报道立场上的平民视角、价值取向上的民本意识、报道方式上的民众话语。因此，尽管民生新闻在题材内容上与社会新闻存在着相当大的交叉重叠，但它具有完全不同于社会新闻的品质。可以这样说，"民生新闻缘于社会新闻，但它不同于社会新闻，主要体现在它一反社会新闻的泛娱乐化倾向，不以提供娱乐、消遣、迎合人们猎奇心理为目的，而是以关注民生为立足点，以体现社会主义媒体'全心全意为人民服务'的宗旨，让普通人的喜怒哀乐成为版面的主角，表现出强烈的亲民色彩"[1]。因此，民生新闻所涉及的社会新闻，其实是"老百姓广泛关注的涉及公共利益和公共安全的社会新闻"[2]，而不是社会新闻的全部内容，没有谁会把社会新闻中的奇事趣闻当做民生新闻。同时，民生新闻还整合了为社会新闻所不能涵盖的题材内容，因为"民生新闻也可以是时政、经济新闻的一种切入"，"也包括对一些涉及百姓利益的问题的探讨"[3]。事实上，民生新闻中的生活资讯和投诉就是完全为百姓服务、为民众撑腰的，而民众对这些内容的接受心理也是实用的、理性的、严肃的。这样，民生新闻就十分有力地建构了一个平民百姓的日常生活空间，它所蕴含的意义与价值系统迥然有别于社会新闻。所以，民生新闻传播范式开拓出一个"通向民生的严肃和新闻的尊严"[4]的崭新天地，在纷繁复杂的新闻世界可谓别有洞天。

其次，找到了一条适合中国国情的新闻创新路径。在当代中国，新闻媒体是党和政府的喉舌，也是人民群众的喉舌。如何把新闻事业的党性和人民性有机地统一起来，如何把表现政府的立场与反映民众的呼声和谐地融合起来，如何把新闻传播实践同当下的社会历史进程密切地联系起来，无疑是摆在新闻界面前的时

1　吉强.民生新闻与党报创新［J］.当代传播，2005（01）：78-79.
2　陈玉梅.新民生 新新闻 新电视［M］//南方报业传媒集团新闻研究所.南方传媒研究：第1辑.广东：南方日报出版社，2006：22.
3　沈全梅.民生新闻解读［J］.新闻大学，2003（02）：83-84.
4　朱寿桐.论电视民生新闻理论的可能性［J］.中国电视，2005（12）：15-20.

代课题。江苏电视台《南京零距离》的"关注民生,直击热点";南京电视台《直播60分》的"替政府分忧,为人民服务";北京电视台《第七日》的"心疼老百姓,为老百姓说话";安徽卫视《第一时间》的"寻常巷陌新闻,绘声绘色讲述";湖南经视《都市一时间》的"民生视角,本色表达"……诸如此类的民生新闻宗旨及其实践,不仅抓住了社会转型时期民生问题凸显的社会现实,彰显了平民百姓日常生活的新闻价值,而且敏锐地回应了党和政府"三个代表"的新思想,"立党为公,执政为民"的新理念,生动地诠释了新闻宣传"贴近实际、贴近生活、贴近群众"的新原则。这样,尊重新闻传播自身的内在规律,契合现实政治的主流话语,反映人民群众的时代诉求,就自然而然地统一为有机的整体,形成民生新闻传播范式,从而找到了一条适合中国国情的新闻创新路径。

再次,建构了一种富有中国文化底蕴的新闻理论。在理论层面上,"民生新闻"概念的提出,就是一种理论概括或话语建构。问题在于如何进行理论概括或话语建构?我国的新闻传播学研究一直在借鉴西方的新闻传播学理论,尽管我们也进行了富有中国特色的理论建构,比如中国共产党领导的人民新闻事业创立了典型报道、正面宣传的新闻传播范式,但不得不承认,我国新闻传播学研究还是借鉴多而创新少,尤其是根据中国文化的精神来创新的理论更少。民生新闻传播范式的一个重要理论意义就在于,它建构了一种富有中国文化底蕴的新闻理论。民生新闻的"民生"二字,就是地地道道的中国话语。《左传·宣公十二年》即有"民生在勤,勤则不匮"的警策,还有"民生之不易"的论断。战国时代的大诗人屈原在《离骚》中那"长叹息以掩涕兮,哀民生之多艰"的咏叹,令人悄然动容。中唐大诗人白居易在倡导新乐府运动中那"惟歌生民病,愿得天子知"的追求,令人感佩。中国革命的伟大先行者孙中山,把"民生"问题提到与"民族""民权"问题同样重要的高度,创立了"三民主义"学说。在孙中山看来,"民生就是人民的生活——社会的生存,国民的生计,群众的生命"[1]。其重要性在于:民生是经济活动的中心,政治活动的中心和一切历史活动的中心。[2]当下的中国正处于社会转型期,民生问题仍然有其存在的社会语境,用"民生"一词来概括

1　孙中山.孙中山选集[M].北京:人民出版社,1981:802.

2　孙中山.孙中山选集[M].北京:人民出版社,1981:825.

站在民众的立场反映民众生活和民生疾苦的新闻传播现象，正是基于中国文化精神的一种创造性理论建构。

可见，民生新闻实践及其理论概括寻求到了与中国社会制度、传统文化以及主流政治的导向性与受众收视欲望之间的平衡点与融合点[1,2]，成为"在民本思想的基础上适应相宜的政治语境，对原有新闻观念在某种程度上寻求突破的理论结晶"[3]。而这个平衡点与融合点的基础即在于：既面对现实，又面向未来，着眼于民族、国家、社会的整体发展与民众的个人利益的全面推进来开展新闻传播工作。因此，民生新闻传播范式本质上是一种发展新闻学或发展传播学的模式。中国作为世界上最大的发展中国家，民生新闻传播范式的确立无疑具有十分重要的现实意义。进一步说，中国新闻界的这一本土化新闻传播创新，对世界上其他发展中国家的新闻传播事业也必定具有重要的借鉴价值与启发意义。因此，民生新闻传播范式的确立，不仅是中国的，也将是世界的。

充分认识民生新闻传播范式的重要价值与意义是十分必要的，但也不能将其地位和作用加以过分夸大。在整个中国新闻改革或发展的历史进程中，民生新闻的地位和作用主要体现在类型学的意义上，而不是方向性的意义上。诚然，相对此前的中国新闻传播实践，民生新闻的确具有相当大的变革性意义。不过，这种变革本身的价值主要在于为中国的新闻传播实践增添了一种新的范式，从而丰富了中国新闻传播模式，使新闻界增加了一种如何做新闻的选择。这并不意味中国新闻改革的方向就只能是民生新闻这样一种做法，更不意味着所有的新闻传播都要"民生化"。无论如何，民生新闻都是无法取代时政新闻、经济新闻的。民生新闻相对于时政新闻、经济新闻的价值所在，也仅仅是借鉴和启发。如果把民生新闻传播范式夸大成中国新闻改革的唯一方向性选择，恐怕就要酿成真理再向前跨出一步而变成谬误的不幸结局。

原载于《西南民族大学学报》（哲学社会科学版）2007年第6期。

1　白小易.“民生新闻”：一种具有中国特色的大众新闻——兼论南京“民生新闻”大战［J］.中国电视，2004（06）.

2　李舒，胡正荣.“民生新闻”现象探析［J］.中国广播电视学刊，2004（06）：33-36.

3　朱寿桐.论电视民生新闻理论的可能性［J］.中国电视，2005（12）：15-20.

算法新闻的伦理审视

不断进步的人工智能推动着诸多领域的革新，也带来新闻传播的范式革命。算法新闻随着算法、大数据、传感器、云储存等技术的不断成熟而优势凸显，成为人工智能时代的新闻新宠。算法新闻不仅仅减少人力成本、提高新闻出品的效率，更能根据目标受众的喜好推送分众化的新闻作品，满足新闻消费市场的需求。然而，新技术的出现引发权利的变革，也必定会带来该领域新的问题。算法新闻通过抓取数据、处理数据、分析数据，最终由语言衍生得到新闻作品，并推送至目标受众，这一过程所涉及的伦理问题，是当下亟待关注并需提出有效预案的重要议题。

一、算法新闻的缘起与现状

算法新闻（algorithmic journalism）又称机器人新闻、数据新闻、自动化新闻、计算新闻，是指"建立在算法、人工智能程序平台以及自然语言衍生技术基础上的新型新闻生产模式，其主要特征是新闻的文字及部分视觉内容可由算法直接自动生成"。[1]

（一）算法新闻的发展背景

算法新闻的"计算范式"可追溯到20世纪60年代美国的精确新闻报道。当时，底特律黑人发生暴动骚乱，记者菲利普·迈耶利用计算机采集并处理数据，对四百多位黑人的抽样访问调查进行分析，这篇以计算机计算结果为主要分析依据的新闻作品获得当年的普利策奖，标志着精确新闻的诞生。作者菲利普·迈耶在1973年的著作《精确新闻学》中首次定义精确新闻：它是"将社会科学和行为科学的研究方法应用于实践新闻的报道"[2]。

相较于20世纪初的调查新闻，精确新闻的改变在于新闻调查不再是基于研究者主观意识下的定量分析与调查抽样的结合，而是秉承"计算主义"的理念，

---

1 常江.生成新闻：自动化新闻时代编辑群体心态考察［J］.编辑之友，2018（04）：76-82.
2 李华芳.数据新闻的演化及其社会互动——基于媒介环境学的技术文化视角［D］.武汉：华中科技大学，2016：20.

将新闻传播学和计算机科学结合，利用计算机采集、处理数据，融入了调查、实验、内容分析等社会科学研究方法。这一理念随着计算机科学技术的不断发展而更加突出。2009 年，以哈佛大学大卫·拉泽尔为首的 15 位来自不同社会科学领域的教授联名在《科学》上发表题为"计算社会科学"的论文，提出"因为人类的在线'数字足迹'在宽度、深度、广度上已汇聚成一幅复杂的个人和集体行为图景，而社会科学可以像生物学、物理学一样通过收集和分析这些海量数据，来增强对个人和人类集体行为的理解"[1]。

进入 21 世纪，不断发展的人工智能技术、越来越成熟的算法模型、不断提升的大数据样本和云储存平台，都为"计算主义"范式下的算法新闻提供了更广阔的平台和发展空间，算法新闻进入应用的初级阶段。2006 年，路透社利用算法模型编写财经新闻；2007 年，洞见科技公司推出 World Smith 编写软件，并于2010 年在纽约公共广播电台试播美国大学篮球联赛获得成功。随后，美国各大传媒巨头纷纷推出自己的算法新闻作品，诸如叙述科学（Narrative Science）这样的科技公司也专注于算法新闻领域里的模型开发。在新闻传播领域，算法新闻正引领着一轮技术、范式和权利的革命。

（二）技术基础

人工智能（AI，Artificial Intelligence）之所以"智能"，一在于算法，算法模型的计算能力决定着其智能的程度；二在于大数据，大数据的多元、丰富、汇聚为算法提供充足的原始材料，决定着新闻生产的信度与效度。算法新闻的生产由五个步骤构成：（1）在数据库及其他数据来源处检索并锁定与报道主题相关的数据，（2）对原始数据进行整理和分类，（3）通过排序、比较和聚合数据来明确新闻故事的关键事实,（4）按照某种叙事的语义结构对关键事实进行组织,（5）对最终形成的文本内容进行分发和出版，并同时提供不同风格、语言和语法复杂程度的产品。[2]

多元汇聚的大数据样本容量大，种类多，通过云储存构成超级数据库，为新闻作品的生产提供内容和信息。大数据采集信息样本容量的统计学意义不再是传

---

1 金庚星.论数据新闻学两大范式的可通约性［J］.中国报业，2017（12）：16-17.
2 常江.生成新闻：自动化新闻时代编辑群体心态考察［J］.编辑之友，2018（04）：76-82.

统抽样调查可匹敌的，而传统统计学分析方法也不具备足够的计算能力对真正意义上的大数据进行即时处理。现阶段的算法模型除了部分 19 世纪七八十年代延续至今的传统统计学方法，更值得关注的是遗传算法和人工神经网络算法。[1] 超级算法通过自身的算法模型处理数据，其过程完全不受人工干预，因而有学者认为这是完全没有主观偏向操作的新闻生产。[2] 然而，"黑箱"的存在意味着确定的数据输入 可得到确定的数据输出，却不清楚计算机算法运行的逻辑。因此，也有学者认为现阶段人工智能时代的算法新闻背后的机构也许有着更多操纵的可能，而强人工智能时代，随着机器人意识的出现，也许会有更不透明的算法过程。

数据挖掘是算法新闻为用户提供不同风格产品的依据。喻国明认为，数据挖掘在概念的层面主要分为三个阶段：数据源数据的收集、对于数据源数据的处理以及最终的有效数据的表示。大部分的信息和数据主要来源于：（1）用户行为，（2）环境特征，（3）社交网络关联。[3] 通过数据抓取，对用户上网习惯与行为的分析，对其上网时环境特征的记录，以及对其在社交媒体上交往的社会圈层、表现出的兴趣和需求来定位其用户偏好。

数据源数据处理主要是根据机构的算法模型对抓取到的数据进行分析计算。祝建华认为，数据处理涉及存储、提取和统计分析，目前的大数据处理能力还处在初级阶段。[4] 理想的数据储存建立在云储存技术之上，数据处理的速度与效率都与此有关，现阶段的储存能力还需要不断提升。尽管如此，数据的提取与分析仍然展现出优势。2014 年 3 月 7 日，《洛杉矶时报》仅用三分钟就完成了对一场 4.7 级地震的报道，稿件的撰写水平与记者并无明显差异。有效的数据表述是算法新闻完成推送的最后环节，也是可视化新闻最终实现的重要环节。因为算法新闻更容易通过数字或数据来描述新闻事实，初级阶段的算法新闻主要出产在体育新闻、财经新闻等一些与数据相关度高的领域。

（三）发展现状

当前，算法新闻在欧美各大主流新闻机构均建立起一定程度的智能平台，

1　万璞，王丽莎．数据挖掘与人工智能技术研究［J］．无线互联科技，2016（10）：113-114.

2　常江．生成新闻：自动化新闻时代编辑群体心态考察［J］．编辑之友，2018（04）：76-82.

3　喻国明，刘界儒，李阳．数据新闻现存的问题与解决之道——兼论人工智能的应用价值［J］．新闻爱好者，2017（06）：4-7.

4　祝建华．从大数据到数据新闻［J］．新媒体与社会，2014（04）：11-13.

BBC 打造的 Jucier，路透社的 News Tracer、Open Calais，《纽约时报》研发的 blossom，《卫报》研发的 open001、《华盛顿邮报》的 Truth Teller 等算法平台，都为其机构生产了一定数量的算法新闻。多家算法新闻公司如叙述科学（Narrative Science）、洞见科技（Automatic Insights）等，也致力于为算法新闻提供更优算法。算法新闻正作为一股新生势力推动着人工智能在新闻传播领域的实践。

人工智能能力的不断提升也带来算法新闻在各个方面的拓展。吴峰认为，算法新闻的演变正在（1）从窄领域转向宽领域应用，（2）从格式化转向个性化应用，（3）从个案转向规模化应用，（4）从低水平转向高质量应用，（5）从低难度转向高难度应用，（6）从机械传播转向交互体验应用。[1]这就意味着，算法新闻正从体育新闻、财经新闻这些与数字关联大的领域向更多更广的其他新闻领域拓展，实现多类型全方位的新闻生产；不再根据原初设定的模板化生产内容，而能根据用户的偏好与习惯生产个性化的新闻，实现新闻定制化；算法新闻不再是科技想象，而是年产上亿条规模化新闻生产的方式，其效率是传统新闻模式的人力所不可及的；早期的算法新闻可读性差，并未引起太多关注，而目前算法新闻在某些领域已实现人机无差，十分接近高水平记者的写作能力；算法新闻也被赋予一定"新闻敏感""新闻洞察力"的期望，通过算法实现对除数字以外新闻事件的敏锐思考；且算法新闻通过语音识别、传感技术和交互技术等一系列技术的进步，有望生产出更加富有人机交互体验的新闻作品。

二、算法新闻的伦理问题及研究进展

新的技术带来新的业态，也带来新的问题和挑战。算法新闻作为人工智能这一新生技术在新闻传播行业的衍生，法律条文还未能及时作出规制，行业规范也很不健全，抛开现阶段技术本身的问题，单就伦理层面来讲，面临着侵犯隐私、算法黑箱、价值偏向、缺乏人文关怀与社会责任感，以及未来强人工智能阶段所涉及的机器伦理等一系列的问题。

（一）算法新闻涉及的隐私问题

算法新闻运行的技术基础在于对大数据中新闻信息的抓取与计算分析，而大数据本身是通过汇集存储在数据库里的每一个数据而生成。数据库保留的这些数

1　吴锋.发达国家"算法新闻"的理论缘起、最新进展及行业影响［J］.编辑之友，2018（05）：48-54.

据涉及每一位用户上网信息（内容、行为习惯、偏好等），一方面这些信息为算法新闻的生产提供了原始材料、为推送锁定了目标群体，另一方面这些信息却也隐藏着侵犯公民个人隐私的极大风险。

全球范围内如谷歌、亚马逊、推特、脸书，国内如百度、阿里、腾讯，这样一些互联网巨头企业拥有的不仅仅是庞大的用户数量，用户数量背后更意味着庞大的用户上网行为数据，以及由这些数据汇聚起来的可供算法进行分析得出更多信息的大数据。每一个用户在使用网络工具时贡献着数据，也暴露着自己的个人信息，这样的场景如同边沁所描绘的圆形监狱，人人暴露在数据抓取的模式之下：一切行为、心理、习惯、喜好都可被毫无保留地窥见。虽然对隐私权保护的诉求一直被呼吁，也有国家权力机关、组织和机构致力于现阶段对这些掌握着庞大用户数据的企业进行监督，但丑闻依然不断爆出。2012 年，谷歌利用其技术优势，故意绕开苹果浏览器中的隐私设置，对用户的在线浏览活动进行跟踪。[1] 与此同时，有学者认为，尽管这些企业将部分数据开放给了公众，但真正的目的是将用户的资料、活动和 UGC（用户生产内容）内容转化为公司资产，实现个性化的广告推送和精准营销。[2]

个人隐私在不被告知的情况下被记录，这与公民隐私诉求是相悖的，大数据的数据抓取与个人信息隐私权的碰撞在不断显现。从法律层面上说，不断被关注的隐私权是公民基本合法权利中重要的一项，许多国家和地区不断通过加强对"个人信息保护"相关法条的颁布、修订和实施，试图将隐私权的边界加以扩展。从单纯的"私密领域"到对权力主体的"信息自主"，尤其是近年来对"被遗忘权"的关注和讨论，隐私保护的议题始终是大数据伦理问题的重点。尽管隐私保护备受重视，但隐私信息究竟包括哪些信息、哪些信息可以被公开、如何被公开，以及公共信息中含有的公民个人信息是否属于隐私，却颇具争议。

1960 年，普洛塞将隐私权概括为四个类型："第一，侵扰私人生活安宁，包括侵入住宅、窃取通讯内容、偷窥、尾随跟踪等行为；第二，盗用他人姓名或肖像，主要是指为了商业利益或者个人利益，未经允许不当使用他人的姓名和肖

1　冯钢，王芳．美国消费者隐私保护政策［J］．网络安全技术与应用，2013（06）：30-32.

2　QIU J L. Reflections on Big Data: "Just because it is accessible does not make it ethical"［J］. Media Culture & Society, 2015, 37（7）：1089-1094.

像；第三，不合理地揭露他人私生活秘密，比如公开他人的婚外情等；第四，公开扭曲他人形象，主要是指以公开的方式发布容易使公众产生误解的他人扭曲形象。"[1]这个分类被《美国侵权法重述（二）》所采纳，也是日后各国制定个人信息保护相关法条的重要参考依据。

大数据时代，对公民个人隐私信息保护来说，以上规制很难实现。究其原因，从技术层面出发，大数据技术只需要抓取用户的碎片化信息就可得到用户"全貌"。据卡内基梅隆大学隐私专家的研究："即使没有姓名、没有社会安全号，只要通过性别、生日和邮编3个数据项，数据挖掘的技术就能够成功地识别全美87%的人口。"[2]曾有经典案例，通过一名17岁少女的购物清单就推断出她已怀孕，也许单就一次购买行为无法对其进行判断，但将该用户其他上网行为信息进行数据勾连，个人隐私暴露无遗。因此，大数据时代的隐私权不再是四个简单类型可规制的，只要用户上网行为被记录，隐私就存在被算法计算分析而暴露的风险。

基于此，各国新近修订相关法条、各组织机构出台各种相关规范，力图为日新月异的人工智能时代划清隐私权的伦理底线，但由于技术实践与伦理规制之间仍有许多模糊的边界有待明确，对数据公开和数据保护的程度、对有数据抓取行为的行业监督，以及用户隐私权被侵犯后的维权，都是学界和业界仍需努力解决的问题。

（二）算法技术所涉及的伦理问题

算法新闻的出现，起初被认为有利于捍卫新闻专业主义，因为其生产者（算法模型）和消费者之间不存在利益纠葛，采集数据的过程是由算法在数据库中抓取现有资料，不带记者的主观偏见，且分析计算也是由算法完成，不会受记者道德水准和价值取向的影响。然而，由于算法"黑箱"的存在，越来越多的学者质疑算法过程的不透明而导致的主观性或许更甚于记者。尽管记者可能会受到名利场的诱惑和所属机构的影响，但他们采写新闻时也会受到职业精神和职业道德的约束，每次署名都意味着对自己报道内容的真实性、客观性负责。而算法新闻的生成，无法知晓其采编的具体数据来源，更不清楚算法在其中分析的逻辑、计算

1　陈璞.大数据、隐私权与自由［J］.中共中央党校学报，2016（05）：32-41.
2　徐子沛.大数据［M］.桂林：广西师范大学出版社，2013：178.

的模型和运行的路径。对读者来说，一篇"机器程序"完成的报道，目前是无法对其真实性、客观性进行追责的。同时，算法背后的机构可通过算法模型控制读者能读到什么内容、以什么方式读到这些内容，还存在有偿新闻推送的可能。更有学者大胆质疑：算法所属机构是否会操纵算法权威，通过算法新闻的推送让民众看到其所属机构想让大众看到的新闻内容，从而进行议程设置、达成社会共识，这是一个值得关注的重要问题。[1]

从技术上看，现阶段的人工智能还无法完成自我纠错，算法智能通过抓取的数据来实现内容分析，如果抓取的数据本身有差错，得出并推送的不确切的新闻却无法被算法自我纠偏。记者的本职工作，获取数据之后很重要的环节就是对事实进行核查证实，而计算机却不会。Buzz Feed 的调查显示，在美国大选前最后三个月，Facebook 上表现最好的 20 篇假报道的参与度，远高于表现最好的 20 篇真新闻。可见，算法新闻虽然效率高，却无法保障其准确性，存在推送虚假新闻的可能。

算法不透明、其所属机构责任不明确，是现阶段算法技术存在的伦理漏洞。有学者提出，是否应当公开算法模型，使其在更加透明的机制下运行？算法新闻行业人士却强调，透明的算法模型意味着信息高风险的暴露，也存在着更多被篡改、攻击的可能。对算法新闻背后的机构来说，公开自己开发的算法模型暂不可行。比较乐观的看法认为，"只要有足够多的算法存在竞争，就能使市场维持大致平衡的状态；其次，邀请技术专家和代表性权威对算法进行评估，并利用技术逻辑对其进行检验，以期发现其中存在的偏差；再次，媒介机构在追求商业利润的同时要遵守行业规范，主动承担起自身的社会公共责任；最后，用户要提高自己的算法素养，提升信息辨别能力，并积极维护自己的合法权利"[2]。

在笔者看来，更理性的声音是对算法模型多元化的追求，并考虑算法设计时应要求写入"道德"代码，加入语境资料、预置纠偏机制，以技术的方式解决技术的问题。与此同时，除了国家权力机关对相关行业进行管制，行业技术专家对行业的监督以及行业的自我规范尤为重要。鉴于现阶段算法机器人并无人格，更

1　喻国明，杨莹莹，闫巧妹.算法即权利：算法凡是在新闻传播中的权利革命［J］.编辑之友，2018（5）：5-11.
2　喻国明，杨莹莹，闫巧妹.算法即权利：算法凡是在新闻传播中的权利革命［J］.编辑之友，2018（5）：5-11.

谈不上法人身份，我们无法对机器人进行责任追究。现阶段算法新闻的所有行为并不具备自我意识，而由其所属的机构幕后操控，因此当发生侵权行为时，算法所属机构应当承担起责任，建立一个可追责的安全算法时代。

（三）算法价值偏向所涉及的伦理问题

如果说算法技术所涉及的伦理漏洞可通过技术的不断升级、技术理性的不断强化而得到修补，那么算法新闻由于价值偏向所导致的伦理问题更需要全社会加以关注。算法推送导致的"信息茧房"、"回音壁效应"、算法本身带有的歧视、算法对传播权利的重新洗牌、算法以"中立"的表象传播更不易察觉偏向的信息，都是算法价值偏向所可能引发的伦理问题。

大数据时代信息量庞大、数据类型众多、碎片化严重，用户不可能自己对信息进行筛选，个性化推送成为用户获得信息最有效的渠道和方式。在个性化推送的过程中，算法模型根据用户上网行为习惯推送与其价值取向相符的内容，选择与用户兴趣爱好相关的信息，甚至采用用户偏好的风格模型编辑新闻。长此以往，用户所获得的信息都是与自己既有价值观一致的，个人的思想和观念会进一步被固化和封闭，同一价值取向的群体会更加彼此认同，而不同价值取向的群体会更加彼此抵触，每个用户会被与自己价值取向相同的讯息所牢牢包裹，导致"信息茧房"[1]的出现。"信息茧房"会带来众多共意群体，但群体与群体之间却未必能够彼此接纳，这对公共领域的形成、社会共识的达成、公共决策的制订都极其不利。陈昌凤认为，"信息茧房"会导致"社会被不同的意见极化群体所分隔，社会共识难以凝聚，公共政策和政治决策要么由于'代表性的断裂'而进入僵局，要么则会导致对某一社会群体的偏好，而形成了社会治理的政策偏向"[2]。

现阶段的算法还不具有自我意识，其智能程度在于对现有数据的分析计算。唯其如此，算法模型被形容为"偏见入则偏见出"（Bias in，Bias out）[3]。换言之，算法分析行为本身虽然看起来公正客观，没有人为偏向，但实际上由于算法模型本身的设定，以及数据来源的问题，也许输入的原始数据本身就带有某种偏向，

1　桑斯坦.信息乌托邦：众人如何生产知识［M］.毕竞悦，译.北京：法律出版社，2008：104-105.

2　陈昌凤.未来的智能传播：从"互联网"到"人联网"［J］.人民论坛·学术前沿，2017（23）：8-14.

3　EDITORIAL. More accountability for big-data algorithms［J］. Nature, 2016, 537（7621）：449.

数据的可信度、完整性都会影响数据被使用后得出的结论或结果。加上前文所提及的算法黑箱，在公众无法清楚计算机运行逻辑的情况下，自然也就不会知道算法对数据的分析究竟是否真的能做到设想中的客观公正。

算法新闻的推送同样带有一定程度的"歧视"，什么样的信息推送给什么样的用户而非另一群体的用户，看似个性化的信息定制实际上早已注定信息获得的不对称。更应注意的是，记者会写出带有偏向性的新闻，但这样的新闻往往具有个体性，不会是整个行业共同为之，而算法新闻的推送会在各大新闻机构和社交网络中重复进行，偏向会在无法自我纠偏的情况下迅速蔓延。尤其是对于一些群体性事件，大众情绪会成为算法所采数据的原材料，而生成的算法新闻又会对这一目标群体进行推送，使其难以察觉"偏向"，更加认同自我意识。加之算法模型看似中立，其数据转化自然语言衍生模板仍为人类构建，表达上是否会有所偏向尚未可知。

算法新闻似乎使记者和新闻机构将权利让渡给了更具机器理性的模型和代码，民众似乎能得到更多的信息自由和社会公平。然而，有学者认为这只不过是一个美好的愿景。在批判视野中，"大数据被视为令人不安的'独裁者'，诸如侵犯隐私、减少公民自由、增加国家和公司的控制能力等。"[1]马修辛德曼也在《数字民主的迷失》一书中强调公共讯息的重要性，认为个性化的算法推荐实际上剥夺了公民传播的自由，即使公众接收到自己不感兴趣或不同价值观的内容，那也是传播自由的一部分，因为只有拥有任意选择的机会才可算得上真正的自由。[2]

现阶段的算法毕竟没有自我意识，在其背后掌握数据的组织和机构才是真正获取更多权力的主体，数据鸿沟的出现使得更多的数据被更少的组织机构所掌控，数据的私有化、商业化使算法新闻成为替资本主义服务的工具，并非实现新闻理想、追求公平正义的武器。像叙述科学（Narrative Science）这样一家专攻算法新闻的公司，表示自己是一家科技公司却从未定位自身具备新闻属性。从现实来看，无论是美国的斯诺登事件，还是国内的魏则西案，现阶段的算法远远无法做到公

1　BOYD D, CRAWFORD K. Critical questions for Big Data: provocations for a cultural, technological, and scholarly phenomenon［J］. Information, Communication & Society, 2012, 15（2）: 662-679.

2　辛德曼. 数字民主的迷失［M］. 唐杰，译. 北京：中国政法大学出版社，2016：17.

民自由、社会公正、观点客观，算法新闻带来价值理性的愿景还有很长一段路要走。

三、对算法新闻未来及其伦理的展望

现阶段的人工智能还处于初级阶段，算法无法对抓取的数据进行自主思考，机器不具自我意识，更谈不上对人类社会的人文关怀。作为人类社会意识交互的重要环节，新闻传播业如果只是单纯的信息传播而没有对社会的关怀，那么所传播内容的价值就大打折扣。如人工智能时代的算法还处于完成人类所布置的学习和任务的阶段，当给予的数据和模型不具人文关怀甚至违反人道主义精神时，机器仍然会按照指令完成输出和推送。当社交媒体假新闻、谣言出现，负面情绪弥散时，机器抓取数据后反馈的报道只会加深谣言和不良情绪的程度。现阶段的算法无法承担起作为新闻媒体对社会应有的责任，因此作为用户就更应该对接收到的信息保持理性和反思，全社会都应参与到提高自身的算法素养的行动中来。

尽管强人工智能时代还未到来，但其所涉及的算法伦理问题却已在学界引起关注和讨论。强人工智能与现阶段人工智能最大的区别在于，算法不再是单纯被动地接受和学习，再去执行指令，而是具备自我"意识"，通过自我学习而实现独立思考。这就意味着，算法也可能会有其独立的"人格"。对此，美国学者约翰弗兰克大胆假设，强人工智能时代将改写法律，并以专著《机器人也是人》加以论证。届时，算法黑箱那摸不透的逻辑会让人类无法掌控机器人传播的信息，而大量的用户数据会被保留在云端为机器人所用，强人工智能带来的算法新闻的伦理风险或许更加巨大。

强人工智能也意味着人本身的价值偏向，智能穿戴设备拓展了人的感官，人是否还是"纯粹的人"？还是如赛博格一般的人机合一？机器人有了思想、情感、人格，那么人和机器人的区别在哪里？人与机器人之间是否有伦理界限？机器取代人类进行高效精准的工作，那么人类自己存在的意义又在哪里？也许，现在谈论强人工智能还像看科幻小说一般玄乎。不过，人类技术的每一次革命却都是从不可能到可能，每一次革命更新换代所需要的时间也越来越短，强人工智能时代究竟会不会强势席卷而来暂未可知，但或许未来可期。

尽管现阶段对于算法新闻本身出台的规范还比较少，然而关于人工智能和机

器人伦理的规范和标准却已在各发达国家纷纷出台：早在 1998 年，日本就制定了《机器人法律十原则》。2012 年，韩国颁布《机器人伦理宪章》。2012 年，隶属于英国政府的"工程与物质科学研究委员会"（EPSRC）提出具有法律和伦理双重规范性的"机器人原则"。2016 年 9 月，"英国标准协会"（BSI）颁布世界上首个机器人设计伦理标准《机器人与机器人系统设计与应用伦理指南（BS8611）》。2016 年，欧盟启动"机器人法"（Robot Law）项目，以应对"人机共生社会"所将面临的法律及伦理挑战。尤其值得关注的是，2017 年 1 月在阿西洛马召开的"有益的人工智能"（Beneficial AI）会议上提出的"阿西洛马人工智能原则"（Asilomar AI Principle），强调应以安全、透明、负责、可解释、为人类做贡献和多数人受益等方式开发 AI。其倡导的伦理和价值原则包括安全性、故障透明性、司法透明性、负责、与人类价值观保持一致、保护隐私、尊重自由、分享利益、共同繁荣、人类控制、非颠覆以及禁止人工智能装备竞赛等。[1]由此可见，安全、透明、负责，以全人类的繁荣发展为目标是最基本的准则，这样一些伦理标准无论什么时代都是需要加以强调的，对于现阶段以及未来人工智能时代的算法新闻也是同样适用的。

算法新闻逐渐成为学界和业界关注的焦点，乐观之余更应对新技术保持谨慎。初级阶段的人工智能算法技术还不成熟，如何倡导数字民主以避免信息茧房所导致的群体极化，如何避免其背后的机构通过掌握的数据权利进行民意操纵，如何避免算法歧视真正实现社会公平和公民信息自由，都是值得关注的。强人工时代虽然还未到来，对其关注和思考却应有预见性，增强全社会公民的社会责任感，安全、透明、负责，以全人类繁荣发展为一致目标的伦理准则，值得任何时期的算法新闻去遵守与追求。

与博士生何旭合写，原载于《新闻界》2019 年第 1 期，《社会科学文摘》2019 年第 5 期转载 6 000 字。

1　段伟文.人工智能时代的价值审度与伦理调适［J］.中国人民大学学报，2017（06）：98-108.

第三编　新闻策划与传播交叉

"新闻策划"剖析

20 世纪 90 年代中期，随着"策划"理念与行为在企业经营、广告宣传、公关活动等领域的广泛运用，新闻出版界也及时探索"报道策划""编辑策划""出版策划"等运作问题，"新闻策划"概念也就应运而生。但是，这个应运而生的概念却不那么幸运，流行伊始，就引起了争论。赞成者说："新闻策划"是"报纸的新的生长点"[1]，"有新闻就会有新闻策划"，"有新闻竞争就会有新闻策划"[2]；反对者说："新闻根本就不能策划，凡是策划出来的也不能称之为新闻"[3]，"策划性新闻只不过是披着新闻的外衣的广告和宣传"[4]。因此，科学地认识"新闻策划"这个概念及其反映的现实内容，就是探索新闻传播领域中策划问题必须首先解决的课题。

一、概念内涵的语义学分析

要谈"新闻策划"，先得明确什么是"策划"。策划，古作"策画"。东晋时人干宝撰《晋纪》，内有"筹画军国""与谋策画"之语，意即筹划、谋划、安排、设计、出主意、想办法、出谋划策之谓。大凡人类活动，在付诸行动之前，都要经过一番思考，乃至深谋远虑，作出怎样行动的决策，这就是策划。美国哈佛企业管理丛书对"策划"作了这样的阐释："策划是一种程序。在本质上是一种运用脑力的理性行为。基本上所有的策划都是关于未来的事物，也就是说，策划是针对未来要发生的事情作当前的决策。换言之，策划是找出事物因果关系，来衡量未来的可采取之途径，作为目前决策之依据。策划是预先做什么，何时做，如何做，谁来做。"[5]

可见，策划是人们为了某种目标而创意性地谋划最佳行动方案的思维过程。

1 任成海，尹洪东.新闻策划：报纸新的生长点［J］.青年记者，1995（04）：19-20.

2 柳雨卿.新闻策划论的本体阐述［J］.新闻广场，1996（04）.

3 丁末."新闻策划"现象析［J］.新闻界，1996（06）：19-20.

4 熊忠详.新闻可以策划吗？［J］.新闻广场，1996（04）.

5 游为民.公关策划谋略［M］.成都：四川大学出版社，1996：3.

它要解决的问题是创意性地回答人们应当怎样采取行动。因此，策划涉及的对象或曰客体，是人类的某种活动或行为。即是说，策划是对人类某种活动或行为的设计与规划。且不论经营策划、广告策划、公关策划的具体内涵，就新闻出版而言，报道策划是对报道活动的策划，编辑策划是对编辑活动的策划，出版策划是对出版活动的策划，都是显而易见的事实。

同样的道理，"新闻策划"也应该是对"新闻活动"的策划。这是策划的一般性质所决定的。问题在于："新闻策划"中的"新闻"是不是"新闻活动"？如果是，就必须揭示其内在依据，因为直观地看，"新闻"并不等于"新闻活动"（而报道则可等同于报道活动，编辑可等同于编辑活动，出版可等同于出版活动）；如果不是，"新闻策划"概念的科学性就面临考验。

一提到"新闻"，我们就会直觉到它是指消息一类的信息，即英文的 news。其实，汉语"新闻"一词，不仅用来翻译英文的 news，而且用来表述英文的 journalism。在讨论"新闻策划"这个概念时，不能不注意到这一点。

在 news 的意义上，"新闻策划"概念能否成立呢？我们知道，新闻实际上是新闻事实经过报道活动的加工而形成的一种信息，一种社会意识。从新闻理论角度讲，有三点值得注意：其一，"新闻事实"是客观世界的变动情况，是一种客观存在，记者不能人为设计，即不能策划。其二，报道活动，包括采访、写作、编辑、出版、播出等，是采编人员对新闻事实的反映和加工。正是通过这种反映和加工，新闻事实才成为人们看、听、读的新闻。而怎样报道新闻事实，则可以充分发挥主观能动性，进行合理的策划。其三，作为报道活动结果的新闻，是新闻事实的反映或表达，只能真实再现，不能无中生有，也不能随意玩弄，特别经过编辑审定之后，最终成为人们所阅听的新闻文本，已不存在策划问题。可见，从新闻的产生过程来看，其中既有不可策划的因素，也有可策划的因素。图示如图 3.1。

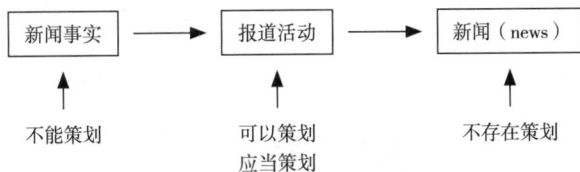

图 3.1　新闻产生过程中的策划因素

　　显然，"新闻策划"只存在于"报道活动"之中，只能是对"报道活动"的策划。但是，报道活动是新闻产生的必要条件，它既非新闻事实，也非人们阅读观看的新闻。在此意义上，"新闻策划"的概念颇为勉强。再说，"新闻策划"很容易被习惯地理解为对"新闻"的策划，加上"新闻"又可能被理解"新近变动的事实或事件"[1]，所以"新闻策划"也就可能被理解为对"新闻事件"的策划。下文将会阐述，这种"可能"已经成为现实。因而笼统地讲"新闻策划"，就会出现语义上的混乱。当然，就新闻学理论而言，新闻事实（事件）和新闻（news）均不能策划，故而"新闻策划"只能是"新闻报道策划"，或简称为"报道策划"。

　　从 journalism 的意义讲，"新闻策划"概念的内涵又如何呢？在英文中，journalism 是指新闻媒介的采访、写作、编辑和出版等工作。1989 年新版《牛津高级英语词典》的释文为"work of collecting, writing, editing, and publishing material in newspaper and magazines or on television and radio"。其意即我们通常所说的新闻工作、新闻业务、新闻事业，具体内涵正是上面所说的"新闻报道活动"或曰"新闻活动"。在汉语里，有许多专业术语中的"新闻"都是指"新闻报道活动"。例如：新闻实践、新闻思想、新闻理论、新闻自由、新闻法制、新闻体制、新闻改革、新闻中心、新闻专业、新闻教育、新闻界、新闻史、新闻学语汇中的"新闻"，莫不如是。遗憾的是，国内学术界对于"新闻"的这种含义并没有作出明确的界定，只是"约定俗成"地使用而已。倒是国外学者注意到这一点，并进行了明确的阐释。法国学者瓦耶纳在《当代新闻学》中写道："新闻是指旨在收集、传播、挑选、介绍和出版被认为与社会生活有关的事件的活动、机构及其后果的总体。这就是本书为新闻所作的定义。"[2] 显然，这里所界定的"新闻"实际上是 journalism，而不是 news。

　　如果按照汉语的表达习惯，把"新闻报道活动"（journalism）称为"新闻"，那么，"新闻策划"这个概念完全可以成立。但是，其实际内涵仍然是"新闻报道策划"。从概念的科学性上讲，"新闻策划"应该明确称为"新闻报道策划"。

　　经过上述语义分析，我们已经得出一个十分明确的结论：从新闻理论来说，

1　一般新闻理论著述都强调：新闻不是事实本身，而是事实的报道。但从事实角度定义新闻，也是部分中外学者的共识。关于新闻定义问题，参见本书《新闻定义的语义学探讨》一文。

2　瓦耶纳 . 当代新闻学［M］. 丁雪英，连燕堂，译，北京：新华出版社，1986：12.

不管是从 news 还是从 journalism 的角度理解，"新闻策划"都是而且只能是对"新闻报道活动"的策划，即"新闻报道策划"。所以艾风先生说："我们可以给新闻策划下一个定义：是编采人员对新闻业务活动进行有创意的谋划与设计，目的是更好地配置与运用新闻资源，办出特色，取得最佳社会效益。"[1]

二、概念内涵的现实性考察

事实上，"对新闻业务活动进行有创意的谋划与设计"是每一个优秀新闻工作者的自觉追求。且不说范长江 1935 年 7 月深入西北地区考察，写出结集为《中国西北角》的著名系列旅行通讯；也不说斯诺 1936 年 6 月进入陕北革命根据地采访，发表了《西行漫记》这部光辉著作；单说新时期以来，《中国青年报》1987 年 6、7 月关于大兴安岭火灾的"三色报道"（《红色的警告》《黑色的咏叹》《绿色的悲哀》），《经济日报》1987 年夏对"关广梅现象"的讨论，《中华工商时报》1991 年春对"郑州商战"的连续报道，无不体现出采编人员的创意性谋划与设计，体现出精心策划的艺术。

正是由于新闻工作者在实践中对报道策划艺术的探索，才促使新闻学术界进行理论研究。大约从 1993 年开始，探讨文章纷纷出现在专业刊物上。例如，《搞好新时期的报道策划》载《新闻战线》（京）1993 年第 11 期，《关于新闻报道策划行为的思考》载《新闻窗》（贵阳）1995 年第 5 期，《报道策划：编辑工作应有之义》载《新闻大学》（沪）1996 年秋，等等。

值得注意的是，新闻理论研究者首先使用的概念是"新闻报道策划"或"报道策划"。只是到了近两年，人们才用"新闻策划"取而代之。例如，《走近新闻策划》一文，综述了"96 新闻业务编辑策划高级研讨班"对于各种报道策划的具体研讨内容，却戴着一顶"新闻策划"的帽子[2]。所以新闻界所探索的"新闻策划"，在很大程度上是指的"新闻报道策划"。

但是，随着公共关系的兴起和应用，公关界却从"对新闻事实的策划"这个角度来理解和运用"新闻策划"概念，使之成为"新闻事件策划"的代名词，具有了不同于"新闻报道策划"的全新内涵。

---

1 艾风.新闻策划是新闻改革的产物［J］.新闻界，1997（02）：12-14.

2 王建新，宋鸿刚.走近新闻策划——"96 新闻业务编辑策划高级研讨班"研讨综述［J］.新闻界，1996（06）：16-18.

在公共关系学中，"新闻事件策划"通常称为"制造新闻"，即"指专业公共关系人员经过精心策划，有意识地安排某些具有新闻价值的事件在某个选定的时间内发生，由此制造出适于传播媒介报道的新闻事件"[1]。又称为"策划新闻事件"，或"策划媒介事件"。应当看到，这种"新闻事件策划"在现实社会中不仅大量存在，而且越来越成为各行各业的自觉追求。例如：1985 年，广州洁丽日用化工厂派人带着灭蟑螂药物到《羊城晚报》编辑部制造出"死给你看"的新闻；1990 年，郑州亚细亚商场近千名职工统一着装，来到"二七纪念塔"前举行"向二七纪念塔致敬"的活动；1994 年，河南"双汇"集团耗资十多万元以"华懋双汇集团漯河肉联厂祝贺北京活动圆满成功"的祝贺方式，首次将广告做到天安门……诸如此类，都是颇富戏剧性而广为人知的"新闻事件策划"。

这种"新闻事件策划"的目的是引起媒介关注，故在其实施过程中十分注重联络记者，从而获得报道而成为"新闻"，以至于当代新闻又增加了一个新品种——"公关新闻"。尽管如此，它与"新闻报道策划"具有本质的区别："新闻事件策划"关注的是怎么制造出适于媒介报道的新闻事件，是公关人员的一种公关活动行为，属于公共关系的范畴；而"新闻报道策划"却思考怎样更好地开展报道工作，是新闻工作者的一种新闻活动行为，属于新闻传播的范畴。

上文指出，从新闻报道角度讲，新闻事件是不能策划的。但是，公共关系的理论与实践却打破了这种传统观念，认为新闻事件不仅可以策划，而且应该大力策划，只要不违背真实性和公众利益。由于新闻界对这种着意策划出的新闻事件往往进行有选择的报道，新闻学研究不能不对属于公关领域的"新闻事件策划"进行理论审视。

实际上，新闻学理论已经作出了回应。我国新闻学者将"新闻事件策划"现象视为"宣传性现象"加以研究。艾丰先生曾精辟地指出："它不是事物日常运转所产生的现象，而是因为同传播联系起来以后才产生的现象。""这种现象是人为的现象。这里说的'人为'不是从广义上说的。因为从广义上说，任何社会活动都是'人为'的。这里所说的'人为'是特指那些为了特定的宣传目的，而不是正常的工作目的的'人为'。即这种现象的出现只是某个人或某个单位为了

1　周晓虹.走向社会的名片——公共关系理论与实务［M］北京：中国社会出版社，1993：181.

达到某种宣传目的而制造的一种现象。所以我们又把它称为'宣传性现象'。"[1] 传播学者则将其称为"媒介事件"。用威尔伯·施拉姆的话来说,它"主要是制造来供媒介作报道的事件"[2];国内学者则定义为"为新闻报道而有意安排的事件"[3]。

尽管术语不同,其内涵却是一致的。同时,新闻学和传播学都没有把"新闻事件策划"视作新闻报道的范畴。不仅如此,新闻学者还提醒我们,"宣传性现象是一个中性的词汇":极可能是不合理的,如在并未处理好的污水池里放鸭子让人参观;可能是合理的,如奠基仪式、剪彩仪式;还可能是半合理的,如为迎接上级检查而事先作些准备,使情况比平常更好一些[4]。早在1961年,美国历史学家布尔斯廷(Daniel J. Boorstin)在《图像:美国假事件指南》一书中就使用了"pseudo-event"一词[5]。这个概念后来为传播学者广泛采用,且持激烈的批评态度。显然,新闻工作者在报道这类事件时,应剔除不合理的宣传现象,挤出半合理宣传性现象的水分,而报道合理的宣传性现象。

或许因为新闻学者、传播学者对"新闻时间策划"持审慎而批判的态度,1990年代中期以来,公关界和策划界便不动声色地将"制造新闻"改称为"新闻策划"。例如,《策划家——商界传奇的创造者》第十九章"新闻策划",所论述的问题是如何制造新闻和发布新闻[6];《策划大师与经典策划》首章所列"新闻策划"案例,无一不是讲述如何策划出适合媒介报道的事件[7]。所以1995年出版的《当代公共关系学》一书在论及这个问题时就以"新闻策划"作为基本的概念了[8]。这样,在现实性上,"新闻策划"概念就完全被赋予了"新闻事件策划"的含义。

随着公关界和新闻界对"新闻策划"的青睐和强调,似乎出现了将"新闻事

1　艾丰.新闻写作方法论［M］.北京:人民日报出版社,1996:106-107.

2　施拉姆,波特.传播学概论［M］.陈亮,周立方,李启,等,译,北京:新闻出版社,1984:272.

3　刘建明.宣传舆论学大辞典［M］北京:经济日报出版社,1992:179.

4　艾丰.新闻写作方法论［M］.北京:人民日报出版社,1996:106-107.

5　DANIEL J, BOORSTIN. The Image: A Guide to Pseudo-events in America［M］. New York: Vintage Books, 1992: 36-37.

6　孙黎.策划家——商界传奇的创造者［M］.北京:中国经济出版社,1993:226-241.

7　高明,孙新生.策划大师与经典策划［M］.北京:企业管理出版社,1996:2-46.

8　王朝文.当代公共关系学［M］.北京:中国社会科学出版社,1995:161.

件策划"与"新闻报道策划"合二为一的现象。有论者认为，"新闻策划"是专指那些"在新闻事件发生之前，由记者参与规划设计促成事件发生并予以报道的一种行为"[1]。在笔者看来，之所以出现这种"新闻事件策划＋新闻报道策划＝新闻策划"的情形，有以下两方面原因：

其一，"新闻事件策划"作为公关领域的一种行为，其实施主体本是公关专业人员。但是，由于我国公关实践还远未达到专业化水平，近几年来有一些记者便参与其中，仿佛是记者更主动地介入社会生活而进行报道工作。事实上，这并未改变其策划行为的目的在于制造适合媒介报道的新闻事件这样一种公共关系性质。这时的所谓"记者"，实际上成了"新闻代理"（美国早期公关人员的称谓），已经不再是真正意义上的记者了。

其二，新闻媒体出于竞争的需要，近几年来开始自觉地策划一些社会性活动，以便引起广大受众的注意或参与，借以扩大自身影响。比如举办周年纪念活动，发起某种赞助，开展某种公益事业，然后加以广泛的报道宣传。例如，《深圳特区报》曾策划评选全市十佳公仆活动，《钱江晚报》曾策划"请市长当一天记者"活动，《华西都市报》曾策划"府南河大合唱"活动等，都是如此。尽管其中包含着"报道策划"因素，但根本目的仍在于制造新闻事件，属于媒介机构自身的一种公关行为。只不过新闻单位在策划媒介事件时得天独厚，可以凭借自身优势注入更多的"报道策划"色彩，从而使"新闻事件策划"与"新闻报道策划"二者结合得更紧密甚至合二为一罢了。

如果把记者参与公关活动和媒体自身开展公关活动视为一种独特的"新闻策划"，那么所谓"新闻策划"的概念便包括了三种含义：一曰新闻报道策划，二曰新闻事件策划，三曰新闻事件＋新闻报道式策划。由于第三种含义本质上仍然属于公关活动范畴，是新闻学中讲的宣传性现象，传播学中讲的媒介事件，"新闻策划"概念具有根本分歧的内涵只有两个：一个是"新闻报道策划"，一个是"新闻事件策划"。

三、简短的结语

把对"新闻策划"概念的语义学分析与现实性考察综合起来，我们可以看到

1　卢荫御. "新闻策划" 现象新探［J］. 新闻纵横，1996（01）.

其含义具有相当的不确定性：在语义上，"新闻策划"可能指"新闻报道策划"，也可能指"新闻事件策划"。新闻学理论认为后者不能策划，故而其内涵应该是"新闻报道策划"。但是，公共关系的理论与实践打破了"新闻事件不能策划"的传统观念，使"新闻策划"具有"新闻事件策划"的内涵。其结果，自然带来概念使用上的混乱。关于"新闻策划"的争论，正是这种混乱的表现。倡导者从"新闻报道策划"的含义上加以提倡，反对者从"新闻事件策划"的含义上进行指责，且都着眼于新闻界的立场，而未顾及公关界的立场和现实情况，致使问题探讨并未成为真正的"学术对话"。

面对这种情形，我们应当怎样对待"新闻策划"这个概念呢？一方面，语言是"约定俗成"的，按习惯用法，可以在 journalism 的意义上去接受和使用"新闻策划"概念，但必须明确其内涵是"新闻报道策划"。另一方面，由于"新闻策划"概念被新闻界和公关界同时使用而又各有所指，内涵完全不同，不论是从科学规范上讲还是学术策略上讲，新闻界都应该摒弃泛化的"新闻策划"概念，而代之以"新闻报道策划"的术语。使新闻工作者和理论研究者集中精力探索和创新"新闻报道策划"艺术，更好地搞好新闻报道工作。

当然，对于"新闻事件策划"这种公关行为，新闻界也要注意研究，以便在报道这种媒介事件或曰宣传性现象时心中有数，使新闻更加真实、全面、客观、公正地报道事实真相。至于新闻界自身如何运用公关手段来展开新闻竞争，促进媒介发展，也是必须探索的课题。不过，这属于新闻事业经营管理的范畴，而不是科学意义上的报道策划艺术了。

原载于《新闻大学》1998 年第 1 期。

"新闻策划"之我见

"新闻策划"是 20 世纪 90 年代中期令人注目而又引起争议的现象与问题。新闻界和学术界已就此发表了许多文章，并且围绕着新闻能不能策划这个问题展开了激烈的争论。由于论者往往根据各自的理解来使用"新闻策划"概念，加之视野不够开阔，以致讨论并未触及"新闻策划"概念所涉及的诸多根本性问题。故而在此提出个人的一些浅见，以期引起更加深入的研究。

一、"新闻策划"应区分为"新闻事件策划"与"新闻报道策划"

在科学研究中，任何概念都反映着特定的现实内容。要探索新闻传播领域中的策划问题，必须首先弄清楚"新闻策划"的内在含义。稍作考察，就会发现"新闻策划"其实包含着两种截然不同的内涵：一是"新闻事件策划"，一是"新闻报道策划"。两者的不同，取决于"新闻事件"和"新闻报道"的不同。"新闻事件"是一种新闻事实，是一种客观存在，是新闻的来源；而"新闻报道"是新闻工作者对新闻事件的反映，它既是一种反映活动，即采访、写作、编辑、出版、播出等报道活动，又是一种反映结果，即人们所阅听的新闻。因此，新闻实际上是新闻事实经过报道活动的加工而形成的一种信息，一种社会意识。其产生过程可概括为"新闻事实→报道活动→新闻"。显然，"新闻事件策划"是相对于"新闻事实"而言，"新闻报道策划"是相对于"报道活动"而言。根据历史唯物主义的新闻观，事实在先，报道在后，事实是第一性的，报道（新闻）是第二性的，"新闻事实"和"新闻报道"是两个不能混淆的概念。因此，"新闻事件策划"与"新闻报道策划"也不能混同在一起而名之曰"新闻策划"。

将"新闻策划"区分为"新闻事件策划"与"新闻报道策划"，显然会面临这样一个问题：新闻事件可以策划吗？因为"策划"的含义就是筹划、谋划、设计、安排，"新闻事件策划"就意味着设计、安排新闻事件。历史唯物主义新闻观告诉我们：新闻"是新近发生的事实的报道"，而这个事实"是人类在与自然斗争中和在社会斗争中所发生的"[1]，是客观存在的，不是记者为了进行新闻报道而专门策划出来的。因此，从新闻理论角度讲，记者是不能进行"新闻事件策划"的。

在新闻产生过程中，记者所能策划的，只能是"新闻报道"。因为"新闻报道"是采编人员对新闻事实的反映和加工，而怎样报道新闻事实，却是可以而且应当充分发挥主观能动性的。所以，不少新闻界人士往往是在"新闻报道策划"的含义上使用"新闻策划"概念。例如，《走近新闻策划》一文，综述了"96新闻业务编辑策划高级研讨班"对于各种新闻报道策划的研讨内容，使用的却是"新闻策划"概念[2]。难怪艾风先生要说："我们可以给新闻策划下一个定义：是编采人员对新闻业务活动进行有创意的谋划与设计，目的是更好地配置与运用新闻资源，办出特色，取得最佳社会效益。"[3]

把"新闻策划"理解为"新闻报道策划"，而且明确指出是对"新闻业务活动"的策划，岂不是把"新闻策划"中的"新闻"等同于"报道活动"或"新闻业务活动"了吗？乍一看来，颇为费解，稍作解释，又有道理。因为汉语"新闻"一词，不仅对应于英语的 news，而且对应于英语的 journalism。1989 年新版《牛津高级英语词典》对 journalism 的释文为"work of collecting, writing, editing and publishing material in newspaper and magazines or on television and radio"。其意即指新闻媒介的采访、写作、编辑和出版等工作，就是我们通常说的新闻工作，也就是上面所说的报道活动或新闻业务活动。因此，在 journalism 的意义上，"新闻策划"的确就是"新闻报道策划"。

如果"新闻策划"的内涵仅仅是"新闻报道策划"，那就不会产生歧义，也便于探讨新闻传播实践中的策划问题。然而，公共关系实践和理论却打破了新闻工作规范和新闻理论的限制，认为新闻事件不仅可以策划，而且应当策划，正是"新闻事件策划"才充分显示了公关工作的创造性。正如有论者所指出的那样，"新闻事件策划"是"公共关系策划的核心和精髓"[4]。于是，在公关实践和公关理论中，

1 陆定一.我们对于新闻学的基本观点［M］//陆定一.陆定一新闻文选.北京：新华出版社，1987：1.

2 王建新，宋鸿刚.走近新闻策划——"96 新闻业务编辑策划高级研讨班"研讨综述［J］.新闻界，1996（06）：16-18.

3 艾风.新闻策划是新闻改革的产物［J］.新闻界，1997（02）：12-14.

4 周晓虹.走向社会的名片——公共关系理论与实务［M］.北京：中国社会出版社，1993：181.

"新闻策划"也就成为"新闻事件策划"的代名词。

按照公共关系学的解释，"新闻策划也叫'制造新闻'，是指组织为吸引新闻媒介报道并扩散自身所希望传播开去的信息而专门策划的活动"[1]。换言之，就是由"专业公关人员经过精心策划，有意识地安排某些具有新闻价值的事件在某个选定的时间内发生，由此制造出适于传播媒介报道的新闻事件"[2]。从公关界的实际运作看，也可明白公关界所谓的"新闻策划"的确是指"新闻事件策划"。例如，《策划家——商界传奇的创造者》第十九章"新闻策划"所论述的问题都是如何制造新闻和发布新闻[3]；《策划大师与经典策划》首章所列"新闻策划"案例，无一不是讲述如何策划出适合媒介报道的新闻事件[4]。

公关界之所以在"新闻事件策划"的意义上使用"新闻策划"概念，也是有其缘由的。长期以来，在新闻是什么这一基本问题上，尽管一般新闻学论著都强调"新闻是新近发生的事实的报道"，但从"事实"角度定义新闻，也是一种具有广泛影响的观点。单就我国而论，就有以下代表性说法：（1）"新闻者，乃多数阅者所注意之最近事实也。"（徐宝璜，1919年）（2）"新闻就是最多数人所注意而感兴趣的最新的事实。"（黄天鹏，1934年）（3）"新闻是一种新的、重要的事实。"（胡乔木，1946年）（4）"新闻，就是广大群众欲知、应知而未知的重要的事实。"（范长江，1961年）（5）"只要是社会上新近发生的、为群众所关心、对人民有较大影响，具有典型意义的事实，就是新闻。"（徐铸成，1985年）这样，"新闻策划"被理解为"新闻事件策划"，也就很自然了。

可见，联系公共关系来探讨"新闻策划"，很容易发现这个概念事实上指说了"新闻事件策划"与"新闻报道策划"这两种不同的策划行为。从理论上将"新闻策划"区分为两种不同的策划行为，也就理所当然。

二、"新闻事件策划"与"新闻报道策划"的区别与联系

既然"新闻事件策划"与"新闻报道策划"是两种不同的策划行为，就有必要阐明其本质区别。在笔者看来，两者的区别可以概括如下：首先，策划主体不

1　王朝文.当代公共关系学［M］.北京：中国社会科学出版社，1995：161.

2　周晓虹.走向社会的名片——公共关系理论与实务［M］.北京：中国社会出版社，1993：181.

3　孙黎.策划家——商界传奇的创造者［M］.北京：中国经济出版社，1993：226-241.

4　高明，孙新生.策划大师与经典策划［M］.北京：企业管理出版社，1996：2-46.

同，前者是公关人员，后者是新闻工作者。其次，策划对象不同，前者涉及的是"新闻事件"，是对新闻事实的策划，是对新闻本源的策划；后者涉及的是"报道活动"，是对人类意识反映客观事实的过程的策划。再次，策划目的不同，前者是为宣传社会组织的形象和声誉服务的，后者致力于改善新闻报道工作，使新闻报道更好地满足社会的需要。因此，"新闻事件策划"与"新闻报道策划"是性质不同的两个实践领域和理论范畴：前者属于公共关系，后者属于新闻传播，决不能混为一谈。

在新闻传播研究中，那种由公关人员策划出来的"新闻事件"，即"新闻事件策划"的结果，被新闻学者视为"宣传性现象"。正如艾丰先生所指出的那样，"它不是事件日常运转所产生的现象，而是因为同传播联系起来以后才产生的现象。""这种现象是人为的现象。这里说的'人为'不是从广义上说的。因为从广义说，任何社会活动都是'人为'的。这里所说的'人为'是特指那些为了特定的宣传目的，而不是正常的工作目的的'人为'。即这种现象的出现只是某个人或某个单位为了达到某种宣传目的而制造的一种现象。"[1]传播学者则将其称为"媒介事件"。用威尔伯·施拉姆的话来说，它"主要是制造来供媒介作报道的事件"[2]；国内学者也指出，它是"为新闻报道而有意安排的事件"[3]。

"宣传性现象"和"媒介事件"这两个异名同实的概念表明：新闻学和传播学并没有把"新闻事件策划"纳入"新闻报道策划"的范畴。这就从侧面反映了二者的区别，也证明了新闻界不能进行"新闻事件策划"。但是，公关人员之所以要劳心费神地策划新闻事件，就是为了引起媒介的关注，获得媒介的报道，以便让组织的所作所为播诸视听，借以达到扩大影响、培植声誉的目的。如果所策划的新闻事件真实合理，且有新闻价值，就会被媒介加以报道而成为人们所阅听的新闻。这样，"新闻事件策划"就与新闻报道活动密不可分地交织在一起，从而使当代新闻又增加了"公关新闻"这样一个新品种。

所谓"公关新闻"，严格地讲，就是关于社会组织新近开展的公关活动（即

1　艾丰.新闻写作方法论［M］.北京：人民日报出版社，1996：106.

2　施拉姆，波特.传播学概论［M］.陈亮，周立方，李启，等译.北京：新闻出版社，1984：272.

3　刘建明.宣传舆论学大辞典［M］.北京：经济日报出版社，1992：179.

策划出来的新闻事件）的报道[1]。在当代新闻传播中，"公关新闻"已经越来越广泛地出现在新闻媒介上。例如：1985年，广州洁丽日用化工厂派人带着灭蟑螂药物到《羊城晚报》编辑部策划出《死给你看》的新闻；1990年，郑州亚细亚商场近千名职工统一着装，来到"二七纪念塔"前举行"向二七纪念塔致敬"的活动，获得多家媒介报道；1994年，河南双汇集团耗资十多万元打出祝贺广告条幅——"华懋双汇集团漯河肉联厂祝贺北京活动圆满成功"，首次将广告做到天安门，引来新闻媒介一片惊叹。诸如此类，都是颇富戏剧性而又广为人知的"公关新闻"。

在笔者看来，"公关新闻"概念是对那些由公关人员策划出来又获得了媒介报道的"新闻事件"的科学表达。它不同于传播学讲的"媒介事件"，也不同于新闻学讲的"宣传性现象"。因为"媒介事件"和"宣传性现象"所指称的，仅仅是社会组织策划出来的"新闻事件"本身。只有当这种人为的新闻事件获得媒介报道之后才成为"公关新闻"。而没有被媒介报道的那些人为新闻事件，就只是"媒介事件"或"宣传性现象"，不属于"公关新闻"的范畴。所以，公关新闻是公关活动与新闻报道结合在一起而产生的一个新生事物。

"新闻事件策划"与"新闻报道策划"的联系，不仅表现在工商企业等社会组织策划出来的新闻事件为媒介所报道而成为公关新闻这一点上，而且还表现在这一现象中：随着公关在各行各业的广泛应用，新闻机构也在运用公关手段来强化经营管理工作，从而使自身也加入了"新闻事件策划"的行列，并催生出关于自身的公关新闻。1990年代中期，《深圳特区报》曾策划评选全市十佳公仆活动，《钱江晚报》曾策划"请市长当一天记者"活动，《华西都市报》曾策划"府南河大合唱"活动，并且都进行了广泛的报道，借以引起社会注意，扩大自身影响。如此一来，"公关新闻"也就显得更加名正言顺了。

当然，公关新闻作为一种新闻而存在，是有前提和条件的。前提之一，是它所报道的人为新闻事件必须真实合理。所谓真实，是指这种人为新闻事件必须能够体现事物发展的真相，而不是制造事物发展的假象；所谓合理，是指这种人为新闻事件必须在有利于宣传组织自身形象的同时有利于社会，甚至首先有利于公

1　董天策．公关视野中的公关新闻［J］．新闻记者，1997（11）：21．

众。前提之二，是这种人为新闻事件必须具备新闻价值，能够吸引媒介加以报道，而不是强行要求媒介进行报道。至于条件，则是指公关新闻在其产生过程中的新闻事件策划与新闻报道活动必须各自独立，相互区别，使新闻事件策划和新闻报道活动按照各自的规范行事，形成一种互为条件、彼此制约而又相互合作的公关新闻传播机制，保证记者对媒介事件按照新闻规律进行审视和选择，从而使公关新闻成为真正意义上的新闻。

由此可见，"新闻事件策划"与"新闻报道策划"这两种策划行为既相互区别，又彼此联系，并且在联系中"嫁接"出了"公关新闻"这一独特的新闻品种。

三、"新闻策划"＝"新闻事件策划"＋"新闻报道策划"吗？

公关新闻这一现象，在有些论者看来似乎就是典型的"新闻策划"。他们说"新闻策划"是专指那些"在新闻事件发生之前，由记者参与规划设计促成事件发生并予以报道的一种行为"[1]；或者解释成"是新闻媒介不满足于守株待兔式地捕捉新闻，而是利用自身的影响，围绕某一主题进行的一系列活动，从而'制造'新闻，取得轰动效应"[2]。为了同前面论述的两种不同含义的"新闻策划"相区别，本文暂且名之曰"事件＋报道"式的"新闻策划"。

正是这样一种"新闻策划"论，引起了新闻学术界的广泛争论。或以为它是"报纸的新的生长点"[3]，是"新闻的新增长点"[4]；或以为"新闻根本就不能策划，凡是策划出来的也不能称之为新闻"[5]。时至今日，这种争论还在以不同的表述形式延续着。到底应当怎样认识这种"事件＋报道"式的"新闻策划"，显然是一个必须予以深入分析的问题。

应当承认，这种"新闻策划"论注意到了"新闻事件策划"与"新闻报道策划"的现实联系，是正确的。但是，仅仅从其联系出发就名之曰"新闻策划"而大力鼓吹，显然是缺乏理性分析的表现。实际上，新闻媒介"利用自身的影响，围绕某一主题进行的一系列活动，从而'制造'新闻"的做法，如上所述，不过

1　卢荫御."新闻策划"现象新探［J］.新闻纵横，1996（01）.
2　贾亦凡.昨日的历史 今天的新闻——解放日报"长征路上访红军"系列报道评述［J］.新闻记者，1996（10）：3-6.
3　任成海，尹洪东.新闻策划：报纸新的生长点［J］.青年记者，1995（04）：19-20.
4　俞果.策划：新闻的新增长点——从《劳动报·新闻广角》精心策划"三十年前我们怎样过年"谈起［J］.新闻记者，1997（04）：30-31.
5　丁末."新闻策划"现象析［J］.新闻界，1996（06）：19-20.

是媒介机构的一种公关行为。在市场经济条件下，新闻媒介在新闻竞争中适当地开展一些包括策划新闻事件在内的公关活动，势在必行。

但是，媒介机构利用公关手段来发展壮大自己，是属于新闻事业经营管理范畴内的事情，其合理性和必要性只能在作为经营管理艺术的公共关系范畴内加以讨论，而不能作为一种开创性的新闻实践来加以倡导。至于那种"在新闻事件发生之前，由记者参与规划设计促成事件发生并予以报道的一种行为"，更是我国公共关系发展过程中的一种不规范操作。西方国家自"现代公关之父"艾维·李以来，公共关系即走上了职业化的道路，凡新闻工作者从事公共关系活动的时候，都辞去了记者、编辑的职务而成为专职的公关人员。由于我国公关实践远未达到专业化职业化水平，一些记者便趁机参与企、事业单位的"新闻事件策划"，既导演事件的发生，又对其进行报道，完全违背了新闻工作者与公关人员各就其位、各司其职、各尽其责的传播规范，必然使新闻报道的真实性、客观性原则受到损害，甚至直接诱发有偿新闻。因而不仅不能视之为新生事件而加以倡导，而且必须尽快加以规范，让公共关系与新闻传播各自独立，彼此联系而又相互制约，在动态平衡中获得良性发展。

可见，"事件＋报道"式的"新闻策划"论实际上是把媒介自身的公关行为与不够规范的公关行为当成了新生事物，一种不辨是非混淆真伪的观点，是不能成立的。当然，在批评这种"新闻策划"论时，认为"新闻根本就不能策划，凡是策划出来的也不能称之为新闻"的观点，显然忽视了"公关新闻"这一客观存在，也是偏激的、片面的。总之，公共关系与新闻报道既相互区别又彼此联系，区别中有联系，联系中有区别。混淆两者的界限，把"新闻事件策划"和"新闻报道策划"这两种不同性质的策划行为混同在一起，倡导"事件＋报道"式的"新闻策划"，极易给新闻工作带来混乱。而忽视两者的联系，对公关活动与新闻报道交叉结合而产生的公关新闻熟视无睹，或者不予承认，则是保守僵化的表现，无论对新闻事业还是公关事业，都没有好处。

尤其需要强调指出的是，我们不能因为反对新闻工作者充当"新闻代理"（美国公关人员的早期称谓），从事"新闻事件策划"或者参与"新闻事件策划"，就将"新闻报道策划"也一同抛弃。应当认识到，新闻报道策划是新闻工作者充分发挥主观能动性的有效手段和最佳方式。实践证明，是否进行新闻报道策划，其结果是大不一样的。一个极为典型的例子是：1989年，我国钢产量突破六千万吨，这在当年是个了不起的成就。《经济日报》在1990年初首次报道这条新闻时，只登了一条简讯，又放在一版很不醒目的位置，豆腐干一块，效果甚微。后来经过精心策划，三次补课，推出了五个"意味着什么"、五个"变迁"、五个"变迁的背后"三组系列报道，环环相扣，层层推进，深入而广泛地报道了我国的经济建设成就，产生了极大的社会反响[1]。

事实上，大凡成功的新闻报道，像1935年范长江的《中国西北角》，1936年斯诺的《西行漫记》，1960年《中国青年报》记者集体采访的《为了六十一个阶级兄弟》，1987年《中国青年报》关于大兴安岭火灾的"三色报道"（《红色的警告》《黑色的咏叹》《绿色的悲哀》），1994年四川成都《经济学消息报》"诺贝尔大追寻"报道（该报总编辑采访居留美国的12位诺贝尔经济学奖获得者，听取他们评说中国经济与经济改革的意见），等等，无不体现出采编人员的创意性谋划与设计，体现出精心策划的报道艺术。只不过在提出"新闻报道策划"概念前，新闻工作者尚未进入理论的自觉状态罢了。

作为一种解决怎样更好地开展新闻业务工作的方式方法，"新闻报道策划"的范围极其宽广。就报道过程而论，大凡采访、写作、编辑、出版、播出等各个报道环节，都可以进行策划。就策划层次而言，宏观的报道方略、报道策略，中观的报道版面、报道栏目，微观的对某一具体新闻事件的报道，都可以进行策划。新闻界需要大力探索和研究的，就是这样一种大有作为的报道策划艺术。

四、结语

文章已经写得够长，论述的问题又错综复杂，因此有必要做个简明扼要的归纳，形成几点简明的结论。

首先，当前使用的"新闻策划"概念，事实上存在着三种不同的含义：一曰"新闻事件策划"，二曰"新闻报道策划"，三曰"事件+报道"式"新闻策划"。这就给"新闻策划"的探讨带来了语义上的混乱。从概念的科学性出发，为了保

1　吕锡成.经济日报总编辑范敬宜谈三次补课［M］//郑兴东.好新闻后面——编辑耕耘录.北京：新华出版社，1993.

证概念语言形式和内在涵义的同一性，显然应当摒弃泛化的"新闻策划"概念，而根据具体情况代之以"新闻事件策划""新闻报道策划""媒介事件"或"宣传性现象""公关新闻"等具体概念。

其次，从新闻业务活动上讲，新闻界需要倡导和探索的是"新闻报道策划"，而非"事件 + 报道"式的"新闻策划"，更不是公关界所奉行的"新闻事件策划"。在这里，涉及到概念的表述问题。依照"约定俗成"的语言传统，可以在journalism 的意义上接受和使用"新闻策划"，但必须明确其内涵是"新闻报道策划"，同时将"新闻事件策划"含义上的"新闻策划"表述为"媒介事件策划"，因为"新闻事件策划"有些让人难以接受。考虑到"新闻策划"术语已经泛化，还是采用"新闻报道策划"或简称"报道策划"概念为好。

再次，在大众传播的视野内审视"新闻事件策划"与"新闻报道策划"，必须认识到：这两种策划行为既有本质的区别，又有现实的联系，并且在联系中产生了"公关新闻"这一新闻新品种。只有加强对"公关新闻"的研究，才能把握公共关系与新闻传播的互动关系，从而深化对现代新闻传播活动的认识。

最后，在市场经济条件下，新闻媒介机构已经在运用而且必将继续运用公共关系这一现代经营管理艺术来展开新闻竞争，促进媒介发展，从而加入"新闻事件策划"的行列，产生一些关于媒介机构自身的"公关新闻"。对此既不必大惊小怪，将其视为异端，也不要大呼小叫，以为是什么"新突破"或"新发展"。正确的态度是把媒介机构的公关行为同"新闻报道策划"区别开来，在新闻事业经营管理的范围内加以科学的研究。

原载于《四川大学学报》（哲学社会科学版）1998 年第 1 期。

传媒竞争中公关行为的介入及其影响

作为传播学应用领域的公共关系，已经同在改革中前进的我国新闻事业形成了十分密切的互动关系，但学术界至今仍未加以充分的研究。本文试图在传播学的视野下，对公共关系在传播实践中的应用所产生的各种影响进行初步探讨。

一、公共关系在新闻传播实践中的应用

从传播学的角度看，公共关系是社会组织与公众进行双向信息交流以赢得公众的了解、认同、信任和支持的一种传播沟通艺术。

历史渊源上，现代公共关系本身就是为了满足工商企业的宣传需要而从新闻事业中分化出来的一种专门化传播工作。1889年，美国人乔治·威斯汀豪斯发明了交流电。为推广这项成果，他雇用匹兹堡记者海因希斯撰写文章，反对直流电的鼓吹者。这被认为是有案可查的第一次企业公关活动。1903年，先后担任《纽约日报》《纽约时报》《纽约世界报》的记者艾维·李辞去本职工作，与另一位前记者、政治宣传家乔治·帕克一起在纽约成立了第一家收费性的"宣传顾问事务所"。这是美国公共关系步入职业化进程的标志。

这种职业化公共关系的性质，在艾维·李1996年发表的《共同原则宣言》中得到了明确的阐述："我们的计划是，代表企业单位及公众组织，对其有公众价值且为公众所乐闻的议程，坦率而公开地向报界和公众提供迅速而准确的消息。"很明显，艾维·李等人的职业行为是充当企业的"新闻代理人"，为企业撰写和发布新闻稿件。而这种公关工作的最终完成，却又离不开传媒的新闻报道。这样，公共关系虽然从新闻事业中分化出来，却又与新闻传播具有十分内在的密切联系。

职业化公关包括了搜集信息、咨询建议、传播引导、联络交往、筹办活动、处理危机等许多不同侧面和层面的工作[1]，而且至今尚处于发展过程中，其活动

1　董天策.公关理论导引［M］.成都：四川大学出版社，1996：55-69.

方式和范围还在不断变化，以至于被认为是一种"模糊界限的事业"[1]。但无论如何，通过新闻报道来宣传组织的声誉这一根本性质却不曾改变。所以美国公共关系学者卡特利普等人在《有效公共关系》一书中认为，"公共关系是以相互满意的双向传播为基础，以好名声和负责的行为影响舆论的有计划的努力"。

问题在于，组织的这种努力怎样才能获得新闻媒介的报道而影响舆论？按照公关理论，主要的办法就是精心策划公关活动，使活动本身成为具有报道价值的新闻事件，从而赢得传媒的青睐。我国企业界自1980年代开展公关工作以来，都曾在这方面大做文章。例如，1985年，广州洁丽日用化工厂派人带着灭蟑螂药物到《羊城晚报》编辑部策划了《死给你看》的新闻；1990年，郑州亚细亚商场近千名职工统一着装，来到二七纪念塔前举行"向二七纪念塔致敬"的活动，从而引起多家传媒关注；1994年，河南双汇集团耗资十多万元以"华懋双汇集团漯河肉联厂祝贺北京活动圆满成功"的祝贺方式，首次将广告巧妙地做到天安门，成为传媒一时纷纷关注的新闻事件。

在20世纪80年代，新闻传播与公共关系的联系主要表现在新闻传媒对工商企业等社会组织的公关活动作了大量报道，使公关新闻经常出现在新闻媒介上。所谓公关新闻，就是关于社会组织新近开展的公关活动的报道。[2]进入90年代以后，情况发生了变化。新闻界不再甘于仅仅"为他人作嫁衣裳"，只是报道企事业单位的公关活动，自己也发起组织了公关活动。例如，从1993年开始，《钱江晚报》陆续策划出台"请市长当一天记者"，"请政府职能部门到报社'挂牌值班'"等活动；1994年春节，上海《青年报》发起"好心人，请您抱一抱孤儿"的"献爱心"活动；1995年，《华西都市报》发起组织"府南河大合唱"，百万市民参与活动。在开展这些活动的过程中，作为发起组织者的新闻媒体，都各自进行了大量报道。这样，公共关系就不再间接地与传媒发生联系，而是直接地在新闻传播中发挥作用。

当然，新闻媒体在开展和报道这些活动的过程中，说都没说这是公关行为，事实上，一切成功的公共关系，从来都不会打出"公关"旗号。判断一次活动是

1　朱增补.公关——模糊界限的事业［J］.公共关系，1991（01）.

2　董天策.要重视公关与新闻的联系——兼论"公关新闻"［J］.新闻界，1998（02）：24-25.

否为公关活动，对活动的报道是否是公关新闻，关键是看两点。第一，这个活动是否是经过周密策划而有意安排的；第二，对这个活动的报道是否是在为活动的发起组织者带来良好的声誉。如果答案是肯定的，那么就可以判定为公关活动与公关新闻。道理其实简单：公关传播的一个基本信条是"为了扬名而做好事"。从理论上讲，公关新闻与一般新闻具有质的区别，它是人为策划的新闻事件的报道；公关新闻所报道的新闻事件，更"不是事物日常运转所产生的现象，而是因为同传播联系起来以后才产生的现象"，是"为了特定的宣传目的而制造的一种现象"，新闻学研究者将其称为"宣传性现象"[1]，传播学研究者将其称为"媒介事件"[2]。因此，把90年代以来新闻界先策划一个新闻事件再进行大量报道的行为，看成公共关系在新闻传播实践中的直接应用，当是不成问题的。

二、公共关系为传媒竞争提供的新策略新理念

对于新闻传播实践中先策划新闻事件再作报道的行为，新闻界大都名之曰"新闻策划"。关于这一点，下文将作讨论。现在要讨论的问题是：为什么我国新闻界90年代以来风行这种"事件＋报道"式策划？

联系当代新闻事业的发展就会看到，公共关系注重策划新闻事件的操作方式在新闻界得到广泛应用，正是传媒竞争日益激烈的时候。"到1993年底，我国公开发行的报纸增加到1 850多种，相当于改革开放前的近十倍，发行量达271.52亿份。随着社会主义市场经济的发展，各地报纸在原改版的基础上纷纷扩大版面。以1991年《中国青年报》首创《星期刊》为发端，从中央级到省、市、地各级的报纸又增办周末版、星期刊、月末版、文摘版等。许多报纸为了扩大发行量，争取更大的读者群，争取更多的广告，争先恐后抓'热点'新闻，纷纷刊登有深度的报道，增强可读性，追求轰动效应。"[3]而当"热点"新闻已被别人抓去，或者一时没有出现适合自己报道的"热点"新闻，用公共关系的操作方式来创造新闻热点的做法，自然就派上用场。

从经营管理的角度看，公共关系特别是其新闻事件策划在新闻传播实践中的

1　艾丰.新闻写作方法论［M］.北京：人民日报出版社，1996：106.

2　施拉姆，波特.传播学概论［M］.陈亮，周立方，李启，等译.北京：新闻出版社，1984：272.

3　孙世恺.新闻界近年的炒新闻现象［J］.新闻记者，1995（01）：17-18.

直接应用，对于新闻界来说具有重要意义。

首先，公共关系特别是其新闻事件策划，为传媒走向市场提供了一种竞争新策略。

现代公关本身就是市场竞争的产物，我国企业界在 80 年代最先应用的公共关系，也是出于竞争的需要。一般地讲，公共关系具有"协调关系"与"塑造形象"两大基本功能。"历史地看，公共关系首先是从协调组织与公众之间关系开始的，然后才逐渐由被动地协调关系转为主动地塑造形象。"[1]所谓形象，就是公众对于组织的总体评价，其评价指标有两个：一个是知名度，即组织被公众知晓、了解的程度；一个是美誉度，也就是努力扩大影响，赢得读者的喜爱，从而扩大发行量。从实际效果上看，新闻媒体把公关策划运用于业务活动中，策划出为人关注的新闻事件，然后再作报道，也的确达到了这个目的。例如，1996 年 3 月 8 日，《华西都市报》接到一个投诉称，一个打工妹被拐到一家卡拉 OK 厅当"三陪小姐"，托信给亲人求救，OK 厅老板却提出拿钱去赎身。对此，编辑部不是简单地一报了之，而是立即与有关部门联系，促成警方前去解救，并派出专车送记者参与解救行动，然后发出了《解救"三陪小姐"》的追踪报道，前后发稿 25 篇，照片 10 幅。该报总编辑席文举在内部讲话稿《华西都市报的发展思路》中说，"从 3 月 13 日到 21 日，《华西都市报》8 天中增长了一万多份。"

为什么这种先策划新闻事件再作报道的做法能够为传媒赢得更多的受众呢？有两个方面的原因。一是这种策划行为紧密联系社会实际，把一些已经引起人们广泛关注的社会问题通过媒体的介入而浮出水面，形成一个此起彼伏、扣人心弦的现实生活事件，报道出来具有很强的可读性，自然引起人们争相传阅，爱不释手，最终促使发行量不断上升。二是这种策划行为往往体现出传媒勇于承担和乐于承担社会道义的价值取向，从而为新闻媒体赢得良好的社会认同。据有关报道，那个被迫当了"三陪小姐"的打工妹的亲友之所以到《华西都市报》投诉并请求帮助，就是因为他们事前已看到过这样的新闻：该报不仅报道过成都警察出川解救被拐妇女，而且还发起组织过"孩子回家行动"，救助被拐卖到外地的几个儿童回到父母身边。可见，《华西都市报》已经在读者心目中树立起了见义勇为的

---

1 董天策."公共关系职能"探析［J］.天府新论，1996（01）：41-44.

形象。因此，先策划新闻事件再做报道的做法，一方面是传媒通过不断开拓新的新闻视点来满足受众对新闻特别是热点新闻的需要，从而提高了自己的知名度，另一方面则是传媒通过自己的善事义举来赢得受众的道义认同，从而提高了自己的美誉度。知名度和美誉度都提高了，良好的形象就树立起来了，受众自然也就要订阅了。

其次，公共关系特别是其新闻事件策划，为传媒运作提供了一种竞争理念。

作为一种应用传播艺术，公关同广告一样十分重视策划。所谓策划，就是出谋划策，就是为了某种目标而创意性地谋划最佳的行动方案。在计划经济时代，新闻界强调"组织报道"，即为落实编辑方针而进行具体的部署安排，总是在统筹安排下按部就班工作，缺乏灵活性，缺乏创新性，缺乏主动性。在市场经济的条件下，这种传统运作方式显得极不适应。在这种情况下，公关（还有广告）的策划理念就为新闻工作提供了新的参照和取向，新闻工作者将其移植到业务活动中来，形成了"新闻报道策划"或简称"报道策划"的新观念，从而革新了新闻报道的传统方式。

所谓报道策划，就是在新闻事实发生以后，新闻工作者对报道工作包括采访、写作、编辑、出版、播出等具体环节的设计与谋划，以便更好地利用新闻资源，取得最佳社会效益。与"组织报道"不同的是，"报道策划"强调的是主动性、创新性、灵活性，需要充分发挥新闻工作者的主观能动性。只要策划得当，新闻报道就会有声有色，产生强烈的冲击力，甚至形成轰动效应。例如，1994年底，《华西都市报》对在成都举办的"94上海轻纺博览会"进行追踪，曝光其大量倾销伪劣产品的事实，以强大的舆论监督使"上海轻博会"草草收场，主办者也逃之夭夭。但追踪报道却面临中断的危险。怎么办？经过精心策划，编辑部将稿件电传给上海《文汇报》，邀其联手追踪，开创了异地新闻界联合打假的新方式，进而形成了从中央到地方数十家新闻媒体合力"围剿""上海轻博会"的打假战役，产生了广泛的影响，取得了良好的社会效果。

事实上，策划理念不仅在新闻报道工作中得到应用，使"组织报道"向"报道策划"转变，而且在更加宏观的传媒经营管理中也得到了应用，使传媒运作走上了自主创新的道路。十分重视策划的《华西都市报》总编辑席文举曾说："我们的报纸能迅速走向市场，策划也起了重要作用。首先是定位和办报思想的策划，这是宏观策划，也是最重要的策划。其次便是中观策划，即版面的设立，内容、风格的确定。比如，我们的要闻版，以市民生活为第一版块，头条多为重大生活新闻。社会新闻版，以社会热点、人物命运为突破口，拓宽报道领域，挖掘报道深度。副刊版，走通俗、生活化、都市化的路子，反映普通百姓的喜怒哀乐，以市民生活大杂烩、小文章的面貌，走入寻常百姓家。在微观策划方面，我们重点抓了新闻报道策划和公益活动策划，收到很好的效果。"[1] 其实，从报纸定位到办报思路，再到版面设置、内容特色和形式风格等方面的策划，都属于报业经营管理层次上的策划，相对于新闻报道策划而言，都可视为宏观策划的范畴。随着传媒竞争的加剧，强调传媒的独特个性、独特风格，已成为传媒争取目标受众的一种战略追求。因此，传媒经营策划势必具有愈来愈重要的意义。

显然，公共关系为传媒运作提供的这种竞争新策略和新理念，已经成为和正在成为促进新闻改革，尤其是传媒改革经营管理、实行产业化运作的有效利器。值得注意的是，传媒竞争新策略和新理念是两个既有联系又有区别的概念。传媒竞争新策略是指传媒把公关那种策划新闻事件的手法直接移植到新闻活动中而形成的"事件＋报道"式策划；传媒竞争新理念是指传媒对公关那种策划新闻事件的手法加以扬弃，不策划新闻事件，仅采用策划理念来改善新闻工作而形成的新闻报道策划和传媒经营策划。毫无疑问，在传媒竞争日趋激烈的今天，新闻报道策划和传媒经营策划作为新闻改革的产物，是新闻界要大力倡导和努力实践的。而"事件＋报道"式策划，虽然也是在新闻改革中出现的新事物，对提高传媒的竞争力也起到了不可忽视的作用，但毕竟是新闻传媒"主动利用自身的影响，围绕某一主题进行的一系列活动，从而'制造'新闻，取得轰动效应。"[2] 如果搞得太多太滥，就会使新闻报道的真实性原则、客观性原则受到不同程度的损害，降低受众对新闻媒体的信任；还可能导致新闻记者不深入实际进行调查研究，一味根据主观需要来"炮制"新闻，违背新闻传播的宗旨。因此，对于这种"事件＋报道"式策划的竞争新策略，新闻界既要敢于运用，又要善于运用，更要适可而

1 席文举.研究读者市场,提高办报艺术[M]//中国记协国内部,华西都市报.都市报现象研究.北京:新华出版社,1998:35.
2 贾亦凡.昨日的历史 今天的新闻——解放日报"长征路上访红军"系列报道评述[J].新闻记者,1996(10):3-6.

止，莫把竞争"奇策"当成传播"正道"。

三、公共关系给新闻传播带来的新问题

不容否认，公共关系在对传媒经营管理改革、参与市场竞争发挥积极作用的同时，也带来了新的传播问题，集中表现在"炒作新闻"与"新闻策划"上面。

"新闻炒作"又称"炒新闻"，尚未见确切的界定，大意为新闻媒介对某一新闻事实、事件或题材一哄而上或反复报道，形成一时的新闻热点，引起广泛的社会关注。新闻炒作主要有三种。一种重在"炒"，主要是炒明星隐私、大款趣闻、男欢女爱、情仇恩怨，以及凶杀、暴力、抢劫等事件；一种重在"作"，主要是工商企业为宣传推广自己的产品而策划新闻事件或由头，然后联络传媒"炒"出去，如上文提及的《死给你看》，"向二七纪念塔致敬"，双汇首次巧做广告到天安门等；一种则又"炒"又"作"，这就是前面论及的新闻媒体先策划出新闻事件再作广泛报道，如前所述的《解救"三陪小姐"》就是一例。

在这三种不同的新闻炒作中，第一种属于社会新闻或曰软新闻的范畴，与本文论题无关，存而不论。第二种与第三种在表现形态上具有共性：先策划出新闻事件，再加以大量报道。从公关角度看，这都是公关行为，只不过由于策划新闻事件的主体不同而使其区分为企业公关和"新闻业公关"而已。因此，第二、三种新闻炒作都与公共关系有关，准确地说，是与公关策划有关。一本公关著作写道："公共关系策划是一种富有创造性的智力活动……一项优秀的策划应该具备这样的特点：即通过公共关系人员大脑的创造，将一件本来可能不具备新闻价值的事件赋予其新闻性。这就是现代公共关系中非常流行的做法——制造新闻，我们认为制造新闻是公共关系策划的核心和精髓。制造新闻，是指专业公共关系人员经过精心策划，有意识地安排某些具有新闻价值的事件在某个选定的时间内发生，由此制造出适于传播媒介报道的新闻事件。"[1]而"制造新闻"即策划新闻事件就是为了"借冕播誉"，炒作也就自然而然了。

对于这种由策划而导致的新闻炒作，实务界人士基本上持肯定态度。例如，1994 年，广东顺德的碧桂园学校作为碧桂园别墅区配套设施奠基之际，新闻传媒对"高价学校"的报道受到了严格限制，且呈批评倾向。但策划者却通过把正

1　周晓虹.走向社会的名片——公共关系理论与实务［M］.北京：中国社会出版社，1993：181.

在筹办的碧桂园学校与北京景山学校联姻而将该校与邓小平为景山的题词联系起来，利用景山学校和邓小平题词十周年纪念大做文章，引来粤、沪、京等地的新闻媒体纷纷以"抢新闻"的姿态对碧桂园学校做了突出报道，刮起了一股"碧桂园旋风"。对此，一位新闻工作者赞叹道："碧桂园的初步成功，广告奇袭掌握了'控空权'，新闻炒作的'地面部队'也功不可没。王志纲作为策划人，他自己又曾是新华社的名记者，对新闻舆论在策划中的作用十分重视，对炒作新闻热点更是挥洒自如，出神入化。"并且认为，策划就是要像这样"善于抓住不同时期的传奇因素，在新闻'热点'上聚焦放大，吸引新闻界的注意力，'炒'出一台又一台有声有色的活话剧来"。[1]

如果以理性的眼光审视这样的新闻炒作，我们的认识也许是另一番景象。早在 1922 年，美国新闻工作者和社会评论家李普曼在其经典著作《舆论学》中就提出了一个著名的思想，即"新闻媒介影响'我们头脑中的图像'"。因为在现代社会，我们通常只能透过大众传媒所提供的信息来认识现实世界。传播学的"议程设置"研究更是表明：媒介并非镜子，即真实地反映社会的实貌；说它是探照灯也许更准确，它照到的地方，可能是被与此相关的特殊利益集团引导的，是被制造出来引起注意的假事件；或是被新闻工作者的传统、习惯和规则所左右，是被过分强调而也许并不重要的事件。[2] 由策划而形成的新闻炒作或许就是典型的"探照灯现象"，其积极意义和负面影响，都值得深入研究。

"新闻炒作"现象已经引起了学术界的关注，但大家的兴趣还是集中在"新闻策划"上。近几年来，关于"新闻策划"的讨论已经成为一大学术热点。

纵观"新闻策划"研讨，主要的问题集中在三个方面：（1）新闻能否策划？（2）新闻策划应不应该倡导？（3）新闻策划概念是否科学？回答各不相同，主要存在着截然对立的两派观点：一派肯定，认为新闻完全可以策划，新闻策划是报纸新的增长点，新闻策划概念不存在问题；一派否定，说新闻不能策划，自然不能加以提倡，新闻策划是一个不科学的概念，是一个伪命题。在争论中，各

1　谭启泰.谋事在人——王志纲策划实录［M］.广州：广州出版社，1996：13-21.

2　郭镇之.北美传播研究［M］.北京：北京广播学院出版社，1997：239-251.

方各家都发表了很多有价值的见解，笔者也撰文谈过自己的观点[1,2,3]，这里不再一一论列，着重谈谈对这种学术"研讨"的看法。

从研究方法上看，对"新闻策划"的讨论很大程度上存在着视野狭隘、简单片面的倾向。例如，新闻究竟能否策划？一些论者仅从新闻是新近发生的事实的报道，事实在前、报道在后这样的观念出发，就断然否定新闻（指新闻事件）可以策划，且对公关活动中策划出来的新闻熟视无睹，或不予承认；另一些论者看到记者参与到策划中，促成事件发生，然后再作报道的行为，就毫不置疑地认为这是新闻的生长点而大力倡导，而对这种独特现象的成因、机制、局限都未作深究。如果把公共关系与新闻传播联系起来，在传播学的视野下进行考察，就不会轻易地得出这种非此即彼的判断。笔者认为，公共关系在各行各业的普遍应用已经使人为地策划出新闻成为现实。这种策划出来的新闻往往是以新闻报道的形式传播出去的，却又具有不同于一般新闻的特点，即策划在先，报道在后，注入了强烈的主体意识，往往是直接地为策划主体的宣传需要服务的。我们既要承认其新闻性质，又要将其同一般新闻区别开来，只好用"公关新闻"这个概念去加以概括和研究。

在学术水准上，对"新闻策划"的研究一定程度上存在着逻辑不严密、概括不准确的弊端，需要大力强化学术理性。如一篇论文写道："何谓新闻策划，新闻策划是新闻主体遵循新闻规律，围绕一定的目标，对已占有的信息进行去粗取精、去伪存真、由此及彼、由表及里地分析和研究，发掘已知，预测未来，着眼现实，制定和实施相应的政策和策略，以求最佳效益的创造的策划活动。"接下来的分析又说："新闻策划应包括两种类型，一种是新闻事实发生后，新闻从业人员商量如何采访，如何提炼主题，如何划分段落，如何制作标题，如何美化版面等，这是对新闻报道的策划，……另一种是新闻从业人员依据新闻报道的需要，遵循事物发展的一般规律，参与新闻报道赖以生存的新闻事件或活动之中，为新闻报道奠定基础，提供对象和素材……"[4]笔者不敏，琢磨再三，也看不出作者

1 董天策.不要混淆新闻与公关的界限——也谈"新闻策划"［J］.新闻界，1997（06）：21-22.

2 董天策."新闻策划"剖析［J］.新闻大学，1998（01）：17-20.

3 董天策."新闻策划"之我见［J］.四川大学学报（哲学社会科学版），1998（01）：95-100.

4 赵振宇.关于新闻策划的几个问题［J］.新闻与写作，1998（08）：36-39.

给出的定义能够把后一种类型"新闻策划"也包括进去。如果能够，概念的内涵与外延岂不自相矛盾？而内涵与外延的一致，则是科学研究的起码要求。

这种逻辑不严密的情况在很大程度上又是由概括不准确造成的。如前所述，公共关系应用于企业经营管理和新闻传播实践所引发的策划行为其实包括了以下四种：（一）企业以公关活动方式策划出适合于传媒报道的新闻事件，是为"新闻事件策划"或称"媒介事件策划"；（二）新闻机构作者是先策划新闻事件再作报道，是为"事件＋报道"式策划；（三）新闻传媒将策划理念引入新闻报道工作而形成的"新闻报道策划"；（四）新闻传媒把策划理念引入经营管理工作而形成的"传媒经营策划"。对于这些不同性质不同层面的策划行为，能否都用一个"新闻策划"去笼而统之？

在实际工作和研究工作中，人们往往在不同的含义上使用"新闻策划"。公关界讲"新闻策划"，是相对于第一种情况而言的，如一本公关著作写道："新闻策划也叫'制造新闻'，是指组织为吸引新闻媒介报道并扩散自身所希望传播开去的信息而专门策划的活动。"[1]新闻界讲"新闻策划"，有的相对于第二种情况而言，如《华西都市报》总编辑席文举1997年4月12日在全国记协国内部召开的"市场经济与新型晚报"研讨会预备会上的内部讲话《研究读者市场，探索办报艺术》中说："我给新闻策划的定义是：在新闻事物发展的原动力上加一把外力，形成力的共鸣，推波助澜，使新闻事物达到波峰状态，收到最佳社会效果。自然，那些企业策划不应算作新闻策划，报道策划也不应叫新闻策划。"而有的论者却是在"报道策划"的意义上使用"新闻策划"，如说"新闻策划就是新闻主体在传播过程中按照一定的目的和原则，对宣传客体的报道思想、报道程序、报道手段、报道角度、报道时机等活动作出全面、细致、周密、合理的计划和安排，最大限度地反映新闻的社会价值，揭示其思想内涵和本质特征，推出受众喜爱的新闻精品"[2]。还有的论者把一、二两种或二、三两种或三、四两种或二、三、四几种策划行为叫作"新闻策划"，真是各说各话，自行其"是"。

为了保证学术研究的科学性，为了促进新闻传播事业的有序运行和健康发展，

1　王朝文.当代公共关系学［M］.北京：中国社会科学出版社，1995：161.
2　李晨钟.没有精心策划就没有新闻精品［J］.新闻记者，1997（01）：13-14.

从概念语言形式和内在含义的统一性出发，与其不断地尝试重新界定"新闻策划"，还不如摒弃泛化而混乱的"新闻策划"概念，根据上述四种具体情况而分别代之以"新闻（媒介）事件策划"、"新闻策划"（仅指"事件＋报道"式策划）、"新闻报道策划"、"传媒经营策划"等具体概念，然后再用"新闻传播策划"概念来统摄这些策划行为。这样，大小概念各得其所，庶几可以免去许多无谓争论，避免许多学术"硬伤"，集中精力对新闻传播中的各种策划问题加以深入研究，促进我国的新闻事业在 21 世纪获得更大发展，取得更辉煌的成就。

原载于《新闻与传播研究》1999 年第 4 期。

"新闻策划"研究的学理审视

20 世纪 90 年代中期以来，"新闻策划"一直是新闻业界和学界共同关注的一个新课题。在经历了 1996 年前后的激烈论争之后，"新闻策划"不仅"凝固"为一个专业术语，得到广泛的应用和研究，而且开始走上高等院校新闻专业教育的讲台，成为一门选修课。但是，"新闻策划"的有关学理问题，尤其是一些基础性的深层次学理问题，并没有得到深入的探讨，需要在理论上重新审视。

一、"新闻策划"概念的内涵及其演变

传统的新闻理论并无"新闻策划"这个术语，所以"新闻策划"概念一出现，研究者们就纷纷进行定义，诠释其内涵。其中，包含着许多不同的见解。归纳起来，主要有以下四种观点。

其一，新闻策划是对新闻事件的策划。这种观点认为，"新闻策划"是"在新闻事实发生之前由记者参与设计促成事件发生并予以报道的一种行为"[1]，"是新闻媒介不满足于守株待兔式地捕捉新闻，而是主动地利用自身的影响，围绕某一主题进行一系列活动，从而'制造'新闻，取得轰动效应。"[2]

其二，新闻策划是对新闻报道的策划。这种观点强调，"新闻策划主要是指新闻活动的策划，更确切一点讲，是新闻报道宣传活动的策划"[3]，是"关于新闻报道的筹划和谋划"。"从新闻实践看，新闻策划就是新闻主体在传播过程中按照一定的目的和守则，对宣传客体的报道思想、报道程序、报道手段、报道角度、报道时机等活动作出全面、细致、周密、合理的计划和安排，最大限度地反映新闻的社会价值，揭示其思想内涵和本质特征，推出受众所喜爱的新闻精品。"[4]

其三，新闻策划是对新闻业务的策划。这种观点提出，新闻策划是"编采人

1　卢荫御.新闻策划现象初探［J］.新闻纵横，1996（10）.

2　贾亦凡.昨日的历史 今天的新闻——解放日报"长征路上访红军"系列报道评述［J］.新闻记者，1996（10）：3-6.

3　秦绍德.关于"新闻策划"几点浅见［J］.新闻记者，1997（09）：15-17.

4　李晨钟.没有精心策划就没有新闻精品［J］.新闻记者，1997（01）：13-14.

员对新闻业务活动进行有创意的谋划与设计，目的是更好地配置与运用新闻资源，办出特色，取得最佳社会效益。"[1]"新闻策划作为一种设计、一种决策和组织手段，贯穿于整个新闻活动的过程之中，大到整个报、台的风格定位、宗旨确立、栏目设置，小到单个专题的报道思想、采访思路、人员安排、采访手段的使用，版面或节目的设置等等，都属于新闻策划的范畴。"[2]

其四，新闻策划是对传媒运作的策划。按照这种观点，"新闻策划的内容范围比报道策划大，新闻策划可以包括报道策划，报道策划一词却无法覆盖新闻策划的全部内容。""新闻策划内容丰富，既包括新闻业务活动的策划，也包括新闻经营管理活动的策划，不仅仅只是报道策划"[3]。"实践告诉我们，新闻媒体策划的客体从广义来说，已经不局限于新闻报道本身，而是囊括了所有与信息传播活动有关的行为。由此而言，'新闻策划'这一不明确的名词有必要修正，应把研究对象确定为'新闻媒介策划'，即对传媒生存发展的战略规划，包括对传媒的受众定位、经营方针、产品（通讯社新闻、报纸、杂志、广播电视节目等）设计、制作与营销、广告经营、员工构成、内部管理、资产奖金、技术设备，以及传媒的其他各类经营活动和社会活动等等，进行运筹和规划。"[4]

不难看出，上述几种观点对于什么是"新闻策划"的认识存在着很大的分歧。首先，新闻策划究竟是对新闻事件的策划，还是对新闻报道的策划，抑或兼而有之？其次，新闻策划的范畴到底有多大，是对新闻报道的策划，还是对比新闻报道范围更宽泛的新闻业务的策划，抑或同时包括了对新闻业务和经营管理活动以及新闻事件的策划？再次，"新闻策划"概念能否囊括传媒运作中策划行为的全部范畴，是用一个新术语或新术语群来表述传媒运作中的策划现象，还是对新闻策划概念加以重新界定？

现代语言学告诉我们，一个"能指"表达的"所指"（即语词表达的内容）并非一成不变，往往随着时代发展而不断变化。列宁也曾指出，"对概念的分析、

1　艾风.新闻策划是新闻改革的产物［J］.新闻界，1997（02）：12-14.

2　张红星.策划性新闻初探［J］.新闻大学，1996（04）：31-19.

3　徐培汀.关于新闻策划的几点思考［J］.新闻记者，1997（08）：25-26.

4　蔡雯.试论新闻媒介策划［M］//中国记协国内部，华西都市报.都市报现象研究.北京：新华出版社，1998：164.

研究，'运用概念的艺术'（恩格斯），始终要求研究概念的运动、它们的联系、它们的相互过渡"。[1] 因此，要科学地回答上述问题，就必须深入地探讨新闻策划理念的演变过程，科学地把握"新闻策划"的实际内涵。

对新闻传播领域策划行为的探讨，学界最早使用的概念是"报道策划"或"报纸策划"。1993 年，蔡雯分别在《中国记者》（3 期）和《新闻战线》（11 期）上发表了《报纸策划：当代新闻学新课题》和《搞好新时期的报道策划》两篇论文，先后使用了"报纸策划"和"报道策划"概念。在随后的研讨中，"报道策划"或"新闻报道策划"的概念很快被接受。1994 年，中国地市报协会举办了"新闻报道策划研讨会"，首次对策划问题进行了专门讨论。其后，研究文章纷纷出现在专业刊物上。例如：《关于新闻报道策划行为的思考》，载《新闻窗》（贵阳）1995 第 5 期；《重点报道的策划》，载《新闻与写作》（京）1995 年第 12 期；《报道策划：编辑工作应有之义》，载《新闻大学》（沪）1996 年秋季号；等等。

所谓报道策划，"就是新闻编辑部门在一定时期组织报道的设想和规划，这种策划的结果以文字体现出来，是包括如下内容的报道设计方案：报道的主要内容、报道重点、报道过程、发稿计划、报纸版面地位和形式、报道人员等。"[2] 正当新闻学界对"报道策划"加以关注时，"新闻策划"概念已在公关界、策划界流行起来。例如，1993 年，孙黎编著的《策划家——商界传奇的创造者》第十九章标题为"新闻策划：招待会公正坦率立形象"，从举办记者招待会、新闻发布会的角度使用了"新闻策划"概念。1996 年，高明、孙新生编著的《策划大师与经典策划》第一章标题为"新闻策划"，列举了 1994 年何伯权爆炒"生命核能"、王志纲策划与炒作"碧桂园""双汇""金膺"在天安门上的惊世之举等几个策划案例，讲述的是如何"制造新闻"，即策划出适合媒介报道的新闻事件。

因此，公关界、策划界所讲的"新闻策划"，实质上是"新闻事件策划"，是"指专业公共关系人员经过精心策划，有意识地安排某些有新闻价值的事件在某个选

1　列宁. 列宁全集：第 55 卷［M］. 中共中央马克思恩格斯列宁斯大林著作编译局编译. 北京：人民出版社，1990：213.

2　蔡雯. 搞好新时期的报道策划［J］. 新闻战线，1993（11）：28-30.

定的时间内发生，由此制造出适合传播媒介报道的新闻事件"。[1] 1995 年出版的一本公共关系学教科书讲得很明白，"新闻策划也叫'制造新闻'，是指组织为吸引新闻媒介报道并扩散自身所希望传播开去的信息而专门策划的活动。这类新闻，是公关人员有目的、有计划地促成的，它同真新闻一样具有同样的魅力。"[2]

大约在 1995 年，"新闻策划"概念开始出现在新闻界。[3] 1996 年，"新闻策划"被新闻界不断提出而流行开来。值得注意的是，新闻业界和学界一开始就是在不同的意义下使用"新闻策划"概念。1996 年 8 月，中国人民大学新闻学院组织了新闻业务编辑策划高级研讨班，对新闻报道等编辑业务中的策划问题进行了探讨。综述文章《走近新闻策划》戴着一顶"新闻策划"的帽子，论述的内容却是新闻报道策划。[4] 与此同时，不少论者在"新闻事件策划"的意义上使用"新闻策划"概念，那种把新闻策划理解成策划新闻事件的观点，就是如此。

应当说，把"新闻策划"理解为"新闻报道策划"，这是多数新闻编采人员最容易产生的看法。所谓策划，就是筹划、谋划、研究对策的意思。新闻事实一发生，新闻工作者就要决定报不报道、如何报道、如何组织人员等一系列问题，这些都是报道策划。所以有人说，"有新闻就会有新闻策划"，"有新闻竞争就会有新闻策划"。[5] 而把"新闻策划"理解成"新闻事件策划"，看起来是一种新观点，其实是对公关界、策划界所讲"新闻策划"的移植，只不过把策划主体由公关人员或职业策划人换成了新闻媒介或新闻记者。

理论上，由于"新闻"（news）一词既可以指新闻事实（事件），如每年发生的"重大新闻"；也可以是新闻报道，如评选出的"好新闻"。我国新闻学界对新闻的定义，长期以来也就并存着"事实"说和"报道"说这两种不同的观点，前者把新闻定义为"……的事实"，后者把新闻定义为"……的事实的报道"。[6] 因此，"新闻策划"也就很自然地包含着两种不同的内涵：一是"新闻事件策划"，

1　周晓虹.走向社会的名片——公共关系理论与实务［M］.北京：中国社会出版社，1993：181.

2　王朝文.当代公共关系学［M］.北京：中国社会科学出版社，1995：161.

3　任成海，尹洪东.新闻策划：报纸新的生长点［J］.青年记者，1995（04）：19-20.

4　王建新，宋鸿刚.走近新闻策划——"96 新闻业务编辑策划高级研讨班"研讨综述［J］.新闻界，1996（06）：16-18.

5　柳雨卿.新闻策划论的本体阐述［J］.新闻广场，1996（04）.

6　董天策.新闻定义的语义学探讨［J］.西南民族学院学报（哲学社会科学版），2001（09）：190-194.

二是"新闻报道策划"。根据历史唯物主义的新闻观，事实在先，报道在后，事实是第一性的，报道（新闻）是第二性的，"新闻事实"和"新闻报道"两个概念具有本质的差别，这就从根本上决定了"新闻事件策划"和"新闻报道策划"具有截然不同的性质。[1]

可见，当"报道策划"理念发展到"新闻策划"理念的时候，传媒运作中的策划范畴发生了变化。这种变化既是对策划理念的丰富，也是产生认识分歧的原因。1996年至1997年，《新闻界》《新闻记者》《新闻大学》《新闻知识》等一批新闻学刊物都开辟专栏，讨论"新闻策划"问题。一时间观点云集，十分热闹。讨论的关键问题在于：新闻能不能策划，策划出来的是不是新闻？质言之，也就是新闻界能不能策划新闻事件，对于策划出来的新闻事件的报道是不是新闻？由于人们对"新闻策划"的理解存在着很大的差别，又往往从各自的理解出发展开争鸣，真正的学术对话并不多。

不过，在讨论过程中，两种新的策划理念又产生了：一是"新闻业务策划"，二是"传媒运作策划"。在这里，笔者将那种把"新闻策划"理解成策划新闻业务活动的观点，称为"新闻业务策划"；而将那种把"新闻策划"理解成传媒运作中各种策划行为总称的观点，称为"传媒运作策划"，也有学者将其称为"新闻媒介策划"。大体上，"新闻业务策划"理念把"新闻策划"的范围由新闻报道策划扩展为三个层面，即：传媒定位策划，版面/栏目策划，新闻报道策划。"传媒运作策划"理念则使"新闻策划"不仅包括了新闻业务策划的三个层面，而且把"传媒的其他各类经营活动和社会活动"都纳入策划范畴。其中，社会活动的策划，实际上就是"新闻事件策划"。有论者不理会"新闻报道策划"论和"新闻业务策划"论认为"新闻策划并非策划新闻"的论断，干脆将其称为"策划新闻的新闻策划"[2]。这样，"传媒运作策划"理念就囊括了传媒运作中的各种策划行为。

应当承认，外延广泛的"传媒运作策划"理念更符合传媒运作中的策划现状。《华西都市报》总编辑席文举认为，对一个事物下定义，必须全面、准确、科学、

1　董天策."新闻策划"之我见［J］.四川大学学报（哲学社会科学版），1998（01）：95-100.

2　席文举.报纸策划艺术［M］.北京：中国社会科学出版社，2000：245.

完整。将"新闻策划"解释为"新闻报道的策划"和"新闻事件的策划"，只列出了"新闻策划"的一部分，是不全面、不完整的。只有从广泛的意义上解释"新闻策划"，才能避免片面性。在他看来，"新闻策划是对新闻的生产、加工和传播的全过程中的任一过程和任一活动，进行创造性的谋划和运筹，最大限度地挖掘新闻的社会价值，获得最好的传播效果和传播效益。"[1] 这种广义的"新闻策划"定义，与"传媒运作策划"概念名异而实同。

总之，由"报道策划"到"新闻策划"，再到"新闻业务策划"，进而到"传媒运作策划"，就构成了我国"新闻策划"的内涵及其演变的历史进程。

二、"新闻策划"实践的范围与分类

当"新闻策划"发展为"新闻业务策划"，尤其是含义广泛的"传媒运作策划"时，"新闻策划"已经变成一个相当泛化的概念。诚如有批评者所指出的那样，"有一部分学者和新闻从业者确实把'新闻策划'泛指到新闻事业策划、媒介自身形象策划等方面，他们把'新闻策划'理解为主要是与新闻、新闻事业、新闻单位有关的一切策划的总和。"[2] 这样，"新闻策划"研究首先面临着一个必须正视的学理问题：广义"新闻策划"概念能否成立？

众所周知，汉语的"新闻"存在着多种不同角度和层次的含义。甘惜分主编的《新闻学大辞典》对"新闻"的释义分为六个方面：一是指"人类特有的信息交流活动"；二是指"新闻媒介向广大受众传播的最新重要信息"；三是指"消息"这种新闻体裁；四是"泛指消息、通讯、特写中的各种题材"；五是指"新闻媒介报道事实的全部体裁"；六是"关于新闻的定义"。刘建明主编的《宣传舆论学大辞典》在"新闻"词条中指出，"新闻"一词所指的对象较为混乱，在不同的情境和语境下有多种含义，大体指：（一）新闻作品和新闻体裁；（二）新闻体裁的一种——消息；（三）新闻工作和新闻传播形式；（四）新闻事业；（五）新闻学和新闻学研究；（六）有时同时含有以上某几项的内涵，例如"新闻团体"，它可能指新闻工作者的团体（记协等），也可能新闻机构的团体（报业联合会等），也许还指新闻学术团体（新闻学会等）。

1　席文举.报纸策划艺术［M］.北京：中国社会科学出版社，2000：235.

2　邓赛君."新闻策划"并非"策划新闻"［N］.新闻出版报，1998-4-13（29）.

为了清楚地说明问题，不妨对照一下英文中的有关概念。汉语的"新闻"，在英文中有 news、journalism 和 press 三个不同的对应单词。当我们在"新闻工作""新闻事业""新闻学和新闻学研究"，以及"人类特有的信息交流活动"等含义上使用"新闻"时，与之相对应的英文并非 news，而是 journalism 和 press。通常，journalism 译为新闻业、新闻工作，指新闻媒介的采访、写作、编辑和出版等工作。1989 年新版《现代高级英语词典》（*Oxford Advanced Learner's Dictionary*）的释文为：work of collecting, writing, editing and publishing material in newspapers and magazines or on television and radio。而 press 的含义较为广泛，与新闻传播相关的专有名词义项通常是：（1）报刊（the Press）；（2）新闻界（the Press）。《现代高级英语词典》对这两个义项作了一并解释：（journalists who work for）newspapers, periodicals and the news sections of radio and television。当然，作为"报刊"解释的 newspapers, periodicals and the news sections of radio and television，也可译为"新闻媒介"。习惯上，无论 journalism，还是 the Press，我们都用一个笼统的"新闻"来表述，如"新闻系"（department of journalism），"新闻自由"（Freedom of the Press）。可见，在 journalism 或 the Press 意义上的"新闻"概念，其内在含义正如法国学者瓦耶纳所指出的那样，"新闻是指旨在收集、传播、挑选、介绍和出版被认为与社会生活有关的事件的活动、机构及其后果的总体。"[1]

显然，如果在 journalism 或 the Press 的意义上理解"新闻策划"中的"新闻"，那么，广义的"新闻策划"概念是完全可以成立的。大体上，"新闻业务策划"意义上的"新闻策划"论中的"新闻"相当于 journalism；"传媒运作策划"意义上的"新闻策划"论中的"新闻"可用 the Press 来表述。

在肯定广义"新闻策划"概念可以成立之后，"新闻策划"研究又将面临一个更为复杂的学理问题，这就是：用一个广义的"新闻策划"概念去表述传媒运作中各式各样的策划行为是否科学。

从理论上讲，"新闻策划"概念下的各种具体策划行为，不过是对"新闻策划"概念外延的分类描述。因此，所有类型的策划行为在概念内涵上都应具有相同的本质属性。这是最起码的逻辑要求。从这样的逻辑要求看，广义"新闻策划"

1　瓦耶纳.当代新闻学［M］.丁雪英，连燕堂，等译.北京：新华出版社，1986：12.

概念与其所涵盖的众多策划行为之间存在着值得注意的矛盾。

新闻业界和学界已经认识到，广义的"新闻策划"包含着许多不同的策划行为。例如，《华西都市报》总编辑在《什么叫新闻策划》一文中，将该报所做的策划归纳为八个方面，包括：（1）报纸定位策划，（2）办报思路策划，（3）拳头产品的策划，（4）新闻报道的策划，（5）报纸营销策划，（6）发展道路策划，（7）社会活动策划，（8）内部管理策划。[1] 蔡雯在提出与广义"新闻策划"相当的"新闻媒介策划"概念时，将策划对象概括为十一个方面，包括：（1）媒体精神，（2）媒体的受众定位和方针政策，（3）媒体产品形象与质量，（4）营销服务，（5）人才阵容与管理模式，（6）资金实力与技术设备，（7）经济效益与福利待遇，（8）媒体的标志、外观、地理位置等，（9）广告及多种经营，（10）媒体集团化发展，（11）社会公益及公关活动。[2]

从这些列举性的论述可以看出，广义的"新闻策划"所包含的各种策划行为在本质属性上是具有差异的。首先，新闻业务的策划与传媒经营管理的策划具有不同的性质，这是由新闻业务与传媒经营管理两种活动的不同性质所决定的。新闻业务活动是指对新闻的采访、写作、编辑、评论等专业性工作，其任务是向广大受众提供新闻产品，注重的是社会效益，由总编辑负责，记者、编辑实施；传媒经营管理活动对传媒的人力、物力、财力等资源进行有效配置与合理利用，从而实现传媒业主所预期的目标，注重的是经济效益，由总经理负责，经营管理人员实施。前者是新闻业的本职工作，是新闻业之所以成为新闻业的内在规定性；后者是维系新闻业正常运作的保障，是一切经营管理活动的一个组成部分，尽管它具有新闻业的特色。相应地，新闻业务策划和经营管理策划也就具有不同的本质属性。

其次，"新闻事件策划"和"新闻报道策划"的性质也不相同。按照传统的新闻理论，新闻界可以策划新闻报道，却不能策划新闻事件，正如一位批评"新闻策划"的学者所说，"新闻是新近发生的事实的报道，媒介如何报道这一事实，是可以谋划的，但新闻本身是无法策划的，这是由事实的非随意性决定的。"[3] 然

1　席文举．报纸策划艺术［M］．北京：中国社会科学出版社，2000：230-232.

2　蔡雯．试论新闻媒介策划［M］//中国记协国内部，华西都市报．都市报现象研究．北京：新华出版社，1998：164-167.

3　童兵．从界定每一个新闻学术语做起——兼论改造新闻学研究的学风［J］．新闻界，1998（03）：8-10.

而，在传播学的视野中，尤其是联系与新闻报道密切相关的公共关系来考察，社会活动策划，即"新闻事件策划"，已经同"新闻报道策划"一样普遍地存在于我国新闻传播领域。而且，由于"新闻事件策划"的最终目的是要通过新闻媒介将所策划出来的新闻事件加以报道，形成新闻，影响舆论，所以"新闻事件策划"本身也包含着报道策划的因素。尽管如此，"新闻事件策划"与"新闻报道策划"仍具有本质的区别。前者关注的是怎样制造出适于媒介报道的新闻事件，是公关人员的一种公关活动行为，属于公共关系的范畴；而后者却思考怎样更好地开展报道工作，是新闻工作者的一种新闻活动行为，属于新闻传播的范畴。[1] 即使是新闻传媒将公共关系引入自身的经营管理过程而策划新闻事件，策划主体变成了新闻工作者，也不能从根本上改变"新闻事件策划"的公共关系性质。

理论上，把具有不同性质的各种策划行为纳入同一概念，不仅使概念的内涵模糊不清，而且使概念的内涵与外延难以一致。这样，概念既难以准确描述所表述的对象，又在运用过程中歧义迭出，容易造成人们在思想认识上的混乱。从这个意义上讲，把各种具有不同性质的策划行为概括为一个涵义广泛的"新闻策划"概念，是缺乏科学性的。有鉴于此，笔者曾在一篇文章中提出，与其不断地尝试重新界定"新闻策划"，还不如摒弃泛化的而混乱的"新闻策划"概念，用不同的概念来分别描述传媒运作中的各种策划行为，以保证概念语言形式与内在涵义的同一性、明确性和准确性。[2]

然而，传媒运作中的各种策划行为在实践中又是相互交织、同时并存的。我们又不能不对这些策划行为加以总体的理论概括。"新闻策划"这一总概念既然导致了诸多问题，就有必要对传媒运作中的策划理念加以正名。事实上，学界对传媒运作中策划理念的正名已尝试了几年。1997 年，蔡雯提出把"新闻策划"这一不明确的名词修正为"新闻媒介策划"[3]；1999 年，郑智斌提出较为合适的名称是"媒体运作策划"[4]，笔者也提出了"新闻传播策划"的概念[5]；2000 年，

1 董天策."新闻策划"剖析［J］.新闻大学，1998（01）：17-20.
2 董天策.传媒竞争中公关行为的介入及其影响［J］.新闻与传播研究，1999（04）：28-33+92.
3 蔡雯.试论新闻媒介策划［M］//中国记协国内部，华西都市报.都市报现象研究.北京：新华出版社，1998：164.
4 郑智斌.对"新闻策划"论争的回顾与思考［J］.南昌大学学报（社会科学版），1999（01）：113-117.
5 董天策.传媒竞争中公关行为的介入及其影响［J］.新闻与传播研究，1999（04）：28-33+92.

《当代传播》杂志开设"新闻策划"专栏，随即又改称"传播策划"；2001年，蔡雯又提出了"新闻传播的策划与组织"的概念[1]。综合这些研究成果，笔者认为，传媒运作中的各种策划行为可总称"传媒运作策划"，简称"传媒策划"或"媒介策划"。

一般说来，传媒运作策划包括许多具体的策划类型：按传媒种类来分，可有报纸策划、广播策划和电视策划；按时间跨度来分，可有战略性策划和战役性策划、全程性策划和阶段性策划；按策划主体来分，可有传媒从业者制定的操作性策划和媒体外研究人员提供的咨询性策划；[2] 按策划内容的性质分，可有新闻业务活动策划和传媒经营管理活动策划[3]；从空间、规模和层次上分，可有宏观策划、中观策划和微观策划。[4]

需要讨论的是，上述分类尽管简明扼要，一目了然，但也存在明显的局限，那就是对传媒运作中各种策划行为的描述显得十分粗疏，甚至看不出具体的策划行为。笔者认为，比较科学的分类应当采取综合交叉的方法，首先把传媒运作策划分为新闻业务策划与经营管理策划两类，然后再分别区分为宏观策划、中观策划、微观策划几个层面，形成如下分类体系，庶几可使传媒运作策划的外延清晰地呈现在人们面前：

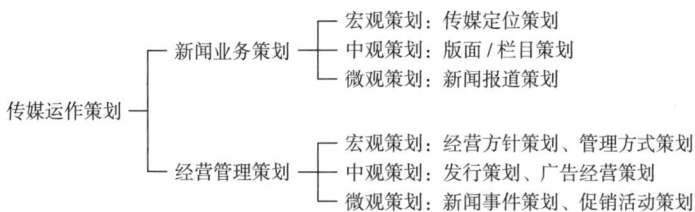

大体上，上述分类反映了新闻界广义地理解"新闻策划"的现实。的确，任何新闻媒介在运作过程中都离不开这些策划行为。不过，从学术研究来看，如果研究对象过于泛化，势必导致理论研究的空疏。"传媒运作策划"概念把新闻业务策划的各种策划行为和经营管理策划的各种策划行为都作为自己的实践范畴和理论范畴，实在过于宽泛，结果必然是：把具有不同本质属性的新闻业务策划和

1　蔡雯.新闻传播的策划与组织［M］.北京：新华出版社，2001：1-18.

2　项德生.我们究竟策划什么？［J］.中国新闻学院学报，1999（02）.

3　徐培汀.关于新闻策划的几点思考［J］.新闻记者，1997（08）：25-26.

4　席文举.报纸策划艺术［M］.北京：中国社会科学出版社，2000：164.

经营管理策划放在一起讨论，既导致学术研究的叠床架屋（与媒介经营管理学的策划研究重叠），又影响学术研究的科学性。所以笔者认为，"新闻策划"研究既不应把范围局限得过窄，也不宜把边界放得太宽，较为合适的研究范围应当是新闻业务策划的三种类型加上新闻事件策划。理由是，新闻事件策划作为一种公关行为，在严格的意义上属于经营管理的范畴，但是它与新闻报道具有十分密切的联系，一旦为媒介所报道，它就成为"新闻"，即使这种新闻是不同于一般新闻的"公关新闻"[1]，它毕竟也是新闻性传播活动的有机组成部分，因而应当纳入"新闻策划"的研究范围。这就意味着，"新闻策划"的研究对象可概括为三个层面四项内容，即：宏观层面的媒介定位策划，中观层面的版面/栏目策划，微观层面的新闻报道策划和新闻事件策划；而可以比较科学地统率这几项策划行为的总名应当是"新闻传播策划"。

三、"新闻策划"研究的学科范畴

在对"新闻策划"正名并划定其研究范围之后，"新闻策划"研究必然面临着一个更深层次的学理问题，这就是：在整个新闻学体系中，"新闻策划"（准确地说是"新闻传播策划"）研究从属于什么学科范畴？

明确研究对象的学科范畴具有重要的理论意义。在科学研究中，只有弄清研究对象在学科体系中的位置，才有利于对研究对象进行准确的研究定位。不同的研究定位，意味着不同的学科视野，而不同的学科视野，则会引导研究者关注研究对象的不同层面和侧面，从而影响学理的深度和广度，影响研究成果的科学性。

自"新闻策划"研究开始以来，理论上也就面临着如何确定其学科范畴的问题，不管人们是否具有自觉的理论意识。这是因为，"新闻策划"研究开始以后，学术刊物就得考虑将研究论文划归什么学科领域。据笔者观察，不同的学术刊物有不同的处理方式：或者将"新闻策划"的研究论文作为"理论探讨"，如《新闻界》；或者将其作为"业务研究"，如人大复印报刊资料《新闻与传播》。不论放在哪一个类别，都体现了学术刊物对"新闻策划"研究的学科归属意识，只不过没有给予明确的理论阐述。

随着研究的深入，新闻学界已开始探讨这个问题。1999年，郑智斌在一篇

---

1 董天策.要重视公关与新闻的联系——兼论"公关新闻"[J].新闻界，1998（02）：24-25.

文章中提到，"就整体而言，新闻策划应属媒介业务管理范畴，其直接目的是优化新闻运作机制，提高传播质量。"[1]至于"新闻策划"为什么属于"媒介业务管理"的范畴，没有明确的阐述。2000年，蔡雯在博士论文《新闻传播的策划与组织》中作了专门论述，使"新闻策划"的学科属性作为研究议题呈现在学术前沿。

按蔡雯的看法，"新闻策划"研究属于新闻编辑学的范畴。蔡雯在论文《后记》中说，1996年，郑兴东教授曾对她讲，报纸策划、报道策划是宏观编辑范畴中的内容，是编辑学研究中的一个空白。于是，她思路顿开，倍受鼓舞，一门心思要投奔师门，潜心深攻她心仪已久的编辑策划理论。因此，论文第一章明确指出，"从研究定位上说，'新闻传播的策划与组织'还是一项属于新闻编辑学范畴之中、相对于以往编辑学的研究内容而言更为宏观的课题。"[2]

值得探讨的是，作者在论述"新闻传播的策划与组织"的研究定位时，又提出了两种十分明确的观点。论文第一章写道，"研究'新闻传播的策划与组织'，不仅需要结合媒介经营来探讨媒介定位、媒介产品设计与新闻报道策划等问题，还要结合媒介内部管理来探讨新闻采编机制和采编流程管理问题。……与新闻传播相关的管理是较为微观的、媒介内部的'编辑管理'，是为了实现媒介的传播目标对采编人员、设备、资金等进行配置和控制的行为。'编辑管理'是'媒介管理'范畴中的一部分内容，但……专门研究采编业务管理的所见甚少。本文将从策划新闻传播与组织新闻传播相结合的角度探讨媒介的编辑管理问题，以期为丰富媒介的管理研究添一砖石。"[3]这就把"新闻策划"研究定位于"编辑管理学"，归入了媒介经营管理学的范畴，此其一。

其二，论文的开始和结尾有这样两段话："'新闻传播的策划与组织'虽然主要由新闻编辑人员具体操作，但它又与编辑人员日常的编稿、组版这些微观编辑业务不同，它在更高的层面上把握媒介新闻传播活动的整体运行，对媒介产品的定位、形态、质量和风格作出决策和设计，并组织实施。因此，从媒介产业发

1　郑智斌.对"新闻策划"论争的回顾与思考［J］.南昌大学学报（社会科学版），1999（01）：113-117.

2　蔡雯.新闻传播的策划与组织［M］.北京：新华出版社，2001：258-259+11.

3　蔡雯.新闻传播的策划与组织［M］.北京：新华出版社，2001：10.

展的全局上看，'新闻传播的策划与组织'又是编辑工作与媒介的经营和管理相'接壤'、关系媒介发展战略的宏观性的、复合性的课题。""可以肯定的是，立足宏观编辑角度对这一领域的研究必然会存在这样那样的不足。因为实践已经雄辩地说明，对新闻传播活动的策划与组织实际是横跨媒介传播、经营、管理等诸多领域的一个边缘性课题，这项研究的进一步拓展和深化需要有更多不同学科背景的有识之士协力推进。"[1] 这又把"新闻策划"研究定位于"边缘性研究"，归入了综合性、交叉性的边缘学科范畴。

可见，作者在论证"新闻传播的策划与组织"的学科属性时，实际上提出了三种不同的观点。这三种观点如果由不同的学者分别提出，是很自然的现象，有如不同的学术期刊将"新闻策划"的研究论文划归不同的学科领域；不仅如此，还可以起到丰富研究视野、开展学术争鸣的积极作用，是十分有益的。然而，同一研究者在同一著作中同时肯定这几种说法而又有所取舍，就使其论述自相矛盾，不能不加以认真地检视和探讨。

诚如作者所意识到的那样，"本文对新闻传播的策划与组织所作的理论与实务的探讨，不可能穷尽这一领域中所有已经出现、正在出现和将要出现的现象和问题，而且可以肯定的是，立足宏观编辑角度对这一领域的研究必然会存在这样那样的不足。"[2] 笔者以为，"这样那样的不足"至少包括了两个方面。首先，作者一方面意识到"策划新闻事件（活动）与策划新闻报道都是新闻媒介经常性的运作内容"，却又因为"媒介策划与组织活动属于媒介公关范畴"，"已经超越了新闻传播，尤其是编辑策划的研究范畴，因此本文不对此深入讨论"。[3] 这就放弃了"新闻策划"研究中争论的核心问题，使研究的深度受到局限，殊为可惜。

其次，作者认为"新闻传播的策划与组织"属于新闻编辑学范畴，但具体的论述又离不开媒介经营管理学的视野和研究。例如，第四章《媒介定位——实务研究之一》开篇就说，新闻媒介的定位，是借鉴市场营销学中的"市场定位"理

1　蔡雯.新闻传播的策划与组织［M］.北京：新华出版社，2001：8+256.

2　蔡雯.新闻传播的策划与组织［M］.北京：新华出版社，2001：256.

3　蔡雯.新闻传播的策划与组织［M］.北京：新华出版社，2001：57-59.

论生发的概念。第五章《媒介新闻单元设计——实务研究之二》写道，"新闻采编机制与新闻单元策划，是各自独立，又相互有密切联系的两大范畴。新闻采编部门的设置以及采编流程的管理，是媒介管理学的主要研究内容"。第七章《新闻报道的组织与控制——实务研究之四》首先说明，"本章讨论的'新闻报道的组织'是管理学范畴中组织概念，而非以往编辑学中'组织报道'或'报道的组织'概念。……笔者试图将报道的组织和控制从策划系统中独立出来进行讨论，借助管理科学理论和控制论原理考察编辑组织和控制新闻传播活动的内存规律。"[1]这样的具体论述，显然与作者把新闻传播策划研究作为新闻编辑学研究的定位存在着内在的矛盾。

笔者认为，蔡雯所论列的"新闻传播的策划与组织"的三项工作内容，即：媒介定位与新闻编辑方针的确定，媒介新闻单元的设计与采编机构的设置和管理，新闻报道的设计与组织，在很大程度上都可以定性为媒介经营管理中的"新闻业务管理"。蔡雯在论述"编辑管理"时，事实上已揭示了"新闻业务管理"的内涵。之所以又提出"新闻业务管理"概念，是因为作者以为它比"编辑管理"更为全面和准确。而且，蔡雯在界定"新闻传播的策划与组织"时，也没有离开媒介经营管理的视野。作者说，"所谓'新闻传播的策划与组织'，指的是媒介新闻编辑在新闻传播过程中所从事的决策与设计工作，以及对新闻传播活动的组织和管理工作。"[2]所谓"决策与设计""组织和管理"，不正是管理职能的内涵吗？既然"新闻传播的策划与编辑"从定义到内容都属于"新闻业务管理"范畴，那么，与其把"新闻传播策划"研究定位于"新闻编辑学"，还不如将其定位于"媒介经营管理学"。这样，"新闻传播策划"研究就可以顺理成章地探讨"新闻事件策划"，因为它作为一种公关行为，是社会组织的一种经营管理艺术，一种关于组织对内对外信息传播的管理活动。

至于把"新闻传播策划"研究归入综合性、交叉性的边缘学科范畴的学术定位，看似全面，实则空泛。因为它的综合性、交叉性仅仅体现为新闻传播业务与经营管理的综合与交叉，实际上并非综合与交叉，仅仅是新闻传播业务的经营管

1　蔡雯.新闻传播的策划与组织［M］.北京：新华出版社，2001：84+159+235.

2　蔡雯.新闻传播的策划与组织［M］.北京：新华出版社，2001：7.

理问题。这正好从侧面证明了把"新闻传播策划"研究定位于"媒介经营管理"范畴的科学性。

原载于《暨南学报》（哲学社会科学版）2002 年第 5 期。

关于"传播交叉领域"的研究
——对新闻、公关、广告之互动的思考

随着当代中国传媒业的发展与变革，许多值得探讨的新现象、新问题也不断产生。譬如"广告新闻""新闻广告""形象广告""软广告""软文"之类，"制造新闻""新闻策划""媒体策划""新闻炒作"之类，还有"有偿新闻"等等，都是这样的新现象、新问题。对此，新闻传播学界已作了不少研究。然而，已有的研究基本上就事论事，泛泛而论多，深入分析少，更缺乏宏观而系统的理论研究。因此，如何突破就事论事的浅层次言说，进行富有学理的理论探讨，就成为摆在新闻传播学界面前的一个重要课题。

从宏观的角度看，这些新现象、新问题反映了我国新闻传播业在市场化、产业化进程中值得注意的变化，折射出深刻的市场经济印痕；从专业的角度看，这些新现象、新问题可以说是新闻、公关、广告在当代中国特定社会历史环境中相互作用的结果。本来，新闻、公关、广告属于不同性质的传播形态，具有各自的规定性。但是，新闻、公关、广告在当代中国的实践过程中，不仅"紧密联系"，而且超越了"联系"的范畴，进入到你中有我，我中有你的"相互交织"乃至"相互交融"境地，产生了传播实践中的"交叉领域"。为研究方便起见，我用"传播交叉领域"一词来指称当代中国传播实践中的这种交叉领域。本文的任务，就是要揭示"传播交叉领域"的具体内涵，阐明理性审视"传播交叉领域"的学术立场。

一、传播文本交叉，产生了新的文本形态

从传播文本角度看，不同传播形态交叉而产生的文本交叉，是"传播交叉领域"的一个基本内涵。最典型的传播文本交叉，莫过于"广告新闻""新闻广告""形象广告""软广告""软文"。

大约从1983年开始，先后有一些媒体开设"经济信息""新产品介绍""消费服务咨询"等栏目，向客户索取高于或低于广告的刊播费，为广告穿上新闻的

外衣[1]，或称为"广告新闻"，或称为"新闻广告"。譬如，1984年，《人民日报》在"经济信息"专版曾设立"广告新闻"专栏，每期刊登数篇广告新闻[2]；《山西日报》在"市场万象"专栏设立了"新闻广告"栏目。

1984年10月7日，《山西日报》"市场万象"专栏写道："从7月8日起，山西日报'市场万象'专栏由一周半版扩大为一周一版，增加了'新闻广告'这一改革新蕾，引人注目。顾名思义，'新闻广告'包含两层意思，即新闻性广告和广告式新闻。新闻寓于广告之中，广告通过新闻的形式而起作用。'新闻广告'虽属广告类，但同常见的制版广告不同，新闻广告是采用新闻的写作和编排手法同读者见面的。这种广告突破了陈套，以活泼生动的面貌引人入胜。所以，它是很值得重视的宣传形式。"[3]究竟什么是"新闻性广告"与"广告式新闻"（或"广告性新闻"）呢？后来有论者这样加以界定：

"新闻性广告"是广告商为达到促销目的，按照新闻形式撰写文案，在广告版面、时段或类似广告版面、时段上刊播的商业广告，是新闻介入广告创作后出现的异常形态。

"广告性新闻"指所有以新闻报道形式刊播的隐性广告，其本质是广告媒介往往以"企业家风采""企业形象策划""公关专版""企业专访"等名目发布广告，号称"软广告"。[4]

尽管"新闻性广告"与"广告性新闻"的表现形式有所差异，但究其实质，都是广告主"为了促销而进行的付费的商业信息传播行为，是媒体广告经营行为对新闻业务的介入"[5]。所以有人对"新闻性广告"的界定，事实上包含了上述两个定义的内容：

"新闻性广告"是广告商为达到促销目的，按照新闻形式撰写文案，在广告版面、时段或类似广告版面、时段上刊播的商业广告，是新闻介入广告

1　王存政 ."广告新闻"浅议 [J] .新疆新闻界，1987（06）：48.

2　王亦高，黄彪文 .正确的判断如何得到确认——以"广告新闻"讨论为例 [J] .国际新闻界，2007（03）：45-49.

3　范焱 .广告新闻析论 [J] .现代传播，1985（04）：7-11.

4　邵峥怡 .略论新闻广告的危害性 [EB/OL] .（2004-01）［2008-06］.http：//www.hangzhou.com.cn/20040101/ca591239.htm.

5　陈超 .论"新闻性广告"和"广告性新闻" [J] .新闻记者，2002（01）：68-70.

创作后出现的异常形态。媒介往往以"企业家风采""企业形象策划""公关专版""企业专访"等名目发布广告,号称"软广告"。[1]

"广告新闻"与"新闻广告"出现后,管理部门先后明令禁止。1985年国务院办公厅《关于加强广告宣传管理的通知》提到:"严禁新闻记者借采访名义招揽广告,严禁利用发布新闻的形式刊播广告,收取费用。"1987年颁布的《广告管理条例》规定:"新闻单位不得以新闻报道形式刊播广告,收取费用;新闻记者不得以采访名义招揽广告。"学界也有人撰文指出,"广告新闻"以假乱真,有损新闻单位声誉,必须予以坚决否定。[2]"'广告新闻'与新闻道德的原则不相容,已被各种社会制度下的新闻事业所公认,成为国际新闻界普遍接受的道德规范。"[3]

在"新闻性广告"与"广告性新闻"一再被明令禁止后,"形象广告"又粉墨登场。20世纪90年代初,"形象广告"开始出现在我国的新闻媒体上。形象广告本是商业广告的一种类型,但出现在我国新闻媒体上的"形象广告"却很有"中国特色",正如有论者所指出的那样:

> 无疑,"企业形象广告"是以新闻的形态问世的。最初,这种版面上并没有标明"广告"二字,而是冠以"企业形象""企业形象策划""企业形象塑造""企业专访"甚至"专版""专刊"等名称,希望人们把它和新闻同等看待。[4]

对于这种故意混淆广告与新闻界限的广告形式,国家工商行政管理局工商广字〔1994〕第288号《关于认定新闻媒介以新闻形式收取费用宣传企业形象和产品问题的答复》明确指出:"新闻媒介以经济动态、经济信息版等形式宣传企业形象和产品,并向客户收取高额费用,其本身属于广告,应按照广告管理法规严格管理。"1994年10月27日通过的《中华人民共和国广告法》第十三条规定:"大众传播媒介不得以新闻报道形式发布广告。通过大众传播媒介发布的广告应当有广告标记,与其他非广告信息相区别,不得使消费者产生误解。"1995年春,

---

1 陈超.论"新闻性广告"和"广告性新闻"[J].新闻记者,2002(01):68-70.
2 曹文秀.应该怎样看待广告新闻[J].新闻学刊,1986(02).
3 张西明.广告与新闻[J].新闻学刊,1987(02).
4 李春."企业形象广告"偏差论[J].新闻大学,1996(02):61-63.

国家新闻出版署转发上海市新闻出版局《关于禁止用新闻形式进行企业形象广告宣传的通知》，对"用新闻形式进行企业形象广告宣传"的做法明令禁止。

不过，"形象广告"却在媒体上大行其道。直到 2004 年 5 月，人民日报社、光明日报社、经济日报社等中央新闻单位公开宣布取消刊登"形象广告"，"形象广告"才面临着极大的舆论压力，有所收敛。2000 年前后，"软广告"又成为"形象广告"的替代性概念。

所谓软广告，是指为减少公众的广告躲避而将明显的、凸现的广告形式，通过更巧妙的、更迂回的、更隐蔽的方式传达出去，使消费者在不知不觉中把广告所传达的内容接受下来的一类广告。软广告是相对于硬广告或纯广告而言。[1]

"软广告"的表现形态，与"形象广告"没有多少差异，请看下面的描述：

不知何时起，媒体上冒出一种"软广告"——报纸在新闻版甚至头版刊载并无新闻可言的某种产品的报道或关于某厂长、经理乏味的"长篇通讯"；广播电台在经济专题节目里竟播出访问某"名医"的录音谈话，长时间地反复介绍某种"新药"，甚至毫无顾忌地播出就医的乘车路线和联系电话；还有的刊物在封面或封底刊登富有经济实力而非新闻人物的彩照……

"明白人"将这类东西称为"软广告"。细察之，"软广告"无非就是以新闻面目出现的广告，是有偿新闻。它极易混淆广告与新闻的界限，既不按广告价值收费，又是悄悄收费的"新闻"。[2]

分析起来，软广告既包括"知识性文章"，也包括"新闻性软广告"，即"在新闻报道中隐藏的广告"[3]，或"以新闻的方式做广告"[4]。或许是为了让"软广告"更易为人接受，产生更好的传播效果，新世纪以来，业界又较为普遍地采用"软文"（也称为"软文广告"或"广告软文"）的概念：

什么叫"软文"？ 权威的定义还没有出现，比较普遍的说法是指企业

1 廖道政.软广告探微［J］.湖南包装，2002（04）：8-9+7.

2 韩维滨."软广告"透析［J］.声屏世界，1999（02）：54.

3 徐默凡.新闻性软广告的语用分析［J］.修辞学习，2003（03）：31-32+44.

4 刘欣.浅谈新闻性软广告的语用策略［J］.科技信息（科学教研），2007（30）：450.

通过策划，在报纸、杂志或网络等媒体上刊登的可以提升企业品牌形象和知名度、促进企业营销的一系列宣传性、阐释性文章，包括特定的新闻报道、深度文章、付费短文广告、案例分析等，"软文"因此又被称为"广告文学"。……

"软文"不同于一般意义上的广告，它酷似新闻或科学普及知识，穿插于报纸的报道文字之间，让读者在不经意间接受其宣传意图。[1]

如果把"广告新闻""新闻广告""形象广告""软广告""软文"这些先后出现的传播文本形态放在一起加以研究，不难发现它们之间的"家族相似性"——是一家人，却又各具面貌；虽各具面貌，却又是一家人！从理论上说，本质上是"广告文本"与"新闻文本"（当然还有科普知识等）杂交而成的新型传播文本。

二、传播行为交叉，出现了新的传播行为

新闻、公关、广告是三种不同的传播形态，其行为主体——新闻传播者（新闻机构及其采编人员）、公关人员、广告人的职业角色与传播行为也就具有不同的本质规定性。如果说新闻传播者的使命是真实而客观地记录与报道新近变动的事实，那么，公关人员与广告人的使命则是策划新闻事件与策划广告活动。从某种意义上说，"策划"已成为公关与广告的灵魂，统率着一切公关与广告的传播行为。离开"策划"，公关传播与广告传播就没有水平，就难以出彩。因此，"策划"已成为公关人员与广告人职业活动中最核心、最本质的传播行为。

传统上，新闻传播者是不讲"策划"的。在走向市场经济的过程中，当代中国新闻媒体吸取公关与广告的策划理念与策划行为，一方面将"策划"移植到业务活动中，形成"新闻报道策划"的新观念，从而革新了传统的新闻报道方式；另一方面把"策划"引入更加宏观的传媒经营管理活动，在传媒定位、版面／栏目设置以及运作思路等各个方面进行策划，使策划在传媒运作过程中具有愈来愈重要的意义。[2] 同时，为了获得受众和广告主的认可，新闻媒体也把公关作为一种重要的经营管理手段，或独立或与其他社会组织机构联手策划媒介事件并加以报道，出现了媒体"制造"新闻的现象。

1　吴晔. 对当下媒体"软文"的思考［J］. 新闻战线，2008（02）：69-70.
2　董天策. 传媒竞争中公关行为的介入及其影响［J］. 新闻与传播研究，1999（04）：28-33+92.

　　"新闻可以被制造出来吗？"对于新闻界来说，这简直是不可思议的问题。然而，现代公关的实践却突破了新闻界的传统观念。20世纪80年代后期至90年代前期，"制造新闻"已成为一种社会现实，且被看作公关"出奇制胜的招术"[1]，越来越多地运用到公关实践活动中。

　　　　所谓"制造新闻"，并不是指一个社会组织在新闻媒体上发启事、做广告（启事、广告不是"新闻"），而是指一个社会组织有意地开展某种活动吸引新闻媒体关注，促使新闻媒体把该组织的这种活动作为新闻加以宣传报道。[2]

　　换言之，"制造新闻"其实是"制造"有新闻价值的新闻事实或新闻事件，即"专业公共关系人员经过精心策划，有意识地安排某些有新闻价值的事件在某个选定的时间内发生，由此制造出适合传播媒介报道的新闻事件"[3]。问题在于："制造新闻"同新闻界的价值取向与行为准则存在着巨大的矛盾与冲突，难以获得社会的普遍认同。因此，从90年代中期开始，公关界改变话语策略，用"新闻策划"取而代之。1995年出版的一本公共关系学教科书讲得很明白：

　　　　新闻策划也叫"制造新闻"，是指组织为吸引新闻媒介报道并扩散自身所希望传播开去的信息而专门策划的活动。这类新闻，是公关人员有目的、有计划地促成的，它同真新闻一样具有同样的魅力。[4]

　　正当公关界用"新闻策划"取代"制造新闻"之际，新闻界开始引入"策划"概念。从一开始，新闻界就在不同的意义上使用"新闻策划"概念：或指"新闻报道策划"，或指"新闻事件策划"。这样一来，"新闻策划"便在1996年至1997年引起一场争论。在争论过程中，"新闻策划"又先后被赋予更多的含义。我后来在一篇文章中曾将其内涵与外延梳理为以下几种[5]：

　　　　其一，新闻策划是对新闻事件的策划。这种观点认为，"新闻策划"是"在新闻事实发生之前由记者参与设计促成事件发生并予以报道的一种行为"，

1　程曼丽.出奇制胜的招术——制造新闻［J］.国际新闻界，1992（04）：62.
2　王孝哲.略谈"制造新闻"［J］.公关世界，1994（05）：18.
3　周晓虹.走向社会的名片——公共关系理论与实务［M］.北京：中国社会出版社，1993：181.
4　王朝文.当代公共关系学［M］.北京：中国社会科学出版社，1995：161.
5　董天策."新闻策划"研究的学理审视［J］.暨南学报（哲学社会科学版），2002（05）：65-72.

"是新闻媒介不满足于守株待兔式地捕捉新闻，而是主动地利用自身的影响，围绕某一主题进行一系列活动，从而'制造'新闻，取得轰动效应。"

其二，新闻策划是对新闻报道的策划。这种观点强调，"新闻策划主要是指新闻活动的策划，更确切一点讲，是新闻报道宣传活动的策划"，是"关于新闻报道的筹划和谋划"。"从新闻实践看，新闻策划就是新闻主体在传播过程中按照一定的目的和守则，对宣传客体的报道思想、报道程序、报道手段、报道角度、报道时机等活动作出全面、细致、周密、合理的计划和安排，最大限度地反映新闻的社会价值，揭示其思想内涵和本质特征，推出受众所喜爱的新闻精品。"

其三，新闻策划是对新闻业务的策划。这种观点提出，新闻策划是"编采人员对新闻业务活动进行有创意的谋划与设计，目的是更好地配置与运用新闻资源，办出特色，取得最佳社会效益。"具体说，"新闻策划作为一种设计、一种决策和组织手段，贯穿于整个新闻活动的过程之中，大到整个报、台的风格定位、宗旨确立、栏目设置，小到单个专题的报道思想、采访思路、人员安排、采访手段的使用，版面或节目的设置等等，都属于新闻策划的范畴。"

其四，新闻策划是对传媒运作的策划。按照这种观点，"新闻策划的内容范围比报道策划大，新闻策划可以包括报道策划，报道策划一词却无法覆盖新闻策划的全部内容。""新闻策划内容丰富，既包括新闻业务活动的策划，也包括新闻经营管理活动的策划，不仅仅只是报道策划"。"新闻媒体策划的客体从广义说，已经不局限于新闻报道本身，而是囊括了所有与信息传播活动有关的行为。……即对传媒生存发展的战略规划，包括对传媒的受众定位、经营方针、产品（通讯社新闻、报纸、杂志、广播电视节目等）设计、制作与营销、广告经营、员工构成、内部管理、资产奖金、技术设备，以及传媒的其他各类经营活动和社会活动等等，进行运筹和规划。"

进入新世纪，"媒体策划"或"传媒策划"或"媒介策划"的概念逐渐为业界与学界采用。这些不同的名称，大体上都是把上述各种策划理念及行为囊括在一起，相当于如上所述的第四种含义，即传媒运作策划。

正是在"新闻策划""媒体策划"等策划实践的过程中，又衍生出"新闻炒作"这一受到广泛关注与普遍批评的传播现象。一般地说，"炒作"就是"为扩大人或事物的影响而通过媒体做反复的宣传"。因此，"炒作"一词常常带有贬义色彩，往往是指用捏造、夸大、臆测等非正常手段对某人或某事在一段时间内作集中的、连续的、有一定规模的"宣传"。相应地，"新闻炒作"也往往成为一个贬义词：

> 新闻炒作有些是对报道活动（Journalism）有意地过度的强化，结果违背了科学、合理的原则；有些则搞错了活动客体，强行"策划"属于第一层次的新闻实事，甚至不惜制造"新闻"。

> ……我们可以得出如下结论：新闻炒作或是对素材的新闻价值人为地夸大和拔高，或是主动参与"制造"新闻，以获得受众和经济利益。[1]

这个结论虽然简单，却道出"新闻炒作"的两种成因与两种形态：其一"是对素材的新闻价值人为地夸大和拔高"，不少论者都是从这个角度看待"新闻炒作"的。譬如，"所谓'新闻炒作'，就是新闻传媒有意通过与事实的新闻价值不相称的报道规模，对某些人和事所作的渲染式的报道。"[2]其二是"主动参与'制造'新闻"，策划出大量的"媒介事件"。所谓媒介事件，"主要是制造来供媒介作报道的事件"[3]。20世纪60年代，美国历史学家丹尼尔·J.布尔斯廷在《形象》（The images）一书中把这种媒介事件称为"假事件"。在他看来，诸如记者招待会、大厦剪彩、游行示威乃至候选人电视辩论，都属于"假事件"[4]。杰·布拉克和弗雷德里克·惠特尼指出，"假事件就是公共关系的虚构，他们的唯一目的，就是产生宣传效果。"[5]

无论是"对素材的新闻价值人为地夸大和拔高"，还是"主动参与'制造'新闻"，都是对真实、客观、公正的新闻传播准则的冒犯和伤害。暂且不论对"策划"的否定性意见，对"策划"持肯定态度的论者往往认为，"新闻炒作"是"新闻策划"或"媒体策划"的异化：

1 李长锁，李君.新闻炒作——新闻策划的异化［J］.理论观察，2000（04）：91-93.
2 姜苏.报道策划与新闻炒作辨［J］.扬州大学学报（人文社会科学版），2006（06）：61-65.
3 施拉姆，波特.传播学概论［M］.陈亮，周立方，李启，等译.北京：新闻出版社，1984：272.
4 翁秀琪.大众传播理论与实证［M］.台北：三民书局，1992：113.
5 明安香.当代实用公共关系［M］.北京：经济管理出版社，1991：103.

随着新闻竞争日趋激烈，一些媒体不顾新闻规律，盲目追求"卖点"，时常推出种种所谓的新闻"策划"，结果导致新闻炒作之风愈来愈炽。[1]

新闻炒作实质是新闻策划的一种异化，是策划过度、强行策划、编造新闻事件、违背新闻规律及良知的行为。[2]

从传播行为角度看，新闻、公关、广告等不同传播行为交叉而产生的某些新的传播行为，构成"传播交叉领域"的又一基本内涵。"策划"与"炒作"，就是新的传播行为的典型代表。

三、"传播交叉领域"的理性审视

"传播文本交叉"与"传播行为交叉"具有内在的联系。如果说 "传播文本交叉"是结果，那么"传播行为交叉"则是起因。从因果关系上说，正是"传播行为交叉"导致了"传播文本交叉"。

应当如何看待已成为传播现实的"传播交叉领域"呢？这个问题相当复杂，不宜作非此即彼的简单判断，而应作实事求是的具体分析。从新闻、公关、广告的互动来看，"传播交叉领域"既有合理的，也有不合理的，还有游走在合理与不合理之间的。

合理的"传播交叉领域"，当推"策划"。应当说，"策划"是新闻、公关、广告所共同实践的一种合理行为。即使是"制造新闻"的策划行为，对于包括媒体在内的所有社会组织来说，在公关的意义上都是一种合理的传播行为。只要"制造新闻"所策划的媒介事件能够体现事物发展的真相，而不是制造事物发展的假象；能够在有利于宣传组织自身形象的同时有利于社会，甚至首先体现为对公众有利；并且，这种媒介事件确实具备新闻价值，就应当承认其合理性[3]。

不合理的"传播交叉领域"，当以"广告新闻"或"新闻广告"为典型。前已述及，在"广告新闻"或"新闻广告"产生之初，不少人把它作为"改革新蕾"而加以鼓吹和实践，随即受到管理部门的明令禁止与学术界的严肃批评。当然，得出"广告新闻"或"新闻广告"是一种不合理的传播行为这一正确的判断，来

1　帕蒂古丽.新闻策划与新闻炒作［J］.新闻实践，2006（07）：54-55.

2　黄振鹏.新闻策划与新闻炒作［J］.军事记者，2007（10）：48-49.

3　董天策.要重视公关与新闻的联系——兼论"公关新闻"［J］.新闻界，1998（02）：24-25.

之不易，从提出到确认，"走过了异乎艰难而漫长的道路——被中国新闻学界讨论了 4 年之久，甚至更长。"[1]

"传播交叉领域"中的大多数现象都游走在合理与不合理之间，"形象广告"就是一个典型。"一般来说，凡借助于大众传播媒介所进行的非商品类的、旨在树立广告主知名度和美誉度的广告，都可以称为形象广告，也有人称其为企业广告、组织广告、信誉广告、公共关系广告、软广告，等等。"[2] 只要按照形象广告的本来面目——广告信息的传递活动——去做，就是合理的。问题在于，出现在当代中国大陆媒体上的"形象广告"却有意忽略其广告特性，而代之以新闻的表现形式，其实是有意模糊新闻与广告的界限，混淆受众或消费者的视听，从而成为不合理的一种传播行为与现象。

"新闻炒作"也游走在合理与不合理之间。从公关的角度看，大凡策划，就是要"善于抓住不同时期的传奇因素，在新闻'热点'上聚焦放大，吸引新闻界的注意力，'炒'出一台又一台有声有色的活话剧来"。[3] 从新闻的角度看，"炒作"违背了真实、客观、公正的新闻传播准则。因此，新闻界对"炒作"基本上持批评立场。总体上，"新闻炒作"有违新闻传播准则，但并不违反有关法律规定，因而很难杜绝它在合理与不合理之间游走。

以上的评判建立在这样一种假设之上，那就是新闻、公关、广告的互动处于比较正常的情况，而没有考虑其他社会因素。如果把其他社会因素考虑进来，情况将变得更加复杂。对此，不妨以"有偿新闻"为例作些具体分析。

什么是"有偿新闻"？这个概念使用多年，并未得到严格界定。有人指出：1987 年《广告管理条例》规定"新闻单位不得以新闻报道形式刊播广告"以后，人们把"广告新闻"叫作"有偿新闻"[4]。有人认为，"'有偿新闻'也叫'软广告'，是指某些企业单位或经营者个人为了宣传自己的产品或服务而想方设法在一些媒体中上镜头、占版面、出声音等，以新闻报道的形式为自己做广告，而给予记者

1　王亦高，黄彪文.正确的判断如何得到确认——以"广告新闻"讨论为例［J］.国际新闻界，2007（03）：45-49.

2　李雪枫.形象广告何以重塑形象——对《人民日报》等四家国家级媒体取消形象广告的理论思考［J］.兰州大学学报，2005（05）：21-25.

3　谭启泰.谋事在人——王志纲策划实录［M］.广州：广州出版社，1996：21.

4　文有仁."有偿新闻"与"付费新闻"［J］.新闻与写作，1995（08）：40-41.

或编辑以物质利益的行为。"[1] 还有人说,"报纸用为某个单位办专版的形式,向有关单位索取一定的报酬,读者把这种'专版新闻'叫'有偿新闻'"[2]。

事实上,"有偿新闻"的含义更加广泛。凡是新闻单位或采编人员因接受钱物及其他利益而以新闻形式发布的信息,都是"有偿新闻"。综合有关研究[3,4,5,6],并对照1997年1月中共中央宣传部、广播电影电视部、新闻出版署、中华全国新闻工作者协会《关于禁止有偿新闻的若干规定》的条文,可以把"有偿新闻"的表现形态归纳如下:

1. 采编人员以各种名义收取费用,或接受采访报道对象提供的钱物、有价证券、信用卡等;或向采访报道对象索要钱物。

2. 采编人员以各种名义向采访报道对象借用、试用车辆、住房、家用电器、通信工具等物品。

3. 采编人员参加新闻发布会和企业开业、产品上市以及其他庆典活动,索取和接受各种形式的礼金。

4. 采编人员特权思想严重,向采访对象提出诸如解决亲友入学、住房、就业等方面的不合理要求。

5. 采编人员在其他企事业单位兼职以获取报酬,充当宣传"掮客""媒婆",通过权钱交易,牟取非法利益。

6. 采编人员受人之托或投其所好,擅自组团进行采访报道活动,以获得被报道者的好处。

7. 采编人员在采编活动中向被采访报道者提出工作以外生活方面的特殊要求,要求提供宴请、旅游、娱乐等服务,讲排场,比阔气,挥霍公款。

8. 采编人员利用职务之便要求他人为自己办私事,采取"公开曝光""编发内参"等方式要挟他人,或强迫被采访报道对象刊登广告,或直接进行敲

1 娄东辉,孙愈中."有偿新闻"手法种种[J].视听界,2005(05):97-98.

2 于清潍.有偿新闻的弊端[J].中国记者,1989(01):13-14.

3 卢之超.论"有偿新闻"[J].学术界,1993(05):89-93;尚顺宁.论"有偿新闻"及其对策[J].吉首大学学报(社会科学版),1997(01):103-105.

4 赵东辉.试谈"有偿新闻"的表现形式及对策[J].采.写.编,2000(03):50-51.

5 易鹰.浅析有偿新闻的危害及防范[J].长沙大学学报,2004(01):66-67.

6 郑式平.建立杜绝"有偿新闻"的五个机制[J].新闻实践,2007(04):32-33.

诈勒索；或因得到好处而大事化小，小事化了，不再采写批评报道稿件，搞"有偿不闻"。

9. 采编人员打着"舆论监督"的幌子，干扰司法公正，甚至代人诉讼，包打官司，从中牟取个人利益。

10. 采编人员利用采、编、播的有利条件，从事广告和其他经营活动，以获取额外收入。

11. 新闻机构向编采部门下达经营创收任务，让记者、编辑从事广告和其他经营活动。

12. 新闻机构利用专版、专刊、专页、专栏、节目等收取费用，以新闻报道形式为企业或产品做广告。

13. 新闻机构利用采访和发表新闻报道拉赞助，收取通过举办"征文""竞赛""专题节目"等得到的"协办经费"，却不纳入本单位财务统一管理，流入部门的小金库，以种种借口私分。

应当说，"有偿新闻"既体现了新闻、公关、广告互动的一方面，又反映出当代中国传媒在市场经济条件下的诸多问题。大体上，这些问题包括两个方面：一方面是采编人员与被采访报道者之间进行权钱交易或采编人员以权谋私，是行业不正之风，反映出在市场经济条件下部分新闻工作者职业道德的下降乃至堕落；另一方面是新闻机构或部门与工商企业相互利用或利益交换，本质上是一种权力寻租行为。从发展过程看，"有偿新闻"是"从个别新闻从业人员隐蔽的个人行为，演变为新闻单位整体或部门的集体行为，有的甚至成了一种公开的、被纳入计划的、有组织的'项目'"。[1] 因此，对于"有偿新闻"问题，不仅需要加强职业道德教育，而且需要加强新闻法制规范。只有将其纳入法制化的轨道，"有偿新闻"才可能得到根本的治理。

从法制规范的角度看，要治理"有偿新闻"，必须划定新闻、公关、广告及其业务运作之间的界限。1993 年 7 月，中共中央宣传部、新闻出版署《关于加强新闻队伍职业道德建设，禁止"有偿新闻"的通知》已提出"两分开"原则，即：

1　张新庆.有偿新闻现象与新闻法制建设［J］.新闻战线，2000（03）：35-37.

新闻与广告必须严格分开，不得以新闻报道的形式为被报道单位做广告。凡属新闻报道，新闻单位不得向被报道者收取任何费用；凡收取费用而刊播的，应标明为"广告"。

新闻报道与经营活动必须严格分开。记者、编辑不得从事广告业务，从中牟利。

1997 年 1 月，中共中央宣传部、广播电影电视部、新闻出版署、中华全国新闻工作者协会《关于禁止有偿新闻的若干规定》又明确提出"三区分"原则，即：

新闻报道与广告必须严格区别，新闻报道不得收取任何费用，不得以新闻报道形式为企业或产品做广告。凡收取费用的专版、专刊、专页、专栏、节目等，均属广告，必须有广告标识，与其他非广告信息相区别。

新闻报道与赞助必须严格区分，不得利用采访和发表新闻报道拉赞助。新闻单位必须把各种形式的赞助费，或因举办"征文""竞赛""专题节目"等得到的"协办经费"，纳入本单位财务统一管理，合理使用，定期审计。在得到赞助或协办的栏目、节目中，只可刊播赞助或协办单位的名称，不得以文字、语言、图像等形式宣传赞助或协办单位的形象和产品。

新闻报道与经营活动必须严格分开。新闻单位应由专职人员从事广告等经营业务，不得向编采部门下达经营创收任务。记者、编辑不得从事广告和其他经营活动。

从"两分开"到"三区分"，主管部门的规定越来越明确，越来越具体，已经对新闻、公关、广告的互动作出了符合实际的行业规范。然而，由于是行业内部的"通知"与"规定"，还没有上升为法律规范，在执行过程中就要靠新闻单位的自觉遵守，倘若出现违规情况，也很难追究其法律责任。唯其如此，"有偿新闻"已成为当代中国新闻界的一个顽症。

从学术的角度看，"有偿新闻"概念十分笼统。一方面，对个人行为与组织行为未加区分；另一方面，对个人行为与组织行为中哪些违反职业伦理、哪些违反法律规范也未加区分。这就使"有偿新闻"成为一个所指游移不定、界限模糊不清的概念。正如一篇文章所说的那样：

人们担心明的"有偿新闻"被禁止了，而各种各样隐性的有偿新闻会不会禁而不止，甚至有所发展呢？比如说，不论是报纸、广播，还是杂志、电视，都有一些和其他单位、部门联办的栏目，内容则多是行业性的，既有软性的专题文章，也有直接的新闻报道。说起来，这不是搞有偿新闻，但其中确也包含着有偿新闻。如此等等，还有不少。[1]

因此，在学术的意义上，"有偿新闻"牵涉的职业伦理与传播法规等问题错综复杂，需要进行更加细致而深入的研究。而且，在此过程中，必须充分考虑"有偿新闻"与"传播交叉领域"中其他现象和问题的关联与区别，特别是科学而准确地分析专版、专刊、专页这些新的传媒现象，深化"传播交叉领域"研究的学理性，加强传播职业道德与传播法律规范的建设，推进"传播交叉领域"的传播实践真正走向有序化，最终促进新闻、公关、广告的健康发展。

原载于《新闻与传播研究》2009 年第 1 期。

---

1 一良. 警惕隐性"有偿新闻"［J］. 新闻实践，1997（08）：40.

"媒介事件"的概念建构及其流变

无论传播实践还是学术研究，"媒介事件"都是无法绕开的一个重要概念。事实上，它早已成为公关实践、传播理论、文化研究等多学科视域中的重要议题，人们使用"媒介事件"概念，引述有关"媒介事件"的论述，已是家常便饭。然而，迄今为止，不少论者对"媒介事件"并没有清晰而透彻的理解，以致中国语境中的"媒介事件"成为学术研究中一个相当混乱的表述。正本清源，弄清"媒介事件"的概念建构及其流变，已成为传播学界必须解决的课题。

一、媒介事件概念的提出及其不同的理论观照

"媒介事件"是从西方学界引进的概念。引进之后，国内学界又有自己的发挥。因此，梳理媒介事件概念的提出及其理论内涵的发展演变，不仅很有必要，而且很有意义。

（一）戴扬与卡茨的媒介事件概念

在西方传播学研究中，普遍认为"媒介事件（media event）"是丹尼尔·戴扬（Daniel Dayan）和伊莱休·卡茨（Elihu Katz）在 20 世纪 80 年代提出的一个学理概念。从 1980 年开始，戴扬和卡茨及其学生在以色列耶路撒冷希伯来大学和美国南加州大学举办了一系列研讨会，研究电视对重大历史事件的直播现象，对媒介事件概念做了初步的探讨与建构。20 世纪 80 年代，功能主义传播研究受社会学和人类学启发，发生了传播研究的文化研究转向，其核心思想是认为大众传媒乃整合社会的凭借。戴扬和卡茨等人在这一思想框架下研究电视直播，主要是为了与传统的传播研究范式划清界限。[1] 因此，戴扬和卡茨的研究可以说是 20 世纪 80 年代功能主义传播研究向文化研究转向的产物。[2] 1992 年，戴扬与卡茨出版《媒介事件：历史的电视直播》，标志着媒介事件概念及其诠释框架的正式

1　KATZ E, DAYAN D, MOTYL P. Communications in the 21st century: in defense of media events［J］. Organizational Dynamics, 1981, 10（2）: 68-80.

2　CURRAN J. Media and power［M］. London: Routledge, 2002: 134-136.

成型。[1]

在戴扬与卡茨看来，"媒介事件"是指"对电视的节日性收看，即是关于那些令国人乃至世人屏息驻足的电视直播的历史事件"，"可以称这些事件为'电视仪式'或'节日电视'，甚至是文化表演"。[2] 戴扬和卡茨在《媒介事件》一书中强调，媒介事件是由电视呈现而不是由电视创造的事件，是指电视直播的令国人乃至世人集体观看的重大历史事件，不仅与电视直播对事件的呈现有关，而且与大规模的、同一时刻的集体观看有关。因此，"媒介事件"研究的理论关注点不在这个"事件"本身，而是分析大众媒介在强化"神圣中心"从而整合社会这方面所扮演的重要角色。这主要是受涂尔干的启发。涂尔干认为，仪式是将个人与社会相连接的工具，社会核心价值观可以通过仪式得到强化，从而激发个体的身份认同，促进个体与群体的情感统一，最终实现社会整合。在戴扬和卡茨那里，"神圣中心"就是指一套被社会群体成员所共享和认可的情感、行为方式和价值理念，而"神圣中心"的强化则可以通过对重大历史事件的电视直播和集体观看来实现。这个直播与观看的过程，类似于涂尔干所说的"仪式"。

戴扬和卡茨提出了媒介事件的三个"基本脚本"或三种基本类型：竞赛、征服和加冕。以"竞赛"为脚本的媒介事件是那些发生在竞技场、体育场、演播室中的，围绕"谁赢"而展开直播的事件，如政党电视辩论、奥运会直播。以"征服"为脚本的媒介事件是围绕那些人类历史巨大飞跃的事件的电视直播，比如阿波罗登月的电视直播。这些媒介事件的中心是完成这一历史飞跃过程中的"英雄人物"。以"加冕"为脚本的媒介事件，是对各种庆典的电视直播，比如就职典礼、皇室婚礼、葬礼，以及奥斯卡金像奖之类的颁奖典礼。戴扬和卡茨认为，这三种形式紧密相连，有的媒介事件兼具其中两种甚至三种脚本的特征。比如奥斯卡金像奖颁奖典礼就兼有"竞赛"和"加冕"两种脚本的特征。[3]

戴扬和卡茨的媒介事件概念，主要是探讨"媒介事件的仪式性特征（ritual

1　HEPP A, COULDRY N. Introduction: media events in globalized media cultures [M] // COULADRY N, HEPP A, KROTZ F. Media events in a global age. London: Routledge, 2009: 1-20.

2　戴扬，卡茨. 媒介事件：历史的现场直播 [M].麻争旗，译. 北京：北京广播学院出版社，2000：1.

3　戴扬，卡茨. 媒介事件：历史的现场直播 [M].麻争旗，译. 北京：北京广播学院出版社，2000：30-57.

character）及其在社会整合中的作用"[1]，是传播研究走出劝服研究而走向文化研究的一种理论探索，着重探讨重大历史事件的媒介化呈现及其产生的社会历史作用。此前，美国文化研究代表人物凯瑞（James Carey）在 1975 年发表《传播的文化研究取向》一文，明确提出"传播的仪式观"，1977 年又在《大众传播与文化研究》中加以重申。凯瑞认为，从仪式的角度看，传播一词与"分享"（sharing）、"参与"（participation）、"联合"（association）、"团体"（fellowship）及"拥有共同信仰"（the possession of a common faith）这类词有关。传播"仪式观"的核心，"是将人们以团体或共同体的形式聚集在一起的神圣典礼"[2]。尽管《媒介事件》并未提及"传播的仪式观"，但在探讨媒介事件的仪式性特征及其社会整合作用的意义上与"传播的仪式观"一脉相承。此后，美国社会学家亚历山大（Jeffrey Alexander）在耶鲁大学社会学系和他的学生从事一项关于建构文化社会学（Cultural Sociology）理论的庞大研究项目（即"Strong Program"）[3]，也有关于媒介与仪式的研究。可见，"媒介事件"概念及其学理阐述反映了 20 世纪 80 年代前后美国学界关注的一个研究议题：媒介与文化（仪式）研究。

　　《媒介事件》中译本 2000 年出版以后，戴扬和卡茨的媒介事件概念获得国内学者的认同与追随。刘祖斌认为，"应重新定义媒介事件，充分肯定媒介事件的社会影响力"。[4] 张华认为，"媒介事件容易唤起人们对事件的广泛关注和对社会主流价值的认同，从而达到其社会整合功能"。[5] 齐济也说，"媒介事件对于塑造公众的意识形态、历史记忆，特别是对当前现实社会的认识作用巨大"。[6] 所有这些论述，都是从新闻学、传播学、社会学、人类文化学的角度去探讨"媒介事件"在社会整合、文化认同、国家形象建构等方面的积极作用。

　　（二）布尔斯廷的"假事件"概念及其相似家族

　　1961 年，美国历史学家布尔斯廷（Daniel J. Boorstin）在《图像：美国假事

1　HEPP A, COULDRY N. Introduction: media events in globalized media cultures［M］// COULADRY N, HEPP A, KROTZ F. Media events in a global age. London: Routledge, 2009: 1-20.

2　凯瑞. 作为文化的传播——"媒介与社会"论文集［M］. 丁未，译. 北京：华夏出版社，2005：7+28.

3　ALEXANDER J, SMITH P. The strong program in cultural theory: elements of a structural hermeneutics［M］// TURNER J H. Handbook of sociological theory. New York: Springer, 2006: 135-150.

4　刘祖斌. 浅谈媒介事件及其意义［J］. 湖北大学学报（哲学社会科学版），2002（04）：98-100.

5　张华. 论媒介事件的意识形态建构［D］. 兰州：兰州大学，2009.

6　齐济. "网络标签"在媒介事件报道中的舆论功效［J］. 新闻战线，2009（12）：57-59.

件指南》一书中使用了"Pseudo-event"一词。"Pseudo"源于希腊语，意思是"假的"或"有意欺骗"，因此通常将"Pseudo-event"译为"假事件"或"伪事件"。中国语境中的媒介事件概念及其理论探讨，除了戴扬与卡茨的媒介事件，"假事件"是另一个理论来源，甚至是更重要的理论来源。

对于中文的"假事件"，不能望文生义，将其理解成"虚假事件"或"不真实的事件"。尽管"Pseudo""假""伪"都有虚假、不真实的含义，但布尔斯廷所说的Pseudo-event，并非"虚假""捏造"，而是"由传播者以吸引媒体注意和进行公共宣传（publicity）为目的而制造的事件"[1]。假事件（Pseudo-event）的主要特点，大体可归纳为以下几个方面：其一，它不是自然发生的，而是人为设计和策划的；其二，策划这种事件的直接原因就是要制造和报道它；其三，假事件与真实情况的关系暧昧，模棱两可；其四，假事件的策划者总是希望事件是一种自我实现的预言；其五，假事件比自然发生的事件更具有戏剧性；其六，由于事先做好了报道计划，传播起来更方便和生动；其七，假事件更加社会化，具有话题性，容易引人注目。[2]

追本溯源，布尔斯廷的Pseudo-event概念其实是在李普曼"拟态环境"（Pseudo-environment）基础上的创新。1922年，李普曼在《舆论学》一书中论述拟态环境，提出了"假事实"（Pseudo-fact）的概念，用来阐述构成拟态环境的那些事实。[3]布尔斯廷认为，"Pseudo-event"不是"假"在事件本身，而是营造了一种可能与现实状况不一样的"假像"或者说"错觉"（illusion），可能导致人们依照"假象"做出错误的判断。[4]在布尔斯廷看来，Pseudo-event是当代社会和新闻业发展中不可避免的现象："如今高效的大众传播生产Pseudo-event，正是我们当代社会整个机制的写照。Pseudo-event实际上是人们美好愿望的日常生产。媒体必须要有料！人们必须要知道！"[5]可见，在布尔斯廷那里，"Pseudo-event"是一个描述社会历史发展变化的概念，也是一个带有批判色彩的分析性概念。

1　Monica Postelnicu, "*Pseudo-Event*," in Lynda Kaid & Christina Holtz-Bacha［M］//KAID L, HOLTZ-BACHA. Encyclopedia of political communication. Thousand Oaks: Sage, 2007.

2　BOORSTIN D J. The image: a guide to Pseudo-events in America［M］. New York: Vintage Books, 1992: 11-12, 39-40.

3　LIPPMAN W. Public opinion［M］. New York: Dover, 2012: 8.

4　BOORSTIN D J. The image: a guide to Pseudo-events in America［M］. New York: Vintage Books, 1992: 43.

5　BOORSTIN D J. The image: a guide to Pseudo-events in America［M］. New York: Vintage Books, 1992: 36-37.

1971 年，施拉姆主编 *The Process and Effects of Mass Communication* 文集，收录了布尔斯廷的文章 *From news-gathering to news-making: a flood of pseudo-events*[1]。1982 年，他又在 *Men, Women, Messages, and Media* 一书中采用 "media event" 这个通俗的概念来介绍布尔斯廷的 "pseudo-event"。施拉姆认为，布尔斯廷以历史的眼光看到了当代的生活，很早就提出了 "pseudo-events" 这个具有当代意义的概念。他还说，大多数的媒介事件都是真的。[2]总之，"媒介事件"（media event）"主要是制造来供媒介作报道的事件，换句话说，不是随着新闻的潮流行动，聪明的人学会了怎样去推动新闻本身"，并且重点讨论了为各种竞选服务的媒介事件[3]。

可见，施拉姆不仅认同布尔斯廷的 "pseudo-event" 概念，而且将其从历史学引入传播学，使用了一个更加中性化的 "media event" 概念。随着 *Men, Women, Messages, and Media* 中译本《传播学概论》1984 年的出版发行，施拉姆笔下的 "媒介事件" 在国内得到广泛传播。

20 世纪 80 年代，在改革开放的历史大潮中，公共关系作为一种经营管理艺术受到社会各界的高度重视。随着公关活动的开展，"媒介事件" 从学术视野进入实践领域。1987 年，国内早期研究公共关系的学者居延安在《公共关系学导论》中写道，"所谓媒介事件就是专门为了新闻媒介进行报道而策划的事件"[4]。显然，这个说法与施拉姆的看法一脉相承。

应当说，汉语的 "媒介事件" 是一个比较富有学术气息的表述。当时公关界直截了当的说法是 "制造新闻（news-making）"，即 "指专业公共关系人员经过精心策划，有意识地安排某些具有新闻价值的事件在某个选定的时间内发生，由此制造出适于传播媒介报道的新闻事件"[5]。从公关的立场说，"制造新闻" 乃

1 BOORSTIN D J. From news-gathering to news-making: a flood of Pseudo-Events［M］// SCHRAMM W, ROBERTS D F. The process and effects of mass communication. Urbana: University of Illinois Press, 1971: 116-150.

2 SCHRAMM W, PORTER W E. Men, women, message, and media: understating human communication［M］. New York: Harper & Row Publishers, 1982: 235-238.

3 施拉姆，波特. 传播学概论［M］. 陈亮，周立方，李启，译. 北京：新华出版社，1984：272-274.

4 居延安. 公共关系学导论［M］. 上海：上海人民出版社，1987：139.

5 周晓虹. 走向社会的名片——公共关系理论与实务［M］. 北京：中国社会出版社，1993：181.

出奇制胜的招术[1]。不言而喻，所谓"制造新闻"，其实是"制造新闻事件"[2]，或者说"策划媒介事件"，名词性的表述则是"媒介事件策划"。

"制造新闻"的说法语意显豁，但如此明火执仗，很容易被认为是在挑战新闻界长期以来奉为圭臬的客观性法则，肯定会引起新闻界的抵制与批判。没过多久，公关界就将"制造新闻"的说法和做法不动声色地改为"新闻策划"。1993年出版的《策划家：商界传奇的创造者》第十九章"新闻策划"，论述的问题是如何制造新闻和发布新闻[3]；1995年出版的《当代公共关系学》一书在论及"制造新闻"时就采用了"新闻策划"的表述[4]。

从"媒介事件"到"制造新闻"再到"新闻策划"，国内公关界不断翻新概念，实质却未改变，都是通过举办活动来制造新闻事件，从而吸引媒体报道。对此，国内新闻学者曾用"宣传性现象"来加以解释："它不是事物日常运转所产生的现象，而是因为同传播联系起来以后才产生的现象。""这种现象是人为的现象。这里说的'人为'不是从广义上说的。因为从广义上说，任何社会活动都是'人为'的。这里所说的'人为'是特指那些为了特定的宣传目的，而不是正常的工作目的的'人为'。即这种现象的出现只是某个人或某个单位为了达到某种宣传目的而制造的一种现象。所以我们又把它称为'宣传性现象'。"[5]

应当说，"宣传性现象"概念的提出，蕴含了作者对此现象的批判性思考，其价值取向似乎比布尔斯廷的"假事件"概念更具批判色彩。1990年，李拉把"媒介事件"与"假事件"联系起来。在他看来，媒介事件专指历史学家布尔斯廷所说的"有意安排的事件"，或称"伪事件"，比如记者招待会、公关活动、揭幕剪彩等。这种媒介事件都经过人为安排，专供媒介报道。不过，他又认为媒介事件远远不限于"伪事件"，可以把所有经过大众媒介传播的大大小小的事情通称为媒介事件，不管它是人为制造的"伪事件"，还是自然发生的"真事件"。[6]这样，作者就将"媒介事件"概念泛化了，削减甚至取消了"媒介事件"概念的批判性内涵。

1　程曼丽.出奇制胜的招术——制造新闻［J］.国际新闻界，1992（04）：62.

2　张学勤.试论公关对新闻的利用和影响［J］.杭州师范学院学报，1999（01）：89-92.

3　孙黎.策划家——商界传奇的创造者［M］.北京：中国经济出版社，1993：226-241.

4　王朝文.当代公共关系学［M］.北京：中国社会科学出版，1995：161.

5　艾丰.新闻写作方法论［M］.北京：人民日报出版社，1996：106.

6　李拉.试论大众传播的隐性功能［J］.郑州大学学报（哲学社会科学版），1990（06）：7-12+28.

（三）两种不同的媒介事件概念及其理论观照

至此，本文已揭示了媒介事件概念及其理论的两种不同来源、界定与内涵。

在西方，"假事件"与"媒介事件"具有各自的概念起源、概念内涵与理论观照。"媒介事件"是媒介社会学、媒介人类学、文化研究等领域内使用的概念，"假事件"的概念主要是在公共关系与媒体关系技巧（public and media relations technique）方面使用。[1]《政治传播学百科全书》"Pseudo-event"词条明确说，"假事件是一种公共关系策略"[2]。卡茨 1980 年发表在《视觉人类学研究》第 6 期的论文《媒介事件：在场的感觉》明确指出，"媒介事件"（Media Event）和布尔斯廷的"假事件"（Pseudo-event）并不相同。假事件可以和媒体无关，摄像机可以不在场，而媒介事件是一定要通过媒体进行传播。[3]席尔（Dan Schill）强调，美国的政治顾问最喜欢将"假事件"称为"媒介事件"，但"假事件和媒介事件是不同的现象，一定不能将二者混淆"，"两个概念的互换偏离并误用了布尔斯廷提出这个概念的本意"，且导致"媒介事件"被赋予贬义。因此，"我们必须警惕那些政客对假事件和媒介事件两个不同概念的混淆"。[4]

在国内学界，人们往往将源于"假事件"的"媒介事件"概念与源自戴扬和卡茨的"媒介事件"概念混同使用，导致很多文章的论述似是而非。为解决这个问题，刘自雄 2005 年提出"媒介事件的两种范式"，把与"媒介事件"相关的概念及其纷繁复杂的传媒现象纳入两种不同的范式中：其一，真实事件——媒介化（编码：聚焦、放大、删减、扭曲）——媒介事件（奇观）；其二，媒介化的动机（个人、社会组织、媒介、政府）——导演事件（预编码：人为安排、表演）——媒介化——媒介事件（伪事件）[5]。质言之，前者是"事件的媒介化呈现"，这是戴扬和卡茨所说的"媒介事件"；后者是"导演媒介化的事件"，即为吸引媒介报道而策划或制造的新闻事件，乃"媒介事件策划"或者说"制造新闻"，可

1 PATRICK B A. The national rifle association and the media: the motivating force of negative coverage ［M］. London: Arktos, 2013: 70-71.

2 POSTELNICU M. Pseudo-Event ［M］//KAID L, HOLTZ-BACHA C. Encyclopedia of political communication. Thousand Oaks: Sage, 2007.

3 KATZ E. Media events: the sense of occasin ［J］. Studies in visual anthropology, 1980（6）: 84-89.

4 SCHILL D. Stagecraft and statecraft: advance and media events in political communication ［M］. Idaho Falls: Lexington Books, 2009: 19.

5 刘自雄. 解析"媒介事件"的内涵 ［J］. 辽东学院学报，2005（05）: 35-39.

归属于布尔斯廷所说的"假事件"。

二、公共关系中媒介事件策划的合理性及其限度

从公共关系的立场与视域出发，媒介事件在理论层面值得探讨的问题，集中体现在媒介事件策划的合理性及其限度。具体说，包括以下几个问题：（1）媒介事件策划与新闻报道策划的区别何在？（2）媒介事件策划的合理性何在？（3）如何处理媒介事件策划与新闻客观性法则的关系？

（一）媒介事件策划与新闻报道策划的区别

在西方，公共关系的媒介事件策划往往与"假事件"（pseudo-event）相关，尽管存在不同的表述，但大都没有脱离"假事件"（pseudo-event）的概念内涵。我们在有关著作中可以读到这样的论断："事件，也被称为假事件（pseudo-events），是至关重要的工具。""事件管理，也被称为特殊事件策划（special event planning）"。[1]"特别事件（special event）是一个编排的事件（也叫'假事件'）。"[2]"不幸的是，我们的报纸已经发展了一种习惯，这种习惯是以报道政客的主张为新闻。这样的新闻是'假新闻'（pseudo-news），围绕政客主张组织的事件是'假事件'（pseudo-event）。这些都是提前编排好的事情（products of stage-managed happenings）。有人将其称为公关事件和言说（PR events and utterances）。"[3]

与西方不同的是，当代中国语境中的媒介事件策划，却与新闻界在公关以及广告的影响下而产生的新闻报道策划乃至新闻传播策划纠缠在一起。集中体现这种纠缠的，就是"新闻策划"概念。

前已述及，大约在 1993—1995 年，国内公关界悄然将"制造新闻"的说法改为"新闻策划"的表述。其时，国内新闻界开始探讨新闻报道策划，有关文章纷纷在专业刊物发表。例如：《搞好新时期的报道策划》，载《新闻战线》1993年第 11 期；《关于新闻报道策划行为的思考》，载《新闻窗》1995 年第 5 期。刚开始，人们使用的是"报道策划""新闻报道策划"等表述，但很快就有人使用"新闻策划"的概念。例如：《新闻策划：报纸新的生长点》，载《青年记者》

---

1 HEATH R L. Encyclopedia of Public Relations［M］. Thousand Oaks: Sage, 2005: 301.

2 SMITH R D. Strategic Planning for Public Relations［M］. New York: Routledge, 2013: 117.

3 VILANILAM J V. Public Relations in India: News Tasks and Responsibilities［M］. Los Angeles: Sage, 2011: 57.

1995 年第 4 期；《浅谈部主任的新闻策划》，载《新闻大学》1995 年第 4 期。

这就产生了一个新的问题：同一概念却名同而实异。公关界说的"新闻策划"是媒介事件策划，也即"新闻事件策划"；新闻界大多数论者说的"新闻策划"却是如何做好新闻报道，是"新闻报道策划"。一个概念具有两种完全不同的内涵，南辕北辙，自然引发了一场 90 年代中后期关于新闻能不能策划的争论[1]。在汉语中，"新闻"既可能是指新近发生的事实，又可能是指新近发生事实的报道[2]。无论是在语义上还是在实践中，"新闻策划"既可能是指"新闻报道策划"，也可能是指"新闻事件策划"。对此，董天策指出，应将"新闻策划"明确区分为"新闻事件策划"与"新闻报道策划"[3]。

新闻界说的"新闻策划"，基本含义是指"新闻报道策划"。艾风说得好，"我们可以给新闻策划下一个定义：'是编采人员对新闻业务活动进行有创意的谋划与设计，目的是更好地配置与运用新闻资源，办出特色，取得最佳社会效益。'"[4]

如果"新闻策划"的内涵仅仅是"新闻报道策划"，那就不会产生歧义，也便于探讨新闻传播实践中的策划问题。然而，公关实践和理论却打破了新闻准则和新闻理论的限制，认为新闻事件不仅可以策划，而且应当策划，正是"新闻事件策划"充分彰显了公关工作的创造性。周晓虹认为，"新闻事件策划"是"公共关系策划的核心和精髓"[5]。于是，在当代中国的公关实践和公关理论中，"新闻策划"也就成为"新闻事件策划"的代名词。

此外，有关"新闻策划"的讨论，业界与学界的一种普遍倾向是将策划的对象与范围不断扩大，似乎无所不包。《华西都市报》首任总编辑席文举将新闻策划归纳为八个方面：（1）报纸定位策划，（2）办报思路策划，（3）拳头产品策划，（4）新闻报道策划，（5）报纸营销策划，（6）发展道路策划，（7）社会活动策划，（8）内部管理策划。[6]对此，董天策做了学理的归纳与分析，提出"新闻

1　胡翼青，高小燕.自为的主体抑或自觉的主体：对新闻策划论战的知识社会学透视［J］.中国地质大学学报（社会科学版），2010，10（04）：77-81+93.

2　董天策.新闻定义的语义学探讨［J］.西南民族学院学报（哲学社会科学版），2001（09）：190-194.

3　董天策."新闻策划"之我见［J］.四川大学学报（哲学社会科学版），1998（01）：95-100

4　艾风.新闻策划是新闻改革的产物［J］.新闻界，1997（02）：12-14.

5　周晓虹.走向社会的名片——公共关系理论与实务［M］.北京：中国社会出版社，1993：181.

6　席文举.策划艺术［M］.北京：中国社会科学出版社，2000：230-232.

策划"研究既不应把范围局限得过窄，也不宜把边界放得太宽，较为合适的范围应当是新闻业务策划的三种类型加上新闻事件策划，可概括为三个层面四项内容，即：宏观层面的媒介定位策划，中观层面的版面 / 栏目策划，微观层面的新闻报道策划和新闻事件策划。而能够较为科学地统率这几项策划行为的总名，应当是"新闻传播策划"[1]。

因此，从理论表述的严谨性出发，对于公共关系中的"新闻事件策划"，还是应当回归到"媒介事件"或"媒介事件策划"的概念为好。从理论上讲，"媒介事件"意味着研究者站一旁去审视"媒介事件"这一对象或现象；而"媒介事件策划"更突出了话语本身的实践性或操作性内涵，带有鲜明的实践本性。

（二）媒介事件策划的合理性

在美国，公共关系经过百余年的发展，早已成为专门职业。媒介事件策划仅仅是公关的重要职能之一，其合理性已为事实所证明。在当代中国，公关的历史还比较短暂，只有 30 多年，无论在理论上还是在实践上，媒介事件策划的合理性都有待阐明。

从新闻的产生过程来看，媒介事件策划其实是对新闻事件或新闻事实的策划，这完全超出了传统新闻理论所认可的范围。我们知道，新闻实际上是新闻事实经过报道活动的加工而形成的一种信息，一种社会意识。从新闻理论角度讲，有三点值得注意：其一，"新闻事实"是客观世界的变动情况，是一种客观存在，记者不能人为设计，即不能策划。其二，报道活动，包括采访、写作、编辑、出版、播出等，是采编人员对新闻事实的反映和加工。正是通过这种反映和加工，新闻事实才成为人们阅听的新闻。而怎样报道新闻事实，则可以充分发挥记者编辑的主观能动性，进行合理的策划。其三，作为报道活动结果的新闻，是新闻事实的反映或表达，只能真实再现，不能无中生有，也不能随意玩弄，特别是经过编辑审定之后，最终成为人们所阅听的新闻文本，已不存在策划问题。[2] 因此，新闻界说的"新闻策划"，往往着眼于新闻报道策划。

然而，公共关系却打破新闻事实不能策划的神话，毫不迟疑地策划各种各样

1　董天策."新闻策划"研究的学理审视［J］.暨南学报（哲学社会科学版），2002（05）：65-72.
2　董天策."新闻策划"剖析［J］.新闻大学，1998（01）：17-20.

具有某种意义或相当新奇的社会活动，使之成为适合媒体报道的媒介事件。随着公关在改革开放大潮中被引进中国，由工商企业的公关人员或公关公司策划的媒介事件频频亮相于新闻媒体。例如：1984 年，刚刚开业的长城饭店邀请来华访问的里根总统到该饭店举行盛大的答谢宴会，改变了国家元首的宴会总是在人民大会堂宴会厅举行的惯例，成为海内外媒体关注的焦点；1990 年，郑州亚细亚商场近千名职工统一着装，来到二七纪念塔前举行"向二七纪念塔致敬"活动，引起多家媒体报道；1994 年，河南双汇集团以"华懋双汇集团漯河肉联厂祝逛北京活动圆满成功"的祝贺方式，首次将广告巧妙地做到天安门，成为媒体报道的新闻事件。[1]

应当说，社会组织在公关中尽其所能各显神通，策划出丰富多彩的媒介事件，并不一定能够获得媒体的报道。只有当策划主体的宣传意图与媒体报道的新闻选择相吻合或相交织，那些具有新闻价值与社会意义的媒介事件才能通过媒体的把关，进入传播渠道，成为人们所阅听的新闻，这种特别类型的新闻即"公关新闻"。

"公关新闻"是对那些由公关人员策划出来而又获得媒介报道的"新闻事件"的科学表达。它不同于"媒介事件"，也不同于"宣传性现象"。严格讲，"媒介事件"和"宣传性现象"所指称的，仅仅是社会组织策划出来的"新闻事件"本身。只有当这种人为的新闻事件获得媒介报道之后才成为"公关新闻"。而没有被媒介报道的那些人为新闻事件，就仅仅是策划或制造出来的"媒介事件"或"宣传性现象"，不属于"公关新闻"的范畴。[2] 由此可见，社会组织在公关活动中策划媒介事件，新闻媒体在报道过程中进行传播把关，公关与新闻既相互联系、相互依赖，又相互独立、相互制约，从而各尽其责、各得其所。

不用说，社会组织策划媒介事件应当遵循某些基本原则。首先，要以公众利益和公众兴趣作为出发点。无论如何，公关始终是为社会组织的利益服务的。然而，媒介事件策划却必须从公众利益出发，才能达成目的。这是因为，只有当媒介事件本身具有社会意义，与公众利益相关，甚至首先体现为一种公众利益，才

1　董天策. 新闻传播策划对传媒运作的重要意义［M］// 董天策. 新闻·公关·广告之互动研究. 广州：暨南大学出版社，2008：60-71.

2　董天策. 要重视公关与新闻的联系——兼论"公关新闻"四川联合大学新闻学院副教授［J］. 新闻界，1998（02）：24-25.

有新闻价值，才能赢得媒体的报道。在不能直接体现担当社会责任、服务公众利益的情况下，媒介事件策划就必须考虑公众兴趣，只有公众感兴趣的媒介事件，才能激发公众的参与和媒体的报道。其次，要巧妙推动媒介事件的发生与发展。如何做到"巧妙"，正是体现媒介事件策划水平的地方，很难言说。2009 年初，澳大利亚昆士兰旅游局发布了以 15 万澳元 / 半年的薪酬招聘大堡礁护岛员的信息。在全球金融危机的背景下，这一招聘立即成为"世上最好工作"。招聘在众多应聘者中层层海选，历时半年才确定人选。全球媒体都被大堡礁招聘牵着鼻子走，纷纷报道，轰动一时，引发世界各地的关注，巧夺天工。[1] 再次，要与新闻报道构成有效而合理的互动。媒介事件策划，不仅要策划出具有新闻价值的媒介事件，还必须让它得到充分的传播。因此，做好新闻报道策划是媒介事件策划的题中之义，要做好报道方案，加强与媒体和记者的联系，尽可能让媒介事件与新闻报道相互促进，相得益彰，争取最大的传播效果。[2]

问题在于，当新闻媒体作为市场运作主体，在开展公关活动、策划媒介事件之际，新闻媒体既是新闻事件的发起人、当事人，又是新闻事件的报道者、传播者[3]，信源与信道合二为一，这样报道出来的新闻，其真实性、客观性难免让人生疑。陈力丹从批判立场出发，把新闻媒体的这种媒介事件策划命名为"传媒假事件"，归纳出五个基本特征：一是消息来源与报道者重合，二是隐藏的动机，三是导演事件，四是事件媒介化，五是暧昧的真实。[4] 其实，除了第一个特征为新闻媒体所策划的媒介事件所独有而外，其余四个特征恰恰是所有媒介事件的共同特征。

在民主化程度高、市场经济发达的社会，公共关系已得到普遍运用：工商企业在运用，政党政府也在运用，事业机构如学校、图书馆、博物馆，以及民间团体如福利基金会、慈善社团等等，同样在运用。道理很简单，在现代社会，没有公众的了解、认同、信任和支持，任何社会组织将难以生存，难以发展。诚如前

---

1 董天策, 蔡慧. 媒介事件如何取得轰动性传播效应？——从"大堡礁招聘"说起 [J]. 国际新闻界, 2009（12）: 57-61.

2 董天策. 出奇制胜的新闻事件策划 [M] // 董天策. 新闻·公关·广告之互动研究. 广州: 暨南大学出版社, 2008: 60-71.

3 董天策. 莫把奇策当正道——关于新闻策划的再认识 [J]. 中国广播电视学刊, 2001（07）: 37-38.

4 陈力丹, 周俊. 试论"传媒假事件" [J]. 北京大学学报（哲学社会科学版）, 2006（06）: 122-128.

引布尔斯廷所说的那样，假事件或者说媒介事件已成为"当代社会整个机制"的重要组成部分，不可避免。要形成良好的公众关系，任何社会组织都必须高度重视和充分运用公共关系这一经营管理战略和策略。作为一种社会组织，新闻媒体的生存与发展同样离不开公共关系。尤其是在市场经济的条件下，媒体竞争日益激烈，公关运作中的媒介事件策划早已成为一种新的媒体经营管理策略。[1]因此，对于新闻媒体的媒介事件策划，固然需要加强引导，却也无可厚非。

（三）媒介事件策划与新闻客观性法则

居延安认为，社会组织策划媒介事件，其实是为了解决如何与新闻媒体打交道的问题。社会组织与新闻媒体打交道，与媒介事件策划的宗旨是一样的，都是为了利用新闻媒体来传播组织所希望传播的信息，借以扩大社会影响。在公共关系活动中，社会组织与新闻媒体打交道通常有两种情况：一种是组织积极寻找扩大影响的传播途径，要求最能胜任此职的新闻媒体给予协助，以促成一种可称为"主动邀请型"的媒介事件；另一种是组织中所出现或发生的一些情况引起新闻媒体的注意或兴趣，新闻媒体要求组织提供事实或给予协助，以便向社会宣传推广解释澄清，成为一种可称为"积极配合型"的媒介事件。[2]

应当说，这样的概括具有操作性的实用价值。不过，如今的媒介事件策划，历经千锤百炼，在事件导演、动机隐藏、媒介化呈现等诸多方面，更加炉火纯青。1997年6月1日，凤凰卫视和中央电视台举办柯受良驾车飞越黄河壶口瀑布活动；1999年10月至2000年3月，凤凰卫视历时4个多月，跨越4万多公里，踏遍全球10个国家制作《千禧之旅》；2009年，澳大利亚昆士兰旅游局举办大堡礁招聘——"世界上最好的工作"……诸如此类的媒介事件策划，早已超越"主动邀请型"媒介事件、"积极配合型"媒介事件的范畴，走向一种浑然天成、大道无痕的境界，让人根本就没有意识到它是媒介事件。换言之，随着媒介事件策划水平的不断提高，公关与新闻之间的互动越来越深，从而对新闻客观性法则的挑战越来越大。

客观性法则，曾被认为是"发展于美国、奉献于世界"的新闻职业道德准则。

1 董天策.新闻传播策划对传媒运作的重要意义［M］//董天策.新闻·公关·广告之互动研究.广州：暨南大学出版社，2008：60-71.

2 居延安.公共关系学［M］.4版.上海：复旦大学出版社，2008：263-266.

首先，从立场上看，"客观"是新闻从业者努力探寻并呈现新闻事实本来面目的态度；其次，从适用范围看，它从对报业实践进行指导的操作原则上升为新闻从业者的道德约束与职业理想；再次，其目的也从精确地反映客观现实演化为尽量减少主观偏见，力争最终逼近客观现实。客观性法则的操作方法，则是在实践中为新闻界同仁和全社会所认同的，包括新闻素材分类、平衡与对等原则，第三者写作角度，中性词与引语的使用等在内的一整套科学步骤与程序。[1]

杰·布拉克和弗雷德里克·惠特尼指出，"假事件就是公共关系的虚构，他们的唯一目的，就是产生宣传效果。"[2] 尽管这是从批判立场出发作出的论断，却也道出了媒介事件策划总是力图使媒介事件得到最大程度传播的实情。为了得到最大程度的传播，公关人员必然要使用各种方法与手段诱导媒体对其策划的媒介事件大肆报道。于是，"新闻炒作"也就在所难免[3]。一般地说，"炒作"就是为扩大人或事物的影响而通过媒体做反复的宣传。"新闻炒作或是对素材的新闻价值人为地夸大和拔高，或是主动参与'制造'新闻，以获得受众和经济利益。"[4] 前者是新闻报道中出现的问题，后者与媒介事件策划具有直接的关联。某种意义上，正是媒介事件策划导致了后一种新闻炒作。当然，不管是哪种形式的新闻炒作，都背离了新闻客观性法则的价值理念与操作准则。

然而，从公关角度看，"新闻炒作"正是媒介事件策划所期盼的效果，实务界人士对此往往持肯定态度。1994年，广东顺德的碧桂园学校作为碧桂园别墅配套设施奠基之际，新闻媒体对"高价学校"的报道受到严格限制，且呈批评倾向。不过，策划者通过把正在筹办的碧桂园学校与北京景山学校联姻从而将该校与邓小平为景山的题词联系起来，利用景山学校和邓小平题词十周年纪念大做文章，引来粤、沪、京等地的新闻媒体纷纷以"抢新闻"的姿态对碧桂园学校进行突出报道，刮起一股"碧桂园旋风"。对此，一位新闻工作者赞叹道："碧桂园的初步成功，广告奇袭掌握了'控空权'，新闻炒作的'地面部队'也功不可没。王志纲作为策划人，他自己又曾是新华社的名记者，对新闻舆论在策划中的作用

1　陆晔.美国新闻业"客观性法则"的历史演进［J］.新闻大学，1994（01）：51-54.

2　明安香.当代实用公共关系［M］.北京：经济管理出版社，1991：103.

3　董天策.传媒竞争中公关行为的介入及其影响［J］.新闻与传播研究，1999（04）：28-33+92.

4　李长锁，李君.新闻炒作——新闻策划的异化［J］.理论观察，2000（04）：91-93.

十分重视，对炒作新闻热点更是挥洒自如，出神入化。"并且认为，策划就是要像这样"善于抓住不同时期的传奇因素，在新闻'热点'上聚焦放大，吸引新闻界的注意力，'炒'出一台又一台有声有色的活话剧来"[1]。

由此看来，如何处理好媒介事件策划与新闻客观性法则之间的关系，恐怕难以找到一劳永逸的解决办法。只能让公关与新闻在互动中去不断博弈、不断平衡，不断维护各自的价值理念与行为准则。

三、新媒体环境下的媒介事件概念与媒介事件策划

随着网络与新媒体的崛起，特别是进入新世纪以来，媒介事件概念以及媒介事件策划面临全新的媒体环境。在新媒体时代，媒介事件概念与媒介事件策划有什么样的理论动向与现实问题呢？

（一）新媒体环境下媒介事件概念的新变

从术语源流上看，与"媒介事件"概念联系最紧密的应当是"新媒体事件"。2006 年，邱林川提出"新媒体事件"概念。其后，"新媒体事件"逐渐成为中国内地与香港学界关注的一个焦点。在邱林川、陈韬文看来，"新媒体事件"和传统"媒体事件"具有千丝万缕的联系。他们把"新媒体事件"放在戴扬与卡茨的"媒介事件"的研究传统中加以阐释，然而在具体论述中似乎又和戴扬与卡茨的"媒介事件"概念分道扬镳，认为"'新媒体事件'不仅是政经势力和媒介体系制造出来的'成品'，更是一个过程，或称'发展中的事件'"，"可粗线条地把传统'媒体事件'，即戴扬与卡茨的'挑战、征服、加冕'三大类型与'新媒体事件'分开"。

那么，"新媒体事件"究竟是意味着什么呢？邱林川、陈韬文认为"新媒体事件"的传播形态不再是卫星电视，而是新兴的网络媒体，包括互联网及手机网络，因而又称为"网络事件"[2]。事实上，根据董天策的研究，从 1997 至 2010 十余年间，国内学界先后提出"网络事件""网络群体性事件""新媒体事件""网络舆情事件""网络热点事件""网络公共事件""网络媒介事件""网络集体行动"等 15 种不同的概念，表述各不相同，指说的对象即事件案例却惊人地相同或相似，

1　谭启泰.谋事在人——王志纲策划实录［M］.广州：广州出版社，1996：13-21.

2　邱林川，陈韬文.前言：迈向新媒体事件研究［M］//邱林川，陈韬文.新媒体事件研究.北京：中国人民大学出版社，2011：1-16.

从孙志刚到华南虎，从反日游行到厦门 PX 事件，诸如此类的案例在不同的研究者那里，往往会采用不同的概念表述，实际上却是对同一研究对象的不同命名。[1]

研究者使用不同的概念，自然也就选择了不同的理论资源与研究范式，所关注的问题、所采取的立场、所研究的旨趣，具有很大的差异。在当代中国的语境中，"网络群体性事件"研究占据着支配性地位，而且从一开始就把"网络群体性事件"定性为一种现实危机，旨在探讨如何对其加以监测、防范、控制、应对、处置、引导，从而维护社会稳定，形成一种危机管理的研究范式。董天策认为，从这些不同概念所表述的"事件"案例这个最基本的事实来看，大多数"网络群体性事件"的准确命名应当是"网络公共事件"[2]。"网络公共事件"具有以下特征：其一，事件涉及公共事务或公共利益，无论直接与间接，事件本身都具有公共性；其二，网民积极参与对该事件的言说与讨论，形成网络公众与网络公共舆论；其三，事件的展开过程主要是公共舆论过程，也可能发生相应的集体行动，最终以事件的妥善解决为结束。[3]

换言之，"新媒体事件"更准确的表述应当是"网络公共事件"，有关研究的理论资源与研究传统主要是以哈贝马斯为代表的公共领域理论或传媒公共性理论，而不是戴扬与卡茨的"媒介事件"概念及其学理阐述。已有论者注意到，"新媒体事件"是以"互联网为代表的新兴媒体为呈现媒介，由公众参与传播、推动事件进程并挑战主流意识形态和现存社会权力结构的权威，带有争议性并产生重大社会影响的公共事件"[4]。这个界定，突出的显然是其"公共事件"性质，说得形象一点，虽然戴了一顶"新媒体事件"的帽子，表达的却是"网络公共事件"的内核。邱林川、陈韬文也在"新媒体事件"前面加上"公共性"，形成"公共性'新媒体事件'"的表述[5]，而且强调对"新媒体事件"的研究，"可看作是

1　董天策.从网络集群行为到网络集体行动——网络群体性事件及相关研究的学理反思［J］.新闻与传播研究，2016（02）：80-99+127-128.

2　董天策.中国语境中的网络时代与传媒公共性——《网络时代媒介公共性的建构》序［J］.新闻界，2015（13）：43-46+52.

3　DONG T C, LIANG C X, HE X. Social media and internet public events［J］. Telematics and informatics, 2017（34）：726-739.

4　肖玲英.新媒介事件研究［D］.南昌：南昌大学，2013.

5　邱林川，陈韬文.前言：迈向新媒体事件研究［M］//邱林川，陈韬文.新媒体事件研究.北京：中国人民大学出版社，2011：1-16.

对传媒公共性及社会转型等问题的回应"[1]，恰好揭示了"网络公共事件"的内涵。

已有学者指出，"将网络事件作为'新媒体事件'来考察，从概念的界定上值得进一步商榷"。[2]"从严格意义上说，所谓'新媒体事件'很大程度上已经不同于戴扬和卡茨的经典定义，最为突出的，是它们越来越明显地具有冲突性而非社会秩序的整合，此外，它们也远离'媒介事件'最初定义中的庆典仪式性质，而具有重大新闻（major news）的意味。"[3]当然，戴扬、卡茨等人也在近年对"媒介事件"概念做了修订。2007年，卡茨和利布斯（Liebes）提出，媒介事件主导类型已从"和平"转为"冲突"（disruption），灾难、恐怖、战争已成为"媒介事件"的新类型[4]。除了卡茨和利布斯提出的"冲突"（disruption）类型，戴扬指出还有"幻想破灭"（disenchantment）与"脱轨"（derailment）两种类型[5]。孙藜认为，即使戴扬与卡茨等人将其理论由3C发展为3D，"媒介事件"的概念也难以直接用来解释当下的"新媒体事件"。[6]

的确，被纳入戴扬与卡茨的"媒介事件"研究传统来加以阐述的"新媒体事件"，在现实性上同戴扬与卡茨的"媒介事件"概念风马牛不相及，在研究传统上同戴扬与卡茨的"媒介事件"理论关注"电视直播"以及人们在电视机面前的集体观看这样一种媒介事件机制全然无关，是一种全新的"媒介事件"类型，这就是"网络公共事件"；而且具有全然不同的学术理路与研究传统，是以哈贝马斯为代表的公共领域理论或者说传媒公共性学说。因此，从概念内涵到理论框架，再到研究范式，"网络公共事件"研究都具有自身的本质规定性，与戴扬与卡茨的"媒介事件"研究判然有别，需要在网络公共领域或传媒公共性的学术理路与研究传统中展开深入的研究。

1　邱林川，陈韬文.结语：新媒体事件与社会的躁动［M］//邱林川，陈韬文.新媒体事件研究.北京：中国人民大学出版社，2011：311-319.

2　雷蔚真.从"仪式"到"派对"：互联网对"媒介事件"的重构——"范跑跑事件"个案研究［M］//邱林川，陈韬文.新媒体事件研究.北京：中国人民大学出版社，2011：66-96.

3　孙藜.转化性建构：媒介事件与权力结构转变——新媒体语境下对媒介事件研究的再回顾［J］.新闻记者，2013（09）：80-85.

4　KATZ E, LIEBES T. "No more peace!"：how disaster, terror and war have upstaged media events［J］. International journal of communication, 2007（1）：157-166.

5　邱林川，陈韬文.前言：迈向新媒体事件研究［M］//邱林川，陈韬文.新媒体事件研究.北京：中国人民大学出版社，2011：1-16.

6　孙藜.转化性建构：媒介事件与权力结构转变——新媒体语境下对媒介事件研究的再回顾［J］.新闻记者，2013（09）：80-85.

（二）新媒体环境下媒介事件策划的新变

如果说新媒体环境下产生的"网络公共事件"及其学理问题，已经逸出戴扬与卡茨的"媒介事件"概念的范畴，奔向网络民主政治的论域，成为网络公共领域或传媒公共性研究的课题，与其媒介事件论说已没有多大关系，那么，媒介事件策划在新媒体环境下又有什么样的新变呢？

从公关角度看，包括网络媒体和社交媒体在内的新媒体，确实为公关提供了新的传播工具，给公关的发展带来全新的历史性机遇。大卫·菲利浦斯在最早的一本新媒体公关专著中断言，"网络把公关推到了企业的重新设计、企业管理、企业和品牌关系、声誉提升和议题管理的核心位置。这是一个巨大的机遇。"[1] 具体说，这个机遇主要体现在公关主体即任何一个组织机构都可以拥有自己的媒体，譬如建立自己的官方网站、官方微博、微信公众号等，从而"可以按照自己的意愿向包括媒体在内的各类公众发布信息，而不必经过第三方的'解释'和'过滤'。这使得公关人员在信息发布时处于前所未有的有利地位。"[2]

信息传播的去中心化、去中介化，自然给媒介事件策划带来极大便利。道理很简单，公关主体策划的媒介事件，不必经过新闻媒体的筛选就可以通过社交媒体自行发布有关信息，只要媒介事件具有足够的影响力，就会成为社会各界关注的热点。而公关主体又会随着媒介事件的进展源源不断地提供信息，放大某些引人注目的因素，加上公关主体处于相当隐蔽的地位，使新闻炒作效应更容易形成和扩散。从 2003 年木子美的性爱日记，到 2005 年"天仙妹妹"走红网络，再到 2008 年的"封杀王老吉"，2009 年的"贾君鹏""凤姐"，2010 年的"兽兽门""犀利哥"，2013 年的"派单女神"，诸如此类的炒作接连不断，显示出新媒体环境下的媒介事件策划变本加厉。

不难发现，新媒体环境下的媒介事件策划具有不同于传统媒体时代的某些特点。譬如，突出和放大事件本身的新奇因素，很少顾及甚至谈不上社会责任的担当。换言之，媒介事件承载公众利益的价值追求在减少，却蕴含甚至放大事件的新奇因素，凭借对人们好奇心的驱使而获得广泛的传播。自然，这与新媒体为公

1 菲利浦斯.网络公关［M］.陈刚，袁泉，译.北京：北京大学出版社，2005：3.

2 王晓晖.浅析网络媒体对公共关系实践活动的影响［J］.国际关系学院学报，2002（06）：60-62.

关重构了新的传播环境具有十分密切的关系。在信息传播流程上，过去是企业—媒体—公众，新媒体环境下则是企业—社交媒体—公众—媒体—公众。媒介事件策划的重点变成了在社交媒体上制造新闻事件，然后由媒体机构放大传播力，进而覆盖到更广泛的公众。[1]

值得注意的是，新媒体环境下的媒介事件策划如果不加强自律，不加强公关伦理建设，很容易使网络时代的公关像一匹脱缰的野马狂奔乱跳，走火入魔。2009年12月，中央电视台《经济半小时》节目揭批"网络公关""网络营销"形成"网络黑社会"，值得高度重视。按百度的解释，"所谓'网络黑社会'，俗称是'网络推手''网络打手''发帖水军'，也叫'网络公关公司''网络营销公司'。之所以称其'黑社会'主要在于，它们不仅能为客户提供品牌炒作、产品营销、口碑维护、危机公关等服务，更能按客户指令进行密集发帖，诋毁、诽谤竞争对手，使其无法正常运营。"

应当说，如此不分青红皂白就把"网络推手""网络公关公司""网络营销公司"统统称为"网络黑社会"，言过其实，而把"品牌炒作、产品营销、口碑维护、危机公关"这些正常的公关业务也称为"网络黑社会"，更没道理。浪兄炒红"天仙妹妹"，很阳光，也很健康。即使多少带有"无厘头"色彩的"贾君鹏，你妈喊你回家吃饭"，还有为众多媒体推波助澜的"犀利哥"，也并非什么"网络黑社会"。当然，新媒体环境的确给某些企业开展不正当竞争大开方便之门。2010年10月，中国乳业两大企业——蒙牛和伊利集团利用网络互相揭丑，抹黑对手，上演了一场声势浩大的"公关"恶战，就是相当典型的案例，其教训应当深刻反思。[2]

因此，新媒体环境下公关如何正常运作、健康发展，媒介事件策划如何发挥积极作用而守住底线，仍是值得深入探讨的课题。

四、结语及探讨

综上所述，"媒介事件"的概念建构及其流变，涉及三种媒介现实或传播现实，以及相应的三种学术理路与研究传统。一是在传播研究文化转向过程中对重大历史事件的仪式化传播进行研究而提出了"媒介事件"概念，由戴扬和卡茨提

1　仇勇.新媒体时代的公关其实需要"外开放、内管制"[J].杭州金融研修学院学报，2016（05）：46-48.
2　董天策，章琴丽."网络公关"为何成为不正当竞争手段——蒙牛伊利"网络黑公关"事件反思[J].当代传播，2011（03）：54-55.

出；二是公关实践与理论针对自身特点而使用"媒介事件"概念，源自布尔斯廷，转述于施拉姆，普及于公关界；三是针对新媒体环境出现的新型"媒介事件"，邱林川、陈韬文将其命名为"新媒体事件"，产生了"媒介事件"的衍生概念。

本文认为，前两种媒介事件概念具有各自的内涵、使用范围，也有各自的学术理路与研究传统，从而具有各自的理论自洽性。由第一种概念衍生出来的第三种概念即"新媒体事件"，在突出新媒体的意义上似可成立，但其理论内涵与学术理路却与第一种概念并没有多少内在联系，是一种并不恰当的理论挪用。由第二种概念引申出来的"新闻策划"等概念，是典型的中国语境中的学理问题，反过来又加剧了"媒介事件"概念的复杂性。

本文的论述也表明，国人对"媒介事件"概念的使用，往往比较随意，甚至相当混乱。之所以出现这种情形，原因可能是多方面的。一是翻译问题。不必讳言，新闻传播学的很多知识、理论都是引进的，翻译著作对于关键性概念往往直接写出中文表述，并未注明原文。中文译名相似的，往往容易被误解为相同概念。二是学术训练与学术规范问题。对于重要的理论概念、理论命题，不少研究者缺乏深入考察，没有弄清楚概念的内涵和语境，对概念的理论框架及其研究传统一知半解，就开始"研究"，自然容易造成概念的混乱与理论的杂糅。三是学风问题。不少人习惯于我行我素，对概念的提出与使用比较随意，尤其是传播业界常常不经论证就创制、借用甚至误用一些概念来解释实践中的问题，而这样的业界话语却通过大量业务刊物"回流"到学界，让青年学子不加分辨地接受下来，导致并不严谨的表述进入学术话语。当然，还可能是研究者引用某些理论资源来探讨某种新的现实问题，由于学术视野的限制、问题的复杂性等主客观原因，在理论引申或概念衍生时考虑不周，从而出现概念化不确切甚至理论挪用错误的情况。所有这一切，都是需要高度重视并积极改进的学术问题。

与郭毅、梁辰曦、何旭合写，原载于《新闻与传播研究》2017 年第 10 期，人大复印报刊资料《新闻与传播》2018 年第 1 期全文转载，《新华文摘》2018 年第 5 期论点摘编，《新华文摘·网刊》2018 年第 9 期全文转载。

第四编　互联网与媒体融合

网络新闻价值取向的变化及其影响

自网络媒体诞生以来，网络新闻就呈现出不同于报纸新闻、广播新闻、电视新闻的独特风貌，尤其是在价值取向上发生了一系列深刻的变化。新闻传播的历史表明，新闻价值的取向决定着新闻传播的走向。因此，探讨网络新闻价值取向的变化及其影响，具有十分重要的学术意义。本文拟在前人有关研究的基础上作进一步的探讨，阐明对此问题的个人看法，以就教于方家。

一、网络新闻在价值取向上的变化

什么是新闻价值，它包含哪些构成要素？学术界一直存在着不同的看法。如果从价值概念的本来含义出发，从客观存在的外界物与满足人们需要的关系中去理解，那么我们就可以对新闻价值作如下界定：新闻价值是新闻满足受众认知客观现实变动情况的需要的属性。按国内大多数学者的观点，新闻价值通常包括时新性、重要性、接近性、显著性、趣味性等五要素。

不过，"五要素"说也并非定论。有学者指出，在新闻价值五要素中，"时新性是一个基本前提，是一条新闻所必备的素质。因为社会需要的是新的情况、新的信息，没有新，其他四个要素即便全具备，也不能是新闻。而重要性占据首要地位，与人们切身利益有利害关系的新闻理所当然首先引起人们的注意。一般而言，一条具备重要性的新闻，也就可能同时具备了显著性与接近性。从这个角度看，显著与接近是对重要性的一种补充。"[1] 在笔者看来，在指出"显著与接近是对重要性的一种补充"的时候，这位学者已隐约将新闻价值的"五要素"说修改成了"三要素"说。

的确，接近性、显著性这两项新闻价值要素处于重要性与趣味性之间，有些具体内涵是重要性的补充，有些具体内涵又属于趣味性的范畴。在接近性中，地理接近性可以说是重要性的补充，而心理接近性则属于趣味性的范畴。在显著性

1　黄旦.新闻传播学［M］.杭州：杭州大学出版社，1995：167.

中，高度知名或十分突出的新闻人物、地点、事件存在着两种类型，一种是政治、军事、外交、经济等领域的政治家、军事家、外交家、企业家、社会活动家及其活动；一种是体育、文艺、娱乐等领域的名流明星及其活动。前一种类型的人物及其活动，对人们的社会生活往往产生着直接的影响，其显著性可以看成是重要性的补充；而后一种人物及其活动，对人们的社会生活并没有什么直接的利害关系，仅仅是与人们的精神情感有着密切的关联，其显著性则成为趣味性范畴中的一种较突出的情况。

因此，新闻价值的五要素可进一步简化为三要素：一曰时新性，二曰重要性，三曰趣味性。包含接近性与显著性部分内容的重要性，主要是硬新闻的新闻价值；包含接近性与显著性部分内容的趣味性，主要体现为软新闻的新闻价值。无论是硬新闻，还是软新闻，时新性都是一个基本的前提，是所有新闻必备的一种属性，尽管硬新闻和软新闻有不同的时新性要求。从新闻价值的三要素出发，本文认为网络新闻在价值取向上的变化主要体现在以下三个方面。

（一）对某些新闻价值要素的内涵有所发展

网络新闻传播对新闻价值要素内涵的发展，首先体现在对时新性的发展。在新闻传播过程中，时新性主要是新闻传递的及时性。及时到什么程度，不同的时代，不同的媒体如报纸、杂志、广播、电视等，有着不同的要求。但在发展趋势上，人们对及时性的要求总是越来越高。一方面，传播科技的发展为新闻的及时传播提供了条件；另一方面，媒体竞争的加剧总是迫使新闻工作者不得不尽最大努力来提高及时性的程度。与传统媒体相比，网络媒体的信息传递更为快捷。其结果，网络新闻在价值取向上把"及时性"发展成为了"实时性"。

所谓实时性，就是指报道要与正在发生的新闻事实同步，在尽可能短的时间内把新闻传递给受众，尽早满足受众获知新闻的需要。2001 年 9 月 11 日，美国发生了世贸大厦被撞毁的恐怖事件，各国媒体竞相报道。在事件发生不到 10 分钟（当地时间 8:45 左右，恐怖分子劫持的第一架飞机撞上了世贸大厦北楼，北京时间 20:55 新浪网报道），新浪网便出现标题为"一架飞机撞上纽约世界贸易中心"的文字报道。随着事件的进展，各种图像、文字消息几乎每隔两三分钟就更新一次。据统计，从 21:08 到 23:59，新浪网共发布了 35 条快讯、一条详讯和其他相关报道 46 条，其中有图文信息 17 条，共计 92 条消息，数十幅图片。

对于网络新闻的实时性，有学者称之为"全时性"，认为"全时性的概念可以说是发轫于 BBC 的倡导。1997 年底，在全球网络化的新闻竞争背景下，BBC 建成了 24 小时新闻频道 BBC News 24，除了改善新闻节目质量和加强连续报道及深度报道之外，还特别把时效性的革命作为其竞争的关键手段，并对时效性下了'在需要时收看新闻'的定义。这一定义的实践指导特征在于：1. 全天候服务，不分昼夜。2. 按需供给。"[1] 从作者对"全时性"的解释来看，其实也就是"实时性"。一般说来，实时性是一个更通行的概念。

当然，所谓"实时"是一个相对的概念。要做到绝对的"实时"，是不太可能的。新闻事件的发生既有可预知的，又有不可预知的。对于预知性新闻事件，网络新闻要做到实时报道是不成问题的。但对突发性的新闻事件，最先的报道无论怎样快捷也必然滞后于事件的发生。网络媒体所能做到的，是一旦着手报道某一新闻事件，就可以基本上做到与事件同步，根据需要随时作出报道。进入新世纪，各网站所发布的新闻，在时间上已精确到以分秒计。与传统媒体相比，网络新闻的确可以说是在争分夺秒，"实时"地发布新闻。

（二）新闻价值取向的侧重点有所变化

将"及时性"发展成为"实时性"，这是网络新闻对传播过程的时间性要求，还没有涉及新闻的选择。从新闻选择的角度说，网络新闻在价值取向上与传统媒体相比具有不同的侧重点，这在我国也许是更为根本性的变革。

近代报刊产生以来，中国新闻媒体的主流长期都是作为宣传事业而存在，新闻选择的价值取向总体上是宣传价值主导新闻价值，强调和突出的是硬新闻，软新闻仅仅是作为一种调味品之类的东西。但是，网络媒体在新闻选择上却对软新闻给予了高度重视，大量发布社会新闻和娱乐新闻，使整个新闻报道呈现出软化的趋势。新华社国际部网络新闻采编主任司久岳曾说，"因为网络媒体具有娱乐性，因此我们增加供稿量时的着重点是增加娱乐性、社会性的新闻，增加老百姓比较关注的新闻。"[2] 国家通讯社的新闻网站尚且如此，更不用说商业性网站了。

1　杜骏飞. 网络新闻学［M］. 北京：中国广播电视出版社，2001：138.
2　李希光. 变形的新闻屋［M］. 成都：四川人民出版社，2000：165.

新浪网新闻总监陈彤曾指出，"从统计资料来看，除了大事，天大的事情，比如说法轮功被宣布为非法之类的新闻之外，其实大家真正关注的还是社会性的娱乐性的新闻。王菲啊之类的访问量是很大的，如果拿总的访问量作一个百分比的话，可能一半以上都是这种新闻。"[1]

网络媒体对于软新闻的重视和突出，事实上反映新闻价值取向的变化。正如有文章分析的那样："网络时代新闻价值的侧重点也发生了一些转移，由关注信息本身转向关注信息与人的关系。传统的新闻价值理论认为重要性、显著性等因素比接近性、趣味性、人情味重要，而在网络时代，当一个读者获得一条新闻后，他关心的可能并不是新闻的内容，而是这条新闻会不会成为与别人聊天时的谈资，成为与人交流的探路石。因此，接近性、趣味性、人情味等因素在网上新闻中的价值就相应增大了。"[2]

按我们在前面的分析，从新闻价值的时新性、重要性、趣味性三要素来看，网络媒体对软新闻的重视和突出，就是对趣味性的侧重。趣味性是一个十分宽泛的概念，包含了许多具体因素。美国学者庞德在《新闻学概论》一书中认为，能够引起人们兴趣的因素包括："（一）有利害关系的；（二）金钱；（三）性；（四）斗争；（五）冲突；（六）英雄的崇拜；（七）关怀；（八）人情味；（九）影响大规模有组织团体的事件；（十）竞赛；（十一）发明与发现；（十二）犯罪。"[3]国内也有学者把趣味性称为"人情味"，认为"具有人情味的东西是：冒险、冲突、幽默、悲欢离合、两性、反常、个人利益等等。"[4]形形色色的社会新闻、娱乐新闻，自然主要是具有趣味性价值的新闻。

（三）正在形成新的新闻价值判断标准

从根本上说，所谓新闻价值要素，其实是人们在新闻传播实践中总结归纳出来的衡量新闻事实或事件有无新闻价值及价值大小的测量指标。由于认识角度不同，这种归纳自然多种多样。尽管"五要素"说较为流行，实际上却存在着许多

1　李希光.变形的新闻屋［M］.成都：四川人民出版社，2000：177.

2　徐福健，许颖.要真正把用户放在心里——从人民日报网络版改版看网上新闻媒体的发展策略［J］.城市党报研究，2001（02）：6-11.

3　吴高福.新闻学基本原理［M］.武汉：武汉大学出版社，1993：191.

4　成美，童兵.新闻理论教程［M］.北京：中国人民大学出版社，1993：54.

不同的观点。《西方新闻理论评析》一书认为，西方新闻学者"在主要标准的确定上还是相当一致的。其中主要是：影响力、接近性、异常性、显要性、及时性、冲突性和趣味性等"[1]七项要素。实际上，不同的观点随处可见。《全能记者必备》一书就列出了 11 项要素，即：（一）事物内在特征：1. 冲突（紧张、惊异）；2. 发展（胜利、成功；）3. 灾害（挫败、毁灭）；4. 重要（对于一定的群体）；5. 显著（突出）；6. 新奇（异常甚至怪异）；7. 人情味（情感背景）；（二）其他合适条件：8. 及时（新鲜，有新意的）；9. 接近（地区性吸引力）；（三）一般的兴趣：10. 性；11. 动物。[2]

不少研究者对于新闻价值要素的这种"混乱"感到困惑，也有研究者试图寻求理论归纳的统一，但至今也没有完全达成共识。除了理论归纳的差异外，新闻价值要素本身也在不断发展、不断变化，人们对新闻价值要素的认识也在不断深化。随着网络媒体的兴起，一个十分重要的新闻价值判断标准或者说新闻价值要素已经形成了，这就是实用性。新浪网新闻总监陈彤指出，"新浪以实用性为其第一价值，这个实用性可能有很多种。可能给你带来投资，可能给你带来很大影响，或者确实是国家的重要政策，这些都是实用性。"[3]

美国新闻学者庞德在《新闻学概论》中曾指出，"伊利诺州立大学广播研究院院长威尔勃·许兰（现通常译作威尔伯·施拉姆——引者按）根据经验所得，曾作一个假设，其理论为：'我想一个人之所以选择新闻，目的在于有所收获，这种收获，不外下列两种范围：一为心理学大师弗洛伊德所谓的寻乐原则，另一种是他所谓的现实原则。也可以称为立即收获和延缓的收获。'大体上言，立即收获可由犯罪、伤风败俗、意外事件、灾害、运动、娱乐、社会事件、人类欲等新闻中得到。延缓收获可由公众事业、经济事件、社会问题、科学、教育和卫生等新闻中获得。"[4]对照我们在前面所归纳的新闻价值三要素（即：时新性、重要性、趣味性）来看，"立即收获"也就是从趣味性强的软新闻中获得当下的情

1　徐耀魁. 西方新闻理论评析［M］. 北京：新华出版社，1998：137

2　哈瑞斯，雷特，约翰逊. 全能记者必备［M］. 宋晓男，朱小兵，陆小华，等，译. 北京：中国新闻出版社，1988：46-47.

3　李希光. 变形的新闻屋［M］. 成都：四川人民出版社，2000：178.

4　吴高福. 新闻学基本原理［M］. 武汉：武汉大学出版社，1993：193.

感满足，而"延缓收获"则是从重要性突出的硬新闻中获得有关信息，从而采取有利的行动，只能在接受新闻传播之后的未来收获现实的利益。而在延缓收获与立即收获之间有没有一种过渡状态？我们认为，实用性新闻或者说实用性信息就处在这样一种过渡状态。实用性新闻既不像重要性突出的硬新闻那样关系到国家大事、人类命运，也不像趣味性强的软新闻只带来当下的情感满足，而是一种可以带来立竿见影的现实利益的一种信息。比如，股市行情可以给人带来投资，IT动态可以帮助人采用最新的计算机硬件和软件。

在网络媒体上，实用性信息已经是越来越多。"美国针对股市的网络新闻量超过政治、社会娱乐、体育等等。《华尔街日报》《经济学人》《财富》《富比世》等老媒体早已有不断更新的网址。路透社网、CBS网、Street.com的财经信息颇具及时性和权威性。雅虎财经每秒将财经消息分类列在有关工业及股票报价下，堪称便利。Thomson Quotes为美国第一家提供免费实时股价网址，还提供新闻和曲线。Bloomberg的信誉已逼近《华尔街日报》，Morningstar.net介绍分析共同基金已有多年历史。此外，综合及专题投资新闻网站成千上万"。"网络上针对股市的信息主要特点是：多、快、分类精细。财经新闻以秒为单位的速度呈现在互联网上。"[1]

有学者指出，在Internet环境下，新闻的概念更加具有应用性和延伸性，包括到我们生活当中更广延的部分，比如说我们在网上购物，在网上教育，以及在网上社交。至少在概念上，人们现在把通过网络所获取的日常生活信息，从新闻的有用性方面，把它与硬新闻等价齐观。这样，新闻就成为包括个人化的、被需要的、有用的所有信息。从传播旨趣上说，在Internet环境下的新闻已经有这种泛信息化的趋向。新闻的泛信息化趋向，不是说新闻这个概念新增加了一些关于信息的外延，而是说新闻找回了原本属于它的完整的信息意义。最典型的例子是商业信息，大量的个人化的商业信息与用户交互，使我们得到了许多非常重要的情报，这些情报对于需要者，无论从哪个理由上说，都可被定义为是更为本原意义上的新闻。[2]

1　赵光启.网络新闻与股市［M］//李希光.网络记者.北京：中国三峡出版社，2000：245-247.

2　杜骏飞.新的传播，新的人——关于泛传播研究的访谈实录［M］//杜骏飞.弥漫的传播.北京：中国社会科学出版社，2002：174-176.

对于这类实用性新闻信息或泛信息化的新闻，判断它有无新闻价值，有多大的新闻价值，不能从传统的重要性标准出发，也不能从传统的趣味性标准出发，只能是看它对接受者是否具有以及具有多少实用性。因此，在网络新闻中，实用性已经成为新的价值标准或价值要素。综上所述，我们可以把网络新闻价值判断的新标准概括为以下四个方面，这就是：（1）实时性；（2）重要性；（3）趣味性；（4）实用性。当然，这里的重要性和趣味性都是前面已经指出过的广义概念，本身具有十分丰富的内涵，是包含了接近性与显著性在内的广义概念。

二、网络新闻价值新取向的作用与影响

在新闻传播过程中，新闻价值取向具有极强的导向作用，引导着新闻工作者把新闻的探照灯和聚焦点投放到那些被认为值得报道的地方。因此，网络新闻价值取向的变化，必然对整个新闻传播产生不容忽视的作用和影响。

（一）网络新闻价值新取向的积极作用

新时期以来，我国的新闻改革在改革开放的历史进程中不断向前迈进。网络新闻价值取向的新变化，必将进一步深化我国的新闻改革，促进新闻传播事业的发展。大体上，网络新闻价值取向的新变化将从以下三个方面深化新闻改革。

1. 从宣传价值回归到以新闻价值为基础，更好地满足人民群众的新闻需要

在价值取向上，我国的新闻传播向来强调的是宣传价值。20 世纪 80 年代以来，人们逐渐认识到新闻价值是新闻传播的基本规律，但宣传价值主导新闻价值的传统根深蒂固。人们往往自觉不自觉地将宣传价值纳入新闻价值之中。1999 年，还有论者认为新闻价值的判断标准是这样的：

> 对无产阶级新闻来说，所报道的事实具有下列因素之一者，才有其新闻价值。第一类构成因素：它体现党的路线、方针、政策精神如何？也就是舆论导向的正确性。悠悠万事，导向为大。由于导向正确，产生一种强大的精神力量，这种精神力量是物质力量无法替代的。第二类构成因素：看它对生产力的发展和现代化建设起的作用或影响如何？凡是新近发生的有利于促进生产力的发展或推动现代化建设的事实，就具有新闻价值。第三类构成因素：看它对国家政治生活或社会进步发挥的作用如何？"文革"中片面夸大精神的作用，造成报纸治国、社论治国的错觉，这当然是错误的。但新闻能起到

兴邦、安邦的作用，这种作用越大，新闻价值就越大。第四类构成因素：看它反映群众工作、学习、生活的要求、意愿、心声如何？民有所呼，我必有应，能充分维护群众利益的新闻就有价值。第五类构成因素：看它对社会秩序、家庭生活或人们的道德、情操、风尚等方面所起的作用和影响如何？通过新闻事实，弘扬新的伦理道德观、新的社会风尚，维护健康的社会秩序和促进人际关系的完善，创造出一个社会成员之间相互启悟、相互关注、相互砥砺、相互激励及共同认识生活、认识社会的氛围。这样的新闻也是有价值的。第六类构成因素：看它能否传播新的科学技术和文化及丰富人们的生活。这一点也很重要，服务性、娱乐性、启迪性的新闻是受众必读、必需的内容，也具有价值。[1]

事实上，这一段话比较典型地体现了宣传价值主导新闻价值的现实。虽然所论六种情况都包含了新闻价值因素在内，但其出发点却是满足传者的宣传需要，只有在这个前提下，受众的新闻需要才能得到一定程度的满足。

网络新闻价值取向的基点却是从满足受众的新闻需要出发，在满足受众需要的基础上满足传者的宣传需要。这样，就可以在新闻价值的基础上来体现宣传价值，实现新闻价值与宣传价值的有机结合，从而更好地满足人民群众的新闻需要。正如宋晓军指出的那样，"以往我们强调新闻立场，而网络媒体的出现逼着记者更加重视新闻价值。你一定要贴近受众，靠近受众的立场，只有这样他才会看，才会有点击量。"[2] 网络媒体人士陈彤表示，"一些纯宣传的东西我们肯定是不上的"[3]。

2. 从宣传本位回归到新闻本位，更好地发挥新闻的宣传作用

在阶级社会里，任何新闻媒体在传播新闻的时候，都在或隐或显、或强或弱地进行宣传，这是由新闻和宣传始终相互交织这一特点所决定的，也是不以人的意志为转移的。不过，在新闻传播过程中，却存在着是以宣传为本位还是以新闻为本位的区别。

以宣传为本位的新闻传播，往往强调"一切新闻都是宣传"，新闻为宣传服

1　蔡贵方. 新闻策划要述 ［M］. 南京：江苏人民出版社，1999：64-65.

2　李希光. 变形的新闻屋 ［M］. 成都：四川人民出版社，2000：192.

3　李希光. 变形的新闻屋 ［M］. 成都：四川人民出版社，2000：178.

务。在革命战争年代，新闻传播事业以宣传为本位，具有其现实的合理性。但是，宣传本位的新闻传播往往片面强调突出宣传意图，使新闻宣传带有浓厚的说教倾向，造成令人生厌的"宣传腔"。具体表现在："不讲宣传艺术，赤裸裸地展示宣传意图，重复老一套的空洞词句，口号多，空话、套话多。对事物不进行深入切实的分析，爱用高级形容词吹嘘自己，用在字眼儿说明小事物。或对敌一味地叫骂不已，缺少说理的能力。"[1] 这样的宣传，很难产生良好的社会效果。

以新闻为本位的新闻传播，则意味着媒体的基本职能和核心职能是报道新闻，满足人们认知社会现实变动情况的信息需要。当然，新闻本位不是不要宣传，而是要通过新闻报道更巧妙、更艺术地宣传。有研究者认为，"新浪新闻的核心竞争力源自中性的商业性平台。概括地讲，新浪新闻的第一核心优势，是'中性平台'。他不是宣传平台，没有传统媒体兴办的网站所肩负的宣传任务。同时，新浪也不是一个非宣传平台，新浪的立场、观点是鲜明的，是与国人与国家利益相一致的。看看驻南使馆被炸，它选择的报道，你就会明白，新浪的政治倾向、编辑取向与各大宣传平台，是多么一致。因此，从某种角度讲，新浪是一个事实上的、有效的宣传平台，是一个不错的统战管道。人们比较乐于接受新浪提供的信息，而新浪信息绝大部分正是转自传统媒体。"[2]

以新闻为本位而又收到良好宣传效果，这是新闻传播的本性所决定的。胡乔木曾指出，"新闻却是一种无形的意见。从文字上看去，说话的人，只客观地、忠实地、朴素地叙述他所见所闻的事实。但是因为每个叙述总是根据着一定的观点，接受事实的读者也就会接受叙述中的观点。资产阶级的新闻记者们从来不说我以为如何如何、我以为应该如何如何，他们是用他们的描写方法、排列方法，甚至特殊的（表面上却不一定是激烈的）章法、句法和字法来作战的。"[3] 我们的新闻媒体和记者也必须学会运用并且善于运用客观报道的新闻宣传手法。

3.拓展新闻报道的范围，进一步推动新闻的改革与开放

在宣传本位和宣传价值的主导下，新闻报道的范围长期以来比较狭窄。从

1　刘建明.宣传舆论学大辞典［M］.北京：经济日报出版社，1992：74.

2　孙坚华.新浪网新闻的比较竞争力［M］//邓炘炘，李兴国.网络传播与新闻媒体.北京：北京广播学院出版社，2001：339.

3　中国社会科学院新闻研究所.中国共产党新闻工作文件汇编（下）［M］.北京：新华出版社，1980：226.

20 世纪 80 年代中期开始，直到 90 年代前期，我国新闻界一直在为扩大报道面、增加信息量而不断努力。网络新闻对于趣味性的突出，对于实用性的开发，对于进一步拓展新闻报道的范围，推动新闻的改革与开放，将产生深远的作用。

与传统媒体相比，网络媒体是一个相对开放自由的信息空间。现实生活中发生的各种新闻，会通过各种途径在互联网上发布、传播，并且广泛地为人们所接受、所议论。这就必然推动新闻媒体进一步扩大报道范围，提供更多、更快、更好的新闻来满足人民群众的信息需要。

网络新闻在价值取向对趣味性的重视和突出，意味着大量的负面新闻信息将得到广泛传播。像各种地质灾害、意外事故以及现实中的虚假、贪婪、霸道、荒淫、畸形、落后、愚昧、卑劣、罪恶等不合乎社会实践的规律性、目的性的行为活动，往往是具有较高趣味性的新闻，容易引起受众的兴趣。网络媒体要吸引人们的眼球，自然不会放过这些能够激发人们浏览欲望的负面新闻。如此一来，传统媒体较少报道负面新闻信息的做法必然要发生改变，因为传统媒体不刊登，人们会到互联网上去发布、去交流。

（二）网络新闻价值新取向的消极影响

当然，任何事物都是一分为二的。网络新闻价值取向的新变化在促进新闻改革走向深入的同时，也存在着不容忽视的消极影响。最主要的问题是，趣味性的凸显对于新闻文化环境的建构可能产生某种程度的危害。

我国新闻学者在阐述趣味性时历来强调，"社会主义新闻观，从来不是仅仅把'趣味性'这一价值标准的内容局限在自然人的'情'和'欲'上，而是认为，趣味性虽然离不开人的自然性的'情'和'欲'的内容，但是它必然还有更为广泛的选择指向，大至世界、小至家庭、儿女情怀。更为重要的是，社会主义新闻传播活动不以追求利润作为唯一目的，而以服务于受众为宗旨，它既不排斥人的情和欲的自然性方面，还更加注重人的情和欲的社会性方面，注重其中体现的社会历史内容。……所谓趣味性体现出来的是一种健康的情趣，而不是什么低级趣味和欲望刺激的满足。"[1]

然而，目前网络新闻在趣味性的表现上，恰恰是比较注重"人的情和欲的自

1　吴高福.新闻学基本原理［M］.武汉：武汉大学出版社，1993：196.

然性方面"。2002 年 8 月 31 日出现在某知名网站新闻排行榜中的社会新闻共有20 条，其中涉及色情意味的社会新闻计有 8 条，比例高达 40%。就这些新闻标题的用语来，大多使用色情性的刺激字眼，诸如：嫖客、色魔、淫窝、奸辱、房事、性用品、性药、催情、裸身、黄碟、猥亵等，其中色魔一词出现两次。一年之后，2003 年 8 月 31 日出现在同一知名网站新闻排行榜中的社会新闻，涉及色情意味的仍有 8 条，比例保持不变，有所改进的是其新闻标题的刺激性程度有所减弱，只出现了诸如偷欢、情人、变态男子、（与狗）兽交、通奸、保持关系、难耐寂寞、按摩女郎、裸背等词语。

值得注意是，"人的情和欲的自然性方面"往往与暴力相联系，上述某知名网站新闻排行榜中表现色情性题材的社会新闻就有典型的例子，如《女研究生落入色魔家教陷阱：被拘十天惨遭奸辱》《台湾一变态男子两度强迫 3 名初中生与母狗兽交》等。所以网络媒体的社会新闻在注重"人的情和欲的自然性方面"的同时，也对暴力性题材给予了较为集中的关注。在上述某知名网站的社会新闻排行榜中，2002 年 8 月 31 日的暴力性新闻计有 4 条，占 20%；2003 年 8 月 31 日则有 5 条，占 25%。而且其标题的用词也都带有某种程度的暴力倾向，诸如：剁四肢、惨死、恶夫、杀人、凶魔、刺穿、摧残、血案、暴毙、强迫、打昏、惨叫、自杀、斗殴等。

如果说色情性、暴力性的社会新闻造成了网络新闻的低俗化、煽情化，那么，网络新闻对实时性的追求，则必然导致新闻的碎片化。新闻的碎片化在一些重大新闻的报道过程中体现得十分明显。2002 年 3 月 15 日 11:00—12:13，朱镕基总理在北京召开了上任以来的第三次中外记者招待会，各种媒体都作了报道。网络媒体与传统媒体的不同之处在于，不少网站的报道是与会议同步滚动播出的，结果大部分报道只有两三句话，主题很分散。在新浪网上，我们看到了如下的新闻标题：

凤凰卫视主持人吴小莉没有着红装（2002315 10：50）

朱镕基：中国今年 7% 的经济增长目标是可以实现的（20020315 11：07）

中央电视台记者首先提问（2002315 11：10）

总理开场白风趣幽致　记者会心微笑（20020315 11：17）

纷纷摄影留念　总理坐过的座位成了"抢手货"（20020315 12：30）……

网络媒体这样一种"与时俱进"的报道，必然要求记者在采集新闻的过程中就把信息一点一滴地传达出来，因而也就难以对信息进行整合性的构思与加工。快捷是快捷了，但对新闻事件整体性的认知也飘散了。再加上网络媒体容量巨大，各种不同来源的消息，各种新闻背景、新闻资料，各种新闻报道形式，都可以吸纳有关的新闻报道或专题之中，势必让人眼花缭乱，目不暇接，加剧新闻的碎片化，让人难得要领。

当然，新闻的低俗化、煽情化、碎片化态势，并非完全是由网络媒体造成的。但是，网络新闻在价值取向上的变化，至少是起到了强化或者加剧的作用。我们在看到网络新闻价值取向变化对中国新闻传播产生积极作用的同时，也必须充分认识到其消极影响，并且加以批评引导，从而使网络新闻事业在两个精神文明的建设过程中发挥更大的促进作用。

原载于《新闻与传播评论》2003 年 00 期。

传统媒体与网络媒体的议程互动

自 2003 年互联网广泛介入时事政治与社会生活并发挥前所未有的舆论作用以来，网络舆论已受到上至党和国家领导人，下至平民百姓的普遍关注。在这种背景下，关于网络舆论的研究自然成为学界的一个理论聚焦点。

从已发表的论文来看，对网络舆论的研究基本上是从 2003 年这个"网络舆论年"[1] 开始的。研究的重点与学术立场，大多数文章都是在探讨如何加强对网络舆论的"掌控""控制""引导""导向""净化"。显然，这些关键词的使用，不仅彰显了国人高度重视网络舆论的控制与引导问题，而且显示出国人对网络舆论的某种忧虑与不信任。

由于种种原因，网络舆论的确需要加以引导，应当说这已成为一种共识，问题的关键在于如何引导。在笔者看来，加强传统媒体与网络媒体的议程互动，在当今中国不失为一种有效的选择。因此，尽管如何正确对待网络舆论、如何引导网络舆论、如何充分发挥网络舆论的作用等问题在理论上有待进一步澄清，本文也暂不作直接的讨论，单就传统媒体与网络媒体的议程互动谈谈自己的思考，或许有助于推进关于网络舆论的研究。

一、殊途与同归：传统媒体与网络媒体议程互动的形成

早在 1922 年，美国新闻评论家沃尔特·李普曼（Walter Lippmann）在《舆论学》（*Public Opinion*）一书中开篇就讨论"现实世界与我们的想象"，指出"新闻媒介影响我们头脑中的图像"。[2] 1968 年，美国传播学者马克斯韦尔·麦库姆斯（Maxwell McCombs）和唐纳德·肖（Donald Shaw）等人开展了一项关于美国总统选举期间传媒报道对选民所产生影响的实证研究，发现媒介加大对某些问题的报道量或突出报道某些问题，能影响受众对这些问题重要性的认知。也就是说，新闻媒介提供的信息主导了我们对外部世界的认知。1972 年，麦库姆斯等人在《舆

1　闵大洪.2003 年的中国网络媒体与网络传播孙志刚事件掀起"网络舆论年"［EB/OL］.（2014-04）［2022-02］.
2　李普曼.舆论学［M］.林珊，译.北京：华夏出版社，1989：1.

论季刊》（*Public Opinion Quarterly*）上发表研究报告《大众传播媒介的议程设置功能》（*The Agenda-Setting Function of Mass Media*），将媒介的这种传播效果命名为"议程设置"。[1]"议程设置"遂成为传播学研究的一个经典性理论学说。

早期的议程设置研究主要探讨媒介报道对公众认知的影响，并没有考虑媒介议程的内容是如何被设置的。20世纪80年代以后，媒介与其他社会机构的交互作用对议程设置过程的影响受到重视，学界关注的重心从"是谁设置了公众议程"转向为"是谁设置了媒介议程"。在这种新的理论探索过程中，"媒介间议程设置"的理论研究逐渐呈现在人们的学术视域中。

事实上，在"议程设置"理论正式提出之前，布里德1955年在《报纸"意见领袖"和标准化进程》一文中已揭示，大报在议题设置上影响小报，使得大多数报纸在内容和风格上很相似。他用"动脉效果"（the arteria effect）来形容大报对小报的影响，认为大报是报纸的"意见领袖"，并造成报纸内容生产的标准化。[2]1987年，诺埃尔·纽曼和马瑟斯在研究中发现，多数记者会相互参考报道内容，提出了"互向联合设置"（reciprocal co-orientation）的概念。[3]1989年，美国学者瑞斯和丹尼利恩运用内容分析法研究了1986年美国媒体对一种毒品古柯碱（cocaine）的报道，发现不同媒介体系（报纸、杂志和电视等）对这一事件的报道在方式与内容上都有高度的相似性，而且议程总是从权威性较强的《纽约时报》流向其他报纸，他们正式把这种现象称为"媒介间议程设置"（inter-media agenda setting）效果[4]。

从传播实践来看，"媒介间议程设置"事实上是一种媒介之间的议程互动，即议程不是从某种媒介单方面流向另一种媒介，而是在两种或多种媒介之间相互流动。当然，议程互动的前提是媒介之间的异质性。上述西方传播学的有关研究表明，媒介之间的异质性或表现为不同等级的报纸如大报与小报之间的差异性；

1 MCCOMBS M, SHAW D. The agenda setting function of mass media［J］. Public opinion quarterly, 1972, 36（2）: 176-187.

2 BREED W. Newspaper "opinion leader" and processes of standardization［J］. Journal quarterly, 1955, 32（3）: 277-284, 328.

3 NEUMANN N E, MATHES R. The "event as event" and the "event as news": the significance of "consonance" fot media effects research［J］. European journal of communication, 1987, 2（4）: 391-414.

4 REESE S D. LUCIG H D. Intermedia influence and the drug issue: converging on cocaine［M］//SHOEMAKER P J. Communication campaigns about drugs: government, media, and the public. New York: Routledge, 1989: 29-46.

或表现为不同介质的媒体如报纸、杂志和电视等之间的差异性。互联网作为一种新兴的媒体形态，迥然不同于报纸、广播、电视等传统媒体。这就意味着，网络媒体与传统媒体之间是可以议程互动的。

在我国，网络媒体与传统媒体之间的异质性不仅体现为一种物理性的媒体介质的差异，而且体现为一种社会性的媒体制度的差异。我们知道，网络媒体是一个相对宽松的、开放的、自由的信息平台与舆论空间，只要在法律和政策许可的范围内，任何人都可以通过互联网对自己所关注的问题进行言说。在某种意义上，网络舆论可以说是社会舆论的直接反映。而传统媒体则是高度体制化的一种存在，由于体制性约束，媒体所反映或表达的舆论往往是获得体制认同的看法和观点，而真正的民众则很难通过传统媒体自由地表达自己对社会问题的看法。这是我们不能不承认的舆论现实。

从根本上说，无论是传统媒体还是网络媒体，不仅都是社会的信息工具，而且也都是社会的舆论工具，终究是要表达民心民意，才能获得广泛的民众认同。在此意义上，如果某一事件或事态引起了人们的普遍关注，那么，传统媒体与网络媒体就会积极介入这一事件或事态的报道，最终使传统媒体与网络媒体在关于这一事件或事态的舆论传播过程中殊途同归，共同推进社会舆论的进程，发挥媒体应有的作用。回顾我国网络媒体的演进历史，作为一种媒体，互联网正是在与传统媒体的议程互动过程中而获得广泛认同的。不妨以报纸与 BBS 的议程互动为例来略作说明。

大约在 1991 年，我国便开始出现 BBS 站点，但一直处于"默默无闻"的状态。直到 1997 年底，BBS 才引起国人的关注。一位署名"老榕"的球迷，1997 年 11 月 2 日凌晨在四通利方体育论坛发表了《大连金州没有眼泪》的帖子[1]。11 月 14 日，《南方周末》体育版全文转载了该文，并以《大连金州的网上泪》为题发表了评论。《南方周末》的转载使这个帖子产生了更大的反响，不仅在 BBS 论坛上获得更加热烈的讨论，而且又被《成都商报》《中国足球报》等多家报纸转载。这是我国报纸与 BBS 议程互动的开始。从此以后，以报纸和 BBS 为典型代表的议程互动，就逐渐成为我国舆论传播的媒介现实。

---

1 老榕 . 10.31：大连金州没有眼泪［EB/OL］.（1997-11）［2001-04］.

当然，在 1999 年之前，传统媒体与网络媒体的议程在总体上还呈现出"花自飘零水自流"的局面。1999 年 5 月人民网开设"强国论坛"之后，传统媒体与网络媒体在议程设置上开始了亲密的接触。到 2003 年，则出现了传统媒体与网络媒体联手打造舆论盛会的局面，使 2003 年作为网络舆论年而载入网络传播发展的史册。

二、溢散与共鸣：传统媒体与网络媒体议程互动的方式

闵大洪指出："网络舆论的形成主要通过网站以多种形式集中报道，以及网民通过新闻跟帖、论坛上帖等手段来实现的，而主流新闻媒体的适时介入，将会使网络舆论的影响进一步扩大。"[1] 这是着眼于网络舆论而得出的结论。事实上，传统媒体的报道或议题经过网络舆论的扩散，也同样会出现舆论的倍增效应。这是因为，互动是两个不同主体双向影响的过程，媒介间的议程互动就是两种媒介在议题上双向交流与影响的过程。透过我国传统媒体与网络媒体议程互动的表象，不难发现存在着两种基本的互动方式。仍以报纸和 BBS 的议程互动为例加以说明：

其一，议程从网络流向报纸，即：网络上主要是 BBS 上所发表的观点、意见、建议为某些报纸所转载或重新包装后进行报道，而报纸的报道又重新引导 BBS 网友对议题的热烈讨论，并最终形成舆论的合力。前面提到的《大连金州没有眼泪》即是这方面的例子。当然，围绕《深圳，你被谁抛弃？》一文而展开的讨论和报道更为典型。2002 年 11 月 16 日下午，一位名叫"我为伊狂"的网友在"强国论坛"和"发展论坛"分别贴出《深圳，你被谁抛弃？》的长文，对深圳市政府的效率、治安、二线关口、交通、城市管理、外来人口、生活压力、诚信、人情、文化等诸多方面提出了批评。这篇近两万字的文章立刻引起众多网友的注意，在 BBS 上广为流传。2003 年 1 月 7 日至 20 日，《南方都市报》先后用 50 多个版面的篇幅推出"深圳：你被抛弃了吗？"的大型系列报道，把网络舆论对深圳城市发展前景的忧虑引向对城市发展战略的探讨，产生了良好的影响。1 月 19 日，深圳市市长与网文作者呙中校（"我为伊狂"）在广州就文中提及的问题进行了面对面的交流。这是互联网上的"声音"首次引起中国官方的高度关注并正面公开回应，也标志着 BBS 言论和报纸等传统媒体之间的议程互动步入正轨。

1　闵大洪.2004 年的中国网络媒体［J］.南京邮电学院学报（社会科学版），2005（01）：8-15.

其二，议程从报纸流向网络，即：报纸率先报道某种焦点性新闻事件或事态，网友迅即在 BBS 上转贴报纸的新闻，并以有关新闻为由头开展进一步讨论，形成网络舆论，进而推动报纸等传统媒体纷纷加以报道，最终形成媒体舆论与网络舆论的共振。最为典型的例子莫过于"孙志刚事件"。2003 年 4 月 25 日，《南方都市报》发表《被收容者孙志刚之死》的报道，并配发评论《谁为一个公民的非正常死亡负责？》。报道和评论随即被多家网站转载，在网络中引起强烈的关注。当某门户网站贴出《南方都市报》的新闻报道时，跟帖在几个小时内就达到上万条，网民不仅在 BBS 上发出强烈抗议的声音，而且还在 4 月 25 日当天建立了一个名为"孙志刚，你被黑暗吞没了"（后更名为"天堂里不需要暂住证"）的纪念网站。BBS 等网络言论的火爆，使各地都市报也迅速加入了声讨的队伍，最后连广东本地媒体、中央官方媒体也跟进报道此案，从而形成了声势浩大的舆论浪潮。这种舆论还促使三位法学博士和五位法学家两次上书全国人大常委会，要求审查《城市流浪乞讨人员收容遣送办法》是否合法。6 月 18 日，温家宝总理主持召开国务院常务会议，审议并原则通过《城市生活无着落的流浪乞讨人员救助管理办法（草案）》，已实施 21 年的《城市流浪乞讨人员收容遣送办法》在新的《救助管理办法》生效后即行废止。

应当说，议题从网络流向报纸与从报纸流向网络是议程互动的两个基本矢向度，但是，这并不意味着两种方式平分秋色。深入分析议程互动的具体过程就会发现，对于新闻舆论具有重要变革意义的还是网络舆论。一方面，那些传统媒体由于某种原因而未能报道的现实问题，正是在网络舆论的积极推动下才变成了传统媒体与网络媒体的共同议程。正如一位在网络中极为活跃的大学教师王怡在接受《凤凰周刊》电话采访时所分析的那样："互联网把一个问题炒热了，这对那些市场化媒体也是一个诱惑和压力，它们肯定要跟进，也不得不跟进。"[1] 另一方面，即使那些从报纸流向网络的议程，如果离开了网络舆论的积极推动，也很可能中途夭折，正是依赖网络舆论的积极介入，传统媒体才可能纷纷开展报道与评论，推动事态的积极发展。就拿前面提到的"孙志刚事件"来说，尽管《南方都市报》率先报道，但其舆论声势的最后形成，BBS 可谓功不可没。《南方周末》的报道

1　谢新洲．"议程设置"在互联网环境下的实证研究［J］．中国记者，2004（02）：76-77.

说得好，"尽管传统媒体对孙志刚案件报道不多，但互联网上的排山倒海般的谴责和抗议却形成了极大的压力。"[1]

那么，议程互动对于传统媒体与网络媒体具有什么样的意义，两种媒体在议程互动中各自又发挥着什么样的作用呢？要从理论上回答这些问题，有必要引入西方传播学中的共鸣效果(resonance effect)和溢散效果(spill-over effect)两个概念。

1987 年，德国学者诺埃尔 - 纽曼等（Noelle-Neumann & Mathes）在研究 1968 年伦敦反越战示威报道的过程中，发现媒体之间也存在"意见领袖媒介"（opinion-leading media），总是一些主流的媒体如《泰晤士报》《卫报》最先报道相关的新闻，然后才是其他报纸跟进报道。这就是说，在信息的传播过程中，主流媒体充当了意见领袖媒介的角色，是其他媒体及记者的信息来源与参考架构，具有设定其他媒体内容、解释新议题的功能。这种由主流媒体在媒介系统中引起一连串报道的连锁反应，就是媒介的"共鸣效果"（consonance effect）。[2] 1991 年，德国学者马瑟斯和普费茨研究另类媒体在议程建构过程中的作用时发现，媒介议题同样可以从另类媒体流向主流媒体（意见领袖媒介），即产生媒介议题的"溢散效果"（spill-over effects）。马瑟斯和普费茨的研究内容，是反公娼、抑制国民 IC 卡等"反对性议题"（counter-issue）从成为公众议题到进入媒介议题再进而变成政策议题的全过程。他们发现，反对性议题的生命周期可分为潜伏与预备期、上升期、高峰期、衰退期四个周期；当另类媒体报道的反对性议题由潜伏与预备期转变成上升期时，主流媒体便开始介入这些反对性议题的报道[3]。

值得注意的是，"共鸣效果"与"溢散效果"具有本质的区别：其一，从媒体角度看，"共鸣"是议程从主流媒体到边缘媒体或另类媒体而产生的舆论效应，"溢散"是议程从边缘媒体或另类媒体到主流媒体而产生的舆论效应；其二，从议程角度看，引起"共鸣"的议程往往是获得社会主流意识形态高度认同的议题，因而"共鸣效果"意味着主流意识形态在整个社会生活中的扩散；引起"溢散"的议程往往是主流意识形态认为"敏感"并且谨慎对待的问题，因而"溢散效果"

1 林楚方，赵凌. 人民网文章增加了侦破孙志刚案的决心［N］. 南方周末，2003-06-06.

2 NEUMANN N E, MATHES R. The "event as event" and the "event as news"：the significance of "consonance" fot media effects research［J］. European journal of communication, 1987, 2（4）：391-414.

3 MATHES R, PFETSCH B. The role of the alternative press in the agenda-building process: spill-over effects and media opinion leadership［J］. European journal of communication, 1991, 6（1）：33-62.

意味着对主流意识形态的某种突破。明白了其中的意涵，我们就可以发现，传统媒体与网络媒体的议程互动，特别是议程从网络媒体流向报纸等传统媒体所产生的"溢散效果"，对于当代中国的媒介实践与舆论过程具有十分重要的创新意义或革新意义——让主流媒体卷入敏感问题的报道，不仅扩大了新闻报道面，而且拓宽了传统媒体的言论空间，推动传统媒体更好地反映民心民意。

三、共振与断裂：传统媒体与网络媒体议程互动的现实

如此看来，传统媒体与网络媒体的议程互动，实质上发挥着推动新闻传播创新、推进民主法制建设的历史性作用。我们理所当然要为这种议程互动而欢欣鼓舞。不过，面对传统媒体与网络议程互动的现实，我们既可以看到两者在互动过程中的共振，又不得不承认两者在某些议程上还互动不起来的断裂现象。

从1997年至2005年，凡是引起社会各界广泛关注的媒体议程，都存在着传统媒体与网络媒体积极互动的现象。可以说，这些年来在社会生活中产生广泛影响的一些重大的"媒介事件"，在某种意义上正是传统媒体与网络媒体议程互动的结果。经过一番搜集，笔者分类整理出45个可以展现网络BBS和报纸议程互动风貌的典型案例，见表4.1。

表4.1　BBS和报纸议程互动典型案例分类表

议题性质	成功互动的重大议题（1997—2005年）
时政议题	北约轰炸我国驻南使馆事件（1999年）、中美撞机事件（2001年）、美伊战争（2003年）、山东济宁副市长李信向举报人下跪事件（2004年）、连宋访大陆以及钮保国赋诗（2005年）
科教议题	董关鹏事件（2003年）、西北大学反日事件（2003年）、"甘朱事件"（2004年）、北大女生当场撕奖状事件（2004年）、北航招生丑闻（2004年）、北大关门事件（2004年）、清华博士王垠退学事件（2005年）
文体议题	《大连金州没有眼泪》（1997年）、巩俐希望工程广告风波（2000年）、赵薇日本军旗装事件（2001年）、张默打人事件（2003年）、深圳姐姐拍电影事件（2004年）、芙蓉姐姐（2005年）、超级女声（2005年）、"天仙妹妹"走红（2005年）、流氓燕裸照事件（2005年）
社会议题	"深圳，你被谁抛弃"事件（2002年底至2003年初）、日本人珠海买春事件（2003年）、《长沙是谁家？凭啥我爱她？》（2003年）、西安宝马彩票案（2004年）、木子美事件（2003年）、成都幼儿李思怡饿死案（2004年）、南师大女生陪舞事件（2004年）、女大学生陈易卖身救母事件（2005年）、复旦研究生"虐猫"事件（2005年）

续表

议题性质	成功互动的重大议题（1997—2005年）
经济议题	丰田霸道车石狮敬礼广告事件（2003年）、郎咸平大争论（2004年）、银川出租车停运风波（2004年）、香港教授丁学良称"国内真正意义上的经济学家不超过5个"（2005年）
法治议题	夫妻看黄碟案（2002年）、孙大午案（2003年）、刘涌案（2003年）、孙志刚事件（2003年）、宝马车肇事案（2003年底至2004年初）、女教师黄静被害案（2004年）、中国乙肝歧视第一案（2004年）
灾难议题	南丹矿难（2001年）、非典（2003年）、衡阳大火（2003年）、繁峙矿难（2003年）

从表4.1可以看出，文体议题是BBS和报纸媒体最早实现议题互动的一个领域。报纸与网络的议程互动最集中地表现在社会议题、文体议题和法治议题领域，科教议题也是两种媒介的议题频频"牵手"的领域。在经济议题上，BBS和报纸较少进行互动。究其原因，社会和法治议题最容易牵涉公众切身的利益，文体议题和科教议题也具有强烈的亲民性和易接近性，本身就是报纸议程的重要内容，同时又容易受到公众的关注。灾难事件也是一个容易同时抓住媒体和公众心理的议题，尽管在本文所收入的案例中比例较小，但一经传统媒体与网络媒体的议程互动，就会引起社会各界的广泛关注。值得关注的是，相比于时政、法治等"硬新闻"议题，文体议题在2005年引起传统媒体关注的比例大幅上升，这似乎也印证了现今报纸的娱乐化倾向。

由于各种现实原因，传统媒体与网络媒体的舆论兴奋点在某种情况下会呈现出很大的差异。换言之，传统媒体与网络媒体在议程上会出现断裂的现象。议程断裂是指议题在一种媒体中被确认为十分重要，而在另一种媒体上却得不到应有的反映或报道。对于传统媒体与网络媒体来说，更多的情况是议题在网络上获得热评而在传统媒体上遭到"冷遇"。比如，2003年4月，湖南电台主持人罗刚因一个日本人（后被证实为一湖南农民）打其热线电话辱骂"没有文化的中国人是支那猪"而被解雇。这一引起轩然大波的事件在网络中的各BBS论坛上广泛流传，但当地的报纸等传统媒体却集体失语。2004年出现的"浙大文化衫事件"也是当时BBS论坛上的一个热门话题，甚至连续多日上了当时全国最有影响的一个 BBS——"一塌糊涂"的十大头条，但是报纸等传统媒体却再次集体缄默。对于"南都案"，虽然《南方都市报》、喻华峰和程益中在那段时间里成为各 BBS 论坛的几个关键词，但报纸等传统媒体基本上都不曾对这一事件进行详细的报道，更谈不上主动去反映 BBS 等网络舆论的声音。此外，对于"不锈钢老鼠"刘荻案、杜导斌案、人大宝马撞人事件、焦国标文章、卢跃刚万言公开信等 BBS 论坛上的热门话题，主流报纸媒体也是一片哑然。有关具体情况，可详见表 4.2 的内容。

表 4.2　BBS 热评而报纸"冷遇"的典型案例

议题	事件内容
刘荻案	2002 年 11 月，北师大心理系学生刘荻以"不锈钢老鼠"的网名在网络上发表了 10 余篇自由主义的文章，遭到拘捕
罗刚事件	2003 年 2 月，一农民恶作剧地冒充日本人致电广播电台，发表了辱骂中国人的言论，导致电台主持人下岗
南都案	2003 年 6 月，《南方都市报》两位负责人被指经济问题被拘捕
杜导斌案	2003—2004 年，网络知名写手杜导斌被指在互联网上攻击和煽动颠覆国家政权而被拘捕
卢跃刚万言公开信	2004 年 6 月，《中国青年报》记者卢跃刚在网上发言痛斥共青团一领导
浙大文化衫事件	2004 年 8 月，浙江大学学生自发印制带有"抵制日货"内容的文化衫，但受到校方的扣押没收
焦国标文章	2005 年 3 月，北京大学副教授焦国标在网络上发表一篇三万字的长文，呼吁"知情权"和"舆论监督"

如何看待传统媒体与网络媒体之间的这种议程断裂？在网络刚刚兴起的头几年，BBS 上的热门话题得不到报纸等传统媒体的呼应，可以解释为网络媒体在社会中的影响力还不够。在以 BBS 为代表的网络言论高涨的今天，它与报纸等传统媒体在重大议题上仍然不时出现断裂，其中包含着一系列十分复杂的因素。由于网络的开放性和匿名性，BBS 议题的开启相对自由，而报纸等传统媒体则不能不受到体制内外各种因素的制约。同时，在长期传播实践中所形成的理性与责任，也使报纸等传统媒体对一些敏感的议题，比如那些涉及国家安全、公众利益和社

会稳定的议题，即使其新闻价值非常高，通常都会保持一种相当谨慎的态度，难免出现议程断裂的现象。

事实上，在改革开放与社会转型的过程中，传统媒体与新兴的网络媒体之间出现一定程度的议程断裂，可以说是一种必然现象。我们应当理性对待这种议程断裂。一方面，网络媒体上出现某些为传统媒体所不报道或不关注的议程，既表现了技术发展对传播民主化进程的推动作用，也表明社会环境在改革开放过程中越来越具有包容性与宽容性，因此，网络媒体与传统媒体适当保持一定程度的议程断裂，本身是富有建设意义的，我们需要传统媒体与网络媒体在议程设置上保持一定的张力。另一方面，如果传统媒体与网络媒体的议程断裂程度过大，就可能出现新华社总编辑南振中指出的一个突出问题，这就是在现实生活中存在着两个并不完全重叠的"舆论场"：一个是主流媒体着力营造的"媒体舆论场"；一个是人民群众议论纷纷的"口头舆论场"。[1]在网络媒体条件下，这个"口头舆论场"主要已呈现为"网络舆论场"，包括 BBS 言论等。如果这两个舆论场互不重合，自说自话，这对于整个社会舆论的导向必然产生不利影响。因此，加强传统媒体与网络媒体的议程互动，又具有十分深远的现实意义，我们不能不积极加以推进，让传统媒体与网络媒体为和谐社会建设发挥更好的促进作用。

与研究生陈映合写，原载于《西南民族大学学报》（哲学社会科学版）2006年第 7 期。

1　南振中. 把密切联系群众作为改进新闻报道的着力点 [J]. 中国记者，2003（03）：10-14.

传统纸媒的融合发展难在哪

记者："报纸消亡论"其实已经出现很多年了，纸媒面临严峻的生存危机。这次《关于推动传统媒体和新兴媒体融合发展的指导意见》（以下简称《意见》）的出台，是否是传统纸媒转型的一次重大机遇？

董天策：互联网蓬勃兴起以来，传统媒体尤其传统报纸最先而且强烈地感受到新媒体的冲击。如何看待这种冲击？有一种声音很响亮，就是报纸将要消亡。美国学者菲利普·迈耶甚至在《正在消失的报纸：如何拯救信息时代的新闻业》一书中预测，到2043年第一季度末，日报的读者将归于零。当然，也有不同的声音。传媒大亨鲁伯特·默多克就多次公开表示，在相当长的时间内报纸仍然拥有自己的位置和发展空间。我一向认为，"报纸消亡论"未免危言耸听，但无视新媒体冲击，报纸必然遭遇更大危机。

业界的做法相当务实。近些年来，传统媒体特别是传统纸媒，一直在积极拥抱新媒体，力图搭上信息技术的快车，与新媒体相互融合、共同发展。特别是在2008年西方爆发金融危机之后，媒体的并购与重组，传统纸媒与新媒体相融合，已成为欧美各国的媒体景观。国内报纸也加快了拥抱网媒的步伐，努力经营实体性的网站。不用说，媒体融合已经成为媒体发展的历史性潮流。2014年8月，中央出台《关于推动传统媒体和新兴媒体融合发展的指导意见》，可谓正当其时，必将加快我国传统纸媒的历史性转型。

记者：为什么说媒体融合发展是传统纸媒适应媒体格局深刻变化，提升传播力、公信力、影响力和舆论引导能力的必由之路？

董天策：从传播技术角度看，媒体的发展总是与技术的创新紧密联系在一起。譬如报纸与机械印刷技术，广播电视与无线电通信技术，网络与信息技术、光纤通信技术、计算机技术。新技术总是超越旧技术的局限才会赢得更广阔的发展空间，而与不同传播技术相联系的媒体，自然也就具有不同的传播能力与传播效果。因此，就整个传媒生态系统而言，新媒体的诞生总是极大地改变着人类传播的基本格局。

网络媒体的诞生与发展，凭借其数字技术、多媒体传播、快捷及时、多元交互、信息开放等优势，极其深刻地改变了人类传播格局，迅速成长为极具新闻传播力、舆论引导力和社会影响力的媒体。在网络媒体时代，传统纸媒要生存发展，就必须迎接新媒体、新技术的浪潮，与新媒体相互融合，把长期积累起来的内容生产优势、传播公信力优势与新媒体的数字技术、多媒体传播、多元交互等技术优势充分结合起来，才能赢得用户、赢得市场，才能提升传播力、公信力、影响力和舆论引导能力。

记者：报纸上网、开通微博微信、客户端上线……传统纸媒近年来一直在积极探索发展新媒体业务，但实际仍然停留在媒介内容的"平台转移"上。您认为目前我国传统纸媒的媒体融合发展存在哪些误区和难题？

董天策：应当说，报纸等传统媒体运用新媒体来发展自己的努力，已经历了好几波浪潮。从最初的报纸网络版，到其后的报网互动，再到后来的全媒体发展，再到近年来的微博微信、新闻客户端，一直在追赶。老实说，大多数报纸的这种努力都没有取得十分理想的效果。之所以如此，是因为从理念到实践都存在一些问题。早期是试图把报纸内容搬上网络，后来是试图用办报方式来开办网站，近年来是想利用社交媒体来发出报纸的声音、推送报纸的产品。

概括起来，其中存在的突出问题，一是停留在媒介内容的"平台转移"上，并没有真正开发出适合新媒体技术与传播形态的内容产品；二是开办媒体网站时"单打独斗"，每一张报纸都想创办自己的网站，既缺乏内容资源的有效整合，也缺乏信息渠道的有效整合；三是在发展新媒体业务的过程中，未能创新经营管理方式，基本上是按传统纸媒的老办法来经营管理各种新媒体业务，自然难拓展出能够满足受众日益高涨的信息需求与表达需求的信息内容与传播方式。

记者：传统纸媒怎样才能抓住这次转型机遇？目前国际国内有哪些比较成熟有效的方案可供借鉴和推广？

董天策：《意见》的出台，对于我国传统纸媒来说，的确是一次媒体融合发展的新机遇。传统纸媒应当如何抓住这次机遇，如何变革观念，强化互联网思维，是首先要解决的问题。传统纸媒要与新媒体融合发展，就要充分运用网络技术手段去改造传统媒体，就要运用全新的互联网思维，就要适应新兴媒体平等交流、互动传播的特点，树立用户观念，改变过去媒体单向传播、受众被动接受的方式，注重用户体验，满足多样化、个性化的信息需求。

其次，必须综合改革，协同创新。必须认识到，传统纸媒要与新媒体融合发展，不仅需要进行技术升级、平台拓展、内容创新，而且需要对组织架构、管理体制、经营机制进行改革，推动传统纸媒和新媒体在内容、渠道、平台、经营、管理等方面的深度融合。应当认识到，网络媒体，无论是门户网站、搜索引擎，还是自媒体、社交媒体，不仅是一种崭新的信息技术，一种崭新的传播形态，而且还是一种崭新的经营管理方式。

媒体融合的内涵十分丰富。今天，媒体融合首先应当是一种媒体产业融合，在此基础上，媒体组织融合、媒介内容融合、传播渠道融合、媒介终端融合等各种融合才能落到实处。

本文为专访，副标题为"访重庆大学新闻学院院长董天策教授"，原载于《光明日报》2014 年 9 月 17 日第 002 版，署名：本报记者 柴如瑾。

构建和而不同的融合媒体生态

2014 年 8 月，中央全面深化改革领导小组（现已更名为中央全面深化改革委员会）会议审议通过《关于推动传统媒体和新兴媒体融合发展的指导意见》，媒体融合成为国家战略。几年来，传统媒体积极探索媒体融合的路径，"两微一端"获得全面发展。新媒体不断迭代升级，大数据、人工智能在媒体领域的运用开启了智能传播时代。2019 年 1 月，中共中央政治局在人民日报社就全媒体时代和媒体融合发展举行集体学习，习近平总书记主持学习时强调，推动媒体融合向纵深发展、建设全媒体成为我们面临的一项紧迫课题。

一、智能传播在媒体融合传播体系中举足轻重

为什么紧迫？因为信息技术引发的媒体格局变化日益深广，新兴媒体的发展逐渐给传统媒体带来颠覆性影响，在不断变化的媒体格局中变得举足轻重，全媒体不断发展，出现了全程媒体、全息媒体、全员媒体、全效媒体，信息无处不在、无所不及、无人不用，信息、舆论、文化的生态、传播媒体的格局发生深刻的历史性变化，新闻舆论工作面临新的挑战。

随着信息技术的不断发展，不断迭代的新媒体大体上经历了三个发展阶段。一是门户网站阶段，以新浪、网易、搜狐、腾讯等门户网站为代表；二是社交媒体阶段，以博客、微博、微信为代表；三是智能传播阶段，以今日头条、一点资讯为代表。在这三个阶段，传统媒体始终在拥抱新媒体。在门户网站阶段，传统媒体将内容数字化，推出电子版，开办网站，推动网络媒体大发展；在社交媒体阶段，传统媒体发力两微一端，使新媒体别开生面；在智能传播阶段，传统媒体的基本发展思路是要努力实现自身的移动化、智能化、平台化。

门户网站阶段，传统媒体开办自己的网站；社交媒体阶段，传统媒体发力"两微一端"。这些举措都是传统媒体与时俱进，不断进行媒体融合的尝试。应当说，一、二两个阶段的媒体融合尝试，传统媒体一直在与时俱进。现在回头看，这些媒体融合方式主要是在做加法，不断扩张媒体的新形态，形成了传统媒体＋新媒

体的格局，媒体网站、两微一端几乎成为传统媒体进行媒体融合的标配。

门户网站产生了网络新闻，海量内容令人耳目一新，但传受关系并未改变，所以门户网站又被称为继报纸、广播、电视之后的第四媒体。社交媒体带来的最大变化在于，由用户主导而生产的内容成为互联网产品的新模式，传统媒体主导内容生产变成所有用户参与内容生产，加上前所未有的互动性，传播方式发生了极大变化，使"一对多"的传播变成了"多对多"的传播，甚至是"所有人对所有人"的传播。

随着媒体领域成为大数据、人工智能的典型应用场景，智能传播凭借其数据挖掘、信息聚合、算法推荐的技术平台，虽然不直接生产内容产品，却掌握了汇聚所有内容产品而向用户精准分发的信息通道，日益成为用户接触媒体、接受信息的主要入口，传统媒体、社交媒体、自媒体逐渐成为智能数据汇聚与分发平台的内容提供者，完全颠覆了传统媒体的传播方式。

因此，进入智能传播阶段，传统媒体特别是纸媒的市场份额不断萎缩，一些市场化程度高的报纸步入停刊行列。而像今日头条这样的智能传播平台，却在短短几年内迅速成为智能传播的超级媒体，已拥有数亿乃至十多亿的海内外用户，无论市场效益还是社会影响，都是传统媒体望尘莫及的。可以说，智能传播在整个传播格局中已举足轻重，媒体融合向纵深发展已迫在眉睫。

二、媒体融合应立体多样，建立和而不同的生态

媒体融合向纵深发展究竟意味着什么？从技术演进的轨迹看，传统媒体努力实现移动化、智能化、平台化，形成适应融媒体发展的采编发流程，建设自己的分发平台，完善与用户的链接与互动，成为充满活力的媒体市场主体，或许是媒体融合的必由之路。

尽管智能传播的优势正在日益凸显，却并不意味着智能传播就将一统传媒江湖。事实上，像今日头条这样的智能传播平台，是数据公司研发的一个信息产品，从运营角度看，是一个数据挖掘、信息聚合、算法推荐的商业平台，其传播内容来自传统媒体、社交媒体、自媒体。包括中央媒体、省级媒体、地市级媒体，以及各行业媒体在内的数千家媒体，先后成为今日头条的合作媒体，越来越多的优质媒体内容通过今日头条推送给用户。因此，像今日头条这样的基于数据挖掘的

推荐引擎产品，如果要说是媒体，那么它是一种全新的媒体形态，学界称其为"平台媒体"。平台媒体是传统媒体、社交媒体、自媒体的内容汇聚平台与面向用户的内容分发平台，它并不生产内容，只是搬运内容，在某种意义上可以说是智能传播时代的"信息高速公路"。

从媒体发展的格局看，建构全新的全媒体传播体系，传统媒体和新兴媒体、中央媒体和地方媒体、主流媒体和商业平台、大众化媒体和专业性媒体，立体多样，相得益彰，共同形成"资源集约、结构合理、差异发展、协同高效"的全媒体传播体系，在此过程中不断探索"政府—媒体—公众—市场"四者关系的相应变革与调整，是媒体融合纵深发展的必然要求。推进媒体融合向纵深发展，目前还有许多工作要做。对传统媒体来说，战略方向的调整，技术研发的推进，内容生产的变革，产品运营的变现，媒体内部的整合，运行机制的改革，诸如此类，都是亟待开展的工作。

事实上，传统纸媒一直在积极探索发展新媒体业务，但往往停留在媒介内容的"平台转移"上。对于这个问题，之前传播较广的"报纸消亡论"未免有些危言耸听，但无视新媒体冲击，报纸必然遭遇更大危机。报纸等传统媒体一直在努力运用新媒体来发展自己，从最初创办报纸网络版，随后创办媒体网站，尝试报网互动，再到近年发力两微一端，力求全媒体发展，一直在追赶。

传统媒体在媒体融合的过程中存在着不少问题。其中最为突出的，一是没有开发出真正适合新媒体技术与传播形态的内容产品；二是新媒体扩张单打独斗，各自办网站，搞两微一端，既缺乏内容资源的有效整合，也缺乏信息渠道的有效整合；三是未能创新经营管理方式，仍按传统纸媒的办法来经营管理各种新媒体业务。

在智能传播时代，报纸等传统媒体实现移动化、智能化、平台化，形成适应融合媒体发展的采编发流程，建设自己的分发平台，完善与用户的链接与互动，成为充满活力的媒体市场主体，或许是媒体融合的必由之路。在这方面，已经产生了传统媒体转型的成功案例。2015 年，四川日报报业集团和华西都市报放弃"传统媒体＋"的思路，转为"互联网＋"的融合理念，与阿里巴巴集团合作成立封面新闻。封面新闻自诞生起，就以技术逻辑为基底，研发技术平台、招募技术人才，用人工智能技术牵引媒体融合，2016年5月4日推出全新互联网产品——封面新闻。封面新闻以阿里云为基础，自主研发人工智能融媒体平台封面云，开发"封巢"系统，重建新闻编发流程，用机器算法赋能信息传播，通过大数据挖掘发掘数据价值，将传统媒体的内容优势与互联网公司的技术优势相结合，上线不到一年就吸引超600万用户下载，成为现象级的新媒体平台。封面新闻以人工智能技术引领媒体融合，蹚出一条以人工智能为驱动的媒体深度融合发展的全新模式。

如今，传统媒体正处于转型变革的艰难时刻。传统媒体如何转型？转型要抓住的核心是什么？笔者认为，媒体融合是信息技术和新媒体引发的媒体生态变革过程，演进的方向应当是形成中国传统智慧所说的"和而不同"的全新媒体生态。这种全新的媒体生态，应当立体多样，差异发展，和谐共生，相得益彰。传统媒体的媒体融合之路，目前已经进入到媒体生态重构的发展阶段。而传统媒体如何运用移动通信、大数据、人工智能等先进技术引领融合发展，打造全新的互联网产品，提升自己的传播力、引导力、影响力、公信力，则是汇入"和而不同"的全新媒体生态建设的前提。

三、媒体新业态要与国家治理、社会治理相协调相促进

什么是媒体融合？要理解本质，吃透精神。中央、省、市、县的媒体融合应当有所不同，各有侧重，呈现出和而不同的媒体生态结构。不同层级的传统媒体要根据自身的定位，探索自己独特的媒体融合发展道路。比如，深圳晚报作为一家市级媒体已经成为一个鲜活的媒体融合案例。最近几年，该报先后组建创意策划中心、全媒体直播中心、演艺文化中心、视频制作中心、音频中心、应急宣教中心，分别牵手ZAKER、网易、淘宝头条、腾讯视频、喜马拉雅等新媒体流量平台，将平台用户连接至深圳晚报社，以互联网思维拓展创意文化产业，走出了一条重构组织、重组结构、重建生态、重塑品牌、深耕传媒、重度垂直的媒体融合路子，在国内纸媒市场纷纷下滑的情况下逆势上扬，取得保持利润增长年均20%的成绩。

传媒业是内容产业。在当今智能传播时代，不能简单地重复内容为王的老调，内容生产必须更新观念，如何让内容产品与传播渠道融为一体，并且成为人们所喜爱的品牌，是必须要下大力解决的现实问题。因此，在把握融媒体技术的基础上，一定要做好媒体融合的内容生产，要有创新思维，要落实以人民为中心的发

展理念，努力做到内容、渠道、品牌三位一体，为人民群众提供喜闻乐见的品牌化内容产品。

媒体融合不仅要重构媒体生态系统，而且要让重构以后的媒体新业态与国家治理、社会治理相协调、相促进。因此，媒体融合不仅是传媒业自身的事情，而且与建设国家治理体系、提升国家治理能力息息相关。因此，在推进媒体融合的过程中，特别是在推进县级融媒体建设的过程中，不仅要做好新闻宣传，而且要做好政务服务、商业服务，与用户建立起真正有效的链接，从而壮大主流舆论。

当前，媒体融合已经发展到深度融合阶段，要从原来的"相加"做到"相融"，形成你中有我、我中有你的融合格局。为此，要做好以下几个方面的工作：一是真正理解甚至掌握新技术。进入智能传播时代，软件定义媒体，数据驱动新闻，算法重构平台，必须充分理解人工智能、算法等信息技术。二是创新体制机制。体制机制主要涉及管理体制、运营机制、组织架构等多方面内容，需要大力创新。三是变革媒体理念。要全面理解习近平总书记关于新闻舆论工作的重要论述，避免内容生产与信息传播的"低级红、高级黑"，努力创造人民群众喜闻乐见的内容产品。

原载于人民日报社编《融合体系——中国媒体融合发展年度报告（2018—2019）》，人民日报出版社，2020年第1版，略有修改。

人工智能引领媒体深度融合
——封面新闻的创新实践路径

2020 年 9 月，中共中央办公厅、国务院办公厅印发《关于加快推进媒体深度融合发展的意见》，不仅促进了业界对于媒体深度融合的实践，而且促进了学界对媒体深度融合的探讨。纵观当前的媒体深度融合实践，人工智能引领媒体深度融合，可以说是智能传播时代体现前进方向的创新实践。本文以封面新闻为案例，深入探讨媒体深度融合中的技术牵引作用及其创新实践路径。

一、作为媒体深度融合牵引力的技术

从根本上说，媒体融合源于技术变革引发的社会传播机制的范式转变[1]。技术变革对媒体深度融合的牵引作用，应当受到高度重视。

（一）技术逻辑导向下的媒介变革

科学技术是社会生产力发展的根本动力。马克思曾说："生产力的大力发展，归根结底总是来自劳动的社会性质，来自社会内部的分工，来自智力劳动特别是科学技术的发展。"[2]科学技术通过推动生产力内部各个要素的变革，进一步引发产业结构的调整，推动新的社会形态的形成。

媒介作为社会结构的重要组成部分,其变革与发展总是以技术创新作为先导。从语言发明到文字传播，从甲骨文的出现到印刷术的推广，从广播电视到信息高速公路，媒介变革的历史进程表明，技术革新是媒介发展的牵引动力。有学者认为，人类社会发展至今，主要经历了五次意义重大的媒介变革。语言的发明，成为第一次传播革命的直接推动力。借助语言进行传播，个人经验得以表达和共享，前人的文化积累能够为后人所继承，语言成为人类认识世界和改造世界的有力武器；文字的发明直接推进了第二次传播革命——书写革命，使人类的信息从口耳相传、心记脑存变为可供记载和保存，实现对语言传播的超越；印刷术的发明和

1　王彦琦，张海.四位一体，融创合一：我国媒体融合正式迈入 3.0 时代［J］.出版广角，2020（23）：70-72.

2　马克思，恩格斯.马克思恩格斯全集：第 25 卷［M］.北京：人民出版社，1974：97.

应用，使得信息传播更加广泛，引导人类步入第三次传播革命，进入崭新的大众传播时代；第四次传播革命则是以广播和电视为主的电讯传播技术出现为标志，电讯技术的运用再次推动信息传播迈上新台阶；第五次传播革命则是互联网技术的推广和使用，相比于前四次传播革命，实现了文字、图像、音频、影像等复合传播方式的结合。[1]

（二）互联网时代的技术创新与媒体发展

迄今为止，互联网传播的发展历程大体可分为三个阶段：一是门户网站阶段，以新浪、网易、搜狐、腾讯等门户网站为代表；二是社交媒体阶段，以博客、微博、微信为代表；三是智能传播阶段，以今日头条、视频传播为代表。[2]在这些不同的发展阶段，技术变革始终是媒体深度融合的牵引力量。传统媒体要想守住传播阵地，保持自身传播影响力，就必须将自身的融合发展与互联网业态的发展紧密匹配。在门户网站阶段、社交媒体阶段和智能传播阶段，传统媒体与互联网的融合呈现出不同的方式。

20世纪90年代，万维网诞生，形成互联网Web 1.0时代。Web 1.0的本质是聚合、联合、搜索，聚合的对象是海量而芜杂的网络信息。[3]门户网站在此背景下应运而生，其核心竞争力就是汇聚有价值的信息内容，新浪、网易、搜狐、腾讯等门户网站汇聚大量新闻信息和娱乐资讯，收获巨大点击量，传统媒体首次受到互联网冲击，开始求新求变，自建网站，将自身内容上网，实现报网互动，这是传统媒体走向媒体融合的第一步。不过这种媒体融合形式也与门户网站类似，媒体网站大部分内容由静态页面构成，传统媒体作为传播主体发布信息，网民作为受众浏览信息，是一种推送式、单向式的传播。从本质上说，这种传播方式依旧是传统媒体环境下由单一主体的"点"向多数受众的"面"进行传播，传受关系并未改变。

进入Web 2.0时代，全球博客浪潮兴起，新技术催生的个人博客受到重视，理论上每个人都成为互联网信息的生产者和发布者。[4]但个人博客具有较大的局

1　邵培仁.论人类传播史上的五次革命［J］.中国广播电视学刊，1996（07）：5-8.

2　董天策.新媒体与新闻传播机制创新［J］.新闻界，2020（03）：12-16.

3　刘畅."网人合一"：从Web1.0到Web3.0之路［J］.河南社会科学，2008（02）：137-140.

4　方兴东，刘双桂，姜旭平，等.博客与传统媒体的竞争、共生、问题和对策——以博客（blog）为代表的个人出版的传播学意义初论［J］.现代传播，2004（02）：80-86.

限性，需要在固定的空间，端坐于电脑前才能发布。随着移动通信技术的发展，作为博客在社交媒体时代的改良——微博成为一种新的媒介形态。这种社交媒体使得个人可以利用智能终端随时随地发布信息。由此，社交媒体阶段的微博、微信及各类移动终端 App 受到热捧，"双微一端"成为媒体融合的标配。

随着移动互联网的发展，相关技术公司依托自身优势，将大数据、算法推荐、人工智能等技术运用到传媒领域，产生了以今日头条为代表的信息汇聚与算法推荐平台。由此，互联网传播逐步进入到智能传播阶段，重塑了新闻的采集、生产、分发等环节，彻底颠覆了传统媒体的传播方式。在这种情况下，媒体深度融合必须探索新的路径。

二、以"智"助融：封面新闻的媒体融合模式创新

在智能传播阶段，大多数媒体对于融合发展仍然沿袭了此前的路径。今日头条、抖音等智能平台迅猛发展起来之后，传统媒体纷纷入驻，平台则将传统媒体、机构媒体、自媒体等各类媒体的内容重新聚合与分发，重建人与信息的连接关系。这种方式容易使传统媒体沦为平台的供应商，导致传统媒体自身活力不足。在此背景下，由《华西都市报》转型而来的封面新闻大胆尝新，以先进技术引领融合发展，树立互联网思维，打造全新互联网产品，蹚出一条以人工智能为驱动的媒体深度融合发展的全新模式。

从技术角度看，在经由多形态媒介互动、媒体组织整合等阶段后，媒体深度融合的最终结果是实现媒介资源的有效聚合，内容、技术、渠道的共融互通，以及人与信息连接关系的重建。因此，封面新闻坚持用技术重构媒体，以人工智能技术为抓手，充分激活专业机构与社会化个人的信息生产力，积极构建"智能＋智慧＋智库"的智媒体，倾力提供视、听、读、聊于一体的全息用户体验，开辟了一条以技术为引领的媒体融合路径。

（一）以"技"为基：构建技术平台

传统媒体探索媒体融合之初，大多采用"触网"方式，将内容搬上网站、客户端，物理性地将互联网纳入自己的传播渠道。《华西都市报》也曾跻身"报纸＋"的行列，创建"华西都市报客户端"，终究是用办报的思维办网，未能在理念上、架构上、经营上适应网络传播环境的要求。2015 年，四川日报报业集团和华西都市报大胆放弃"传统媒体+"的思路，转为"互联网+"的融合理念，与阿里巴巴集团合作成立封面传媒。封面传媒自诞生起，就以技术逻辑为基底，研发技术平台、招募技术人才，用人工智能技术牵引媒体融合，于2016年5月4日推出全新互联网产品——封面新闻客户端，以"亿万年轻人的生活方式"为定位，书写媒体融合新篇章。

封面新闻的底层服务器支撑是阿里云。作为全球前三的云计算公司，阿里云提供了强大的云服务，封面新闻采购了超过200台阿里云服务器。[1]作为技术孕育的产物，在移动互联网向智能互联网过渡、人工智能等新技术推动媒体形态加速进化的背景下，封面新闻以阿里云为基础，自主研发人工智能融媒体平台封面云，开发"封巢"系统，重建新闻编发流程，用机器算法赋能信息传播，通过大数据挖掘发掘数据价值，将传统媒体的内容优势与互联网公司的技术优势相结合，上线不到一年就吸引超600万用户下载，成为现象级的新生平台。

（二）变革流程：打造智能媒体

立足技术基底，人工智能深度嵌入信息传播的全流程，重构了封面新闻的生产布局。

首先是生产层面的智能化变革。一是专业生产的优化升级。封面新闻起于传统纸媒，具有雄厚的专业采编力量，依托智能技术，封面新闻打造"封巢"内容生产操作系统，从线索发现、信息采集到稿件写作、流程审核、编辑把关，全流程实现智能化，生产效率大幅提高。二是对多元信息生产力的聚合。一方面，推出自媒体平台封面号，面向全球招募青蕉拍客，挖掘潜力自媒体，自建的社交平台青蕉社区很快拥有超4 000名拍客，每月生产资讯短视频数量约1 200条，信息的社会生产力被大大激活；另一方面，借助人工智能技术进行自动化生产，机器人"小封"于2016年底上线，逐步开发机器写作、新闻播报、视频制作等功能，在2018年世界杯期间编写稿件达642篇。封面新闻以自身为容器，聚合PGC、UGC与MGC，实现了主体、内容等传媒资源的智能重组。

其次是分发层面的精细化处理。封面新闻上线起就主打年轻人市场，80、90

1　张菲菲.深度推进AI+媒体应用，打造智媒体——封面新闻的融合发展探索［J］.青年记者，2019（18）：23-25.

后作为网络原住民，注重差异化的需求和个性化的体验。因此，在内容分发阶段，封面新闻主要依靠大数据和算法技术连接人与信息，在满足用户个性化需求的基础上实现海量信息与人的最优匹配。封面新闻的推荐算法由用户兴趣分析、用户场景分析、新闻内容分析、行为实时计算、新闻推荐召回五大模块构成，根据新闻的内容特征与用户的行为特征进行匹配[1]。所有信息均成为推荐链条上的一点，直接与作为"点"的用户相连。

再次是传播场景的智能应用。视频、直播等传播形式，VR、AR、MR 等智能技术，将虚拟场景与现实环境相结合，为封面新闻的场景连接开辟了道路。2019 年，封面新闻 5.0 紧追视频化趋势，树立"无视频，不传播"的理念，平台进入全面视频化的新阶段。2020 年全国两会期间，封面新闻推出"两会云访谈"栏目，通过三维实景建模、平面动画结合、实景拍摄的线上三维立体虚拟场景，对两会代表委员进行远程访谈。[2] 在最新推出的客户端 7.0 版本中，"建党百年"频道上线，用党史地图、党史时间轴等产品再现百年征程，打开地图即可"云游"红色地标。还有线上云展览、云洽谈等功能，智能连接场景提供沉浸式的全息用户体验。

从智能生产、精准分发到场景应用，人工智能牵引封面新闻向智能媒体进阶。

（三）与"智"相融，打造智慧媒体

人类是技术的主人，技术在传媒业的使用虽然带来了"策采编发"的智能升级，但也容易造成个人隐私泄露、不良信息泛滥、算法偏见与版权侵犯等问题，需要将价值观融入技术，强化媒体融合的价值引导。

算法推荐本质上是一个信息筛选与智能匹配的过程。普通的算法推荐模型多围绕性别、年龄等用户基本信息及偏好主题、体裁等用户兴趣特征设计，极易导致推荐信息的窄化。如果一味按照用户需求推送资讯，则可能偏离主流价值观的要求，背离媒体记录事实、揭示真相、向导社会的职责。基于此，封面新闻坚守价值标准，在客户端 6.0 版本中推出主流媒体算法，将推荐模型＋人工干预＋用户自主选择的有机结合生成实时推荐流，确保内容的范围、尺度可控，同时更加

1 徐桢虎，张华，余欣. 智媒体时代的价值观构建——深入主流媒体算法的研究与实践［J］. 中国传媒科技，2020（12）：13-17.

2 杨东. 智媒云赋能：封面新闻"云端"唱响全国两会好声音［J］. 传媒，2020（14）：32-33.

突出正能量信息和主流价值观。[1]除了在分发阶段进行价值纠偏，平台还能够对内容进行 AI 智能审核，通过机器学习识别信息中的暴力、色情内容，遏制劣质内容的传播。

由此，价值观赋予了技术深刻的思想内涵，传播实现"智慧"升级。而用"智慧"赋能技术，表面上看起来是弥补"智能"的不足，根本目标是在正确的政治方向、舆论导向和价值取向上塑造良好的内容生态，实现技术与内容的真正融合。

（四）深度挖掘：打造智库媒体

信息即价值。在经历了智能生产与智慧报道之后，大量内容与用户数据沉淀下来，封面新闻运用人工智能与大数据技术深度挖掘与分析数据，推动封面新闻继续向更高维度演进。

一方面，使用大数据技术分析用户信息与使用行为，进行用户画像、了解用户动向，推动平台围绕用户需求进行产品设计与功能开发，进一步为平台内容生产、精准分发提供参考，促进传播链条的良性循环；另一方面，充分利用封面新闻技术平台沉淀的数据资源，开发多重数据价值，面向社会提供智力支持。起于媒体，但不止于新闻。技术助推封面新闻向外融合，充当政府、企业、媒体与公众的桥梁，从资讯平台向智库媒体演变。

在智能技术的引领下，封面新闻建设智能编辑部，重构信息生产与传播的全流程；打造智慧媒体，为技术植入价值观和灵魂，建设守正创新的新型主流媒体；构建智库平台，开发多重数据价值，为舆情监测、城市建设、民众生活提供智力支持。三者构成有机整体，促使封面新闻的媒体融合向纵深发展。

三、"智"趋未来：封面新闻媒体融合的经验

作为传统的都市报"蝶变"为人工智能引领的媒体深度融合范例，封面新闻敏锐洞察环境变化，大胆摒弃"传统媒体 +"的路径，变革内部组织架构，聚合多方信息生产力，依托人工智能重建传播链、升级用户体验，立足媒体打造有机生态体。上线五年，客户端下载量超 4 700 万次，封面传媒矩阵用户量超 1.5 亿人，抖音快手账号粉丝净增长超 2 000 万，封面传媒微博粉丝量超 4 000 万，保持西

1　徐桢虎，张华，余欣 . 智媒体时代的价值观构建——深入主流媒体算法的研究与实践［J］. 中国传媒科技，2020（12）：13-17.

三角地区用户最多、传播力最强的第一内容平台领先优势，走出了一条以互联网平台为中心、以技术为核心驱动力的特色融合道路。

传媒业的未来发展难以准确预知，但封面新闻为传统媒体的深度融合发展提供了可资借鉴的经验。

（一）转变融合思维，发挥技术引领作用

封面新闻的成功，在很大程度上归功于其坚持的技术理念。传统媒体具有得天独厚的内容采编优势，但在移动互联网环境下，传统的新闻很容易淹没在信息洪流中，传播效果大大削弱。因此，需要用技术"包装"内容。最初，封面新闻采用"技术＋内容"的双引擎驱动。在内容层面，除了聚合优质内容，坚持移动优先、视频优先、故事优先，在用户最集中的渠道，用时下最热门的方式，讲述社会最关心的故事。在技术层面，从信息编发、产品研发到平台管理，人工智能深度嵌入封面新闻运营的各个环节，以技术赋能传播。而后，为了企业的可持续发展，封面新闻加入"资本"引擎，优化投资结构，通过增资扩股、收购兼并等手段进行融资发展。内容是前提，资本是燃料，技术则是火车头，始终牵引着媒体的融合转型。

（二）发挥能动性，用智慧规避技术弊端

技术并非百利而无一害，关键的是要发现弊端、规避弊端。《人民日报》曾多次发文对算法推荐进行批判，呼吁传统媒体"要主动谋划、积极参与、加快转型、深度融合，在媒体融合的进程中，保持自己的风格和标准，守住自己的价值取向和独立精神，将传统媒体的灵魂注入网络空间。"[1]封面新闻推出的主流媒体算法，强化内容的价值引导，重视编辑的把关作用，即是对技术弊端的有效规避。同时，作为新型主流媒体，不仅要避免在信息传播中被技术"绑架"，也要避免在内容生产上被技术"支配"，陷入为了"炫技"而"炫技"的圈套。做到正确认识技术、使用技术，用智慧规避技术弊端，让技术"为我所用"。

（三）重视数据沉淀，用技术挖掘数据价值

媒体深度融合不但要做到主体、内容、渠道等要素的融合，更要积极拓展业务、优化生态，为社会发展做贡献。封面新闻以平台数据沉淀为基础，借助大数据

1 吕洪.新媒观察：新闻莫被算法"绑架"［EB/OL］.人民网，（2017-07）［2020-10］.

与人工智能技术监测舆情、分析数据，为政府、企业、公众提供智力支撑。2016年8月上线"封面舆情交互平台"，开发舆情机器人，基于机器学习与人工智能技术研判舆情并提出解决方案。"封面指数"，依托物联网、大数据等对电商销售情况、行业市场变化等进行指数分析，为公众与机构决策提供参考。未来，还可利用数据进行更多探索，如：开发社交产品，激活用户网络，充分拓宽"社交分发"途径；抓取海量信息，构建"内容池"，打造搜索引擎；通过数据挖掘助力公益、帮助社会生产者商业变现等，打开融合发展的新领域。

与研究生朱思凝、余琪合写，原载于《新闻战线》2021.11（下），题为"技术变革引领媒体深度融合——封面新闻的创新实践路径"，略有修改。

新媒体与新闻传播机制创新

新媒体是一个随着信息技术、通信技术、网络技术的不断创新而发展变化的体系。大体上，新媒体已经过三个发展阶段：一是门户网站阶段，以新浪、网易、搜狐、腾讯等门户网站为代表；二是社交媒体阶段，以博客、微博、微信为代表；三是智能传播阶段，以今日头条、视频传播为代表。门户网站产生了网络新闻，海量信息令人耳目一新，但传受关系并未改变，所以门户网站又被称为继报纸、广播、电视之后的第四媒体。社交媒体的最大变化是用户生产内容成为常态，原来由传统媒体主导的内容生产变成所有用户参与内容生产，加上前所未有的互动性，形成了错综复杂的立体化网状传播。移动互联网发展起来以后，运用大数据、人工智能、算法推荐而建立的技术平台虽然不生产内容，却掌握了汇聚所有内容而向用户精准分发的信息渠道，日益成为用户接触媒体、接受信息的主要平台，把新媒体传播推进到智能传播阶段，颠覆了传统媒体的传播方式。

随着 5G 时代的到来，以及大数据、人工智能、算法推荐、物联网等技术的广泛运用，万物互联，人人皆媒，以互联网为中心的新媒体传播必将开拓出更新更强的传播局面。面对新媒体传播越来越强的传播格局，不仅要积极推进传统媒体与新媒体的深度融合，而且要创新新闻传播机制，做好新闻舆论工作，巩固全党全国人民的思想共识基础。

一、深刻认识"互联网这个最大变量"的内涵

2016 年 2 月 19 日，习近平总书记在党的新闻舆论工作座谈会上发表重要讲话，明确指出"过不了互联网这一关，就过不了长期执政这一关"。2018 年 8 月，习近平总书记在全国宣传思想工作会议上强调，"必须科学认识网络传播规律，提高用网治网水平，使互联网这个最大变量变成事业发展的最大增量。"无论是要过互联网这一关，还是要把互联网这个最大变量变成事业发展的最大增量，前提都是要充分认识互联网这个最大变量。在我看来，对互联网这个最大变量，可以从三个方面加以理解。

首先是最深刻的技术变革。作为 20 世纪最伟大的技术发明，互联网是信息技术、计算机技术、通信技术、网络技术的有机融合，其应用日新月异，不断迭代。特别是随着移动互联网、大数据、人工智能的发展，互联网使人类社会正在经历着让每一个人都能感受到的信息革命。这场信息革命不仅带来社会生产力自工业革命以来的又一次历史性飞跃，并且正在重组生产关系，使人类社会真正进入信息社会的历史时代。

其次是最广泛的社会影响。在应用和发展过程中，互联网不仅越来越广泛地融入政治、经济、社会、军事、国际关系等人类社会的各个领域，而且越来越成为各个领域巨大的变革力量，形成了诸如互联网政治、互联网经济、互联网社会、互联网军事等各个领域的崭新形态。"互联网 +"正是主动将互联网的创新成果深度融入经济社会各领域之中，促进产业升级、推动社会发展的国家战略。可见，互联网已成为当今社会的基础性架构，重塑了整个人类社会生活，加速了全球化的历史进程。

再次是复杂的社会现实。从信息交流与社会表达的角度看，互联网让人人都成为信息的接受者和使用者，也让人人都成为信息的生产者和表达者，形成了前所未有的传播网络，带来纷繁复杂的信息内容，形成日益开放的言论空间。这样的变化过程，正好与我国改革开放进入新的历史时期、社会转型日益加剧、全球化进程不断深化等各种社会变革叠加在一起。而经济发展、社会分层、利益分化、矛盾凸显、思想多元、技术赋权的相互作用，势必使人们把自己的所见所闻、喜怒哀乐、思想观点都在网络空间表达出来，形成前所未有的错综复杂的舆论环境。

二、建立健全事实核查机制

前已述及，社交媒体诞生以来，用户生产内容成为互联网内容生产的全新模式。博客、微博、微信、微视频，让人人都是麦克风、人人都是自媒体成为现实。当所有用户都可以生产内容，特别是智能传播又快速将传统媒体、机构媒体、自媒体所生产的全部内容汇聚在一起，并且向所有用户分发，这就形成了人类社会前所未有的信息海洋、众声喧哗的舆论环境。

用户生产内容这一革命性变化，一方面给公民赋权增能，极大地拓展了信息民主，另一方面也带来不容忽视的各种问题。由于绝大多数用户并没有接受过专业训练，对信息的真实性、准确性缺乏专业认知，加上一些自媒体或社会团体出于自身利益的考量而故意歪曲事实或任意裁剪信息，势必使用户生产的内容泥沙俱下，良莠不齐，甚至假新闻、谎言、谣言满天飞，导致人类传播进入一个不去追求真相而只管表达立场的所谓"后真相"时代。这样的信息舆论环境，对社会稳定来说存在着不可忽视的风险。在这种情况下，建立健全事实核查机制必须提上议事日程。

从新闻生产来说，事实核查（fact checking）起先是媒体的一种内部编辑机制和行业规范。1923 年，《时代周刊》创刊不久就成立了历史上首个事实核查团队。1927 年，《纽约客》成立了事实核查部。20 世纪 40 年代，事实核查制度逐渐发展到欧洲。德国《明镜周刊》1946 年成立之初就设立了负责核对新闻的档案部。到 20 世纪 80 年代，事实核查发展出一种新型样式，从评估大众媒体上政治广告的准确性而逐渐形成了事实核查新闻（fact checking journalism）。进入21 世纪，伴随美国历届大选，诸多事实核查项目在大选前纷纷启动，使事实核查新闻发展迅速。2014 年，美国新闻学会指出，"事实核查新闻以政客和影响他人生活与生计者为对象，由事实核查人员对上述人士（发表或被记录在案的）言论中声称的事实进行二次报道与探究"。到 2010 年前后，随着社交媒体特别是移动互联网的发展，针对社交媒体、自媒体所发布信息的事实核查更成为一种普遍需求。与早年内部编辑规范的刊前事实核查不同，针对社交媒体、自媒体所发布信息的事实核查是事后核查，并将结果公布于众，目的是澄清事实，辨别真假，揭示真相，保证信息的真实性、准确性。

从 2010 年开始，我国一些媒体也启动了针对新媒体传播的事实核查。譬如，果壳网的"谣言粉碎机"、《人民日报》的"求证"、新华社的"网闻求证"、新浪微博中专门澄清微博谣言的"辟谣联盟"先后登台。2015 年 11 月，腾讯新闻推出"较真"栏目；2017 年底，该栏目升级为专业化的事实核查平台；2018年 1 月，腾讯推出微信新闻辟谣小程序"较真辟谣神器"，力求进一步降低辟谣和事实核查的门槛。

加强事实核查，是创新舆论引导工作机制的重要抓手。传统媒体可以充分发挥自己的专业优势，借鉴西方国家事实核查新闻的方式方法，进一步做大做强事实核查类栏目。新兴媒体可以利用大数据、人工智能等技术优势，像腾讯那样大力建设专业化的事实核查平台。此外，还可以借鉴"世界社交媒体情智机构"Storyful的做法，整合传统媒体、新媒体以及社会各界力量，成立独立的专业化的第三方事实核查机构，把事实核查发展成为传媒产业的一个重要组成部分，大力推进事实核查的专业化制度化建设。

三、保障充分而多元的信息供给

新媒体传播时代，技术不断突破时间和空间的限制，信息的传播与交流在全球快速流动，整个地球都成了麦克卢汉所说的"地球村"。在这样一个日益开放而又错综复杂的信息环境中，要有效引导舆论，不仅要加强事实核查机制的完善，而且必须保障信息供给的充分与多元。

改革开放以来，党和国家陆续出台了一系列推动信息公开的方针政策。1980年，国务院《关于处理"渤海二号"事故的决定》指出，"一切重大事故均应及时如实报道，不得隐瞒和歪曲"。1987年，中宣部《关于改进新闻报道若干问题的意见》规定，"重大自然灾害（如地震，水灾等）和灾难性事故，应及时作报道"。1996年，中共中央纪律检查委员会提出实行政务公开制度；2002年，党的十六大报告要求"认真推行政务公开制度"。2007年，国务院第165次常务会议通过《中华人民共和国政府信息公开条例》，自2008年5月1日起施行。在这样的政策背景下，当代中国的信息供给逐渐开放，日益多样。特别是2003年的非典报道和2008年的汶川地震报道，极大地提升了信息公开与信息供给的空间。

然而，正是在2003至2008年间，社会各界对"危机管理""应急管理""危机传播""风险传播"等问题高度重视：法律层面制定了《国家突发公共事件总体应急预案》《中华人民共和国突发事件应对法》；实务层面普遍建立了新闻发言人制度，开展新闻发言人培训；学术层面深入研究"危机管理""应急管理""危机传播"等问题。不论"危机管理"还是"危机传播"，都是既要信息公开，又要控制局面，其实是在有效控制前提下的信息公开。尽管党和国家一直强调要完善新闻发布与信息公开，譬如2013年国务院办公厅发布《关于进一步加强政府信息公开回应社会关切提升政府公信力的意见》，2016年中共中央办公厅、国务院办公厅印发《关于全面推进政务公开工作的意见》，并且不断开展信息公开与新闻发布培训，但当前的实际情况却是，新闻发布越来越成为大事化小、小事化了的公关手段，出现了信息供给不同程度地存在不足的现实。

权威的信息供给不足，自然就给社交媒体、自媒体留下很大的传播空间。面对错综复杂的现实问题，社交媒体、自媒体难以提供具有专业水准的调查报道等深度信息。应当说，调查报道等深度信息的供给，本来是传统媒体的专业优势。然而，在转型与融合、资金与经营等各种现实压力之下，传统媒体的调查报道却呈现出不断弱化的趋势，调查记者纷纷离开，使不少群众关心的现实问题、热点问题未能得到深入的报道，这就为假新闻、谎言、谣言满天飞留下了空间。因此，要有效引导舆论，党和政府要加大信息公开的力度，传统媒体要提供更多更好的调查性报道、分析性报道等深度报道，保证充足而多元的信息供给。

四、力求舆论监督与舆论引导的有机统一

早在 1987 年，党的十三大报告就明确提出："要通过各种现代化的新闻和宣传工具，增加对政务和党务活动的报道，发挥舆论监督的作用，支持群众批评工作中的缺点错误，反对官僚主义，同各种不正之风作斗争。"从此，"舆论监督"成为此后历次党代会政治报告以及其他中央文件的一个重要内容。经过多年的建设，舆论监督已经与立法监督、司法监督、行政监督、党内监督和群众监督一起，构成了有中国特色社会主义的监督体系。

2016 年，习近平总书记在党的新闻舆论工作座谈会上强调："舆论监督和正面宣传是统一的。新闻媒体要直面工作中存在的问题，直面社会丑恶现象，激浊扬清、针砭时弊，同时发表批评性报道要事实准确、分析客观。"然而，在实际工作中，由于"家丑不可外扬"的观念根深蒂固，不少人片面理解正面宣传，片面强调传播正能量，把舆论监督与正面宣传对立起来，把舆论监督看成负面新闻，千方百计地阻扰、压制、打击舆论监督，使舆论监督步履维艰。这些年传统媒体的舆论监督有所弱化，在一些重要问题上缺乏及时的报道与批评，或是报道与批评不力，以至于一些人民群众关心的现实问题得不到及时解决，引发网络热议，甚至形成网络舆情。一旦形成舆情，又强行管控。其结果，自然是越管控越难开展舆论监督。

应当充分认识到，舆论监督是保障党和国家政治正确、方针政策执行到位的重要手段。舆论监督是对实际工作中的偏差和问题加以报道和批评，目的是纠正偏差，解决问题。所以习近平总书记说"舆论监督和正面宣传是统一的"。在建设人民民主的进程中，舆论监督是反映民心民意的"晴雨表"，监控公共权力运作过程的"电子眼"，捍卫公共利益的"守望者"，预警社会腐败现象的"警报器"，对整个社会的良性运行发挥无可替代的重要作用。

新媒体传播时代，要有效引导舆论，尤其要重视舆论监督，要把舆论监督与舆论引导有机地统一起来。党的十九届四中全会通过的《中共中央关于坚持和完善中国特色社会主义制度 推进国家治理体系和治理能力现代化若干重大问题的决定》提出，"完善坚持正确导向的舆论引导工作机制"，并且把"改进和创新正面宣传"和"完善舆论监督制度"作为"健全重大舆情和突发事件舆论引导机制"的两个基本工作面向，这就为更好地开展舆论监督工作指明了方向。

五、创新舆论引导观

重视舆论引导，是党和国家新闻宣传工作的优良传统，创造和积累了许多宝贵的经验。党的十八大以来，习近平总书记对新闻舆论工作高度重视，发表了一系列重要讲话，提出了一系列新思想、新论断。面对新媒体传播，推进媒体深度融合，创新舆论引导工作机制，要以习近平新时代中国特色社会主义思想为指导，在总结新闻宣传、舆论引导经验的基础上加强理论创新，全面创新舆论引导观。

所谓"舆论引导观"，就是舆论引导的认识论与方法论，就是要把对舆论引导的科学认识、操作路径、方法举措、经验教训的探讨上升到认识论和方法论的高度加以研究，形成既有理论高度而又切合实际的思想观点，让舆论引导走向更加全面、深刻的理论自觉，从而不断提升舆论引导水平，开创舆论引导新局面。

创新舆论引导观，首先要对马克思主义经典作家有关舆论引导的论述加以系统梳理，全面总结，丰富和深化马克思主义新闻观的内涵，形成研究和创新舆论引导的理论指南。其次要对我党近百年新闻宣传、舆论引导的经验教训加以总结，分析得失，权衡利弊，为当前舆论引导工作提供历史镜鉴。再次要对舆论引导实践中的一些方式方法进行理论反思，探讨其操作手法是否具有科学性，从而不断进行改进与创新。譬如，"舆论对冲"的做法究竟是有效引导了舆论，还是加剧了舆论的分裂，就是一个值得深入探讨的问题。

要深刻认识到，舆论引导总是对当前和未来一段时间内社会舆论的引导，总是在特定的社会历史条件下展开的，必须具体问题具体分析，辩证对待，掌握时机，精准施策，千万不能经验主义，更不能教条主义。因此，不论是创新舆论引导观，还是加强舆论引导工作，都要加强马克思主义历史唯物辩证法的学习与领会，与时俱进，开拓创新。

原载于《新闻界》2020 年第 3 期，《新华文摘》2020 年第 14 期"论点摘编"摘编第一部分，题为《深刻认识"互联网这个最大变量"的内涵》。

第五编　公共事件与网络公共领域

中国语境中的网络时代与传媒公共性
——《网络时代媒介公共性的建构》序

许鑫博士的专著《网络时代媒介公共性的建构》即将由人民出版社出版，要我作序，深感荣幸。这不仅仅因为我和作者有师生之谊，更重要的是，这部著作的写作与出版见证了一个年轻学者的成长，也见证了我国传媒公共性研究的进步。

2008 年，许鑫考入暨南大学跟随我攻读新闻学博士学位。准备博士论文选题之际，许鑫跟我说要研究网络舆论。我对他讲：网络舆论很值得研究，问题在于网络舆论是一个研究领域，不是研究的题目。选择网络舆论方面的研究题目，必须解决三个问题：一是要确定研究什么学理问题？二是要确定运用什么理论框架？三是要确定采用什么研究路径？几经探讨，最终确定了"网络时代媒介公共性的建构"这一选题。

许鑫要探讨的问题是当代中国传媒公共性在网络时代的建构。考虑到网络时代的当代性以及中国语境的自明性，为简洁起见，题目中没有出现"当代中国"字样，只在章节目录中出现。在我看来，研究当代中国传媒公共性在网络时代的建构，至少面临三个重要的挑战：其一是如何在当代中国语境下运用公共领域理论，其二是如何把握网络空间的各种热点事件，其三是如何展现中国传媒公共性在网络时代的建构过程。许鑫花了近两年的工夫写出博士论文，于 2012 年夏通过答辩，获得博士学位。其后两年，许鑫又对博士论文加以润色完善，写成这部洋洋三十余万字的专著《网络时代媒介公共性的建构》。那么，许鑫的著作是如何回应这些学术挑战的呢？不妨略作评述。

一、公共领域理论及其中国语境

媒介公共性或媒介公共领域的概念，来自西方有关的学术思想，主要是哈贝马斯的公共领域理论。20 世纪 90 年代后期，哈贝马斯的公共领域理论受到国内学界的关注。不过，哈贝马斯的公共领域理论是否适合中国语境，或者说，中国究竟有没有哈贝马斯所说的公共领域，存在着严重的认识分歧。肯定者认为，晚清民国时期，以学校、商会、学会、通电、抗议游行、报刊书籍为载体的公共领域已是现实存在，可以应用西方的公共领域理论来加以分析。否定者认为，中国高度集中的政治体制所形成的"强国家—弱社会"传统，使得中国根本不可能存在和建构西方式的公共领域。相应地，当代中国传媒是否具备公共性，或者说，当代中国传媒是否正在建构公共领域，自然就成为一个必须首先面对的理论问题。

国内引进哈贝马斯的公共领域理论之际，正是互联网迅猛发展而网络论坛开始展现舆论力量之时。学界介绍公共领域理论的主要文献，比如曹卫东翻译的哈贝马斯的著作《公共领域结构转型》，邓正来主编的《国家与市民社会》，汪晖、陈燕谷主编的《文化与公共性》，在1998—1999年相继出版。恰恰在这个时候，网络舆论尤其是网络论坛开始成为当代中国传媒公共领域的建构力量。1998年，网民抗议印尼排华事件的舆论在各华人社区传播；1999年，为反对北约轰炸中国驻南斯拉夫联盟共和国大使馆，人民日报网络版开通"强烈抗议北约暴行BBS论坛"（后更名为"强国论坛"）。这是两个相当典型的案例。到2003年前后，网络舆论井喷式爆发："深圳，你被谁抛弃"、非典疫情、孙志刚事件、刘涌案、孙大午案、繁峙矿难、宝马车撞人案……一个又一个网络热点事件，不断彰显出网络舆论的强劲威力，以致有人将2003年称为"网络舆论年"。

在此背景下，传媒与公共领域的关系，尤其是网络与公共领域的关系，开始受到学界重视。2005年，有学者提出"网络公共领域"的概念。这样一种关注与探讨，体现出良好的问题意识与学术敏感。然而，由于学术训练不到位与学术评审不严格，一些快速出手的研究文章往往存在着这样那样的学术缺失。譬如，像"浅谈强国论坛对公共领域的重构或转型""试论网络媒介对公共领域的重构"之类的论题，本身就蕴含着这样的学术判断：在网络媒体之前，中国传媒公共性或传媒公共领域已经具备。否则，就谈不上网络论坛或网络媒体对公共领域的重构或转型之类的问题。然而，学界明明有人认为在中国根本不可能存在西方式的公共领域。文章作者并没有通过文献综述来加以回应，也没有论述当代中国在什么意义上存在传媒公共性或传媒公共领域，就将公共性或公共领域的概念直接拿来，认为网络论坛或网络媒体是对公共领域的重构。缺少对传媒公共性或传媒公共领域研究传统的学术综述，也没有审视传媒公共性或传媒公共领域的中国语境，所谓网络论坛或网络媒体对公共领域的重构，势必成为没有学术根基的自说自话，到底具有多大的学术价值就成问题了。

显然，要研究中国传媒公共性或传媒公共领域在网络时代的建构，就必须首先弄清楚什么是传媒公共性或传媒公共领域，弄清楚应当如何在当代中国语境下运用公共领域理论这样的前提性理论问题。

在《网络时代媒介公共性的建构》一书中，许鑫博士首先对什么是传媒公共性做了深入的分析。作者的结论是：传媒公共性，是指传媒扮演"社会公器"或"公众喉舌"角色，为公共利益服务，传媒公共性的核心内涵，是公开性、批判性和公益性三者的统一，其存在形态则涵盖理念、体制和实践三个层面，但最终体现在传媒实践中，主要表现为向公众提供信息，对公众开放，成为公众讨论公共事务的平台，成为公共领域的重要建制。应当说，作者的界定富有新意。不过，更具创新价值的，是作者提出"传媒公共性有应然和实然双重含义"。作者指出，"任何传媒都应具有公共性，传媒公共性应是其固有的、本质的属性，因为传媒的权力最终是公众赋予的，作为受托的一方，传媒理应为公众服务，然而传媒在事实上又是自利的，传媒往往还受到政治势力的操控，传媒商业性和政治性的存在挤压了公共性的生存空间，使得传媒的公共性面临事实与规范的背离。公共性、商业性、政治性三者之间的关系及其博弈，成为新闻职业永恒的主题。传媒公共性是历史的、动态的存在，不同国家、不同时期传媒的属性有所偏重。"

如此分析传媒公共性，其实是把传媒公共性看作一个历史过程，看成是历史过程中的一种建构。在这个过程中，作为应然的传媒公共性，其实是传媒公共性的一种理想范型，传媒理应成为"社会公器"或"公众喉舌"，为社会的公共事务或公民的公共利益鼓与呼。在学术研究中，作为应然的传媒公共性就可以充分吸取哈贝马斯公共领域理论的合理内核，"将其公开开放、平等参与、理性辩论、达成共识、关注公共利益等原则视为一种价值规范，作为新闻界奋斗的理想和方向，在此基础上，具体分析中国传媒体制及体制规训下的实践，探索我国传媒公共性的产生机制、动力和逻辑，以及中国传媒公共性的特殊性与局限性，并分析我国传媒公共性的事实存在与哈贝马斯公共领域规范模式之间的差距，以及缩小这种差距的可能路径。"

如此一来，作者便落实了他运用哈贝马斯公共领域理论的宗旨与方法："在我国探讨媒介公共性问题，必须考虑中国政治体制及传媒体制之特殊性，将哈氏公共领域模式本身作为论辩对象，建构中国情境下的传媒公共领域模式。"

二、网络公共事件及其理论视域

如果说当代中国网络媒体确实在建构一种网络公共性或网络公共领域，那么随之而来的问题就是：这种网络公共性或网络公共领域是如何体现出来的？从信息渠道和社会参与的角度看，网络论坛、新闻跟帖、博客、微博、网络社区，乃至人肉搜索，都是网络公共性或网络公共领域的组成部分。然而，所有这一切，仅仅是网络公共性或网络公共领域的载体形式或表达空间。网络公共性或网络公共领域，一定要通过网民围绕某种特定的议题或问题展开理性的讨论，形成某种舆论，对社会的公共事务或网民的公共利益有所助益，才能真正彰显出来。在此意义上，网络公共事件就是当代中国网络公共性或网络公共领域的集中体现。

退回去几年，譬如在2010年前后，恐怕难以如此明确地表述网络公共事件与网络公共性或网络公共领域的关系。就我本人而言，当时也是不甚明了。2010年7月，我在暨南大学传媒领袖讲习班做过一场演讲，题为"网络传媒与公共领域的建构"。提问环节有学员问：怎样从新闻传播的角度来看网络群体性事件？我含糊其辞地说，到底什么是网络群体性事件，目前正在研究，还有待探索。一年之后，2011年7月，我在暨南大学传媒领袖讲习班的演讲专门探讨了如何看待网络群体性事件的问题，题为"网络群体性事件研究的学理反思"，阐明"网络群体性事件"的准确命名应当是"网络公共事件"。

如何看待网民围绕某种特定的议题或问题而形成的网络热点事件这一现象，这在学术研究中不仅是一个如何命名的问题，而且是一个究竟采用什么理论视域或研究范式的问题。2007年，有研究者在《网络群体性事件及其防范》一文中率先提出"网络群体性事件"的概念，将其视为群体性事件的一种网络新形态，视为一种应当加以防范的危机。显然，这是一种危机管理的研究范式。2009年，《瞭望》周刊发表《应对"网上群体性事件"新题》一文，引起广泛关注。社会学家邵道生随即撰写《"网络民主"十三论："网络民意冲击波"》一文，在光明网《光明观察》中大声疾呼：网上"一呼百万应"现象不应该叫"网上群体性事件"，应该叫"网络民意冲击波效应"。遗憾的是，大多数研究者并未理会邵先生的见解，仍然在有关研究中采用"网络群体性事件"的命名以及危机管理的研究范式。

把网络热点事件视为"网络群体性事件"，着重探讨如何加以防范、应对、引导、管控的对策，迅速成为占据支配地位的研究范式。当然，同时还存在其他不同的命名与研究范式。2011年7月、2011年11月、2012年3月，我曾三次检索中国知网的有关论文，发现学界对网络舆论热点或焦点的命名多种多样。从文章篇数多少来看，"网络群体性事件"居第一，"网络事件"居第二，"网络集群行为""新媒体事件""网络热点事件"大体并列居第三，"网络公共事件"居第四，"网络舆论事件"居第五，"网络媒介事件"居第六。从研究者的学术立场来看，大体可分为三类，一类是从危机管理出发，强调对"网络群体性事件"加以防范、应对、引导、管控；一类是从公共领域、网络民主出发，探讨"网络公共事件"体现出来的公共性或对公共领域的建构作用；还有一类着眼于舆情分析，相对客观地探讨网络舆情的变化态势，当然，最终也往往归结到网络舆论的引导与调控。

正如美国社会学家米尔斯在《社会学的想象力》一书中所说，"我们要选择所研究的问题，在这种选择之中，就包含了价值，我们陈述这些问题时，要使用一些核心观念，在这些核心观念之中，也包含了价值，价值影响到它们的解决思路。"显然，要研究当代中国传媒在网络时代的公共性建构，或研究中国网络的公共性或中国网络公共领域，只有选择"网络公共事件"的命名，并从网络民主、网络公共领域的建构这一理论视域出发，才能保证学术理路的内在一致性。在《网络时代媒介公共性的建构》一书中，许鑫博士以网络公共事件为切入点，着重探讨中国网络媒体公共性的建构问题，应当说是一个正确的学术策略与学术路径。

三、网络公共领域的建构过程

那么，网络公共性或网络公共领域在当代中国到底是如何得以逐步建构的呢？许鑫认为，"改革开放以来，我国逐步确立市场经济体制，市民社会逐渐成长，国家与社会存在一定的分离趋势，民主政治有很大进展，这一切社会条件的具备，都为公共领域的成长奠定了基础。在此基础上的第三次传媒改革，则推动传媒与国家—市场—社会关系的变化，传媒理念、体制及实践也发生变化，传媒的公共性应运而生。"

许鑫认为，从传媒市场化程度及其公共性意义来看，可以将中国传媒改革及公共性的演变历程大致划分为三个阶段：1978—1991 年，是新闻本位的回归及公共性的产生；1992—2002 年，是传媒市场化转型及公共性的生长；2003 年至今，是网络媒介崛起及公共性的扩展。尽管这三个阶段的划分不无道理，但作者对这三个阶段各自规定性的论述，却比较粗糙，未能深刻揭示当代中国传媒公共性在不同阶段的本质特征。

依我看，从 1978 年到 1990 年代初，尽管有 1978 年实践是检验真理标准的大讨论，有 1980 年"渤海二号"沉船事故的报道，有 1987 年大兴安岭火灾的"三色"报道（《红色的警告》《黑色的咏叹》《绿色的悲哀》）等可以载入史册的篇章，却很难说在 1992 年之前就产生了传媒公共性。真理标准大讨论虽然与传媒公共性具有一定的关联，却主要是中共领导层发起的思想解放运动。"渤海二号"沉船事故报道与"三色"报道在当代中国的舆论监督史上具有突破性意义，但这仅仅是个案，还没有形成舆论监督的时代潮流，传媒公共性尚处于孕育过程中。只有到 1990 年代中期，1993 年央视开播《东方时空》，1994 年央视创办《焦点访谈》，1994 年《南方周末》提出"强化新闻性，再上新台阶"的口号（实际上是从文化艺术类报纸转型为时事新闻类报纸），1995 年《华西都市报》创刊以及其后数年间都市报群的崛起，当代中国传媒公共性的建构才真正破土而出，逐渐成长。与此同时，网络媒体尤其是网络论坛的舆论力量在 1990 年代末悄然兴起。到 2003 年，以非典疫情和孙志刚事件为典型代表的网络公共事件，终于让网络公共性或网络公共领域开始引领时代的风骚。

因此，如果要给当代中国传媒公共性划分阶段，那么，1990 年代初至 21 世纪初是一个阶段，这是传统媒体公共性或传统媒体公共领域的生长；2003 年以来则是另一个阶段，这是网络公共性或网络公共领域的拓展。

许鑫博士研究的重点是网络公共领域的建构。在《网络时代媒介公共性的建构》一书中，作者先是从理论上分析网络公共领域的技术优势与社会限制，然后从实践上探讨网络公共领域的推动力量与阻碍力量以及各种力量之间的博弈，再通过三个网络公共事件的案例来论述当今中国网络公共领域的现状。从理论上说，作者最终是要阐明：公共性不是形而上学的范畴，而是人们在实践中所形成的社会关系的特定性质。传媒公共性也好，网络公共性也好，都是在各种力量之间的博弈过程中建构起来。

许鑫的研究表明：当代中国的网络公共领域，公私界限日益模糊，共识是相对的，共识与冲突并存，同时，网络时代的公共领域更加多元、宽泛，议题和事件构成公共领域的中心，网络讨论的议题，政治与娱乐并存，理性与情绪并存，使得网络公共领域的功能也更加多元化，信息公开、民意表达、舆论监督、政策讨论、公民社会建构都是网络媒体公共性的重要体现。值得注意的是，网络媒体公共性的发挥离不开传统媒体的协作，同时，网络媒体也无法完全摆脱传统媒体时代的一些束缚。比如，我国政府对网络的监管仍然沿袭了传统媒体时代的"维稳"模式，资本对网络的操控依然严重，私人领域的公共化和公共领域的私人化并行，导致真假公共性并存，网络空间形式的平等往往掩盖了事实的不平等，网络媒介的接近权依然存在限制，信息鸿沟依然存在。

更重要的是，公众的参与意识并不会随着网络技术的进步而自然提升，非理性、网络暴力等现象的泛滥，显示网民的参与素质还有待提高。网络空间鱼龙混杂的信息造成网民无所适从，还可能遮蔽真正重要的议题。而网络空间公共讨论的议题不断转换，加上不同群体间的认同差异，共识也难以达成。因此，当代中国的网络公共空间距离哈贝马斯理想的公共领域相去甚远，严格说，网络公共空间更宜称为"公共话语空间"，至多只能算"准公共领域"或"类公共领域"。

作者如此这般的真知灼见，让我们明白：当代中国网络公共领域的建构与完善，任重而道远！

原载于《新闻界》2015年第13期，收入《中国新闻传播学年鉴》2016年卷。

网络群体性事件研究的进路、议题与视角

随着社会转型的不断深化，中国社会原有的"社会秩序被打破"，形成"断裂的社会"[1]，社会阶层正在经历解构与重构，各种社会矛盾日益尖锐，这给网络群体性事件的滋生提供了"土壤"。据统计，1993 年，我国共发生 0.87 万起社会群体性事件，1994 年增加到 1 万多起。从 1994 年到 1996 年，增长速度在 10% 左右，1999 年 3.2 万起，2003 年 5.85 万起，2004 年群体性事件高达 7.4 万起，2005 年上升为 8.7 万起，2006 年到 2008 年，每年都超过 9 万起，2009 年上升到 10 万起以上（比 1993 年增加了 10.5 倍）。[2] 互联网自 20 世纪 90 年代末以来的快速发展和网络民意表达的蓬勃兴旺，又给网络群体性事件的发生与发展提供了空间。互联网背景下，群体性事件的发生数量不仅逐年骤升，还实现了形态转变。网络群体性事件所产生的影响已经远非传统群体性事件所能比拟。"瓮安事件""石首事件""李刚事件"等原本属于区域性的普通事件，迅速演化为轰动全国的网络群体性事件。2008 年前后，"网络群体性事件"由"先前间隙性'上演'转呈集体性'井喷'"[3]。这种现实现状，既需要政府相关部门的积极关注与应对，也需要学界加以认真的讨论与研究。因此，对网络群体性事件的研究在新世纪以来陡然增多，并迅速成为备受多学科关注的研究热门领域。更为重要的是，在互联网建构了全新社会空间—网络社会的前提条件下，网络群体性事件与传统意义上的群体性事件相比，呈现方式、动员机制和社会影响都发生了很大的变化。梳理互联网背景下的群体性事件的研究脉络，对于推进该领域的研究具有不可或缺的认识价值。

一、国内外对网络群体性事件的理论命名与学术视阈

国内频繁出现的"网络群体性事件"，在国外的研究中并没有完全对应的词

1　孙立平.转型与断裂：改革以来中国社会结构的变迁［M］.北京：清华大学出版社，2004：37.

2　范亚峰.治理群体性事件需要宪政新思维［N］.凤凰周刊，2005（29）.

3　罗锋，王权.风险·制度化："网络群体性事件"症候表征与治理分析［J］.重庆邮电大学学报（社会科学版），2010（04）：91-94.

汇。从研究对象和研究范畴来看，国外对相当于"群体性事件"的社会活动的研究，从 20 世纪 70 年代起已逐渐展开。国外在研究类似"群体性事件"的对象时经常使用的概念有：集体行动 / 集群行为（collective action）、社会动乱（social unrest）、社会运动（social movement）、大众抗议（popular protest）、大众抵抗（popular resistance）、大众抗争（popular contention）、争议政治（contentious politics），甚至直接以具体的集会、游行、示威、罢工、不服从等冠名。西方对这些问题的研究，主要是以社会冲突理论、群体心理理论以及社会风险理论为基础，对集体行动 / 集群行为（collective action）与社会运动进行理论研究与实证研究。

进入 20 世纪 80 年代以后，西方对群体性事件的研究逐渐繁荣，随着 90 年代的高涨而逐渐成熟。检视近二十年来西方对群体性事件的研究不难发现，该领域主要分为以下四个研究视阈：首先，从政治的角度探讨集体行动或社会反抗是西方该领域研究中最重要的研究视角。学者们重点探讨集体行动与政治或社会发展之间的互动关系，或总结在某一历史时期的集体行动和社会运动的特点。其次，对某一特定社会群体集体行动的关注在西方集体行动研究中倍受推崇，譬如同性恋群体的集体行动、工会运动和反堕胎集会等。再次，基于实证主义和行为科学的研究传统，众多研究将内在结构和心理机制作为研究群体性行为的视角与路径。最后，发展中国家凸现的群体性事件也成为西方集体行动研究的重要领域。外国学者对当代中国的群体性事件的研究逐渐形成一股潮流，甚至成为 20 世纪 90 年代后期以来西方学者研究中国政治和社会的新热点。在这些围绕中国的群体性事件的研究中，以对农村的群体性事件研究为主，同时也兼顾城市的群体性事件，比如研究下岗工人的群体性事件对区域政治经济的影响。

西方从网络媒体和新媒体的角度出发来审视群体性事件的研究并不多见，仅仅偶见于少数研究集体行动或危机传播的文章。由于国内外文化、历史与社会等背景的差异，进入互联网时代后，西方对网络的使用状况以及个人表达的媒介偏好都与中国有很大的不同，西方社会中并未借由网络的飞速发展而出现集体行动的快速增长，关于网络背景下集体行动的研究也未出现中国式的骤然增加。因此，网络环境下的群体性事件并不是西方研究的热点问题。

我国对网络环境下的群体性事件的研究，大多数学者都使用"网络群体性事件"的称谓。可以说，"群体性事件"与"网络群体性事件"的称谓，是基于我国政治生态、媒介生态和社会历史的独特语境而形成的独有概念。不过，随着研究的深入，从 2007 年开始，西方集体行动研究的理路开始被国内的研究者借鉴，运用于网络群体性事件的研究之中。这一部分研究沿用了西方上述领域的研究概念，使用"网络集体行动"（或互联网集体行动、网络集体行为等）来指称"网络群体性事件"，并试图使用西方集体行动的"资源动员理论""搭便车理论""议题管理理论"等各种理论和范式，来对网络群体性事件进行分析和讨论。从理论上讲，尽管"网络群体性事件""网络集体行动"这两种称谓不同，但其研究对象和研究范畴基本一致。为行文方便，下文将使用"网络群体性事件"作为网络群体性事件、网络集体行动和网络集体行为等不同概念的统称。

二、我国网络群体性事件研究的兴起与发展

本文的研究数据主要基于"中国知网 CNKI"搜索结果的统计与分析，统计数据截至 2011 年 2 月 18 日。从文献看，国内对于互联网背景下群体性事件和集体行动的专门研究，始于 2003 年徐乃龙《群体性事件中网络媒体的负面影响及其对策》一文。在中国知网上以"网络"+"群体性事件""网络"+"集体行动""互联网"+"集体行为""网络"+"集体行为"为"题名"包含字段，对 2003 年至 2010 年公开发表的期刊论文、博硕士论文和重要会议论文进行检索，共得到检索结果 137 个，剔除不符合研究主题的文章 8 篇，共有相关研究文章 129 篇。其实，有关研究不止这些数据。由于这个研究领域相当稚嫩，有些研究文章的研究内容与此重叠却使用了其他的术语，例如《非常规突发事件中网络舆情的生成及管理》等。所以这里的数据实际上是限于给定条件而检索到的数据。从论文发表的年份来看，关于网络群体性事件的研究呈现出逐步上升到骤然增加的趋势，如图 5.1 所示。

大体上，国内的网络群体性事件研究可以划分为两个阶段：2003 年到 2008 年，是起步阶段；2009 年到 2010 年，则是发展阶段。

在起步阶段，研究内容较为单一，主要是对网络群体性事件的影响进行描述，并尝试提出防范策略。由于互联网对于整个社会的重构，网络群体性事件的骤然增加，对政府管理形成前所未有的新挑战。因此，从 2003 年开始的对网络

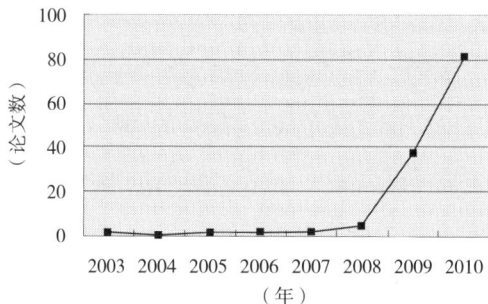

图 5.1　网络群体性事件的研究趋势

群体性事件的研究，体现了当时研究者和社会对网络群体性事件的担忧。从研究者的学科背景看，这一阶段的研究者多数来自公安政法系统，如上文提及的最早研究者徐乃龙就来自警官学院治安系，揭萍等是公安专科学校侦查学系的教师，另外还有研究者是来自政府、军队等单位。这些研究者多半站在社会治安和国家安全的角度，以一种"对立"和"否定"的立场看待网络群体性事件，这是作为国家机器中强制力体现的公安政法系统的必然立场，也是政府管理者面对骤然来临的新挑战的反应与应对。因此，研究者大多倾向于认为网络群体性事件"非常危险"[1]"难以监管"[2]"对国家安全和社会稳定构成极大威胁"[3]。基于上述认识，一些初步的"防范""监督""控制"等策略被提出。由于研究涉入程度的粗浅和研究阶段的局限，这些对策都相对笼统、宽泛，充满了战斗思维。这些文章使用了诸如"别有用心""加强监控""警、军、民联合共同防范""坚决打击""平战结合"等语句。

　　随着现实社会中网络群体性事件由"间歇式爆发"到经常"上演"，社会各界和学术界对于网络群体性事件的关注和研究不断增多，网络群体性事件的研究也呈现"井喷"状态，公开发表的"网络群体性事件"方面的论文由每年不到十篇骤增至每年数十篇。2009 年以来，对网络群体性事件的研究进入快速发展阶段。在这个阶段，研究的突破不仅体现为研究数量的剧增，更重要的是研究进路呈现出多方面的转向。一方面，研究立场由相对单一的官方立场逐步走向官方、学界

1　徐乃龙. 群体性事件中网络媒体的负面影响及其对策［J］. 江苏警官学院学报，2003（06）：11-14.

2　邓国峰. 网络时代的高校师生关系与校园网络群体性危机事件［J］. 广西青年干部学院学报，2005（02）：36-37+60.

3　王玲，王东. 防范基于网络组织群体性事件研究［J］. 广州市公安管理干部学院学报，2006（04）：29-31.

等多种立场，对于网络群体性事件的研究开始摆脱意识形态的判断而走向科学。这就为网络群体性事件的研究开辟了新的研究空间，拓展了新的研究视阈。这一阶段的研究论文，大部分来自高校等研究机构，直接来自政府的研究者罕见，来自公安政法系统的研究者的比例也出现了明显的下降。另一方面，研究心态由刺激—反应式的紧张趋于缓和，客观的研究学术研究态度得到广泛认可。尽管仍有研究者对于网络群体性事件秉持负面与否定的价值判断，但是早期对于网络群体性事件的"战斗思维"、防范导向和过度意识形态化的研究逐渐被淡化，取而代之的是更加客观和中立的学术态度。更有研究者提出，从网络群体性事件的形成过程和结果来看，"网民不仅表现出理性和缜密的思维，而且富有积极性和建设性"[1]；"网络群体性事件体现了网民参与民主政治的积极性"，而且"大多网络群体性事件反映的要求是具体的，主张是建设性的，在对政府管理能力特别是基层管理水平提出了挑战的同时，反而强化了国家权力"[2]。因此，网络群体性事件是"有一定的积极意义的"。[3,4]

三、我国网络群体性事件研究的主要议题

随着网络群体性事件研究的不断拓宽和逐步深入，网络群体性事件研究的主要议题也日益多样。从现有文献看，涉及较多的研究议题主要有：

（一）网络群体性事件的应对

这一方面的文章主要出自公安政法领域和政府管理领域的研究者，他们从治安管理角度出发，认为网络群体性事件是"非正常"的"社会秩序"，甚至是"影响社会政治稳定的群体暴力事件"，[5,6]并就此提出了加以"抑制""遏制"，甚至"打击"等主要应对策略。其中，揭萍和熊美保的观点代表了早期对网络群体性事件的治安学研究视角，认为网络群体性事件对网络和现实世界同时造成极大危害。在贯穿全文的"治安""作战"思维的引导下，两位研究者认为处置网络

1　杨频，李涛，赵奎.一种网络舆情的定量分析方法［J］.计算机应用研究，2009（03）：1066-1068+1078.

2　杜鹏.基于聚类分析的我国网络群体性事件内涵研究［J］.未来与发展，2010（08）：38-43.

3　万颖.对"网络群体性事件"的理性反思［J］.法制与社会，2009（23）：246.

4　唐逢九.对网络群体性事件的新解读［J］.法制与社会，2010（07）：181.

5　杨久华.试论当前我国的网络群体事件及其治理思考［J］.吉林师范大学学报（人文社会科学版），2009（04）：30-33.

6　王伟亮.群体性突发公共事件与危机传播——以贵州瓮安"6·28"事件为例［J］.新闻记者，2008（08）：15-19.

群体性事件必须"遵循系统性"和"平战结合"等原则。[1]

从第二个阶段开始，有研究者提出网络群体性事件是社会转型背景下"风险社会来临的正常社会现象"[2,3,4]，认为网络群体性事件是网络时代政府会"经常遭遇的一种危机"[5]，或者认为网络群体性事件只是网络政治参与的一种新形态[6]，并试图提出较为积极的应对策略。例如，裴伟廷等所撰《关于网络群体性事件的新思考》一文首先从根本上摒除了"群体性事件都是负面的"预设偏见，通过一些具体案例分析，提出要重新认识和考量群体性事件的影响（尤其是其积极影响），并据此进一步提出了应对群体性事件的常规应对方式和根本应对方式两种应对方式。[7]

在研究视野不断拓展的过程中，有研究者从网络信息传播的角度考察了政府现有的网络管理模式，认为"政府移植了对大众传媒的管理模式，但其规制作用在网络群体性事件中表现有限"[8]。从而提出面对网络群体性事件，政府不应该消极对待，而应持主动积极的态度。在宏观上"完善网络立法"，在具体的事件过程中"迅速反应、及时发布相关信息"[9]。从风险社会的研究视角来看，可以用"法律的形式保障民意诉求的制度化"[10]。

（二）网络舆情和网络集体行动的诱因和形成要素

网络舆情与网络集体行动有着必然而复杂的关联，这一点也体现出研究内容上的勾连和交汇。这一主题下的研究主要分为两类：网络舆情的研究和网络组织动员的研究。

1　揭萍，熊美保.网络群体性事件及其防范［J］.江西社会科学，2007（09）：238-242.

2　蔡前.以互联网为媒介的集体行动研究：基于网络的视角［J］.求实，2009（02）：44-48.

3　罗锋，王权.风险·制度化："网络群体性事件"症候表征与治理分析［J］.重庆邮电大学学报（社会科学版），2010（04）：91-94.

4　陈阳.大众媒体、集体行动和当代中国的环境议题——以番禺垃圾焚烧发电厂事件为例［J］.国际新闻界，2010（07）：43-49.

5　王扩建.网络群体性事件：一种新型危机形态的考量［J］.天津行政学院学报，2010（02）：29-34.

6　毛启蒙.隐性的权力，现实的回归——从网络群体性事件的视角论我国网络政治参与的发展［J］.天水行政学院学报，2010（04）：94-97.

7　裴伟廷，林亚斐，任颖，等.关于网络群体性事件的新思考［J］.宁波广播电视大学学报，2010（01）：1-8.

8　芦何秋，秦志希.论网络群体性事件中政府管理的理念转变［J］.新闻传播，2010（09）：12-13.

9　姚伟达.网络群体性事件：特征、成因及应对［J］.理论探索，2010（04）：112-115.

10　罗锋，王权.风险·制度化："网络群体性事件"症候表征与治理分析［J］.重庆邮电大学学报（社会科学版），2010（04）：91-94.

网上网下的个体聚集离不开信息的传播和舆论的形成，因此关于群体性事件中网络舆情的研究成为网络集体行动研究的热点。有学者指出，在网络集体行动发生发展的过程中，可以通过传统媒体与网络的有效而良性的互动来实现对舆论的有效引导。[1]网络舆论强度、网络舆论恒度和网络舆论发展动力，是发生网络群体性事件必须具备的三个条件。[2]根据网络群体性事件诱发模式的不同，可将网络群体性事件分为四种类型：网络舆论引发模式、由网络谣言而恶化或失控模式、利益受损群体网络发动模式以及境内外敌对分子发起模式。[3]网络舆情传播"容易导致人们的怨恨、剥夺感或压迫感增加"[4]，但是，同样也可以充分利用网络舆情的管理，有效地"预防""处理"和"消解"[5]群体性事件。

个体的聚集与动员是集体行动的核心，从第二个研究阶段开始，对网络群体性事件的形成与诱因的探析走向深入，逐渐形成关于网络集体行动组织动员的研究主题。有研究者认为，现有的网络群体性事件分为四种动员模式："焦点型动员模式、诱发型动员模式、泄愤型动员模式、公关型动员模式"[6]。从"网民个体、'e见领袖'、网络群体3个层面"[7]进行分析，可以看到网络群体极化在网络群体性事件的普遍存在。而刺激性公共事件、网民共同经验、活跃的关键人物、大众传播媒介和相对隔离的网络空间五个方面[8]，则是网络群体性事件演化和组织的关键要素。还有学者从管理学角度对网络群体性事件的生成过程作了分析，认为网络舆论的生成经历了"公共话题聚合→舆论场出现→意见领袖出现→网络与传统媒体间互动"的过程，结合危机设计、理性设计、渐进设计和社会设计等四种公共行政领域的行动模式，可以针对不同类型的网络群体性事件设计出不同的处理方案，从而形成网络群体性事件的政府决策机制。[9]

1　黄月琴.网络群体性事件中的网络舆论疏导与媒体责任［J］.湖北大学学报（哲学社会科学版），2010（05）：109-112.

2　林凌.网络群体事件传播机制及应对策略［J］.学海，2010（05）：19-24.

3　杨久华.当前我国网络群体事件发生的模式、趋势及其防范策略［J］.江西公安专科学校学报，2009（03）：39-42.

4　曾润喜，徐晓林.网络舆情对群体性突发事件的影响与作用［J］.情报杂志，2010（12）：1-4.

5　曾润喜，徐晓林.网络舆情对群体性突发事件的影响与作用［J］.情报杂志，2010（12）：1-4.

6　何国平.网络群体事件的动员模式及其舆论引导［J］.思想政治工作研究，2009（09）：37-39.

7　戴松，王小杨.论诱发网络群体极化现象的主观因素［J］.科技传播，2010（03）：33+28.

8　陈强，徐晓林.网络群体性事件演化要素研究［J］.情报杂志，2010（11）：15-18+43.

9　汪建昌.网络群体性事件：舆论生成与政府决策［J］.中州学刊，2009（06）：244-248.

（三）网络集体行动的涵义与特性

正如上文提及，网络群体性事件研究的渊源一方面来自应对群体性事件的思想传统，另一方面在后期又引入了西方关于集体行动的理论范式，再加上政治禁锢的惯性，这些导致了对网络群体性事件的讨论面临研究对象界定模糊、特征不明的困境。为了从根本上廓清研究范畴、厘清研究范式，一些研究者对"网络群体性事件"和"网络集体行动"等基本概念作了专门的探究与辨析。这一方面表明研究者对明晰研究范畴和规范研究范式的希冀和努力，另一方面也说明该研究领域离成熟还有很长的路要走。

现有文献对网络群体性事件的界定主要有三类：一类是延续我国特有的"群体性事件"的思路和范畴，将"网络群体性事件"纳入"群体性事件"的范畴之内，认为"网络群体性事件"是"群体性事件"的一种[1]，是群体性事件在网络中的"映照"[2]或延续[3,4]。这一类界定大多强调网络群体性事件的负面影响，认为其扰乱社会秩序，造成不良影响。第二类是从"集体行动"的概念出发，认为网络群体性事件只是集体行动的一种，是经过网络进行动员或聚集的集体行动，不能够一概而论地将其纳入治安范畴或视为负面事件[5,6,7]。第三种界定认为网络集体行动本质上是一种舆论现象，是公众舆论在网络上的聚集或形成，是网民就某一议题在网上进行群体性讨论[8,9]，是一种"制造舆论、发泄不满的行为"[10]。也有学者认为网络舆论本身就是一种网络集体行动[11,12]。另外，有学者提出网络群体性事

1　李金龙，黄峤. 挑战与应对：网络群体性事件下的政府信息管理 [J]. 湖南师范大学社会科学学报，2010（01）：38-41.

2　孙晓晖. 网络群体性事件中执政公信力的流失及其防范——基于社会动员的分析视角 [J]. 理论与改革，2010（04）：21-26.

3　郑大兵，封海东，封飞虎. 网络群体性事件的政府应对策略 [J]. 信息化建设，2006（11）：34-35.

4　杨久华. 试论当前我国的网络群体事件及其治理思考 [J]. 吉林师范大学学报（人文社会科学版），2009（04）：30-33.

5　蔡前. 以互联网为媒介的集体行动研究：基于网络的视角 [J]. 求实，2009（02）：44-48.

6　秦彤. 从"范美忠事件"看网络集体行动 [J]. 法制与社会，2008（34）：213+215.

7　郝强. 网络集体行为的特征及其影响——对"网民反 CNN 事件"的分析 [J]. 延边党校学报，2010（03）：159-161.

8　杜骏飞. 网络群体事件的类型辨析 [J]. 国际新闻界，2009（07）：76-80.

9　罗锋，王权. 风险·制度化："网络群体性事件"症候表征与治理分析 [J]. 重庆邮电大学学报（社会科学版），2010（04）：91-94.

10　王扩建. 网络群体性事件：一种新型危机形态的考量 [J]. 天津行政学院学报，2010（02）：29-34.

11　王雪. 网络舆论、集体行为与社会控制 [J]. 探求，2007（01）：57-61.

12　万颖. 对"网络群体性事件"的理性反思 [J]. 法制与社会，2009（23）：246.

件的界定有广义与狭义之分：广义的网络群体性事件泛指在互联网上有较多网民参与讨论并产生一定社会影响的事件；狭义的网络群体性事件则特指在一定社会背景下形成的网民群体为了共同的利益或其他相关目的，利用网络进行串联、组织、呼应，乃至可能或已经影响社会政治稳定的群体性非正常事件。[1]

随着研究的推进，持第二、三类观点的研究者逐渐增多。这是因为，关于"网络群体性事件"的第一类界定存在着两点局限性：一是将网络群体性事件纳入原有的群体性事件的范畴，无视网络空间特殊的社会结构和网络动员机理，简单套用原有的群体性事件的理论和策略；在将网络集体行动进行类型学分析后不难发现，网络集体行动"大多可以被解析为性质迥然不同的法律和社会行为。因此在定性网络群体性事件时，不宜用行为失控、行为失当来标签，而应该用'社会失范'为其阐释，并藉此形成科学的治理观念"[2]。二是对网络群体性事件的论述都以意识形态作为潜在和显在的前提，带有先入为主的负面价值判断，从而损害了对此类事件与现象进行讨论的客观性，同时也压制了探讨的学理性和科学性。

对网络群体性事件的特性可以从不同的方面加以观照。有研究者从历时性研究的角度对 1998 年至 2009 年 160 起重大网络舆论事件进行系统分析，发现我国网络群体性事件整体呈现如下特征：时间上，网络群体性事件发展呈波浪状不断上扬趋势；空间上，网络群体性事件关注度与区域发展程度密切相关；所涉群体上，网络舆论事件更加关注政治、文化、经济上强势的阶层；所涉内容上，网络群体性事件更多聚焦于政治与民生问题；信息源头上，网络群体性事件主要来源于传统媒体报道，并很快在网络媒体扩散；传播效果上，网络舆论的有效引导，可以促进事件解决，正向效果明显。[3]除了网络信息传播所赋予网络群体性事件以"虚拟性"和"主体不可控性"[4]之外，从个案分析中还发现，网络群体性事件具有"无限扩张性"和"灵活动员"[5]等特点。

1　李苏楠.网络群体性事件的应对策略［J］.思想政治工作研究，2010（05）：63.

2　杜骏飞.网络群体事件的类型辨析［J］.国际新闻界，2009（07）：76-80.

3　钟瑛，余秀才.1998-2009 重大网络舆论事件及其传播特征探析［J］.新闻与传播研究，2010（04）：45-52+110.

4　毛启蒙.网络群体性事件的特征与对策［J］.宁夏党校学报，2010（05）：91-93.

5　郝强.网络集体行为的特征及其影响——对"网民反 CNN 事件"的分析［J］.延边党校学报，2010（03）：159-161.

（四）网络群体性事件的心理和精神层面研究

从心理研究的角度来看，在"缺乏归属感与认同感"[1]等宏观转型期社会心理背景下，网络群体性事件更容易发生。作为网络群体性事件的推动者，网络群体的心理呈现如下几个特征：竞争心理、渴望领袖、感性与理性的合力等。[2]网络群体性事件中的"意见领袖"和一般参与者的心理特点有所不同。"意见领袖"在网络上一呼百应，一般参与者主要表现为宣泄与诉求心理、看客与游戏心理、盲从与暴虐专横心理。[3]在网络集体行动的不同参与层面，分别存在着"利他行为""从众效应"和"去个性化"[4]等心理行为现象，应针对网络群体性事件参与者的心理特点进行心理疏导，以正面舆论影响网络心理群体，以宽容的态度面对网络群体性事件，加强心理干预，有效预防和控制网络群体性事件。

在这些心理因素之外，网上网下涌动的社会思潮对网络群体性事件的影响也不容忽视。譬如，在近年发生的网络群体性事件中表现出来的"民粹主义"倾向[5]，就相当显著。尽管如此，以网络为代表的新媒体搭建的新的公共空间仍然体现了"公民意识"的觉醒和"公民身份的认同"，重构了"社会结构中的媒体权力"[6]。

四、网络群体性事件研究的立场、视角与方法

客观地说，早期对网络群体性事件的研究所持有的消极评价和负面价值判断非常明显。譬如，徐乃龙《群体性事件中网络媒体的负面影响及其对策》一文认为，网络媒体在群体性事件中容易发生不真实和不恰当的报道，给事件的处置增加困难，甚至致使事件恶性发展。[7]揭萍和熊保美在《网络群体性事件及其防范》中提出了更为激烈的观点，认为网络群体性事件对网络和现实世界会同时造成极

1　邬心云.网络群体事件的心理分析［J］.新闻记者，2010（07）：73-76.

2　邬心云.网络群体事件的心理分析［J］.新闻记者，2010（07）：73-76.

3　孙静.网络群体性事件参与者心理特点与疏导［J］.中国人民公安大学学报（社会科学版），2010（02）：14-18.

4　黄蜺，郝亚芬.社会心理学视阈下的网络群体性事件［J］.电化教育研究，2010（07）：39-43.

5　王君玲，石义彬.网络事件中的民粹主义现象分析——以"哈尔滨警察打死大学生"事件为例［J］.国际新闻界，2009（04）：92-95.

6　师曾志.沟通与对话：公民社会与媒体公共空间——网络群体性事件形成机制的理论基础［J］.国际新闻界，2009（12）：81-86.

7　徐乃龙.群体性事件中网络媒体的负面影响及其对策［J］.江苏警官学院学报，2003（06）：11-14.

大的危害，并严重影响党和国家的形象，威胁社会安全[1]。在这一类文章中，研究者是将对现实社会中群体性事件的关注推移到网络，价值评判也同样照搬至网络群体性事件中，完全忽视现实社会与网络社会的背景差异，以及网络群体性事件在组织动员形态上的变化。

随着对网络背景下群体聚集现象研究的增多，从 2008 年开始，新闻传播学、社会学、管理学、政治学和图书情报学等研究视阈被相继引入该领域的研究，并于 2009 年呈现出多学科交叉研究的学术走向。这种学科背景的扩展和研究视野的拓宽，使网络群体性事件研究中的意识形态话语逐渐淡化，政治价值判断的倾向有所退却，相对客观的学术立场得到更广泛的认同。尽管仍然不少研究者对网络群体性事件持否定和警惕的态度，但是越来越多的研究者已经不再简单地将网络群体性事件视作洪水猛兽，而是尽力与简单化的对立价值判断保持一定的距离，认为"作为社会转型中秩序重建的产物，网络群体性事件本身并不可以简单地做'善'或'恶'的定论"[2]。网络群体性事件在对政府的社会管理形成挑战的同时，也"折射了常规民意表达渠道的不通畅"等社会问题，并及时"发挥了社会舆论监督的作用"[3]。对网络群体性事件的分类、对网络群体性事件和公民社会建设的分析、对事件中民间舆论群体的探讨等论题，也相继进入研究者的视野。

不言而喻，多学科交叉研究的特点使网络群体性事件研究呈现出相对丰富的研究视角与路径。公安政法学者着重关心网络群体性事件的治安影响和社会控制；管理学科则侧重于从公共管理、议题管理等角度对网络群体性事件的各个环节进行建模研究并提出管理对策；新闻传播学者更擅长于从信息传播机制的视阈追究网络群体性事件中的传播动员和舆论分析，并从多种路径进行类型分析；社会学和政治学的研究者倾向于从网络政治参与和网络社会的建构的角度加以观照。

与研究视阈的开放和研究角度的多样不同，网络群体性事件的研究方法却

1　揭萍，熊美保.网络群体性事件及其防范［J］.江西社会科学，2007（09）：238-242.

2　罗锋，王权.风险·制度化："网络群体性事件"症候表征与治理分析［J］.重庆邮电大学学报（社会科学版），2010（04）：91-94.

3　康德颜.浅析政府对网络群体性事件的管理［J］.学理论，2010（08）：87-88.

相对单一，相当多论文的研究方法都是对现象的描述、对文献资料的梳理和理论的归纳与推演。只有少量的量化研究用于对网络群体基本特征的初步调查[1]、网络群体性事件内涵研究的文本聚类，[2]在聚类分析的基础上讨论事件的特征、内涵与网民诉求等。应当指出的是，对网络群体性事件这一社会现象进行过度的描述、定性与判断，往往使人们对这一领域还未真正深入了解就贸然做出解读与判断，这不仅阻碍科学研究的深入开展，而且阻碍政府决策的科学性与有效性。

研究方法的相对粗浅和单一，与网络群体性事件的急速发展状况不相适应。已有研究者注意到这种不足，试图探索新的研究方法。有学者提出了一种结合HowNet 的语义相似性、人工评价统计期望值方法计算词语观点倾向度的方法，并在此基础上提出了文本观点倾向度的定量计算方法。[3]《文本挖掘在网络舆情信息分析中的应用》一文在网络舆情分析方面给出了文本挖掘的方法。该文介绍了文本挖掘的技术主要包括特征提取、文本分类、文本聚类、关联分析、文本总结和趋势预测。文本挖掘技术在网络舆情信息分析中可以用于对网络舆情进行描述、对网络舆情的关联性进行分析、对网络舆情信息的真实性进行判断分析、对网络舆情的产生原因进行分析、预测和推理网络舆情信息的产生和变化趋势。该文还以山西黑砖窑事件为例，阐述了文本挖掘在网络舆情信息分析中的具体应用步骤和作用。[4]

当然，网络群体性事件的一些关键论题或核心论题亟待深入。网络政治参与、网络资源动员、网络群体形成等这些涉及网络群体性事件内核的研究领域，迄今仍几乎处于空白状态。尽管众多的研究都试图提出应对网络群体性事件的策略和方法，但是基于上文所提及的社会背景和倾向，现有策略研究的思路局限是显而易见的。"健全信息发布制度"[5,6]或"设立网络发言人制度"似乎成为大家的共识，

1 吴树鑫.沿海地区大学生网络群体的调查分析［J］.广东青年干部学院学报，2006（01）：46-49.

2 杜鹏.基于聚类分析的我国网络群体性事件内涵研究［J］.未来与发展，2010（08）：38-43.

3 杨频，李涛，赵奎.一种网络舆情的定量分析方法［J］.计算机应用研究，2009（03）：1066-1068+1078.

4 黄晓斌，赵超.文本挖掘在网络舆情信息分析中的应用［J］.情报科学，2009（01）：94-99.

5 罗锋，王权.虚拟空间中的信息博弈：关于"网络群体性事件"的审思［J］.浙江传媒学院学报，2010（02）：20-24.

6 姚伟达.网络群体性事件：特征、成因及应对［J］.理论探索，2010（04）：112-115.

但是如何"健全"和如何科学"发布"却成为了难以深入的棘手问题。在笔者看来，只有科学而深入地弄清上述关键论题或核心论题，网络群体性事件的对策研究才能真正具有科学性与有效性。

与博士后王君玲合写，原载于《现代传播》2011年第8期，人大复印报刊资料《新闻与传播》2011年第10期全文转载。

从网络集群行为到网络集体行动
——网络群体性事件及相关研究的学理反思

进入 21 世纪，网络媒体蓬勃发展，网络舆论不断壮大，产生了众多以事件为中心的网络舆论聚集，形成社会各界高度重视的网络舆论冲击波乃至网络集体行动。学界先后提出"网络事件""网络群体性事件"等多种概念，分别从公共管理、新闻传播、政治学、社会学等不同的学科视野展开研究，发表和出版了大量的研究成果，形成生气勃勃的研究局面。

然而，其局限也不容忽视，有些问题还相当严重：或停留在现象描述、举例说明的初级阶段，低水平重复；或思路不清，内容笼统，表述模糊，缺乏明确的问题意识与个人见解；或自说自话，缺乏真正意义上的学术对话，难以形成有效的学术积累；或忙个不停地提出应对策略，缺乏冷静而深入的学理探讨。尤其是其中的各种学理问题，更是盘根错节，头绪纷繁，难得要领。

为澄清和改进有关问题研究的学术视野与研究路径，本文拟对围绕"网络群体性事件"及相关概念而开展的研究进行梳理与分析，重新探讨这样几个学理问题：（1）"网络群体性事件"的概念是否科学？如果不科学，科学的概念或概念群是什么？（2）如何评判被命名为"网络群体性事件"的这种网络舆论聚集行为的性质与作用？（3）采取什么样的理论框架来研究被命名为"网络群体性事件"的这种网络舆论聚集行为？

一、网络群体性事件及相关研究的基本态势

早在 1997 年，《北京文学》第 11 期发表题为"网络事件"的作品。1999 年，计算机领域开始把"网络事件"作为研究对象。2005 年，"网络突发事件"的应急对策引起关注。2006 年，"网络群体性事件""新媒体事件"等概念出现在论文标题中。此后两三年间相继涌现一批相关概念，到 2010 年达 15 种之多。以有关概念作为检索词，按"主题 + 篇名 + 精确"方式进行"高级检索"，依论文标题中有关概念出现在中国知网期刊数据库中的时间，可制成如下简表（见表 5.1）：

表 5.1　不同概念的产生时间

1997 年	2005 年	2006 年	2007 年	2008 年	2009 年	2010 年
网络事件	网络突发事件	网络群体性事件；新媒体事件	网上群体性事件；网络舆情事件；网络群体行为；话语事件	网络热点事件；网络公共事件；网络集体行动	网络群体事件；网络舆论事件；网络集群行为	网络媒介事件

概念是反映对象本质属性的思维形式，是人类对某种事物或过程的抽象化而加以命名的。概念的产生既离不开事物或过程本身，更离不开人类的思维。正是人类的思维将某种理念赋予某个事物或过程，从而在思维形式与认识对象之间建立起某种关联，产生内涵独特与外延明确的概念。因此，面对同一认识对象，由于个体思维的差异性，很可能导致不同的概念化方式与概念化结果。通俗说，各人理解不同，就会形成不同的概念。表 5.1 列出的 15 种概念，大体上是对同一研究对象进行不同命名的结果。

为证明此论，不妨对有关事实依据即论文中作为研究对象的案例加以审视。由于有关论文数量庞大，笔者选取 CSSCI 期刊的相关论文来做统计分析。以不同概念作为检索词，按"主题 + 篇名 + 精确"的方式进行"高级检索"，截止到2015 年 8 月 30 日，在中国知网 CSSCI 期刊数据库检索到 98 篇论文，从中选取概念不同、论文数量较多、文中案例较多的论文即"网络群体性事件"46 篇、"网络事件"15 篇、"网络公共事件"5 篇，作为分析样本。根据不同概念的论文所列举或提及的案例在同类概念论文中出现的频次，依次分别取各前十位的案例，列表如下（表 5.2）：

表 5.2　三种不同概念论文中使用的案例

网络群体性事件	网络事件	网络公共事件
南京天价烟事件 / 周久耕事件	躲猫猫事件	郭美美事件
邓玉娇案 / 邓玉娇事件	杭州飙车案（70 码）	孙志刚事件
贵州瓮安事件	邓玉娇案	药家鑫事件

续表

网络群体性事件	网络事件	网络公共事件
杭州飙车案/"欺实马"事件	抵制家乐福事件	邓玉娇事件
"我爸是李刚"/李刚门事件	孙志刚事件	华南虎照事件
云南"躲猫猫"事件	"我爸是李刚"	江西宜黄拆迁事件
厦门 PX 事件/厦门 PX 风波	3Q 大战	南京天价烟事件
湖北石首事件	范跑跑事件	彭宇案
抵制家乐福事件	凤姐蹿红网络	我爸是李刚
郭美美事件	广西来宾局长日记门	云南躲猫猫案

从表 5.2 可以看出，三种不同概念的论文共同使用的案例有 3 起，即邓玉娇案、"我爸是李刚""躲猫猫"事件，两两相同的案例有 5 起，即杭州飙车案、郭美美事件、南京天价烟事件、孙志刚事件、抵制家乐福事件。三种不同概念的论文各自还有 3~4 起案例并不相同，主要是因为案例比较的范围较小，各自限定在 10 起以内，如果扩大范围，会有更多的案例相同。可见，在"网络群体性事件"及其相关研究中，研究对象名异而实同，已成为学术现实。譬如，研究"华南虎照事件"的论文，标题中就有不同的概念，或称"新媒体事件"[1]，或称"网络舆论事件"[2]，或称"网络事件"[3]，或称"网络公共事件"[4]。有趣的是，同一作者同年发表的论文，正标题使用的是同一概念"网络事件"，副标题却分别使用了"网络热点事件"[5]与"热点网络舆情事件"[6]两个不同的概念。

概念是研究者在研究过程中经过自己的思维加工、抽象概括而对认识对象加

1　陈浩, 吴世文.新媒体事件中网络社群的自我赋权——以"华南虎照片事件"为例[J].新闻前哨, 2008（12）: 41-44.

2　李蓓.探析网络舆论事件中的民间舆论群体——从"华南虎事件"谈起[J].新闻世界, 2009（04）: 112-114.

3　郑智斌, 刘绍翔.网络事件中网民心理变化的实证分析——以"华南虎照片事件"为例[J].湖南大众传媒职业技术学院学报, 2008（02）: 34-38.

4　李文伟.从华南虎事件看电子图像证据——网络公共事件引发的刑事证据思考[J].网络法律评论, 2009（00）: 140-152.

5　李彪.网络事件传播空间结构及其特征研究——以近年来 40 个网络热点事件为例[J].新闻与传播研究, 2011（03）: 90-99+113.

6　李彪.网络事件传播阶段及阈值研究——以 2010 年 34 个热点网络舆情事件为例[J].国际新闻界, 2011（10）: 22-27.

以命名而提出的，一旦明确提出，就对后续研究产生示范效应乃至心理定式，导致其认同者沿用这一概念来开展相应的研究，从而推动有关研究的不断丰富，甚至形成某种学术潮流。"网络事件"等 15 种概念产生后的学术研究是怎样一种发展态势呢？以不同概念作为检索词，按"主题＋篇名＋精确"的检索方式进行"高级检索"，截至 2015 年 8 月 12 日，在中国知网期刊数据库中检索出不同概念论文的发表情况见表 5.3。

从论文发表的总体态势上看，2009 年是一个节点。此前，有关研究尚处于酝酿阶段，论文发表相当零散。到 2009 年，大多数的概念已经产生，论文数量迅速攀升，相关研究开始成为学术热点。到 2011 年，"网络群体性事件"及相关研究进入研究的平稳期，论文发表总量达到每年 200 篇以上。这一总体研究态势，可用图 5.2 来表示（2015 年只有前半年的数据，故图中未呈现）。

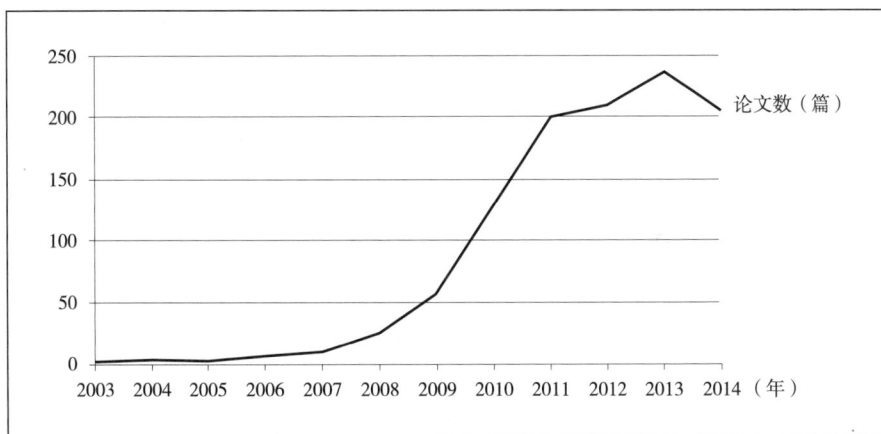

图 5.2　"网络群体性事件"及相关研究论文发表的总体态势

从概念的使用来看，多寡不均，多则上百篇，少则几篇。使用最多的概念是"网络群体性事件"，达 460 篇，占所有论文的 38.56%，将近四成；如果加上其等同概念即"网络群体事件""网上群体性事件""网络突发事件"的论文，就有 639 篇之多，占全部论文 1 193 篇的 53.56%，超过半数。显然，在众多概念中，"网络群体性事件"独占鳌头，占据支配性的主导地位。通过图 5.2，可以直观而形象地看到这个鲜明的特点。

表 5.3　不同概念的论文在中国知网中的发表情况

	2003	2004	2005	2006	2007	2008	2009	2010	2011	2012	2013	2014	2015	合计
网络群体性事件	—	—	—	1	1	2	12	52	91	104	96	75	26	460
网上群体性事件	—	—	—	—	1	—	4	4	1	—	—	—	—	10
网络群体事件	—	—	—	—	—	—	6	8	12	17	19	16	9	87
网络突发事件	—	—	2	—	2	1	6	6	13	8	18	11	15	82
网络事件	2	4	1	4	3	13	12	28	32	30	24	17	10	180+3
新媒体事件	—	—	—	1	—	2	2	7	10	5	12	11	—	50
网络媒介事件	—	—	—	—	—	—	—	3	1	5	—	1	—	10
网络热点事件	—	—	—	—	—	4	2	5	14	17	16	15	11	84
网络公共事件	—	—	—	—	—	1	6	3	9	4	12	23	11	69
网络舆情事件	—	—	—	—	1	—	1	2	5	5	12	13	9	48
网络舆论事件	—	—	—	—	—	—	3	2	4	3	3	1	1	17
网络集群行为	—	—	—	—	—	1	3	10	6	8	18	14	5	64
网络集体行动	—	—	—	—	1	—	—	—	1	1	3	5	1	12
网络群体行为	—	—	—	—	1	2	—	—	—	2	2	1	1	8
话语事件	2	—	—	—	1	2	—	—	—	1	1	2	2	9
合计	2	4	3	6	10	26	57	130	200	210	236	205	101	1 190+3

说明：1997、1999、2000 年已各出现 1 篇 "网络事件" 文章，不在本表的统计范围内，+3 即指这 3 篇，由于检索时间关系，2015 年只有前半年或前七个月的数据。

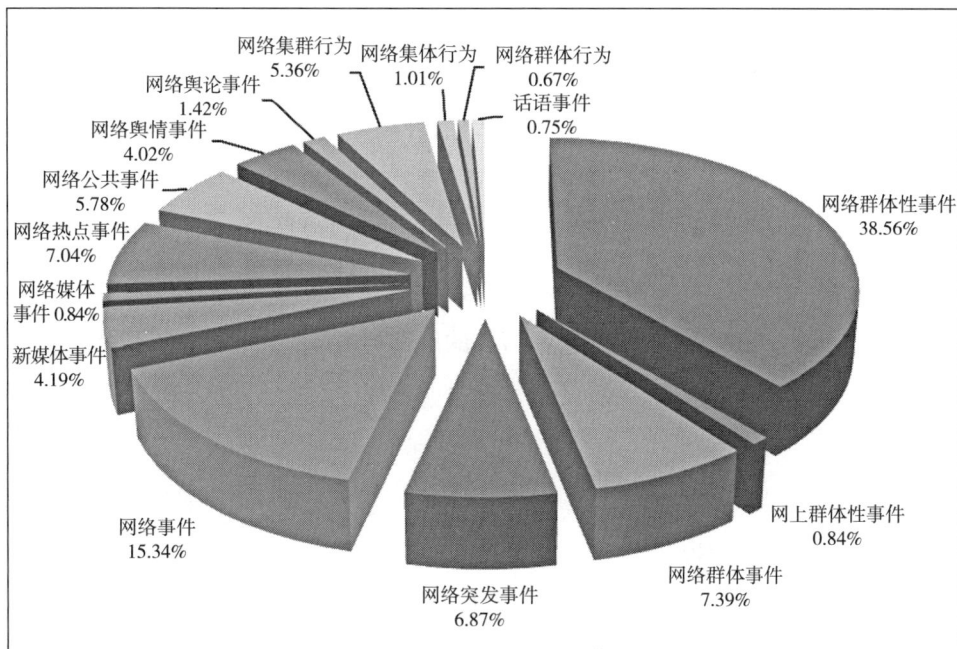

图 5.3　采用不同概念的论文所占比例分布图

二、网络群体性事件研究的主导范式是什么？

早在 2003 年，徐乃龙就把群体性事件和网络媒体联系起来，认为"网络媒体的多样性、开拓性，其传播的速度快、范围广、自由度高、难以监控，使其在群体性事件发生过程中容易产生不真实和不恰当的报道，增加事件的处置困难，甚至致使事件恶性发展。"[1] 2006 年，郑大兵、封海东首次使用"网络群体性事件"概念，认为各级党委、政府高度重视预防和解决群体性事件，对网络群体性事件却重视不够[2]。2007 年，揭萍、熊美保在《网络群体性事件及其防范》一文中指出，"网络中活跃着大量与现实社会息息相关的'网中人'，以这些'网中人'为主角在网络这个虚拟世界经常制造网络群体性事件，对网络和现实世界会同时造成极大危害。网络群体性事件的防范和处置考验政府的执政能力。"[3]

显然，研究者一开始就把"网络群体性事件"视作一种现实危机。这种立场也获得舆论界的有力回应。2009 年 6 月，《瞭望》周刊发表文章说，"近期'百万

1　徐乃龙 . 群体性事件中网络媒体的负面影响及其对策 [J] . 江苏警官学院学报，2003（06）：11-14.

2　郑大兵，封海东，封飞虎 . 网络群体性事件的政府应对策略 [J] . 信息化建设，2006（11）：34-35.

3　揭萍，熊美保 . 网络群体性事件及其防范 [J] . 江西社会科学，2007（09）：238-242.

级点击率'的'网上群体性事件'屡见不鲜。如'南京天价烟房产局长事件''张家港官太太团出国事件''贫困县县委书记戴52万元名表事件''云南躲猫猫事件'，等等。""一些负面'网上群体性事件'，可以在很短时间内损害百万群众心中的党政机关形象。"文章呼吁基层党委政府要高度重视并妥善处理"网上群体性事件"[1]。至此，"危害"与"负面"，"防范"与"处置"两组关键词，成为对待网络群体性事件的基本定性与立场态度。

那么，其后众多关于网络群体性事件的研究到底是如何看待网络群体性事件的呢？或者说，究竟是秉持一种什么样的价值立场，在什么样的理论框架下展开研究的？

如前所述，以"网络群体性事件"为标题的论文近五百篇，难以将其总体作为分析样本。从样本的数量及代表性出发，笔者选取中国知网 CSSCI 期刊（以下简称"C 刊"）发表的有关论文作为分析样本。以"网络群体性事件"为检索词，按"主题＋篇名＋精确"的检索方式进行"高级检索"，截止到 2015 年 8 月 30 日，在 C 刊中检索出 46 篇论文。对这 46 篇论文所列出关键词的数量及其词频进行统计，共得到 107 个关键词，除"网络群体性事件"出现 39 次外，其他关键词相当分散。在这种情况下，将关键词进行同类项归并，可将这些关键词分为五类，如表 5.4 所示。

表 5.4　网络群体性事件 C 刊论文的关键词分析表

分类	关键词	数量及词频小计
研究涉及的对象	网络群体性事件（39）、群体性事件（6）、现实群体性事件、网络（4）、复杂社会网络、社团结构、新媒体（2）、网络舆论（2）、资源、舆论、谣言、社会、议题、新媒体语境、网络媒体、网络热点、网络影响力、社会转型、后钓鱼时代、启东事件、黑车；大学生（2）、网中人、网民、网民心理、仇富心理、行动者网络、主体特征、网络群体、心理形成机制、认同联盟、权利诉求、非直接利益、个人信息滥用、贫富分化	关键词：35 词频：84

1　代群，郭奔胜，季明，黄豁.应对"网上群体性事件"新题［J］.瞭望，2009（22）：10-12.

续表

分类	关键词	数量及词频小计
危机管理与社会治理	政府（4）、组织、高校；挑战（2）、应对（2）、处置、预警、预防机制、议题管理、主题发现；政府执政能力、政府应对、政府决策、政府治理（2）、治理、治理对策、疏导机制、社会设计、社会管理创新、善治、善治策略、科学治理观、法治建设、创新；危害、危机、危机管理、危机传播、危机报道；政治功能、思想政治工作、救济机制、出租车管制、钓鱼执法	关键词：34 词频：40
公民社会与公共领域	公民、公民身份、公民社会、公共议题、公共领域、公共价值、媒体公共空间	关键词：7 词频：7
网络群体性事件生成与演变	要素归纳、舆论生成、舆论转化机制、演化要素、生成机理、演变机制、运作规律、爆发机理、信息公开、信息不对称	关键词：10 词频：10
学理反思与研究方法	研究（2）、视角（2）、路径、概念界定、概念辨析、历史分析、聚类分析、实证研究、混合研究、语义计算、话语理论（2）、转译机制、指标体系、类别、联系、本体、陷阱取证、事件属性、传播属性、技术决定论、认识误区、话语误区	关键词：22 词频：25

说明：关键词后括号中的数字为该词的词频。

从理论上看，表5.4研究涉及的"对象"这类关键词是对研究对象的客观陈述，是研究论文的认识对象。除此之外的四类关键词，包括"危机管理与社会治理""公民社会与公共领域""网络群体性事件的生成与演变""学理反思与研究方法"，则是论文内容以关键词方式呈现出来的结果，不同类型的关键词反映了论文的不同主旨与不同范式。"危机管理与社会治理"意味着相关论文把网络群体性事件看成一种社会危机，因而积极探寻应对、处置危机的解决之道，是一种危机管理的研究范式；"公民社会与公共领域"意味着相关论文把网络群体性事件看作公共领域实践与公民社会建构的社会过程，是一种公共领域的研究范式；"网络群体性事件的生成与演变"意味着相关论文把网络群体性事件看成一个有待科学认识的对象，从而探索其内在的机理与演化规律，是一种科学认识的研究范式；"学理反思与研究方法"意味着相关论文是对网络群体性事件的性质认定、概念分析、研究路径、理论视角、研究方法的思考，以及对有关研究的反思，是一种学术反思的研究范式。

为了验证关键词分类及其相应论文的研究范式，笔者从标题、内容摘要、正文小标题乃至全文，对作为分析样本的 46 篇 C 刊论文的研究主题逐一研判，结果发现，46 篇 C 刊论文都可以分别归入上述四种研究主题与研究范式之中。大体上，19 篇论文属于危机管理研究范式，6 篇论文属于公共领域研究范式，14 篇论文属于科学认识研究范式，7 篇论文属于学术反思研究范式，可列表如下（表 5.5）。

表 5.5 "网络群体性事件"论文所属研究范式

研究范式	论文篇名
危机管理研究范式（19 篇）	《网络群体性事件及其防范》《网络群体性事件：舆论生成与政府决策》《挑战与应对：网络群体性事件下的政府信息管理》《论网络群体性事件中的公共议题管理》《网络群体性事件对政府管理的挑战与应对之策》《"钓鱼执法"与"后钓鱼时代"的执法困境——网络群体性事件的个案研究》《试论网络群体性事件的法治之维》《网络群体性事件的非直接利益化分析》《网络群体性事件：集合行为与社会问题》《网络群体性事件的政府治理——从"维稳"到"维权"》《高校思想政治工作对网络群体性事件的应对》《高校网络群体性事件管理创新研究》《网络群体性事件聚合效应研究》《基于本体的网络群体性事件主题发现研究》《网络群体性事件的政府治理研究》《试论网络群体性事件中个人信息的滥用与救济》《网络群体性事件与政府执政能力提升》《善治视角下网络群体性事件的多元化治理》《仇富型网络群体性事件的成因及其治理》
公共领域研究范式（6 篇）	《沟通与对话：公民社会与媒体公共空间——网络群体性事件形成机制的理论基础》《政府—社会—公民的良性互动：政府应对网络群体性事件的善治之道》《网络群体性事件与地方政府治理创新——基于网络典型案例的分析》《话语理论视角下政府应对网络群体性事件的善治之道》《政府治理网络群体性事件的话语误区与策略》《公共领域视角下的网络群体性事件价值研究》
科学认识研究范式（14 篇）	《社会心理学视阈下的网络群体性事件》《基于聚类分析的我国网络群体性事件内涵研究》《网络群体性事件演化要素研究》《网络群体性事件演变机制研究》《网络群体性事件中的信息不对称问题研究》《网络群体性事件的组织结构与运行模式》《从网络热点到网络群体性事件的舆论转化机制》《我国网络群体性事件的主体特征及其影响分析》《复杂社会网络：群体性事件生成机理研究的新视角》《网络群体性事件爆发机理："传播属性"与"事件属性"双重建模研究》《试析新媒体语境下虚实交织的网络群体性事件发生机理及应对措施——以启东事件为例》《大学生网络群体性事件的心理形成机制研究》《网络群体性事件的生成机制及对策研究》《近年网络群体性事件的运作规律探析》

续表

研究范式	论文篇名
学术反思研究范式（7篇）	《网络群体性事件研究的进路、议题与视角》《网络群体性事件的概念辨析及指标设定》《网络群体性事件的性质和价值探析》《网络群体性事件概念解析》《网络群体性事件研究：路径、视角与方法》《传统媒体应对网络群体性事件的误区及对策》《网络群体性事件：基于媒体多元互动的分析路径》

由于某些论文可能兼属其中的某两类，出于分析方便，只好根据论文主题的侧重点将其归入某一类。譬如，"网络群体性事件的生成机制及对策研究"，既属于科学认识研究范式，又属于危机管理研究范式，但该文以论述"生成机制"为重点，归入前者。又如，"政府—社会—公民的良性互动：政府应对网络群体性事件的善治之道"，从副标题看，似乎属于危机管理研究范式，细察论文立意，重点却是在探讨政府—社会—公民的良性互动，体现出公共领域建设的思路与内涵，放在公共领域研究范式之中。

对照关键词、词频、论文分类的统计数据，可以发现这三种数据各自所占比重虽有所差异，却具有内在一致的关联性，详见表5.6。在"危机管理与社会治理"与"公民社会与公共领域"之间，前者的关键词是后者的4.86倍，词频是5.72倍，论文是3.17倍。整体上，危机管理研究范式是公共领域研究范式的4倍左右。同样，危机管理研究范式是科学认识研究范式的3～4倍。如果说学术反思研究范式带有总论性质，可暂时存而不论，那么，在其余三种研究范式中，无论相对于公共领域研究范式，还是相对于科学认识研究范式，危机管理研究范式都占据着绝对的主导地位。换言之，网络群体性事件的研究范式具有多样性，但占据主导地位的却是危机管理研究范式。

表5.6　关键词及其词频与论文在不同研究主题与研究范式中的份额/比重

	危机管理与社会治理	公民社会与公共领域	网络群体性事件生成与演变	学理反思与研究方法	小计
关键词	34/46.58%	7/9.59%	10/13.7%	22/31.14%	73/100%
词频	40/48.19%	7/8.43%	10/12.05%	25/30.12%	83/100%
论文	19/41.30%	6/13.04%	14/30.43%	7/15.22%	46/100%

何以如此？一方面，这是概念拼接产生的学术话语与价值立场的延续。如前所述，"网络群体性事件"是"网络"与"群体性事件"拼接在一起而形成的概念。早在 1994 年，我国政法、公安系统就开始研究"群体性事件"，把处置群体性事件与维护社会稳定联系起来，像"关于妥善处置群体性事件 维护社会稳定的思考"[1]"正确处理群体性事件 认真做好维护社会稳定的工作"[2]之类的标题，就明确表达了这样的宗旨。换言之，研究者提出"群体性事件"概念，就将其视为社会的不稳定因素来加以处置与防范。尽管"网络群体性事件"概念到 2006 年才提出，却基本承袭和延续了"群体性事件"研究的学术话语与价值立场。

另一方面，又与有关研究的现实语境具有很大的关系。1990 年代中期以来，群体性事件日益频繁。据中国社会科学院 2005 发表的《社会蓝皮书》，1993—2003 年，我国群体性事件数量由 1 万起陡增至 6 万起，参加人数也由约 73 万增至 307 万。2005 年有 8 万多起。[3] 2008—2009 年更是群体性事件频发时期，被称为"群体性事件发生及引人关注的第一个浪尖"。[4] 在国家意志层面，控制群体性事件，维护社会稳定，乃基本政策。尽管学界对如何处置群体性事件做了多种多样的理论探讨，但在现实操作层面，主流举措都是把群体性事件作为一种社会危机来严加控制。这样，在群体性事件频发期产生的网络群体性事件研究，总体思路追随群体性事件的应对与处置方式，也就很自然了。

因此，有学者直言不讳，"网络群体性事件是网络社会政府经常遭遇的一种危机，其后果在于能在很短时间，让大量群众对政府的看法发生根本性的改变。如果处置失当，可能形成现实社会中的群体性事件，给政府和社会带来冲击，造成社会不和谐。"[5]

三、网络群体性事件主要是一种社会危机吗？

问题在于，所有的网络群体性事件都是一种社会危机吗？事实上，一开始就有不同看法。2009 年 6 月《瞭望》周刊发表《应对"网上群体性事件"新题》

1　李进武.关于妥善处置群体性事件 维护社会稳定的思考［J］.山东公安丛刊，1994（03）：44-46.

2　郭永运.正确处理群体性事件 认真做好维护社会稳定的工作——学习《邓小平文选》第三卷的一些体会［J］.政法学报，1994（03）：20-22.

3　陈莺.近 20 年来我国农村政治稳定的发展与变迁［J］.人民论坛，2014（11）：77-79.

4　周忠伟.2008—2009 年中国群体性事件分析［J］.中国人民公安大学学报：社会科学版，2010（3）：75-79.

5　王扩建.网络群体性事件：一种新型危机形态的考量［J］.天津行政学院学报，2010（02）：29-34.

一文后，邵道生随即撰文疾呼："这个'新创造'的'网上群体性事件'，不是广大网民们在闹事，也没有公安部制定的《公安机关处置群体性治安事件规定》和中国行政管理学会课题组提出'群体性突发事件'概念中的违法特征，而是对不公平、不公正现象的批判、谴责，是为'弱势群体'摇旗呐喊"。因此，网上"一呼百万应"不叫"网上群体性事件"，应叫"网络民意冲击波效应"[1]。邱建新也指出："若把信息时代人们借助网络平台而产生的这种新的虚拟世界聚合方式简单地看作传统群体性事件的网络嫁接、扩展和延伸，并贴上'网上群体性事件'的标签，那么，公众的这种网络聚合则有被污名化的可能。""应当赋予网民的这种行为以'网络公众舆论'的称谓才是科学、适当的。"[2]

遗憾的是，这样的见解并未引起重视。大多数研究者往往不假思索地使用"网络群体性事件"概念，并在危机管理的研究范式中一路狂奔。从表5.5可以看出，2010到2012三年中，使用"网络群体性事件"概念的论文从2009年的12篇，分别增加到52、91、104篇，占到各年所有不同概念论文总和的50%左右。值得深入思考与探索的问题是，网络群体性事件究竟是不是一种社会危机，或者更准确地讲，是否主要是一种社会危机？

2010年，钟瑛等学者对1998至2009年160起重大网络舆论事件进行系统分析，结果表明："起正向作用的案例106起，比例为66%，起中性作用的案例为39起，比例为24%，起负向作用的案例有15起，比例为10%。"按其说法，"起正向作用的网络舆论占绝大多数，其正面的积极的意义十分明显。如2003年孙志刚事件，从传统媒体引发到网络媒体，形成强大的舆论压力，温家宝总理亲自召开国务院常务会议，最终废止1982年5月国务院发布的《城市流浪人员乞讨收容遣送办法》。2008年山西襄汾溃坝事件，事故发生后网络舆论反响强烈，很快掀起问责风暴，涉及各级官员100多名，省长孟学农引咎辞职，副省长张建民免职。"[3]

---

1 邵道生."网络民主"十三论："网络民意冲击波"［EB/OL］.（2009-06）［2015-08］.

2 邱建新.为"网络公众舆论"正名——关于"网上群体性事件"概念适当性的思考［J］.江苏社会科学, 2009（06）：91-95.

3 钟瑛, 余秀才.1998—2009重大网络舆论事件及其传播特征探析［J］.新闻与传播研究, 2010（04）：45-52+110.

所谓正向作用，其实是网络舆论的监督作用，并且取得明显成效。为进一步验证钟瑛等学者的结论，笔者对以"网络群体性事件"为标题的 46 篇 C 刊论文中出现 3 次以上的 24 起案例逐一研判，结果发现，就其性质与作用而言，舆论监督的案例有 12 起，包括：南京天价烟事件，杭州飙车案，李刚门事件，上海"钓鱼执法"，许霆案，"7.23"动车事故，"替谁说话"事件，山西黑砖窑事件，孙志刚案件，灵宝王帅事件，微笑局长/名表哥事件，药家鑫案。从比例上说，舆论监督的案例占 50%。另有两起案例在发挥舆论监督的同时还有集体行动，即邓玉娇事件、云南"躲猫猫"事件；还有三起与网络的关系比较复杂，包括厦门 PX 事件、抵制家乐福事件、番禺大石垃圾焚烧厂事件，呈现出网络动员＋集体行动＋舆论关注的关系结构。总体上，这两种情况共 5 起案例都引发了集体行动，可以说是"从网络集群行为到网络集体行动"。尽管如此，其舆论监督的作用不容忽视，甚至是其根本特性，将其算作广义的舆论监督也未尝不可。如此，舆论监督的案例就有 17 起，占分析样本 24 起的 70% 左右。

真正的群体性事件只有两起，即：贵州瓮安事件、湖北石首事件。要说这两起案例与网络相关，也只能是"网络与群体性事件"的关系，而难以直接将其命名为"网络群体性事件"。此外，还有 5 起案例情况相当复杂，有待进一步分析。详见表 5.7。

表 5.7　网络群体性事件 46 篇 C 刊论文中 24 起案例的性质与作用

类型	案例	比重
舆论监督	南京天价烟事件，杭州飙车案，李刚门事件，上海"钓鱼执法"，许霆案，"7.23"动车事故，"替谁说话"事件，山西黑砖窑事件，孙志刚案件，灵宝王帅事件，微笑局长/名表哥事件，药家鑫案	50%
从网络集群行为到网络集体行动（广义舆论监督）	邓玉娇事件，云南"躲猫猫"事件，厦门 PX 事件，抵制家乐福事件，番禺大石垃圾焚烧厂事件	20.83%
网络与群体性事件	贵州瓮安事件，湖北石首事件	8.33%
其他（待进一步研究）	郭美美事件，贾君鹏事件，6·9 圣战事件，新疆 7·5 事件，艳照门事件	20.83%

可见，大部分乃至绝大部分的所谓"网络群体性事件"，主要是一种网络舆论聚集，要说是"事件"，也是"网络热点事件"，或者说"网络舆情事件""网络舆论事件"，并非发生在网络中或者通过网络动员而形成的群体性事件。

作为高度中国化的概念，"群体性事件"具有独特的内涵与特征。诚如于建嵘所说，"群体性事件"并非一个严格意义的学术概念，它作为一个"政治术语"最初出现在官方的一些文件之中，但并没有给出一个明确的定义。而且还常常与"突发群体性事件"或"群体性突发事件""群体性治安事件"等混用[1]。从政治与社会治安的角度看，比较普遍的观点认为，"群体性事件是指聚众共同实施违反国家法律、法规、规章，扰乱社会，危害公共安全，侵犯公民人身权利和损害公私财产安全的社会事件"[2]。

值得注意的是，"无论是哪种类型的群体性事件，大多数研究者在界定其含义时，都强调了该事件的群体性、违法性和对社会的危害性等特征"。[3]相应地，一些研究者认为"网络群体性事件是群体性事件的一种新的特殊形式。它是指在一定社会背景下形成的网民群体为了共同的利益或其他相关目的，利用网络进行串联、组织，并在现实中非正常聚集，扰乱社会正常秩序，乃至可能或已经发生影响社会政治稳定的群体暴力事件"[4]。因而是必须积极应对、及时处置、有效控制的社会危机。

然而，表5.7中作为舆论监督的12起案例，哪一起具备这样的群体性事件特征呢？尽管作为广义舆论监督的几起案例产生了某些集体行动，却并没有什么"违法性"，也谈不上什么"社会危害性"，基本上都是舆论表达，舆论聚集，纵然言辞激烈，仍在言论表达的范畴之内，谈不上什么群体暴力。难怪陶建钟要说，"网络群体性事件表面上看与群体性事件有相类似之处，都是民众大规模的非制度聚集，都存在一定的利益诉求和价值指向。但网络群体性事件本质上是一种舆论和意见表达。"[5]杜骏飞甚至将"网络群体性事件"界定为传播过程："网

1　于建嵘.当前我国群体性事件的主要类型及其基本特征［J］.中国政法大学学报，2009（06）：114-120+160.

2　林维业，刘汉民.公安机关应对群体性事件实务和策略［M］.北京：中国人民公安出版社.2008：1.

3　王国勤."集体行动"研究中的概念谱系［J］.华中师范大学学报（人文社会科学版），2007（05）：31-35.

4　杨久华.关于当前我国网络群体事件的研究［J］.北京青年政治学院学报，2009（03）：75-80.

5　陶建钟.网络群体性事件与地方政府治理创新——基于网络典型案例的分析［J］.未来与发展，2011（08）：65-69.

络群体事件的本质是网民群体围绕某一主题、基于某种目的，以网络聚集的方式制造社会舆论、促发社会行动的传播过程。"[1] 既然是舆论传播过程，又有什么违法性与危害性呢？

自然，广义舆论监督中的 5 起案例在言论表达的同时有所行动，如果要说这种集体行动是群体性事件，也是邱泽奇所界定的中性化的群体性事件，是"为达成某种目的而聚集有一定数量的人群所构成的社会性事件，包括了针对政府或政府代理机构的、有明确诉求的集会、游行、示威、罢工、罢课、请愿、上访、占领交通路线或公共场所等"[2]。分析起来，这种群体性事件与网络的关系相当复杂，呈现出网络动员＋集体行动＋舆论关注的关系结构，绝不是一个"网络群体性事件"所能准确概括的。

四、对网络群体性事件等概念的学术反思

既然网络群体性事件在相当程度上甚至主要是起正向作用的网络舆论监督，并非全是社会危机，那么，大多数研究者采用危机管理的研究范式来探讨"网络群体性事件"，着重预防、应对、处置、控制、引导的应对方式，就有些牛头不对马嘴，存在着根本性的学理困境：在学术概念上，名实难副，一方面是对研究对象的概念化不准确，一方面又大肆滥用这个不准确的概念，把错综复杂的研究对象都装进"网络群体性事件"这个框中。从研究范式上说，将其认定为社会危机，与事实不符，存在着定性错误，基于社会危机而提出的对策，更可能压制乃至扼杀正常的网络舆论监督，从而错失积极推进网络公共领域建设的良机。

用什么概念来表述研究对象，学界一直在探索。提出各种新概念的过程，本身就是探索。当然，更具学术自觉且更有学术价值的，是不少学术反思研究范式的论文始终在探讨概念的科学化，对各组概念的本质内涵及其相应研究在不同程度上做了学理反思。如果对表 5.3 的 15 个概念做个分类，大体上可归结为如下五组（见表 5.8）。

1　杜骏飞.网络群体事件的类型辨析［J］.国际新闻界，2009（07）：76-80.

2　邱泽奇.群体性事件与法治发展的社会基础［J］.云南大学学报（社会科学版），2004（05）：54-59+96.

表 5.8 网络群体性事件概念的分组

Ⅰ组	Ⅱ组	Ⅲ组	Ⅳ组	Ⅴ组
网络群体性事件 网上群体性事件 网络群体事件 网络突发事件	网络事件 新媒体事件 网络媒介事件	网络热点事件 网络公共事件 网络舆情事件 网络舆论事件	网络集群行为 网络集体行动 网络群体行为	话语事件

对"网络群体性事件"这一组概念的学术反思，除前引邱建新《为"网络公众舆论"正名》一文质疑"网上群体性事件"概念外，一些研究者对"网络群体性事件"不断重新诠释，力求定义中性化。郭小安、王国华认为，"所谓网络群体性事件，是网民基于共同的利益和兴趣，利用网络空间为平台，诱发、推动或转化的具有一定规模、一定影响和一定威胁的非制度化参与事件。"他们认为，网络群体性事件是一种体制外的政治参与行为，具有两面性功能，既可以威胁秩序、削弱统治，又可以疏导情绪，进行政治监督、政治纠错。[1]郝其宏也说，"网络群体性事件可以定义为：一定数量的网民为了特定目的围绕热点问题，在网络公共领域大规模汇聚意见进而影响现实生活的群体性事件。"[2]这种中性化的界定，为摆脱片面强调网络群体性事件的"违法性"和"危害性"，摆脱从危机管理视角来主导有关研究，尝试从公共领域视角来开展研究提供了新的认识依据。

比较特别的，是一些学者用"集群行为"来界定"网络群体性事件"。郭彦森提出，"网络群体性事件是指网络行为主体在网络空间围绕某一议题大规模集聚、自由讨论，一定时段内制造强大舆论声势，以此影响相关事态进程和经济社会发展的集群行为及其过程。"[3]按美国社会学家戴维·波普诺的解释，"集群行为"（collect behavior，又译"集合行为"）是指"在相对自发的、不可预料、无组织的以及不稳定的情况下对某一共同影响或刺激产生反应的行为"[4]。集群行为外延广泛，既包括发生在现实社会的集群行为，又包括发生在网络空间的集群行为，前者称为现实集群行为，后者称为网络集群行为。网络群体性事件其实

1 郭小安，王国华.网络群体性事件的概念辨析及指标设定［J］.情报杂志，2012（02）：6-11.

2 郝其宏.网络群体性事件概念解析［J］.齐鲁学刊，2013（01）：96-100.

3 郭彦森.网络群体性事件的性质和价值探析［J］.郑州大学学报（哲学社会科学版），2012（06）：7-10.

4 波普诺.社会学：第10版［M］.李强，等，译.北京：中国人民大学出版社，1999：594.

是一种网络集群行为。因此，有学者用"网络集群行为"来替代"网络群体性事件"。夏学鉴说，网络集群行为就是"在某一时间内，网民自发或有组织地聚集在某一个网络公共场域，由多个网民发帖或回帖等进行网络表达的行为"[1]。

无论是把"网络群体性事件"作为"集群行为"的下位概念，还是直接采用"网络集群行为"来替代"网络群体性事件"，都有一个共同特点，强调这种行为是发生在网络空间的言论表达、舆论聚集以及由此产生的现实影响，具有网络公共领域的特性。因此，有学者从公共领域的视角出发，把网络群体性事件界定为"网络集群事件"。罗亮认为，"网络群体性事件是指在一定社会背景下，一定数量的、无组织的网民群体，基于不同目的，利用特定的现实事件，在网络公共领域中制造网络舆论以聚焦和强化特定公共利益或较有争议的现实主题，形成对社会系统现实或潜在压力的网络集群事件。"[2]

事实上，罗亮如此界定"网络群体性事件"，所表达的内涵其实与"网络公共事件"概念的内涵一脉相通。按郝继明、刘桂兰的说法，"所谓网络公共事件，是指围绕现实中的某个社会事件产生，而在网络空间引起网民广泛讨论并进而形成强大网络舆论，影响党和政府决策或造成重大现实影响的公共事件，如'躲猫猫'事件、天价烟局长事件、'我爸是李刚'事件等。"[3]

在分析网络群体性事件时，郝其宏认为它"是以话语的聚合为特征，一般遵循话语出现、话语关注、话语聚焦、议程扩展、话语平息的演化规律，话语平息、网民不再有集中性的议论是事件结束的标志"。[4] 的确，相当多乃至绝大部分网络群体性事件都体现为一个话语过程。唯其如此，曾庆香认为"网络群体性事件""网络事件""新媒体事件"等概念不尽科学，将其称为"话语事件"。她说，"'网络群体性事件'这一名称显然还强调'群体'的概念，即这一事件只是某一群体的关注点，而这并不符合这些事件后来发展为'公共事件'的事实与情状。"[5] 有趣的是，曾庆香的这个论述，事实上又将"话语事件"概念的内涵推向"网络

1 夏学鉴.网络社会学建构［J］.北京大学学报（哲学社会科学版），2004（01）：85-91.

2 罗亮.网络群体性事件：概念、特征及其治理［J］.行政与法，2010（09）：45-48.

3 郝继明，刘桂兰.网络公共事件：特征、分类及基本性质［J］.中共南京市委党校学报，2011（02）：64-68+112.

4 郝其宏.网络群体性事件概念解析［J］.齐鲁学刊，2013（01）：96-100.

5 曾庆香.话语事件：话语表征及其社会巫术的争夺［J］.新闻与传播研究，2011（01）：4-11+109.

公共事件"。

　　显然，"网络公共事件"不失为一个可以成立而且更具学理性的概念。联系前述大多数案例都是网络舆论监督并起正面作用这一现实来看，可以肯定，"网络公共事件"这个概念更准确也更科学。遗憾的是，尽管2008年就有论者提出"网络公共事件"概念，后来也有人对它的内涵与外延进行阐释，但学界的总体使用却很少，从图5.3的数据看，只有"网络群体性事件"的六分之一强，换言之，学界对"网络群体性事件"的总体使用几乎是"网络公共事件"的七倍。

　　此外，一些学者采用了"新媒体事件"的概念。这类论文对概念的界定大都是中性化的描述。蒋建国说，"新媒体事件的定义是：在新的技术支撑体系下，利用网络、手机等媒体传播最近在社会上发生并引人注目的事情。"[1]韩敏认为，"所谓新媒体事件是以网络、手机为代表的开放式媒介技术为基础，通过公民新闻运动产生的具有重大社会影响力的媒体事件。"[2]

　　不难看出，不论重新界定"网络群体性事件"概念，还是将其纳入"集群行为"的范畴，抑或采用"网络集群行为""网络公共事件""新媒体事件"等新的概念，共同特点都是尽量摆脱群体性事件与网络群体性事件概念的负面性与否定性，致力于定义的中性化与科学性。熊光清说得好，"'网络公共事件'和'网络群体性事件'是两个关联度很高的概念。'网络公共事件'这一概念的使用频率比'网络群体性事件'要低，更多学者倾向于使用'网络群体性事件'这一概念。但与'网络群体性事件'这一概念相比，'网络公共事件'更为中性。"[3]

五、确切的概念群及其相应的理论视野与研究领域

　　究竟采用什么概念或概念群来表述研究对象才确切？笔者曾试图用"网络公共事件"来取代"网络群体性事件"。2011年7月在一次学术演讲中提出，"网络群体性事件"的准确命名应当是"网络公共事件"[4]。其后，又从四个维度对"网络公共事件"做了界定：第一，网民积极参与并起关键作用；第二，事件具有公

1　蒋建国.新媒体事件：话语权重构与公共治理的转型［J］.国际新闻界，2009（02）：91-94.
2　韩敏.商议民主视野下的新媒体事件［J］.新闻与传播研究，2010（03）：78-81+110-111.
3　熊光清.中国网络公共事件的演变逻辑——基于过程分析的视角［J］.社会科学，2013（04）：4-15.
4　董天策.中国语境中的网络时代与传媒公共性——《网络时代媒介公共性的建构》序［J］.新闻界，2015（13）：43-46+52.

共性质；第三，话题具有巨大争议性；第四，展开过程既是一个舆论过程，也是一个符号建构过程。[1]如上所述，"网络公共事件"比"网络群体性事件"表述更合理，更符合大多数案例实际，是一个比较理想的替代性概念。不过，就"网络群体性事件"概念所指涉对象的广泛性、复杂性而言，仍不够周延，因为"网络公共事件"无法涵盖所有的"网络集群行为"。又曾想用"网络集群行为"来概括所有的研究对象。仔细思量，也不尽妥当，因为有些网络集群行为在发展过程中演变成现实的集体行动，形成"网络集体行动"。

高旺认为，根据群体行为的动力、聚散程度、结构特点、协调性程度和久暂性，可分为"集群行为"和"集体行动"。"集群行为"是指基于利益或情感传染影响而产生的自发的临时性群众集聚活动，没有明确的组织性和协调性。"集体行动"一般是组织的行为，其目的性、组织性、理性程度较强。[2]可见，从"集群行为"到"集体行动"有一个跃升过程，前者既有向后者发展变化的可能性，又与后者具有本质的差异。

乐国安等人曾指出，"可以尝试将网络集群行为界定为一定数量的、相对无组织的网民针对某一共同影响或刺激，在网络环境中或受网络传播影响的群体性努力。它既包含了网络上的言语或行为表达，同时也包含了涉及现实行为的群体活动，并将后者统称为'网络群体性事件'，包括那些因网络传播引发、发展或恶化，或是通过网络传播动员或组织起来的现实集群行为，即与现实情况相对应，网络群体性事件也可作为网络集群行为整体分类框架中的一个影响或发展程度较高的子类。"[3]

把"网络群体性事件"看成"网络集群行为"是发展程度较高子类的见解，蕴含着把"网络集群行为"与"网络集体行动"看作连续变体的思想。赵鼎新认为，从组织化程度、制度化程度和改变现状的诉求程度三个维度看，集体行动（collective action）、社会运动（cocial movement）、革命（revolution），这三种制度外的集体性政治行为，具有连续发展的可能性："许多社会运动最初起源于

1 李红，董天策.符号学分析：网络公共事件研究的新路径［J］.新闻大学，2012（01）：99-108.
2 高旺.当代中国"群体性事件"的类型［EB/OL］.（2009-06）［2015-08］.
3 乐国安，薛婷，陈浩.网络集群行为的定义和分类框架初探［J］.中国人民公安大学学报（社会科学版），2010（06）：99-104.

集体行动，宏大的革命中往往也同时并存着许许多多的集体行动；大多数革命一般都肇始于社会运动，只有当统治者对某些社会运动应对有误时，那些社会运动才会走向极端，导致革命性的结局；当然，也有一些社会运动，初始目标是革命性，但在政府有效的胡萝卜加大棒的政策下逐渐衰减为社会运动，甚至最终被纳入体制轨道。"[1]

布鲁斯·宾伯等学者强调，当代媒介环境下，"理解集体行动的动态性变得比以往更加重要"[2]。本文尤其注重从"连续变体""连续发展"的态势来把握"网络群体性事件"等概念所表述的对象。赵鼎新的分析起点是"集体行动"，从网络集群行为的现实及其演变轨迹看，"集群行为"（collective behavior）才是本文所讨论问题的分析起点。单光鼐曾依据诉求、组织化程度、持续时间和对制度的扰乱程度四个维度，把"自下而上"的体制外行为排列成一个谱系："集体行为""集体行动""社会运动"和"革命"[3]。对单光鼐的说法略加修正，这个谱系就是"集群行为""集体行动""社会运动"和"革命"。相应地，把这个谱系运用到网络舆论聚集及其冲击效应以及高度相关的集体行动，就可以建立表5.9所示的网络群体性事件及其相关研究中的概念谱系。

此前，曾有学者试图把纷繁复杂的研究对象纳入某个概念框架，或划分种类，或揭示谱系，从而确定某个概念的科学地位。譬如，乐国安等人探讨网络集群行为的分类框架，将网络集群行为划分为三类，即基于共同关注点的网络集群行为、基于共同信念的网络集群行为、基于共同行动目标的网络集群行为，又将基于共同行动目标的网络集群行为划分为网上行动与涉及现实行动（网络群体性事件）两种。[4]王国勤在梳理集体抗争、集体维权或维权抗争、群体性事件、社会冲突、社会运动、集体行动几个概念的基础上提出，基于利益表达的"集体行动"是一个当前更适合研究者之间进行对话或交流的、具有统摄性、规范性和学理性的概念框架。[5]

1 赵鼎新.社会与政治运动讲义［M］.2版.北京：社会科学文献出版社，2012：2-6.

2 BIMBER B, FLANAGIN A J, STOHL C. Reconceptualizing collective action in the contemporary media environment［J］. Communication theory, 2005（15）：365-388.

3 覃爱玲."散步"是为了避免暴力——中国社会科学院社会学所研究员单光鼐专访［EB/OL］（2009-01-15）［2011-05-07］.

4 乐国安，薛婷，陈浩.网络集群行为的定义和分类框架初探［J］.中国人民公安大学学报（社会科学版），2010（06）：99-104.

5 王国勤."集体行动"研究中的概念谱系［J］.华中师范大学学报（人文社会科学版），2007（05）：31-35.

表 5.9　网络群体性事件及其相关研究中的概念谱系

从网络集群行为到网络集体行动						网络与集体行动（网络动员＋冲突＋网络舆论）	网络与暴恐行动（网络动员＋暴恐行动＋网络舆论）
网络炒作	网络谣言	网络舆论	网络集体行动	网络舆论＋集体行动	网络动员＋集体行动＋网络舆论		
芙蓉姐姐；天仙妹妹；贾君鹏事件；凤姐；"犀利哥"；3Q大战	江西"史上最毒后妈"事件；河南"结石宝宝"事件；60滋女李刚；抢盐风波	孙志刚事件；南京局长；天价烟；重庆最牛钉子户；"我爸是李刚"；华南虎事件；杭州飙车案	虐猫事件；铜须门事件；6·9圣战事件	邓玉娇事件；云南"躲猫猫"事件	厦门PX事件；抵制家乐福事件；番禺垃圾焚烧厂事件	贵州瓮安事件；湖北石首事件；云南孟连事件；广东乌坎事件	乌鲁木齐7·5暴力犯罪事件；拉萨3·14打砸抢烧事件；昆明3·01暴力恐怖事件
网络公关／网络营销	网络谣言治理	网络公共领域		网络与集体行动；网络与社会运动		网络与国家安全	

　　表 5.9 虽然使用了"概念谱系"的表述，却与此前试图用某一概念来统摄一切的做法明显不同，首先是承认从网络集群行为到网络集体行动具有相当复杂的光谱，在此前提下根据实际情况具体划分为网络炒作、网络谣言、网络舆论、网络集体行动、网络舆论＋集体行动、网络动员＋集体行动＋网络舆论等不同的类型。此外，还有两种独特的类型，即网络与集体行动、网络与暴恐行动，这两种类型都包含了网络动员、网络舆论这两种结构性要素，但前者包含的集体行动仅限于抗争冲突，后者包含的集体行动却已演变成为暴力恐怖行动，属于革命的前奏，不能不引起高度重视。如此细分，不仅可以让不同的概念更准确地表述研究对象，而且有利于改变将不同的研究对象都往诸如"网络群体性事件"之类的概念"筐"里装的研究局面，摒弃滥用概念甚至偷换概念的随意性，确保不同概念与不同案例之间的对应性和匹配性，推进有关研究的精准化与精细化。

　　概念谱系的丰富多样，其实反映了研究对象本身的丰富多样与发展变化。面对丰富多样与发展变化的研究对象，找准相应的理论视野与研究传统，是学术研究的内在要求。表 5.9 所揭示的多种多样的研究对象，可以从网络公关／网络营销、网络谣言治理、网络公共领域、网络与集体行动、网络与社会运动、网络与国家安全等理论视域与研究领域出发，开展分门别类的研究。这就意味着，有关的研究领域如此广泛，有关的理论资源也丰富多样，绝不是一个所谓网络群体性事件或其他任何别的概念及其研究传统所能全面涵盖的。因此，要深入开展有关研究，必须具有开放多元的理论视域，善于运用多种多样的理论资源。

　　当然，区分总是相对的。在实际操作中，从某种理论视域与研究领域出发的研究，很可能会涉及其他类别的研究对象。譬如，网络公共领域的研究很自然会涉及网络公关／网络营销，因为网络公关／网络营销很可能被视为导致伪公共领域的原因；也很可能会涉及网络谣言，因为网络谣言往往被认为是公共领域不成熟的突出表现。而对网络谣言的研究，又必须会涉及其他领域，因为所有的领域都可能产生谣言。又如，对网络与集体行动、网络与社会运动的研究，对网络与暴恐行动的研究，乃至对网络公共领域的研究，都必然涉及网络动员问题。这就意味着，表 5.9 虽然没有把"网络动员"像"网络公共领域""网络与集体行动"等那样专门标出，但它的确是一个相当重要的理论视域与研究领域。再如，网络集体行动与网络社会运动之间的关联十分密切，表 5.9 列举的厦门 PX 事件、抵制家乐福事件、番禺大石垃圾焚烧厂事件等案例，可以说正在从集体行动走向社会运动，尽管这个社会运动仅限于环境保护运动。

尤其值得注意的是，选择不同的理论视野、切入角度，必须跟所采用的概念相匹配，特别是要保持理论视野、切入角度、所用概念在价值取向与操作定义上的一致性。只有这样，才能保证有关研究在理论逻辑上的自洽性与合理性，保证后续研究与前期研究的连贯性与创新性。譬如，如果研究网络公共领域，那么，合适的概念就是"网络公共事件"，而不是"网络群体性事件"。只有这样，理论视野、切入角度、所用概念才是相互匹配的，才具有内在学理的一致性。又如，对于像乌鲁木齐 7·5 暴力犯罪、拉萨 3·14 打砸抢烧、昆明 3·01 暴力恐怖这样的事件，既不属于网络群体性事件的范畴，也不属于网络与社会运动的范畴，涉及的是网络与国家安全的大问题，只有采取危机管理研究范式来开展研究，才是合理的学术路径选择。

六、结语

行文至此，已全面回答了本文开头提出的三个问题，理应就此结束。尽管个人见解已寓于字里行间，但结论似乎还不够显豁，不妨再写几句，算是结语。

任何学术研究，总是离不开三个最基本的要素，一是研究对象，二是用来表述研究对象的基本概念，三是开展研究的理论框架。研究对象，可能是某种事物、某种现象等事实，也可能是某种理论学说。如果研究对象是某种事实，必然有一个将这一事实命名而加以概念化的问题。命名或概念化，自然会产生某种概念。"概念在社会科学研究中有着至高无上、不可替代的地位。它是在一定研究视角内，解释纷杂社会现象的众目之纲，是学派、范式的定位点，也是理论和研究方法的基本单位和出发点。"[1] 因此，概念能否有效而确切地表述研究对象，就成为学术研究中的基本学理问题。概念的提出与使用，又往往与开展研究的理论框架有关。这是因为，"既成理论是一个窗口也是一个框架，它决定提问的预设、方式又框定思考的方向，还规定了研究路径和技术线路"。[2] 进一步说，还可能预设

---

1 郭中实. 概念及概念阐释在未来中国传播学研究中的意义 [J]. 新闻大学，2008（01）：8-11.

2 黄旦. 问题的"中国"与中国的"问题"——对于中国大陆传播研究"本土化"讨论的思考 [M] // 黄旦，沈国麟. 理论与经验：中国传播研究的问题及路径. 上海：复旦大学出版社，2013：35-57.

了研究者的价值立场与价值取向，影响到研究者对研究对象性质和作用的评判。因此，理论框架的不同，反过来又会制约基本概念的采用。在具体的研究过程中，研究对象、基本概念、理论框架这三个要素总是相互缠绕，相互作用，相互影响。

　　本文正是从这三个要素出发，对网络群体性事件及相关研究进行学理反思，主要是侧重于概念化的准确性、科学性方面。从被命名为"网络群体性事件"的这种网络舆论聚集行为的性质与作用来说，大多数情况下，"网络群体性事件"这一概念是不科学的，科学的概念应当是"网络公共事件"。假如研究"网络公共事件"，那么，合适的理论框架就是"公共领域"，而不是"群体性事件"。从公共领域的理论框架与理论视域来研究"网络公共事件"，就构成了"网络公共领域"的研究。然而，"网络公共事件"概念无法涵盖从"网络集群行为"到"网络集体行动"甚至"集体行动"的所有论题。因此，必须建立开放多元的概念群，才能有效概括错综复杂的研究对象，并且从网络公关／网络营销、网络谣言治理、网络公共领域、网络与集体行动、网络与社会运动、网络与国家安全以及网络动员等多元的理论视域与研究领域出发来开展研究，才能推动该领域学术研究的切实进步，为互联网时代的社会治理提供有效的理论支持。

　　由于本文论题错综复杂，避免片面，注重全面，力求通透，就成为本文展开论述的原则。如此，或许有持论平实之效，却难免不温不火之弊。的确，对许多问题，本文只是点到为止，缺乏富有冲击力与震撼性的观点阐述。对此不足，笔者期待后续研究能够加以补救。

　　原载于《新闻与传播研究》2016年第2期，人大复印报刊资料《新闻与传播》2016年第7期全文转载。

究竟是"网络群体性事件"还是"网络公共事件"抑或其他？
——关于"网络舆论聚集"研究的再思考

进入 21 世纪，随着当代中国社会转型的日益深化与互联网的迅猛发展，网络舆情的汪洋大海不时涌现出一道又一道的波峰甚至巨浪，这就是网络舆论聚集而成的各种"事件"。研究者先后将其命名为"网络事件""网络群体性事件""网络公共事件"等众多概念，从不同的理论视角加以研究，尤其是"网络群体性事件"研究占据了支配性的主导地位，形成了生气蓬勃而又众说纷纭的学术局面，而其中存在的名实不符、学理混乱、对策偏颇等各种学理疏漏也不容忽视，特别是不少基础性的学理问题亟待清理。

为澄清和改进有关问题研究的学术视域与研究路径，笔者曾撰文对围绕"网络群体性事件"及相关概念的研究做了比较全面的梳理与分析，"阐明大多数的网络群体性事件并非社会危机，而是具有积极作用的网络公共事件"。不过，文中也指出，"网络公共事件难以涵盖所有的网络集群行为与网络集体行动，必须建立开放多元的概念群，才能有效概括错综复杂的研究对象，并且从多元的理论视域出发开展研究，才能推动该领域学术研究的切实进步。"[1]

值得进一步探讨的问题在于：其一，为什么"网络群体性事件"并非网络空间的"群体性事件"而是"网络公共事件"？其二，在开放多元的概念群中，如何寻找准确的概念来展开不同学理视角的研究？其三，用"网络公共事件"概念取代"网络群体性事件"概念究竟具有什么学术价值？

一、"网络公共事件"并非网络空间的"群体性事件"

"所谓网络公共事件，是指围绕现实中的某个社会事件产生，而在网络空间引起网民广泛讨论并进而形成强大网络舆论，影响党和政府决策或造成重大现实

1　董天策.从网络集群行为到网络集体行动——网络群体性事件及相关研究的学理反思［J］.新闻与传播研究，2016（02）：80-99+127-128.

影响的公共事件，如'躲猫猫'事件、天价烟局长事件、'我爸是李刚'事件等。"[1] 笔者此前的研究曾将网络公共事件的典型特征概括为以下三个方面：其一，事件涉及公共事务或公共利益或公共价值，无论直接与间接，事件本身都具有相当程度的公共性；其二，广大网民利用网络与新媒体积极参与对事件的言说与讨论，形成网络公众与网络公共舆论；其三，事件的展开过程主要是公共舆论过程，并对事件的进展产生重要影响，也可能在现实社会中引发相应的集体行动，最终以事件的解决作为结束。[2,3]

本来，网络公共事件与群体性事件是两类不同性质的事件，但在研究网络舆论聚集的过程中，有研究者将网络公共事件这种网络舆论聚集现象命名为"网络群体性事件"，并将其视为一种发生在网络空间的群体性事件，跟群体性事件一样是一种现实危机，"对网络和现实世界会同时造成极大危害。网络群体性事件的防范和处置考验政府的执政能力。"[4]《瞭望》周刊曾发文指出，"近期'百万级点击率'的'网上群体性事件'屡见不鲜。如'南京天价烟房产局长事件''张家港官太太团出国事件''贫困县县委书记戴52万元名表事件''云南躲猫猫事件'，等等。"[5]

什么是群体性事件？人们的定义或许有所不同，但对群体性事件的性质认定或价值判断却相当一致，这就是"大多数研究者在界定其含义时，都强调了该事件的群体性、违法性和对社会的危害性等特征。"[6]在2000年公安部《公安机关处置群体性治安事件规定》中，称为"群体性治安事件，是指聚众共同实施的违反国家法律、法规、规章，扰乱社会秩序，危害公共安全，侵犯公民人身安全和公私财产安全的行为。"在2004年中共中央办公厅、国务院办公厅《关于积极预防和妥善处置群体性事件的工作意见的通知》中，首次称为"群体性事件"，并将其界定为："由人民内部矛盾引发的、群众认为自身权益受到侵害，通过以

1　郝继明，刘桂兰.网络公共事件：特征、分类及基本性质［J］.中共南京市委党校学报，2011（02）：64-68+112.

2　DONG T C, LIANG C X, HE X. Social media and internet public events［J］. Telematics and informatics, 2017（34）：726-739.

3　李红，董天策.符号学分析：网络公共事件研究的新路径［J］.新闻大学，2012（01）：99-108.

4　揭萍，熊美保.网络群体性事件及其防范［J］.江西社会科学，2007（09）：238-242.

5　代群，郭奔胜，季明，黄豁.应对"网上群体性事件"新题［J］.瞭望，2009（22）：10-12.

6　王国勤."集体行动"研究中的概念谱系［J］.华中师范大学学报（人文社会科学版），2007（05）：31-35.

非法聚集、围堵等方式，向有关机关或单位表达意愿、提出要求等事件及其酝酿、形成过程中的串联、聚集等活动"。奚洁人主编的《科学发展观百科辞典》定义"群体性事件是一种可能引发危害社会治安的非法集体活动，一种危机性社会事件。缘于某些利益要求相同或相近的群众个体或团体、组织，在利益受损或不能得到满足并受到策动后，采取非法集会、游行，集体上访、静坐请愿，或集体罢课、罢市、罢工，集体围攻冲击党政机关、重点建设工程和其他要害部位，导致集体阻断交通，集体械斗甚至集体打、砸、烧、杀、抢。"[1]

《瞭望》周刊文章列举的"网上群体性事件"是否具有群体性事件的违法性与社会危害性呢？邵道生认为，"这个'新创造'的'网上群体性事件'，不是广大网民们在闹事，也没有公安部制定的《公安机关处置群体性治安事件规定》和中国行政管理学会课题组提出'群体性突发事件'概念中的违法特征，而是对不公平、不公正现象的批判、谴责，是为'弱势群体'摇旗呐喊"。因此，网上的"一呼百万应"不叫"网上群体性事件"，应叫"网络民意冲击波效应"[2]。邱建新也指出，"若把信息时代人们借助网络平台而产生的这种新的虚拟世界聚合方式简单地看作传统群体性事件的网络嫁接、扩展和延伸，并贴上'网上群体性事件'的标签，那么，公众的这种网络聚合则有被污名化的可能。"[3]遗憾的是，这种实事求是的见解并未受到应有重视，大多数研究者往往不假思索就使用"网络群体性事件"这一概念。

其实，"网络群体性事件"概念提出之后，研究者一直在不断给出新的界定，不少研究者把"网络群体性事件"界定为舆论传播过程。杜骏飞认为："网络群体事件的本质是网民群体围绕某一主题，基于不同目的，以网络聚集的方式制造社会舆论、促发社会行动的传播过程。"[4]路俊卫、秦志希认为，"网络群体性事件"是"网民们就某个话题所进行的集群性的话语或意见的表达，表现为网络舆论场中的焦点事件"。[5]裘伟廷等认为，"网络群体性事件就是网民群体围绕某一主题、

1　奚洁人.科学发展观百科辞典［M］.上海：上海辞书出版社，2007：207.

2　邵道生.“网络民主”十三论：“网络民意冲击波”［EB/OL］.（2009-06）［2015-08］.

3　邱建新.为“网络公众舆论”正名——关于“网上群体性事件”概念适当性的思考［J］.江苏社会科学，2009（06）：91-95.

4　杜骏飞.网络群体事件的类型辨析［J］.国际新闻界，2009（07）：76-80.

5　路俊卫，秦志希.网络群体性事件的新趋向及其社会功能［J］.新闻传播，2011（04）：11-13+16+221.

基于不同目的，采取网络行动的集体表达过程"，实质上是"一种民意表达方式"。[1]
郝其宏对"网络群体性事件"的解析，比较充分地阐述了其话语聚合、传播的过
程，认为它"是以话语的聚合为特征，一般遵循话语出现、话语关注、话语聚焦、
议程扩展、话语平息的演化规律，话语平息、网民不再有集中性的议论是事件结
束的标志"。[2]

　　诸如此类的界定恰恰表明，沿袭"群体性事件"的定性思路与价值判断而用
"网络群体性事件"概念来表述研究对象名实不符。与其不断重新界定"网络群
体性事件"，还不如摒弃这一并不科学的概念，采用"网络公共事件"的表述，
使其本质内涵得到充分彰显，与客观实际相一致，提升概念的准确性。如果说"网
络公共事件"是对其表述对象的准确称谓，"群体性事件"也是对其表述对象的
准确称谓，那么两者之间具有本质的区别。

　　首先，两类事件的行为主体不同。群体性事件的行为主体是"群体"，网络
公共事件的行为主体并非"网络群体"，而是上网的公民。

　　国人对于"群体性事件"的关注始于 20 世纪 90 年代。从 1994 年开始，为
了维护社会稳定，政法、公安系统开始研究如何处置群体性事件。这就是说，一
开始就把群体性事件视为社会的不稳定因素来加以处置和防范。如果说"群体性
事件是指由社会群体性矛盾引发的、形成一定的人数规模、造成一定社会影响的
事件"[3]，那么，其行为主体就是"群体"，是由"事件"的现场参与者与实施
者所构成的群体。在每一起群体性事件中，这个"群体"各不相同，各有特点，
但他们都是事件的参与者，是事件的当事人。因此，"群体性事件"中的"群体"，
对应的是西方学术传统中的"crowd"，这个词语暗含了许多负面评价，比如勒
庞的著作 *The Crowd: A Study of the Popular Mind* 就译为"乌合之众"。他认为群
体具有的特质是：多变、冲动和急躁；易受到暗示和轻信；偏执、专横和保守。[4]
在此意义上，作为事件行为主体的"群体"，天然带有贬义与否定色彩。无论政
府还是学界，往往认定"群体"代表着知识水平、逻辑能力的低下，其行为盲目

1　裴伟廷，林亚斐，任颖，等.关于网络群体性事件的新思考［J］.宁波广播电视大学学报，2010（01）：1-8.

2　郝其宏.网络群体性事件概念解析［J］.齐鲁学刊，2013（01）：96-100.

3　谢进川.互联网与群体性事件研究述评［J］.现代传播（中国传媒大学学报），2010（08）：141-142.

4　勒庞.乌合之众［M］.冯克利，译.桂林：广西师范大学出版社.2007：55-70.

无序，还有一定的暴力倾向，容易受到蛊惑和煽动，从而做出一些违法乱纪的行为。

网络公共事件的行为主体是谁？自然是网民。网民是不是"群体"呢？"网络公共事件"概念并未直接表明其行为主体。在一些"网络群体性事件"研究者眼里，行为主体被说成"网络群体"。"'群体'概念强调它与'个体'的对应以及个体的某种集合的心理性质，网上的群体是指一种心理群体。"[1] 尽管某些网络公共事件的参与者会在网络空间表现出某种"心理群体"的特点，但从总体上看，网络公共事件参与者的身份首先是网民，而网民的真正身份是关心公共事务、公共利益、公共价值的公民，即便采用匿名的方式，也仍然是公民，他们分布在各行各业，只是某个社会事件促使他们站出来表达各自的见解和立场。2007年"华南虎照"事件发生，人们自发组成"打假团"，从各自的专业领域如 PS 技术、动物学甚至植物学的角度进行讨论；2017年"聊城于欢案"发生，人们纷纷从道德伦理的角度和"是否构成正当防卫"的法律角度进行辩论。不同立场的网民都可以充分表达自己的观点，而且不同的观点之间可以展开充分的交流与碰撞，从情感、思想到网民个人，都具有独立性，并非群体性事件中通过现场感染而形成的具有某种强烈盲目意向的"行动群体"。

其次，两类事件的行为性质不同。字面上看，网络公共事件与群体性事件都是"事件"。然而，这两类"事件"中的行为性质完全不同。

网络公共事件是由某个社会事件的产生而导致广大网民聚集在网络空间发表言论而形成的。网络公共事件中网民的行为是"言论"，这些言论可能有理有据，摆事实讲道理，也可能充满情绪，不无偏颇，甚至于捕风捉影，捏造事实，散布谣言。然而，绝大多数的言论都是法律许可范围内的公民表达，是对社会现实中以权谋私、贪污腐败、违法乱纪等丑恶现象的抨击，是对公平正义的守望，发挥着舆论监督作用，具有不可替代的积极意义。2003年孙志刚事件发生，正是网民的参与形成强大的舆论压力，促使政府将《城市流浪人员乞讨收容遣送办法》修改为《城市生活无着的流浪乞讨人员救助管理办法》；2007年厦门 PX 事件、2009年番禺垃圾焚烧事件等，都因网络舆论强烈抵制，促使地方政府最终修改决策。即使网络公共事件中出现某些谣言、语言暴力等具有负面影响的言论，只

1　揭萍，熊美保．网络群体性事件及其防范［J］．江西社会科学，2007（09）：238-242.

要没有对社会秩序造成"明显且即刻"的危险，仍属于"言论"的范畴。当然，如果网络谣言混淆黑白，冲击网络表达秩序，甚至导致线下的集体行动，即引发群体性事件，那就使事件的性质发生了改变，不仅需要进行网络谣言治理，而且需要进行群体性事件处置。

群体性事件的参与者，都是事件的直接当事人，是为了维护自身利益或者因为对政府、对社会的不满而趁机闹事的部分民众，他们的行为是"行动"，是为达到某种目的而进行的活动。有研究者把群体性事件中的"行动"归纳成这样几种："（1）非法集会、游行、示威；（2）聚众包围冲击要害部门；（3）聚众堵塞交通要道；（4）聚众非法占据公共场所；（5）聚众哄抢；（6）聚众械斗；（7）在大型文体商贸活动中聚众寻衅滋事；（8）聚众性闹丧及非武装性骚乱等。"[1] 显然，这样的"行动"严重影响、干扰乃至破坏社会正常秩序，对社会秩序造成某种"明显且即刻"的危险。因此，群体性事件是迫在眉睫的危机或已然形成的社会危机，必须紧急处置，否则影响社会稳定。

再次，两类事件的适用法律不同。在法理层面，公民的"言论"和"行动"是两种不同的行为，对其适用的法律类型也不一样。

群体性事件往往具有某种程度的违法行为，公安机关一般是将其划分为三个层次来处置：集体静坐、上访和罢课、罢市、罢工为第一层次；以非法集会、游行，集体围攻冲击党政机关、重点建设工程和其他要害部门，集体堵塞公路、铁路、机场，集体械斗为主要表现形式，造成严重治安后果的为第二层次；集体打、砸、抢、烧、杀，造成局部社会动荡的骚乱，属第三个层次。[2] 还有学者将群体性事件分为轻度违法、一般违法和严重违法三种类型。[3] 从司法实践来看，群体性事件中轻度的违法行为属于行政违法行为，违反的是治安管理处罚法的相关规定；严重的则触犯刑法，罪名有12种典型聚众型犯罪，如"聚众扰乱社会秩序罪""聚众斗殴罪""聚众冲击国家机关罪"等；还有"故意毁坏财物罪"等侵害公民人身权利和财产权利的犯罪。

1　康均心，马力.群体性事件：一个犯罪学应该关注的前沿问题［J］.法学评论，2002（02）：51-56.

2　营强.中国突发事件报告［M］.北京：中国时代经济出版社，2009：186.

3　肖唐镖.当代中国的"群体性事件"：概念、类型与性质辨析［J］.人文杂志，2012（04）：147-155.

在网络公共事件中，网民主要以言论表达的形式来体现他们对公共事务的关切与参与，其知情权、参与权、表达权和监督权受法律保护。2006 年 10 月，中共中央十六届六中全会《关于构建社会主义和谐社会若干重大问题的决定》首次提出，"保障公民的知情权、参与权、表达权、监督权"。此后，党的十七大、十八大、十九大政府报告一再重申保障人民的知情权、参与权、表达权、监督权。自然，网民在行使参与权、表达权、监督权的时候，或许会对他人及社会产生影响，但这种影响与群体性事件的实际行动不同，是精神性的而非物质性的，并未对他人及社会造成实质危害或侵犯，产生物质性的后果。[1] 因此，对网络公共事件之中的公民言论，政府的基本立场与回应是舆论引导。

至于言论的失范或违法，则是在舆论洪流中衍生的、零散发生的现象。譬如人肉搜索、网络语言暴力侵犯了公民的隐私权和名誉权等，一般适用民法进行规制，遵循"不告不理"的诉讼原则。只有对那些"情节严重"的网络谣言或网络诽谤，才用刑法进行规制。譬如网络红人"秦火火"编造 7·23 动车事故谣言、傅学胜造谣官员贪污，就被公安机关以涉嫌寻衅滋事罪和诽谤罪立案侦查。相关法律部门在 2013 年公布的法律解释中特别指出，若利用信息网络诽谤他人而引发群体性事件、引发公共秩序混乱等情形，应当认定为刑法第二百四十六条第二款规定的"严重危害社会秩序和国家利益"。[2]

从法理角度看，群体性事件的行动主要针对社会和政府，危害公共安全，侵犯的主要是公权，多适用刑法以及治安管理条例进行规制。而网络公共事件的言论，基本上或者说大部分乃至绝大部分都属于公民的正常表达，应受到法律的保护，倘若对他人的名誉权、隐私权造成了侵害，侵犯的主要是私权，多适用民法而不是刑法进行规制。

二、相关概念之间的异同、相互关系与使用语境

从定性上说，"网络公共事件"概念比"网络群体性事件"能更准确地表述研究对象，且没有明显的立场偏向，具有价值中立性，有利于开展学术研究；从范围上说，"网络公共事件"难以涵盖所有的网络舆论聚集现象，譬如网络谣言、

---

1 甄树青.论表达自由［M］.北京：社会科学文献出版社，2000：63.

2 最高人民法院，最高人民检察院.最高人民法院、最高人民检察院关于办理利用信息网络实施诽谤等刑事案件适用法律若干问题的解释［J］.司法业务文选，2013（36）：35-37.

网络炒作这样的网络舆论聚集显然不是网络公共事件，网络公共事件只是一种具有公共性的网络舆论聚集。

公共性的内涵相当丰富，并一直处在变动之中。康德认为，公共性的核心是公民言论的公开与自由，公共性的目的是借此达致启蒙。[1] 柯亨指出，公共性包含一系列概念，如交流空间、公共参与、政治意愿和社会规范的生成、冲突、反思和清晰表达等。[2] 阿伦特认为，"公共性"首先指的是在公共领域中一种公开的、可以被人看见、听见的东西。其次，公共性还意味着一种差异共在性，即公共领域由人的多样性构成。[3] 哈贝马斯认为，"公共性"是指公开性、理性批判性和公共利益性（即在非强制的情况下处理普遍利益）。[4]

显然，只有具备公共性的网络舆论聚集才是网络公共事件，网络舆论聚集的外延显然大于网络公共事件。要研究所有的网络舆论聚集现象，必须建立开放多元的概念群，才能有效概括错综复杂的研究对象。那么，这个开放多元的概念群究竟包含哪些概念，各概念之间的关系怎样，各自的使用语境是什么，这些问题都值得进一步探讨。

《网络群体性事件及相关研究的学理反思》一文曾做过梳理，指出学界先后使用了"网络事件"等15个概念来研究网络舆论聚集现象，其实漏掉了一个"网络集群事件"，加上这个概念，共有16个，归并同类项，可以重新划分为如表5.10所示的五组概念。

表 5.10　表述网络舆论聚集的概念分组 [5]

Ⅰ组	Ⅱ组	Ⅲ组	Ⅳ组	Ⅴ组
网络事件 新媒体事件 网络媒介事件	网络热点事件 网络舆情事件 网络舆论事件 网络公共事件	网络群体性事件 网上群体性事件 网络群体事件 网络突发事件	网络集群事件 网络集群行为 网络群体行为 网络集体行动	话语事件

1　杨仁忠. 论康德的"公共性"及其理论价值［J］. 学海，2009（01）：27-31.

2　COHEN J L. American Political Science Review［M］// Class and Civil Society: The limits of Marxian critical theory. Amherst: Massachusetts: University of Massachusetts Press, 1984: 264-1184.

3　阿伦特. 人的条件［M］. 竺乾威，译. 上海：上海人民出版社，1999：38.

4　哈贝马斯. 公共领域的结构转型［M］. 上海：学林出版社，1999：213-214.

5　董天策. 从网络集群行为到网络集体行动——网络群体性事件及相关研究的学理反思［J］. 新闻与传播研究，2016（02）：80-99+127-128.

格尔茨指出，每个概念背后都隐藏着"一种由人类自己编织的意义之网"[1]。这就意味着，概念不仅具有自身的内涵与外延，而且包含着使用者的价值立场，具有其独特的使用语境。米尔斯说得好，"我们要选择所研究的问题，在这种选择之中，就包含了价值，我们陈述这些问题时，要使用一些核心观念，在这些核心观念之中，也包含了价值，价值影响到它们的解决思路。"[2]因此，对表述网络舆论聚集的几组概念做进一步分析，就是研究有关问题的基础性学术工作。

对网络舆论聚集的研究，"话语事件"概念是个孤例。2011年曾庆香提出这个概念之后，只有《作为话语事件的真理标准问题讨论》一文运用这个概念来研究网络舆论聚集。曾庆香认为，"网络群体性事件""网络事件""新媒体事件"等概念不尽科学，譬如"'网络群体性事件'这一名称显然还强调'群体'的概念，即这一事件只是某一群体的关注点，而这并不符合这些事件后来发展为'公共事件'的事实与情状。"因此，她用"话语事件"概念来表述"诸如孙志刚事件、躲猫猫事件、邓玉娇事件等特定的、较大的话语实例。"[3]不过，曾庆香对"这些事件后来发展为'公共事件'的事实与情状"这个本质的强调，事实上又将"话语事件"概念的内涵推向了"网络公共事件"。

先看Ⅲ组的几个概念。如前所述，"网络群体性事件"概念并非发生在网络空间的群体性事件，作为学术研究的一个基本概念是不科学的。实际内涵一致而字面略有差别的"网上群体性事件""网络群体事件"，自然也不科学。同在Ⅲ组的"网络突发事件"，在人们对其性质认定与价值判断以及使用语境等方面，与"网络群体性事件"无异，字面上对事件"突发性"的强调，也离不开网络群体在某种刺激下的积极参与，形成网络事件才能"突发"，因此，"网络突发事件"与"网络群体性事件"本质上是接近的，将其归为一类。

如果说"话语事件"（Ⅴ组）实际上表述了"网络公共事件"的内涵，而"网络群体性事件"（Ⅲ组）又不科学，那么有待分析的概念就剩下"网络事件"（Ⅰ组）、"网络公共事件"（Ⅱ组）、"网络集群行为"（Ⅳ组）这三组了。

1　格尔茨.文化的解释［M］.韩莉，译.南京：译林出版社，1999：5.

2　米尔斯.社会学的想象力［M］.陈强，张永强，译.北京：生活·读书·新知三联书店，2001：84.

3　曾庆香.话语事件：话语表征及其社会巫术的争夺［J］.新闻与传播研究，2011（01）：4-11+109.

先看Ⅱ组的四个概念。除了"网络公共事件"，其他三个概念基本上是对网络舆论聚集的现象描述，在实际研究中常用计算工具对发帖量、发言时间等进行记录和测量，比较适于做量化的舆情分析，具有价值中立的特点。就概念外延而言，"网络热点事件"十分宽泛，比同组其他概念的范围要大，因为重大新闻往往成为"网络热点事件"，譬如设立雄安新区、十九大召开，就是 2017 年的网络热点事件。研究舆情时，"网络热点事件"是个有用的概念。不过，能够引发公民高度关注和积极讨论的通常不是"网络热点事件"中的重大的、正面的新闻，而仅仅是那些具有公共性的、涉及公民普遍关心的社会问题的事件，甚至是富有争议的、有待讨论的社会事件。因此，网络公共事件概念更适合用于研究社会问题，与"网络舆情事件""网络舆论事件"这两个描述性概念相比，其更能凸显表述对象的公共性本质，其研究传统与理论资源更为深厚，承接"公共领域""传媒公共性"这一学术脉络，理论探讨空间也更加深刻而广泛。

再看Ⅰ组的三个概念。从价值中立角度看，来源于计算机通信领域的"网络事件"概念可谓简明扼要，表示"事件"的场域在网络空间，只要发生在网络空间的"事件"都可以称为网络事件。所以"网络事件"外延很广，大体与"网络集群行为"相当，像网络谣言、网络炒作这样的集群行为都包括在内。"网络""新媒体"和"网络媒介"作为中心词"事件"的定语，内涵也基本一致。因此，Ⅰ组中的三个概念几乎可以画等号。值得注意的是，学界已存在两个以"媒介事件"为核心概念的研究传统。Ⅰ组三个概念与"媒介事件"在表述上虽然近似，实际上却有别于其研究传统。

其一，同戴扬、卡茨提出的作为仪式化传播的"媒介事件"研究并没有内在联系。邱林川、陈韬文把"新媒体事件"放在戴扬、卡茨的"媒介事件"研究传统中加以阐释，却又在具体论述中同戴扬、卡茨的"媒介事件"概念分道扬镳，认为"'新媒体事件'不仅是政经势力和媒介体系制造出来的'成品'，更是一个过程，或称'发展中的事件'"，并在"新媒体事件"前面加上"公共性"，形成"公共性'新媒体事件'"的表述[1]，强调对"新媒体事件"的研究"可看

---

[1] 邱林川，陈韬文 . 前言：迈向新媒体事件研究［M］// 邱林川，陈韬文 . 新媒体事件研究 . 北京：中国人民大学出版社，2011：1-16.

作对传媒公共性及社会转型等问题的回应"[1]。这种强调恰好揭示了"新媒体事件"的公共事件内涵，准确的表述应当是"网络公共事件"，而"网络公共事件"概念同戴扬、卡茨的"媒介事件"概念判然有别，不可混淆[2]。

其二，同公关领域的"媒介事件"也具有不同性质，但在互联网时代，公关领域的"媒介事件"却成为"网络事件"的组成部分。20世纪80年代，威尔伯·施拉姆、威廉·波特提出"媒介事件"（media event）概念，用来指说那些"主要是制造来供媒介作报道的事件"[3]。进入互联网时代，"网络把公关推到了企业的重新设计、企业管理、企业和品牌关系、声誉提升和议题管理的核心位置。"[4]任何一个组织机构都可以拥有自己的媒体，譬如建立自己的官方网站、官方微博、微信公众号等，就"可以按照自己的意愿向包括媒体在内的各类公众发布信息，而不必经过第三方的'解释'和'过滤'。这使得公关人员在信息发布时处于前所未有的有利地位。"[5]结果，公关主体策划的媒介事件在网络空间大行其道，畅通无阻，使得业界所说的"新闻炒作"或"商业炒作"更易形成和扩散，可以把这种主要发生在网络空间的"新闻炒作"或"商业炒作"，称为"网络炒作"。这样，公关领域的"媒介事件"自然也就成为网络事件的组成部分。如果不加分辨就把这些"网络炒作"作为所谓"网络群体性事件"的案例来研究，则不能揭示其炒作或营销的本质。在研究网络公共领域的时候，也不应当把这些"网络炒作"作为网络公共事件的案例，因为在批判学派的视野中，它所建构的，其实是一种"伪公共领域"。

说到"网络集群行为"（IV组）这组概念，有几点值得注意。一是概念来源有所不同，"网络集群行为""网络群体行为""网络集体行动"具有深厚的研究传统，来源于社会学、社会心理学、政治学、公共管理研究中的"集群行为""群体行为""集体行动"，而"网络集群事件"是当下研究网络舆论聚集过程中新

1　邱林川，陈韬文.结语：新媒体事件与社会的躁动［M］//邱林川，陈韬文.新媒体事件研究.北京：中国人民大学出版社，2011：311-319.

2　董天策，郭毅，梁辰曦，等."媒介事件"的概念建构及其流变［J］.新闻与传播研究，2017（10）：103-119.

3　波特.传播学概论［M］.陈亮，周立方，李启，译.北京：新华出版社.1984：272-274.

4　菲利浦斯.网络公关［M］.陈刚，袁泉，译.北京：北京大学出版社，2005：3.

5　王晓晖.浅析网络媒体对公共关系实践活动的影响［J］.国际关系学院学报，2002（06）：60-62.

提出的概念，相当于"网络集群行为"。二是从"集群"到"集体"、从"行为"到"行动"，其间的组织化程度和对社会的影响有所不同。单光鼐依据诉求、组织化程度、持续时间和对制度的扰乱程度四个维度，把"自下而上"的体制外行为排列成一个谱系："集体行为""集体行动""社会运动"和"革命"[1]。"网络集群行为""网络群体行为""网络集体行动"这三种体制外行为的诉求、组织化程度、持续时间和对制度的扰乱程度越来越强烈。三是概念表述对象的范围不同，"网络集群行为"最为广泛，相当于"网络事件"，"网络集体行动"次之，只是网络集群行为中具有集体行动表现的那一部分。因此，"网络集群行为"的外延可以涵盖"网络集体行动"。从事态上看，网络集群行为可以发展成网络集体行动甚至现实的集体行动。

到此为止，对研究网络舆论聚集概念群的讨论，都是静态的，所以能把有关概念进行分组讨论。从动态的观点出发，在各种网络集群行为的发展过程中，始终存在着一个动态的行为，这就是表 5.11 没有列出的"网络动员"。

"网络动员"一词来源于社会学、政治学中的"社会动员"，指的是"广义的社会影响，也可以称之为社会发动"[2]。网络动员是基于互联网技术的一种新型的社会动员方式，主要通过网络倡议、论坛发帖、微博转发等形式进行。通过网络动员，原有的网络集群行为可能会由"发言""回帖"等言论表达行为，发展为虚拟空间中的网络集体行动。譬如在孙志刚事件中，网民在网络空间的虚拟纪念厅为受害者点灯；又如"反日入常"活动中的网络签名。有些网络动员则会使线上的集群行为发展成线下的集体行动，如厦门 PX 事件中的"散步"；而带有谣言性质的网络动员、泄愤式的网络动员，则会引发现实生活中的群体性事件，如贵州瓮安事件、湖北石首事件；一些带有政治性的煽动性动员，甚至会引发像"新疆 7·5 打砸抢烧"这样严重的暴力犯罪事件。

因此，"网络动员"贯穿于网络空间的集群行为和现实社会的群体性事件，甚至是超出群体性事件范畴而涉及国家安全的暴恐行动之重要社会动员方式，自然也是研究网络舆论聚集、网络时代的群体性事件、网络集群行为与线下群体性

1　覃爱玲. "散步"是为了避免暴力——中国社会科学院社会学所研究员单光鼐专访［EB/OL］（2009-01-15）［2011-05-07］.

2　郑永廷.论现代社会的社会动员［J］.中山大学学报（社会科学版），2000（02）：21-27.

事件交互性，以及涉及国家安全的暴恐行动（不同于群体性事件）之重要概念。

总体上，以上论及的多个概念构成了研究网络舆论聚集的概念群，可以从网络公关/网络营销、网络谣言治理、网络公共领域、网络与集体行动、网络与社会运动以及网络动员等不同的学术领域与理论视角开展研究。这些概念具有各自的内涵、外延、研究传统和使用语境。保持概念内涵与研究传统、使用语境以及价值立场的一致性，保持概念外延与研究传统、使用语境以及论述范围的恰当性，是学术研究的内在要求，也是学术对话、学术创新的基本要求。

三、用"网络公共事件"取代"网络群体性事件"的学术价值

要回答这个问题，先得弄清楚"网络群体性事件"研究的弊端。首先，在理论研究中，概念名称与指说对象名实不符，学理混乱。有论者认定，"网络群体性事件是群体性事件在网络社会表现出的一种特殊的形态，是基于互联网而产生的集群行为，其无论是在过程、发生发展的条件还是在行为特征上均表现出群体性事件的特点。"[1]前已述及，大多数研究者在界定群体性事件时，都强调群体性事件具有群体性、违法性和社会危害性等特征[2]，而"网络群体性事件"所指称的事件本身，就其网络空间的行为而言，并不具有违法性、社会危害性的特点，也不具有群体性事件中"行动群体"的特点，因而并非网络空间的"群体性事件"，而是与"群体性事件"具有本质区别的"网络公共事件"。所以把网络群体性事件当成群体性事件在网络社会的一种特殊的形态，名实不符，难以成立。

研究网络舆论聚集的概念如果张冠李戴，概念内涵、研究传统、使用语境以及价值立场的一致性自然就无法保证。譬如，有些研究者用公共领域、社会治理的理论框架来研究网络群体性事件，探讨其对于促进我国社会治理尤其是"善治"的价值。这样，"网络群体性事件"概念与所运用的理论框架和研究传统之间就难以自洽，使研究成果的学术价值受到损害。

其次，在现实意义上，定性不准，价值误判，对策偏颇。从早期观察者断言"网络群体性事件，对网络和现实世界会同时造成极大危害"[3]，"可以在很短时间

1　罗亮.网络群体性事件：概念、特征及其治理［J］.行政与法，2010（09）：45-48.

2　王国勤."集体行动"研究中的概念谱系［J］.华中师范大学学报（人文社会科学版），2007（05）：31-35.

3　揭萍，熊美保.网络群体性事件及其防范［J］.江西社会科学，2007（09）：238-242.

内损害百万群众心中的党政机关形象"[1]，到"将成为社会转型期经常遭遇的一种新型的社会危机形态"[2]，甚至已经"是网络社会政府经常遭遇的一种危机"[3]，这些观点迅速成为关于"网络群体性事件"性质认定与价值判断的主导性看法。于是，如何应对和控制"网络群体性事件"，成为学者与官员最关心的问题。从而形成"网络群体性事件"的危机管理研究范式。根据董天策的研究，在关于"网络群体性事件"的危机管理研究范式、公共领域研究范式、科学认识研究范式、学术反思研究范式四种范式中，危机管理研究范式占据着支配性的主导地位[4]。然而，这种危机管理研究范式与案例现实影响存在着巨大反差。一项针对200多起网络事件的调研发现，起正向作用的案例有140起，占67%；起中性作用的案例有46起，占24%；起负向作用的案例有20起，占9%。[5]既然大部分案例都是在起正向作用，怎么能够说"网络群体性事件"所产生的影响是负面的，并断定其性质是一种社会危机呢？

为什么"网络群体性事件"研究会出现上述两个突出的问题？回头反思，应当是学术研究"路径依赖"与社会现实相互作用的结果。

道格拉斯·诺斯认为，制度变迁与技术变迁一样，存在着报酬递增和自我强化的机制。这种机制使制度变迁一旦走上某种路径，它的既定方向会在以后的发展中得到自我强化。沿着既定的路径，制度的变化可能进入良性循环的轨道，迅速优化；也可能顺着原来错误路径往下滑，甚至被"锁定"（lock in）在某种无效率的状态。一旦进入锁定状态，突破就十分困难，往往要借助于外部效应，引入外生变量才能实现。[6]在研究网络舆论聚集的过程中，初始选择的路径就是部分研究者与媒体将其命名为"网络群体性事件"，并且在"群体性事件"的研究框架下展开研究。特别是从2010年开始，随着各种层次的研究课题纷纷将"网络群体性事件"研究作为选题，就从学术体制上使"网络群体性事件"研究进入

1 代群，郭奔胜，季明，等.应对"网上群体性事件"新题[J].瞭望，2009（22）：10-12.

2 罗亮，黄毅峰.网络群体性事件：转型时期社会危机的新形态[J].求实，2011（01）：51-54.

3 王扩建.网络群体性事件：一种新型危机形态的考量[J].天津行政学院学报，2010（02）：29-34.

4 董天策.从网络集群行为到网络集体行动——网络群体性事件及相关研究的学理反思[J].新闻与传播研究，2016（02）：80-99+127-128.

5 钟瑛，余秀才.1998~2010年中国重大网络舆论事件与传播特征[R]//钟瑛，余秀才.中国新媒体发展报告.北京：社会科学文献出版社，2011.

6 诺思.制度、制度变迁与经济绩效[M].刘守英，译.上海：上海三联书店，上海人民出版社，1994：11-13.

某种"锁定"状态。

其实，学界探索新概念、采用新范式的努力未曾中断。2010 年，方付建、王国华认为，"网络群体性事件与现实群体性事件的基本概念、主要特征、演化规律与干预方式都有较大差异"[1]。2011 年，董天策在《网络群体性事件研究的学理反思》的演讲中阐明，"网络群体性事件"的准确命名应当是"网络公共事件"[2]。2012 年，刘鹤指出，"用'网络群体性事件'来定义网络上一些网民集中议论的现象是不妥的，笔者更倾向使用一个中性的词来界定这种现象，即网络舆情现象或者网络舆情事件。"[3] 2014 年，李兰提出，"用'网络集群行为'来对网民在无组织的情况下针对某一共同对象，通过互联网进行临时聚集，表达观点，组织在线或线下活动，进行非制度性参与这一过程的概括更加合理。"[4] 诸如此类的研究成果不断刷新对"网络群体性事件"研究的认识，但"网络群体性事件"研究的危机管理范式依旧盛行，可见学术路径依赖之强大。

除了路径依赖，还有两种社会现实深刻地形塑了"网络群体性事件"研究的危机管理范式。一方面，群体性事件的频发使维护社会稳定成为一种集体无意识的忧患情结。1993—2003 年，我国群体性事件数量由 1 万起陡增至 6 万起[5]，2008—2009 年更是被称为"群体性事件发生及引人关注的第一个浪尖"[6]。群体性事件的发生深刻折射出我国社会转型日益深化、改革开放进入深水期的现实问题与社会矛盾。在国家意志层面，控制群体性事件、维护社会稳定，乃是基本政策。在实际工作中，"维稳"成为压倒一切的目标，是否有利于"稳定"成为决定进退取舍的基本准则，担心社会不稳定，成为一种集体无意识的忧患情结。[7] 正是在这样的背景下，"网络群体性事件"被作为群体性事件的一种新形态而进入了研究者的视野。

1　方付建，王国华.现实群体性事件与网络群体性事件比较［J］.岭南学刊，2010（02）：15-19.

2　董天策.中国语境中的网络时代与传媒公共性——《网络时代媒介公共性的建构》序［J］.新闻界，2015（13）：43-46+52.

3　刘鹤."网络群体性事件"的再定义［J］.电子政务，2012（04）：64-68.

4　李兰."网络集群行为"：从概念建构到价值研判——知识社会学的分析视角［J］.当代传播，2014（02）：60-63.

5　陈莺.近 20 年来我国农村政治稳定的发展与变迁［J］.人民论坛，2014（11）：77-79.

6　周忠伟.2008—2009 年中国群体性事件分析［J］.中国人民公安大学学报：社会科学版，2010（3）：75-79.

7　清华大学课题组.以利益表达制度化实现长治久安［J］.学习月刊，2010（23）：28-29.

另一方面，新世纪以来的有关法律规范与学术话语也形塑着"网络群体性事件"研究的危机管理范式。2003年爆发的非典疫情，使国内学界对"危机管理""应急管理""危机传播""风险传播"等学术话语高度重视，有关论文呈井喷式增长。同时，国家也加快了有关法律规范的建立，《国家突发公共事件总体应急预案》《中华人民共和国突发事件应对法》相继出台。由于群体性事件属于社会安全事件的范畴，其在网络上的延伸——网络群体性事件自然也属于社会安全事件的范畴。因此，按有关法律规范进行应急处置、预防控制、危机管理也就顺理成章了。

正是学术路径依赖与社会现实背景的相互作用，导致了"网络群体性事件"研究的理论问题与应用偏差。要扭转这种局面，关键在于如何认识和把握网络舆论聚集或者说网络公共事件的现实影响。

网络公共事件是广大网民围绕某一事件而在网络空间集中表达意见并产生公共影响的事件，本质上是网络公共舆论。由于引发网络公共舆论的"导火线"往往是社会现实问题，所以网络公共舆论主要是批评性议论，是对解决问题的关注和督促。换言之，网络公共事件其实是围绕某个问题而展开的网络舆论监督。

网络舆论监督究竟是不是危机呢？大多数"网络群体性事件"研究者和政府官员的"评价总体上偏于负面"，认为网络群体性事件是"捣乱""闹事""抹黑"，甚至多次出现以"诽谤罪"为名跨省追捕的情况。[1] 主张替换"网络群体性事件"概念的研究者则对网络舆论监督给予高度的正面评价。邵道生认为，所谓"网上群体性事件"，应叫"网络民意冲击波效应"，它有以下"7个有利于"：（1）有利于中国式民主的丰富；（2）有利于警示各级政府官员；（3）有利于贪污腐败及渎职行为的揭露；（3）有利于党风的改进；（4）有利于对权力的监督；（5）有利于对"既得利益集团"的制衡；（6）有利于高层领导对民意的了解；（7）有利于缓和社会矛盾和社会冲突。[2]（引者按：原文如此）董天策等通过对57个代表性案例的分析，发现网络公共事件在推动社会变革方面取得显著成效：（1）对政府、司法等公共权力的舆论监督成为常态；（2）维护正义，保护弱势群体成为理性自觉；（3）引起政府关注，督促政府信息公开，查处有关问题；

1　郭彦森.网络群体性事件的性质和价值探析［J］.郑州大学学报：哲学社会科学版，2012（6）：7-10.
2　邵道生."网络民主"十三论："网络民意冲击波"［EB/OL］.（2009-06）［2015-08］.

（4）促进社会管理创新，推动制度变迁初见成效。[1]

两种不同评价来自不同的视角与立场：宏观上，网络公共舆论有助于国家治理、社会进步以及公共利益维护；微观上，网络公共舆论对于被议论单位、被监督对象来说，无疑是一种危机，其信誉或名誉会受到某种程度的损害。应当如何看待这种矛盾？按照系统论"整体大于部分之和"、高层次系统制约低层次系统的原理，被网络舆论批评的单位或个人，无疑应当服从和服务于国家治理、社会进步及公共利益的需要。在此意义上，网络公共舆论自然具有优先性和正当性。"郭美美网络炫富"形成一波对中国红十字会等慈善机构的舆论监督，这对中国红十字会来说无疑是一场信誉危机，而对国家治理、社会进步来说，这些公共舆论则具有监督的正当性和优先性。

对此，法学界已有共识：当媒体报道涉及公共利益，尤其是涉及公众人物和国家公职人员的监督时，法律应该倾向于保护媒体的舆论监督权而非个人的名誉权。换言之，在价值取向上，首先应当充分肯定网络舆论监督对于国家治理、社会进步以及公共利益的维护作用，然后才是探讨涉事单位的危机公关之道，尽管后者的危机应对是紧急处置，但在价值取向上决不能凌驾于网络公共事件所形成的舆论监督之上，更不能以政府基层组织、各企事业单位面临公信力危机或信誉危机就否定网络舆论监督的正当性，甚至以维稳的名义千方百计地打压或者扼杀网络舆论监督。

当然，网络公共事件形成的舆论监督对于被监督对象来说的确是一种危机，这种危机主要是一种当事者的公信力危机或信誉危机，并不是影响整个社会稳定的社会危机。把网络公共事件或网络舆论监督认定为类似群体性事件的、影响社会稳定的社会危机，是严重的误判。应当实事求是地研究这种危机，并且加以科学应对：一方面，被监督对象应及时应对、化解危机，重塑公信力或信誉，避免网络舆论监督演变为群体性事件；另一方面，不能动辄就把网络公共事件所形成的舆论监督看成影响社会稳定的社会危机而加以扼杀，从而错失积极推进网络舆论监督、网络公共领域的建设良机，应当及时回应人民群众的现实关切，妥善解

---

1 DONG T C, LIANG C X, HE X. Social media and internet public events [J]. Telematics and infotmatics, 2017（34）：726-739.

决网络公共舆论所关注的现实问题,促进社会善治,推动社会进步,增进人民福祉。

强调"网络公共事件"概念的科学性以及公共领域研究范式的学术价值,并不意味着要忽视"群体性事件"这一概念及其相关研究范式。因为,并不是所有的网络舆论聚集都是具有公共性和积极影响的事件,网络舆论聚集可能会由于某些因素而演变成网络空间的群体性事件,甚至导致现实社会的群体性事件。

其一是网络谣言。已有学者指出,以互联网为媒介的群体性事件很多是由于信息不对称造成的,即在网络动员中,平行的各个动员点有意或无意地传播了不真实的信息,并经过添油加醋式的描述,出现虚假信息的扩散效应。[1]"石首事件"正是一起典型的由于网络谣言传播而引发的群体性事件。

其二是"网络暴力"。有的通过黑客技术进行"网络攻击",以使政府网站瘫痪,扰乱网络秩序,窃取他人隐私。有的通过"爆吧",扰乱贴吧秩序,阻碍信息的自由流动,甚至导致贴吧瘫痪。在 2010 年 6 月 9 日发生的所谓"六九圣战"中,数十万网友在知名论坛网站参与对韩国明星团体及粉丝进行声讨的这一网络攻击行为,其本质是社会暴力在网络上的延伸。

可见,"公共性"和"正当秩序"是判断网络舆论聚集能否成为"网络公共事件"而非"群体性事件"的基本标准。如果网络舆论聚集不以公共性为目的,不关注公共利益,而且对正当的、良好的网络表达秩序造成了冲击和破坏,那就有可能形成网络空间的"群体性事件",甚至进一步引发现实社会的"群体性事件"。

由此,用"网络公共事件"取代"网络群体性事件"的学术价值就凸显出来:在理论意义上,"网络公共事件"概念确切地表述了公共性网络舆论聚集这一研究对象,名副其实,有利于在公共领域、社会治理等理论框架和研究传统下对公共性网络舆论聚集展开深入研究,恰如其分地评价它对现实社会的影响与作用,同时保障有关学术研究的科学性;在现实意义上,"网络公共事件"概念摆脱了"网络群体性事件"概念的污名化倾向,有利于客观地评价网络公共事件在推进国家治理、社会进步方面的作用,从而推进公民知情权、参与权、表达权和监督权的制度建设。

1　刘晓丽.群体性事件中的网络动员与政府应对策略［J］.中共天津市委党校学报,2013（2）:61-64.

唯其如此，当前的学术研究应当改变"网络群体性事件"危机管理研究范式占据主导地位的局面，大力推进"网络公共事件"公共领域研究范式，深化网络赋权与传媒公共性的研究，促进网络公共领域建设，促进网络舆论监督进入新的历史时代。

与博士生梁辰曦合写，原载于《新闻与传播研究》2020年第1期，人大复印报刊资料《新闻与传播》2020年第6期全文转载。

社会化媒体与网络公共事件

社会化媒体 / 社交媒体（Social Media）的蓬勃兴起与迅猛发展，创造了新的人类传播方式，开辟了新的信息交流与意见表达空间，不仅带来舆论场域的深刻变革，而且成为促进社会变革的重要推动力量。社会变革是一个宏大论题，如何有效地探讨社会化媒体与社会变革的关系，是一个不能不认真考虑的重要问题。从中国的实际情况出发，比较理想的切入点就是研究网络公共事件。

一、研究现状与问题的提出

随着 2004 年 Web2.0 概念的诞生，社会化媒体与网络公共事件逐渐成中外学术研究的热点。从社会化媒体的角度看，基于文献计量分析的研究表明，该领域的论文发表数量变化符合普赖斯曲线的趋势，[1,2] 研究主题多种多样。国外社会化媒体的研究主题主要包括用户研究、技术基础研究、各领域内的应用型研究和隐私、信任与风险研究等。[3] 国内社会化媒体的研究热点主要有社会化媒体的营销功能、社会化媒体的"平台说"、社会化媒体的信息传播特性、以微博为实例的研究四大类。[4] 中外有关研究似乎差异较大，主要是由于研究者的分析视角与着眼点不同所致。林升梁对中外社会化媒体研究的主题分析表明，中外大体相同，只是侧重点各有不同。国外关于社会化媒体研究的主题分布依次是社会管理、营销策略、理论综合、教育教学、新闻传播、文化产业等，中国大陆社会化媒体研究的主题依次是营销策略、理论综合、社会管理、教育教学、新闻传播、影视艺术等。[5]

从网络公共事件角度看，中外相关研究呈现明显差异，对类似或相同研究对象的概念化以及运用相应的理论架构各不相同。西方国家主要是运用社会运动和

1 徐成，赵宇翔，朱庆华 . 国外社会化媒体研究的文献计量分析［J］. 情报杂志，2014（03）：58-63.
2 唐晓波，叶珍芳 . 国内社会化媒体研究现状——基于文献计量分析［J］. 情报科学，2015（12）：135-141.
3 沈洪洲，宗乾进，袁勤俭 . 国外社会化媒体研究主题演化分析［J］. 情报科学，2013（01）：99-105+152.
4 唐晓波，叶珍芳 . 国内社会化媒体研究现状——基于文献计量分析［J］. 情报科学，2015（12）：135-141.
5 林升梁 . 国内外社会化媒体研究现状与趋势［J］. 广告大观（理论版），2013（04）：7-18.

集体行动的理论来展开研究，基本出发点是把互联网当作新型的动员资源，研究社会组织如何利用网络进行动员，或者探讨社会化媒体如何促进网络社会运动或集体行动的爆发，认为互联网对抗争行为的影响包括"互联网作为动员结构""互联网作为政治机会""互联网作为框架化工具"，[1] 也有学者关心以网络为平台的各种民众行动，尤其是网络行动方式的丰富与变迁。[2]

在中国，对类似或相同于网络公共事件的研究对象，研究者的概念化各不相同，从 1999 到 2010 这十余年间，先后产生了"网络事件""网络群体性事件""网络公共事件""新媒体事件"等多种概念，还有学者从西方的集群行为、集体行动概念延伸出"网络集群行为""网络集体行动"等概念。不过，占据支配性主导地位的，还是套用"群体性事件"这一高度中国化的概念，延伸出"网络群体性事件"概念来加以研究。由于群体性事件对社会稳定产生不同程度的影响，所以防范、控制群体性事件是维护社会稳定的重要工作。相应地，绝大多数的网络群体性事件研究，也是将其视作一种必须积极应对、及时处置、有效控制的社会危机。当然，也有少数研究或是在市民社会与公共领域的理论框架下展开探讨，或是致力于探讨网络群体性事件的生成与演变规律，还有相当一些研究是对网络群体性事件研究的学术反思。[3]

把社会化媒体与网络公共事件（通常称"网络群体性事件"）两方面联系起来，就会发现它们的共同交集是社会管理。在社会管理的视野中，中国的网络群体性事件究竟是否如同群体性事件一样是一种社会危机，其实是一个值得认真探讨的重要问题。事实上，大多数"网络群体性事件"的准确命名应当是"网络公共事件"，[4] 这是因为，网民围绕某一事件展开讨论，发表意见，正是由于事件本身具有公共性，关系到网民自身或集体的利益或价值，网民各抒己见，形成争议性议题，从而形成网络公共事件，引起社会关注，促使社会管理部门采取相应措施。"网络

1　GARRETT R K. Protest in an information society: a review of literature on social movements and the new ICTs [J]. Information, communication & society, 2006（9）: 202-224.

2　EAEL J, KIMPORT K. Digitally enabled social change: actirism in the internet age [M]. Cambridge: MIT Press, 2011.

3　董天策. 从网络集群行为到网络集体行动——网络群体性事件及相关研究的学理反思 [J]. 新闻与传播研究，2016（02）: 80-99+127-128.

4　董天策. 中国语境中的网络时代与传媒公共性——《网络时代媒介公共性的建构》序 [J]. 新闻界，2015（13）: 43-46+52.

公共事件"概念不仅体现了互联网介入社会关系所产生的影响，而且呈现出事件本身所固有的性质，避免了"网络群体性事件"概念对价值判断的预设，体现出学术研究应有的中立性和客观性立场。

社会化媒体兴起与发展的整个进程，正值当代中国改革开放进入深水区、社会转型日益深化之际。作为一种新的传播技术平台，社会化媒体为人们提供了全新的交流与表达空间。各种日益凸显的社会问题，不断激发人们在互联网空间交流信息、表达观点。于是，当某一事项触动了人们的共同利益或共同价值，各种意见迅速汇聚，形成强大的舆论声势，推动问题的解决，形成具有轰动效应的"网络公共事件"。概括地说，网络公共事件具有如下特征：（一）事件涉及公共事务或公共利益，无论直接与间接，事件本身都具有公共性；（二）网民积极参与对该事件的言说与讨论，形成网络公众与网络公共舆论；（三）事件的展开过程主要是公共舆论过程，也可能发生相应的集体行动，最终以事件的妥善解决为结束。[1]

在历史的长河中，网络公共事件或许只是一朵朵小小的浪花，然而在特定的历史时段，网络公共事件这一朵朵的浪花恰恰可能成为推动社会变革的重要力量。事实上，网络公共事件一旦产生，就参与到中国变革与社会转型的过程中，具有不可忽视的影响。如何描述和确立这种作用和影响？从舆论界到学术界的普遍说法是，"关注就是力量，围观改变中国。"[2] 这是因为，网络空间汇聚起来的各种意见，成为一个强大的公共舆论场，让民众在参与中做出自己的判断和选择，推动问题的妥善解决与事态的良好发展。正如论者所说，"网络围观，不仅催生了各种热点事件，而且成为各种社会问题集中呈现和推动解决的重要手段。"[3]

那么，作为互联网媒体有机组成部分的社会化媒体，在网络公共事件的发生与发展过程中究竟发挥了什么作用？这种作用最终又是如何通过网络公共事件促进中国变革与社会转型的？过往的研究常常停留在经验的直观感悟层面，并未给

1　李红，董天策.符号学分析：网络公共事件研究的新路径［J］.新闻大学，2012（01）：99-108.

2　笑蜀.关注就是力量围观改变中国［N］.南方周末，2010-01-14（F29）.

3　张淑华.试论网络围观的舆论监督功能及其发生机制［J］.现代传播（中国传媒大学学报），2012（09）：46-50.

予富有学理的充分解答。本文拟从网络公共事件这个角度切入，力求比较准确而科学地探讨社会化媒体与中国变革和社会转型的关系。

二、研究视角与学理脉络

前已述及，国内学者对网络公共事件（通常称"网络群体性事件"）的研究，从概念化到理论架构都不同于西方。更重要的是，网络公共事件的现实语境与西方迥然不同。因此，从什么样的研究视角出发，在什么样的学理脉络／理论框架／研究传统中来探讨网络公共事件，尤其是网络公共事件的现实语境具有什么样的特殊性，就是首先要弄清楚的问题。

自 20 世纪末以来，当代中国正处在体制改革与社会转型的进程中。对社会发展与社会转型的研究，发展社会学形成了两个主要的学术传统，一个是以发达国家的现代化为研究对象的现代化理论，一个是以拉丁美洲、非洲和东西模式为研究对象的发展理论。孙立平认为，这两个学术传统构成了发展社会学的主要论题，同时也限制了发展社会学的视野，[1]应当"重视社会转型的实践过程，从这个实践过程中捕捉在现实生活中真正发挥作用的实践逻辑，以更深入地理解在社会过程中我们的社会所发生的实质性变化"。[2]发生在 20 世纪最后 20 年的中国、苏联和东欧的社会转型，与西方发达国家和发展中国家相比，无论起始点还是现实的结构性制约条件以及由此形成的发展逻辑，都有着明显的独特性。基于此，孙立平提出了发展社会学的第三种理论——转型理论，其具体内涵详见表 5.11 的概括。

表 5.11　发展社会学的三种理论模式[3]

主题	现代化理论	发展理论	转型力量
起点	传统社会	"落后"社会	社会主义社会
变迁类型	传统—现代	传统—现代	传统—社会主义—现代 传统 或　　　　　}现代 社会主义

1　孙立平.社会转型：发展社会学的新议题［J］.社会学研究，2005（01）：1-24+246.

2　孙立平.实践社会学与市场转型过程分析［J］.中国社会科学，2002（05）：83-96.

3　同1.

续表

主题	现代化理论	发展理论	转型力量
政体基础	市民社会传统	殖民社会或部族社会等	总体性社会
经济基础	市场经济	市场经济和传统经济	再分配经济
国际环境	支配	附属	对立与融合
不平等机制	市场	市场、传统经济、国际秩序	市场与再分配
变迁机制	现代性因素的生长	外部刺激与内部反应	社会转型

从转型理论出发，人们往往将社会转型的过程看作市民社会复兴的过程。作为与政治国家相对的概念，市民社会不仅相当宏观，而且理论庞杂，缺乏系统。科恩和阿雷托将"市民社会"理解为经济与国家之间的社会互动领域，它包括私密领域（特别是家庭）、各种社团（特别是志愿性社团）、社会运动和各种公共沟通形式。[1] 他们特别强调市民社会与国家、市场之间的差别，并认为在当代社会要推进民主化进程，市民社会是一个比国家和市场更合适的场所。[2] 经过20多年改革和转型的过程，特别是随着市场经济的逐渐发展，市民社会作为一种新的社会力量在当代中国开始形成。[3]

社会化媒体的兴起与发展，刚好与当代中国的市民社会形成过程互为表里，而网络公共事件的产生，正是社会化媒体与市民社会相互激荡的结果。不过，无论转型理论，还是市民社会理论，都过于宏观，难以直接用来作为研究网络公共事件的理论框架，只能作为研究网络公共事件的宏观视野，从而切实把握中国网络公共事件的社会语境。

那么，比市民社会更贴近网络公共事件的理论学说是什么呢？应当说，最佳的答案是作为市民社会基本要素的公共领域。哈贝马斯曾指出，公共领域是"处在市场经济和行政国家'之间'或'之外'、但与两者'相关'的某种市民社

1　COHEN J L, ARATO A. Civil society and political theory［M］. Cambridge, Mass.: MIT Press, 1992: ix.

2　COLEN J L, ARATO A. Civil society and political theory［M］. Cambridge, Mass.: MIT Press, 1992: 417.

3　孙立平. 社会转型：发展社会学的新议题［J］. 社会学研究，2005（01）：1-24+246.

会的基本要素"，[1] 这意味着公共领域是与市民社会和政治国家相异的另一个层次的概念，它以市民社会为依托，与市民社会同步成长。[2] 随着互联网的发展，已有学者提出"电子民主（teledemocracy）"[3] "在线公共领域（online public sphere）"[4] 等概念来阐释新媒体对公民政治参与的赋权功能，认为互联网新媒体为公民进行政治表达提供了一个前所未有的便捷性平台，公民可以方便地加入各种政治社团，联系政府官员，以及直接地参与各种公共决策，他们政治参与的概率因此得到大大提升。[5]

按哈贝马斯的说法，"公共领域最好被描述为一个关于内容、观点，也就是意见的交往网络；在那里，交往之流被一种特定方式加以过滤和综合，从而成为根据特定议题集束而成的公共意见或舆论。"[6] 泰勒说得更明白："公共领域是一种公共空间，在这里，社会成员必定通过各种各样的媒介相遇，通过印刷品、电子技术产品，也包括面对面的会见；并就有关共同利益的事务进行讨论，从而能够就这些问题达成共识。"[7] 质言之，"公共领域概念代表着一种以公共利益为内容、以公众自由平等参与为形式、以理性商谈和理性批判为目的的社会交往空间"，本质上是"是社会公众表达自己意愿和参与公共事务的空间"。[8]

网络公共事件的基本形态是网民围绕某一具有公共性的事件在互联网空间进行公开讨论，并在讨论中形成和表达某种看法与评判。当然，某些网络公共事件或许会产生某种现实的集体行动。因此，网络公共事件只是公共领域的一个子集，一种特定形态。用公共领域作为研究网络公共事件的理论资源与理论框架，不仅十分贴切，而且具有比较深刻且广泛的理论探讨空间，可以充分而富有学理地探讨社会化媒体在促进中国变革与社会转型中的作用。

1 哈贝马斯. 关于公共领域问题的答问［J］. 社会学研究，1999（03）：37-38.

2 赵勤. 市民社会、公共领域及其与中国法治发展的关系［J］. 开放时代，2002（03）：22-31.

3 BECKER T, SLATON C D. The future of teledemocracy［M］. Westport,Conn.: Praeger, 2000.

4 DAHLBERG L. The internet and democratic discourse: exploring the prospects of online deliberative forums extending the public sphere［J］. Information, communication and society, 2001（4）: 615-633.

5 WEBER L M, LOUMAKIS A, BERGMAN J. Who participates and why? An analysis of citizens on the internet and the mass public［J］. Social science computer review, 2003（21）: 26-42.

6 HABERMAS J, REHG W. Between facts and norms: contributions to a discourse theory of law and democracy［M］. Cambridge, Mass.: MIT Press, 1998: 360.

7 TAYLOR C. Modern social imaginaries［M］. Durham: Duke University Press, 2003: 83.

8 杨仁忠. 公共领域理论范式何以可能［J］. 社会科学辑刊，2011（1）：4.

三、研究方法与样本选取

哈贝马斯认为，"公共领域不能被理解为建制，当然也不能理解为组织；它甚至也不是具有权能分化、角色分化、成员身份规则等的规范结构。它同样也不表现为一个系统；虽然它是可以划出内部边界的，对外它却是以开放的、可渗透的、移动着的视域为特征的。"[1]因此，以公共领域作为研究网络公共事件的理论框架，比较难以进行量化实证，做定性分析比较恰当。本文采用案例研究方法来展开探讨。

作为一种研究方法，案例研究是定性研究的一个重要组成部分，往往综合运用多种收集数据和资料的技术与手段，通过对特定社会单元（个人、团体组织、社区等）中发生的重要事件或行为的背景、过程的深入挖掘和细致描述，呈现事物的真实面貌和丰富背景，在此基础上进行分析、解释、判断、评价或者预测。[2]根据研究中使用案例的数量，案例研究分为单一案例研究（个案研究）与多案例研究，本文采用多案例研究的方法。

如果说抽样调查遵循的逻辑是"统计性归纳"，那么，案例研究依据的逻辑则是"分析性归纳"[3]。因此，研究中的案例选择必须充分考虑案例本身的重要性、典型性，否则，案例研究的结果就可能存在较大偏差。迄今为止，国内学界尚未建立完整的网络公共事件数据库。钟智锦、曾繁旭曾搜集了2001—2012年的182个重要网络事件（即网络公共事件），并给出了事件列表，[4]这是比较周全的案例搜集。不过，所列出案例的重要性、典型性各有差异，并非同一层次。

从样本的规模及样本代表性出发，本文选择中国知网 CSSCI 期刊发表的有关论文作为分析样本，从中筛选出研究者认同度高的案例。从 1999 到 2010 的十余年间，先后出现了"网络事件""网络突发事件""网络群体性事件""新媒体事件""网上群体性事件""网络舆情事件""网络群体行为""话语事件""网络热点事件""网络公共事件""网络集体行动""网络群体事件""网络舆

1　HABERMAS J, REHG W. Between facts and norms: contributions to a discourse theory of law and democracy［M］. Cambridge, Mass.: MIT Press, 1998: 360.

2　王金红. 案例研究法及其相关学术规范［J］. 同济大学学报（社会科学版），2007（03）：87-95+124.

3　殷. 案例研究：设计与方法［M］. 周海涛，李永贤，张蘅，译. 重庆：重庆大学出版社，2004：41.

4　钟智锦，曾繁旭. 十年来网络事件的趋势研究：诱因、表现与结局［J］. 新闻与传播研究，2014（04）：53-65+126.

论事件""网络集群行为""网络媒介事件"共 15 个概念。[1] 以这些概念为检索词，按"主题"＋"精确"方式，检索中国知网期刊数据库 CSSCI 期刊，截止时间 2015 年 8 月 30 日，共检索出有关论文 97 篇。

这 97 篇 CSSCI 期刊论文即为本文分析所选定的样本。逐一阅读这 97 篇论文，抽出这些论文作者所列举或论述的网络公共事件案例，凡被 3 篇及以上 CSSCI 论文关注的案例方能抽出，按此标准共计抽取有效案例 57 个。依据被使用频次的多少，这 57 个案例见表 5.12。

表 5.12　CSSCI 期刊论文中有效网络公共事件案例一览（依频次为序）

序号	名称	发生时间	频次
1	云南"躲猫猫"事件	2009	30
2	邓玉娇事件/邓玉娇案	2009	29
3	周久耕事件/南京天价烟/天价烟局长	2008	24
4	李刚门事件/"我爸是李刚"	2010	23
5	杭州飙车案/"欺实马"事件/70码事件	2009	22
6	厦门 PX 事件	2007	20
7	华南虎事件/华南虎照事件	2007	19
8	贵州瓮安事件	2008	15
9	郭美美事件/郭美美炫富事件	2011	15
10	孙志刚事件	2003	15
11	抵制家乐福事件	2008	12
12	"替谁说话"事件/"你是不是党员"	2009	12
13	药家鑫事件/西安药家鑫案	2011	11
14	广西来宾局长日记门/广西烟草局长日记门/广西局长日记门/来宾局长韩峰日记门/	2010	10
15	石首事件/湖北石首事件	2009	10
16	重庆最牛钉子户	2007	10

1　董天策．从网络集群行为到网络集体行动——网络群体性事件及相关研究的学理反思［J］．新闻与传播研究，2016（02）：80-99+127-128．

续表

序号	名称	发生时间	频次
17	7.23 动车事故 / 温州动车事故	2011	8
18	范跑跑事件	2008	8
19	贾君鹏事件	2009	8
20	罗彩霞事件 / 罗彩霞被人冒名顶替上大学 / 罗彩霞案	2004—2009	8
21	虐猫事件	2006	8
22	上海"钓鱼执法"事件	2009	8
23	凤姐事件	2009—2010	7
24	山西黑砖窑事件	2007	7
25	铜须门事件	2006	7
26	微笑局长 / 陕西名表哥 / 表叔	2012	7
27	艳照门事件	2008	7
28	浙江钱云会案 / 浙江乐清村民遭碾压事件 / 乐清村长案	2010	7
29	许霆案 / 许霆 ATM 取款案	2006—2008	6
30	哈尔滨警察打死人	2008	5
31	开胸验肺事件	2009	5
32	溧阳卫生局长微博开房 / 局长微博直播开房 / 谢志强微博开房门	2011	5
33	全国最年轻市长 / 史上最年轻的市长门 / 年轻官员周森锋提拔事件 / 湖北 29 岁市长	2009	5
34	犀利哥事件	2010	5
35	3Q 大战	2010	4
36	艾滋女事件	2009	4
37	番禺大石垃圾焚烧厂事件	2010	4
38	贵州习水嫖宿幼女案	2007—2008	4
39	绿坝事件 / 绿坝软件事件	2009	4

续表

序号	名称	发生时间	频次
40	抢盐风波	2011	4
41	三鹿奶粉 / 三鹿毒奶粉	2008	4
42	山西疫苗事件 / 山西问题疫苗	2010	4
43	唐福珍自焚事件	2009	4
44	唐骏学历门	2010	4
45	王石捐款事件 / 王石捐款门	2008	4
46	小悦悦事件	2009	4
47	宜黄拆迁自焚事件	2010	4
48	6·9圣战事件 / 六九圣战事件	2010	3
49	芙蓉姐姐事件	2004	3
50	黄静案 / 黄静裸死事件	2003	3
51	拉萨3·14打砸抢烧事件 /3·14事件	2008	3
52	南京彭宇案	2006	3
53	兽兽艳照门	2010	3
54	灵宝王帅事件 / 灵宝帖案	2009	3
55	新疆7·5事件 /7·5事件	2009	3
56	杨佳袭警案	2008	3
57	最牛团长夫人	2009	3

注：网络公共事件案例"出现频次"系指中国知网期刊数据库 CSSCI 期刊论文中关注该案例的篇数。

从案例产生的时间看，这些案例分布在 2003 至 2012 年，最为集中的年份是 2008 至 2010 年，在十个以上，因而总体上呈现出两头少中间多的态势。由于案例取自 CSSCI 期刊论文，这类论文从写作到发表再到中国知网期刊数据库收录，具有一定的周期，因而没有最近几年（2013—2015）的案例，这并不是说最近几年没有产生新的案例，而是最新的案例尚未出现在所选择的样本中。当然，随着 2013 年以来各种网络治理举措的出台，以及微信业务的迅猛发展，微博这一广场式传播平台的活跃度明显下降，也可能导致2013年后的网络公共事件不再如从前那么热闹。

审察表5.13中的57个案例，不难看出：拉萨3·14打砸抢烧事件和新疆7·5事件属于严重暴力犯罪事件，严格讲已超出本文所说的"网络公共事件"范畴；贾君鹏事件、凤姐事件、犀利哥事件、芙蓉姐姐事件，则是典型的网络炒作或网络公关，严格讲不是真正意义上的"网络公共事件"；艾滋女事件、抢盐风波则是网络谣言，严格讲也不属于网络公共事件。当然，比较宽泛地说，网络炒作和网络谣言也可视为某种形态的网络公共事件。在本研究中，统计时以所有案例为样本，但在具体论述时则尽量选用典型的网络公共事件案例作为分析对象。

本文的分析思路，是全面检索有关资料，还原每个案例的发生、发展及结束的过程，特别注意察看社会化媒体与网络公共事件的互动关系，弄清楚社会化媒体在参与网络公共事件过程中的作用，进而探讨社会化媒体尤其是网络公共事件在促进中国变革与社会转型中的作用。

四、社会化媒体在网络公共事件中的作用

按卡普兰和黑雷等人的定义，社会化媒体是"一组建立Web2.0技术和意识形态基础之上的基于互联网的应用，允许UGC（用户生产内容）的创造和交换"。[1]一般地说，社会化媒体包括了博客（Blog）、微博（Twitter）、论坛（BBS）、社会网络（SNS）、播客（Podcast）、维基（wiki）、内容社区（content-community）等具体形态。

社会化媒体在网络公共事件的发生与发展过程中到底具有什么作用呢？本文对选取的57个案例的形成、发酵、扩散和问题的解决过程进行了阶段性的详细分析。通过对这些案例的分析和综合，发现社会化媒体在网络公共事件中的作用主要有3种：第一，作为网络公共事件形成的第一个消息来源；第二，引起大规模的评论、讨论和转发热潮；第三，在网络上进行动员，使网络公共事件由"线上"转到"线下"。这3种作用在57个网络公共事件案例中出现的频次及所占案例总数的百分比如表5.13所示。

1　KAPLAN A M, HAENLEIN M, Users of the world, unite! The challenges and opportunities of Social Media [J]. Business horizons, 2010（53）: 59-68.

表 5.13　社会化媒体在 57 个网络公共事件案例中的作用

作用类型	频次	占案例总数百分比
第一个消息来源	31	54.39%
引起大规模的评论、讨论、转发热潮	45	78.95%
网络动员，组织线下的集体行动	20	35.09%

注：社会化媒体在一起网络公共事件中的作用不止 1 个，因此频次总数大于案例总数。

（一）社会化媒体是网络公共事件形成的第一个消息来源

作为一个公共舆论过程，网络公共事件的引爆点往往是某种出人意料的消息。在当代中国，这样的消息不外乎由三种媒体提供：传统媒体、网络媒体、社会化媒体。由于体制原因，传统媒体对于一些涉及政府、国企及官员的负面消息都持相当审慎的态度。网络媒体，主要是指传统媒体开办的媒体网站和商业门户网站的新闻频道，新闻发布的尺度虽然比传统媒体宽松，但同样受到比较大的管理约束。这一制度惯性使传统媒体甚至网络媒体对许多突发性、敏感性的事件都难以在第一时间进行报道，这就给社会化媒体让出了空间，提供了机会。甚至在事件发生之后，某些传统媒体还采取封锁消息或者隐瞒消息的做法，迫使社会化媒体努力开拓自己的信息发布空间，成为重要的首个消息来源。

就本文分析的 57 个网络公共事件案例而言，超过半数的案例都是社会化媒体作为第一个消息来源，是传统媒体的 1.7 倍，是网络媒体的 3.9 倍。详见表 5.14。在本文研究的时段内，以微博、博客为代表的社会化媒体，已经超越传统媒体和网络媒体，成为网络公共事件形成过程中的重要传播渠道，而社会化媒体的进一步普及和多样化，也使网络公共事件传播速度更快、传播面积更广、影响力更大。

表 5.14　57 个案例中网络公共事件的首发媒体类型

媒体类型	频次	占案例总数百分比
社会化媒体	31	54.39%
传统媒体	18	31.58%
网络媒体	8	14.04%

在"我爸是李刚"事件中，事发所在地某大学和当地媒体在事发当天都保持沉默，天涯等论坛上网友发帖，率先披露这一事件。当传统媒体试图介入报道时，却遭到来自当地公权力部门的阻挠。当地公安局称：不接受除央视以外的任何采访，还表示不接受异地监督。因此，参与此事件调查的记者王克勤开始在自己的"微博"上发布信息，并呼吁目击证人提供线索。[1] 正是通过微博的广泛传播，引爆网络舆情，传统媒体才不得不跟进报道。又如，杭州飙车案发生后，当地报刊、广播电视都没有报道，当地网友在著名论坛"19楼"发帖《富家子弟把马路当 F1 赛道，无辜路人被撞起 5 米高》，率先报道此事，回帖达到 14 万条之多，引发网上一片热议。[2] 随后，传统媒体才跟进，对此事件进行报道。

社会化媒体不仅在信息发布上抢占先机，而且对有关信息的挖掘能力也相当强大。公众甚至利用"人肉搜索"来进一步挖掘与事件相关的信息，从而推动事件在网络空间的发酵与发展。在"天价烟局长"事件中，网友通过"人肉搜索"，在论坛上连番曝光该局长的奢靡生活：抽的烟高达 1 500 元一条，所戴的手表价值 10 万元，每日开着豪车上班等。网民热火朝天的"爆料"引起政府和司法部门的关注，最后该局长因受贿罪而锒铛入狱。

当然，网络公共事件的发生与发展，也离不开传统媒体、网络媒体、社会化媒体的相互配合，相互激荡，而且也有一些网络公共事件是由传统媒体或网络媒体率先报道有关消息而在网络上发酵而成。不过，社会化媒体引爆网络舆情从而形成公共事件的比例高于传统媒体、网络媒体两者的总和，这足以说明社会化媒体对网络公共事件的形成发挥了比传统媒体、网络媒体更大的主导性作用。

（二）社会化媒体是形成网络公共事件不可或缺的言说空间与讨论平台

在本文选取的 57 个网络公共事件中，有 45 个案例在社会化媒体上引起大规模的评论、讨论及转发热潮，占总案例的 78.95%，可见社会化媒体是网络公共事件形成过程中最重要的讨论平台。网络公共事件总是直接或间接地涉及公共事务与公共利益，具有强烈的公共性，这无疑会大大激发民众的参与热情。社会化媒体恰好为民众提供了自由言说的空间和充分讨论的平台，有利于民众在公共讨

1　李永健，夏金莹．调查性报道新闻生产中的激励与约束分析——以王克勤对"李刚门"事件的调查性报道为例［J］．新闻记者，2011（06）：17-20.
2　祝华新，单学刚，胡江春．2009 年中国互联网舆情分析报告［R］．［EB/OL］．（2012-07）［2015-08］．

论中激荡观点，交换见解。如在"郭美美炫富"事件中，在微博上炫富的郭美美，其"中国红十字会商业总经理"的身份引起公众对于红十字会慈善事业的信任危机，一场关于郭美美真实身份和中国慈善事业体制的大讨论在社会化媒体上轰轰烈烈地展开。

每起网络公共事件都会涉及不同知识领域，社会化媒体为各个知识领域拥有专业知识的公众提供了发表言论的平台。这些拥有专业知识的公众以大学教授、专业人士为主，他们为公众进一步理解事件提供了强大的智力支持，往往成为引导事件发展的"舆论领袖"，对网络公共事件的发展起到了积极的推动作用。在"华南虎照"事件中，中国科学院植物所研究员傅德志运用有关植物学的知识，以"义妹论坛"为大本营列举虎照造假的证据，使该论坛成为"打虎派的重要阵地"。[1]

在对网络公共事件的讨论中，社会化媒体还有一种特殊的形式——"网络热词"。许多公众通过制造网络热词、传播网络段子这样一种戏谑式的表达来参与讨论，表达观点。在本文选取的 57 个网络公共事件中，就产生了"躲猫猫""我爸是李刚""俯卧撑""欺实码""三颗人头""周老虎""散步""最牛钉子户""替谁说话"等网络热词。这些通俗易懂、带有民间色彩的网络热词，更容易在市民阶层中激发公众对社会不公的抗议，形成强有力的舆论共鸣。

当然，在网络公共事件的讨论过程中，社会化媒体也会在某种程度上充当谣言的载体（占案例总数 21.05%）。在"7·23 动车事故"中，就有关于"真实死亡人数""外国遇难者的赔偿款金额"等谣言在流传。然而，社会化媒体在网络公共事件中更充当了"调查事实，还原真相"的角色（占案例总数 45.61%）。在"华南虎照"事件中，当时的"色影无忌"、天涯社区等国内网站纷纷开设专门论坛，越来越多的网友参与到对虎照真伪辨别的讨论之中，[2] 甚至形成了观点与立场十分鲜明的"打虎派"和"挺虎派"。两派各自从各种技术角度进行了大量的、理性的讨论，最终揭露出"虎照为假"的事实，体现出"真理越辩越明"的公共精神。

1　叶铁桥.网络"打虎"渐近事实真相［N］.中国青年报，2007-12-05.
2　方曙光.网络公共领域及其二重建构［D］.上海：上海大学，2009：62.

（三）社会化媒体是开展网络动员进而形成线上与线下行为互动的重要手段

除了作为消息来源渠道以及公共讨论平台，社会化媒体在一些网络公共事件中还是进行网络动员的载体与工具。特别是在遇到涉及公民切身利益的网络公共事件中，民众不仅积极利用社会化媒体发布信息，开展讨论，而且还可能利用社会化媒体进行网络动员，形成线上与线下行为互动的局面：在网上赢得社会舆论的支持，在网下开展集体行动，把网络舆论的力量延伸到社会现实之中，通过实际行动进行抗争，进一步强化网络舆论的力量。

在厦门PX事件中，厦门民众为反对PX项目而进行的名为"散步"的抗争行动，就是通过社会化媒体进行网络动员的结果。先是知名媒体人连岳在博客上连续发表《厦门人民这么办！》等多篇文章，号召人们通过发博客、转载文章来告知PX项目的危害。他的号召引起当地民众的强烈共鸣。随后，厦门人吴贤发起QQ群"还我厦门碧水蓝天"，利用社会化媒体"QQ"进行动员，呼吁成员带上"反对PX，保卫厦门"的横幅并佩戴黄丝带游行。[1] 2007年6月1日，数千名厦门市民按原计划以"散步"的名义上街，形成了影响广泛的环保游行，迫使厦门政府最终决定迁建PX项目。

社会化媒体还是"线上动员"与"线下动员"相互交织的便捷的渠道和工具。公众积极利用社会化媒体进行网络动员，组织并开展抗争性的集体行动，甚至成立各种"志愿性社团"来维护社会的公平正义，捍卫弱势群体的利益。如"浙江乐清上访村长死亡事件"中，公众便自发组成了"王小山观察团""许志永观察团""于建嵘观察团"这三个"公民调查团"，分刑侦、维权和官方三条路线进入寨桥村实地调查。其中，"于建嵘观察团"还专门在微博上建立了"学界公民乐清观察团"用以报告事件进展。在"虐猫事件"中，共有2 000多名网友自发组织了一个"中国反虐杀联盟"，号召大家一起来商讨对策、整理资料，并趁"两会"期间，设法促成保护小动物立法。[2]

五、网络公共事件推动社会变革的成效

正是在社会化媒体的参与下，网络公共事件得以在当代中国大量产生和传播。

1　刘向晖，周丽娜.历史的鉴证——厦门PX事件始末［J］.中国新闻周刊，2007（48）：52-56.

2　陈赛.虐猫事件民间追缉令［N］.三联生活周刊，2006-03-16.

从宏观上说，网络公共事件的产生是当代中国社会变革与信息传播技术相互激荡的结果。从微观上看，网络公共事件在发生与发展过程中又对当代中国的社会变革产生了一定程度的推动作用，取得了一些明显的成效。从本文分析的 57 个案例来看，网络公共事件推动社会变革的成效主要体现在以下四个方面。

（一）对政府、司法等公权力的舆论监督成为常态

自从 1987 年党的十三大政治报告明确提出"舆论监督"的概念之后，中国的新闻媒体锐意进取，涌现出 20 世纪 90 年代前期以"焦点访谈"和《南方周末》为代表、20 世纪 90 年代后期以全国各地都市报为代表的舆论监督浪潮。[1] 社会化媒体的产生，则为广大民众开展舆论监督开辟了全新的渠道与空间，让民众拥有了掌握在自己手中的媒体，可以随时随地开展舆论监督。从舆论监督的目的看，在本文分析的 57 个案例中，将近一半的网络公共事件都是对政府、司法等公权力部门的舆论监督，共 26 个，占案例总数的 45.61%，如表 5.15 所示。

表 5.15　57 个案例中网络公共事件的利益诉求

	利益诉求类型	频次	占案例总数的百分比
舆论监督	监督政府公权力	26	45.61%
	监督商业力量	8	14.04%
	监督公众人物或组织	4	7.02%
维护正义	维护社会公平	27	47.37%
	维护自身权益	7	12.28%
	维护国家利益	2	3.51%
炒作		5	8.77%

注：每一起网络公共事件可能有 1 个以上的利益诉求，所以频次总数大于案例总数。

在这些网络公共事件中，公民通过社会化媒体对公权力进行的舆论监督是多方面的：华南虎事件反映了公民对政府诚信的质疑，杭州飙车案、"躲猫猫"事件拷问了司法部门执法的公正性，邓玉娇事件揭露了基层官员的骄奢淫逸，"替

1　董天策.中国语境中的网络时代与传媒公共性——《网络时代媒介公共性的建构》序［J］.新闻界，2015（13）：43-46+52.

谁说话"事件折射出权力的傲慢；"我爸是李刚"、药家鑫案表面上是抨击官二代、富二代的骄横，其实是对非富即贵者无视社会正义的抗议；"上海钓鱼执法案"暴露的是公权力部门恶性执法的陋习。

在这些监督公权力的网络公共事件中，涉及官员贪污和性丑闻的事件最能引起舆论关注与公民参与。如"天价烟局长""陕西名表哥""广西局长日记门""局长微博直播开房""郭美美炫富"等，单从案例名称就可看出舆论监督的本质。由网络公共事件所推动的舆论监督十分富有成效，舆论的压力会督促当地政府尽快对这些涉案官员进行调查，让权力腐败者受到法律的制裁。

（二）维护正义，保护弱势群体成为理性自觉

Qiu Lin 认为，"正义驱动型"是中国网络集体行动两种类型中的一种，是指个体为维系社会、道德、政治领域的正义而进行的一种集体行为。[1] 本文的研究也有相似的结论：以"维护正义"为目的的网络公共事件，是中国当下网络公共事件中一种重要的类型。从表5可以看出，以"维护正义"为利益诉求（包括维护社会公平、维护自身权益、维护国家利益）的网络公共事件数量最多，共36件，占案例总数的63.16%。这是因为，在监督政府公权力和商业力量的同时，维护公民的合法权利，守护社会的正义和公平，同样是公民的重要诉求。

在维护正义的网络公共事件中，不仅与公民自身的合法权益密切相关，如"抢盐风波""厦门PX事件"等，而且很多网络公共事件所涉及的，是他者，甚至是社会弱势群体的合法权益。如孙志刚事件反映了公民对人身自由权的追求、对生命权利的维护；重庆最牛钉子户事件反映了公民对住宅等私有财产不受侵犯的财产权的关心；"躲猫猫"事件、邓玉娇事件、杭州飙车案、"我爸是李刚"、药家鑫事件等反映了公民对弱势群体人格尊严、生命权利的抗争。

当代中国的网络公共事件不仅大大促进了民众的权利意识和人格平等的理性自觉，而且形成了以捍卫社会公平正义为目的的集体行动，使一些相关民间组织和志愿性社团初现雏形，其中透露出来的精神气质，与科恩笔下描绘的"市民社会"具有共通之处，可以看作中国式"市民社会"的萌芽。

1　QIU L, LIN H, CHIU C Y, et al. Online collective behaviors in China: dimensions and motivations［J］. Analyses of social issues and public policy, 2015（15）: 44-68.

（三）引起政府关注，督促政府信息公开，查处有关问题

在本文选取的 57 个网络公共事件中，超过一半的案例在社会化媒体的作用下成功引起了政府等公权力部门的关注，占案例总数的 50.88%。其中，有一部分网络公共事件在社会化媒体上掀起了舆论热潮，使原本试图封锁消息或隐瞒消息的当地政府公开有关信息，保证了民众的知情权。

在"躲猫猫事件"中，晋宁县公安机关对公民李荞明被拘留后死亡的解释，是由于其与同监室的狱友在看守所天井里玩"躲猫猫"游戏，遭到狱友踢打，并因游戏时眼部被蒙，不慎撞到墙壁受伤。[1] 当地公安给出的答案匪夷所思，让民众十分不满，使"躲猫猫"迅速成为网络热词，民众纷纷用"躲猫猫"来调侃当地政府的信息不透明。在舆论的压力下，云南省委宣传部组织网民和社会各界人士参与调查"躲猫猫"事件的真相。而在"厦门 PX"事件中，从 2007 年 3 月开始，以连岳为代表的网民利用博客、论坛等社会化媒体质疑当地政府的 PX 项目剥夺了公民的知情权，并要求政府就此事进行信息公开，征求市民意见。面对网民的议论和质疑，厦门市政府在 5 月 30 日举行新闻发布会，宣布缓建 PX 项目并启动"公众参与"程序，充分倾听市民意见。[2]

民众在社会化媒体上对网络公共事件的讨论和传播，一定程度上使地方政府背负着舆论的压力，也促使地方政府调查事件，还原真相，解决问题。在 2011 年发生的"局长微博直播开房"事件中，从事件在社会化媒体上曝光到该官员被撤职，只花了三天的时间。在 2009 年"最牛团长夫人"事件中，"团长夫人"倚仗权势的无理行径被网友曝光在 10 月 7 日的论坛上，"团长夫人"所属的兵团迅速做出反应：兵团新闻办在 10 月 12 日将"对当事人的免职决定"首先发布在发帖曝光此事的论坛上，其迅速的反应获得网友认可。兵团新闻办公室的张楠说，"此事最先从论坛曝光，网友最为关注，我们便先将处理决定从论坛发布，第一时间告知网友。"[3]

---

1 上官智君. 玉溪男子盗林木，被拘半月后死亡［N］.云南消息报.2009-02-13.
2 刘向晖，周丽娜. 历史的鉴证——厦门 PX 事件始末［J］.中国新闻周刊，2007（48）：52-56.
3 李涛. "史上最牛团长夫人"夫妇被免职［N］.北京青年报，2009-10-14.

（四）促进社会管理创新，推动制度变迁初见成效

Qiu, L. 和 Lin, H. 等人认为，以"正义驱动"为目的的中国式网络集体行动往往在具体的导火索事件得到解决的时候，参与者也满意而退。但这样的集体行动对于完成长久的社会变革而言，缺乏有组织的持续的努力。[1] 在本文统计的 57 个网络公共事件中，有 11 个案例最终促成政府的政策改变或推出新的政策甚至法律。从这个层面看，中国网络公共事件在促进社会管理创新、推动制度变迁上发挥的作用是不容忽视的。

2003 年 3 月 17 日，大学毕业生孙志刚因缺少暂住证被警察送至广州市收容站。次日，他被送往广州收容人员救治站，在里面受到殴打而致死。孙志刚的悲惨遭遇引发了强烈的社会舆论，社会上掀起对中国收容遣送制度的大讨论，并最终促成国务院废除了 1982 年 5 月颁布的《城市流浪乞讨人员的收容遣送办法》，出台了《城市生活无着的流浪乞讨人员救助管理办法》这一新规制。

在本文研究的样本中，比较有影响的案例还有：成都唐福珍因强拆自焚事件，江西宜黄拆迁自焚事件，促成《国有土地上房屋征收与补偿条例》颁布，并推动实施了地方政府官员在拆迁过程中的问责制度；上海钓鱼执法事件，促成《上海市人民政府关于进一步规范和加强行政执法工作的意见》和《上海市行政执法人员执法行为规范》的出台。

除了推出新的政策，网络公共事件在推动社会管理创新的一个重要成效，是促进了政府决策的民主化。决策前，政府通过论坛、微博等社会化媒体来了解舆论的走向，并通过网络问计于民，与民众进行协商，达成共识后再做决策。番禺大石垃圾焚烧厂事件发生后，广州市政府从 2010 年 1 月 14 日开始在大洋网、南方网、奥一网、金羊网四家网络媒体上开设"广州垃圾处理，政府问计于民"的专题讨论。到 3 月 31 日，四家参与此次活动的网络媒体点击量共计超过 1 146.3 万人次，发帖数量 2 696 条，跟帖 5 786 条。2010 年 4 月 22 日，经"优秀建议"专家评选会专家投票、打分，选出了 15 条"优秀建议"和 15 名获奖网民。

1　QIU L, LIN H, CHIU C Y, et al. Online collective behaviors in China: dimensions and motivations [J]. Analyses of social issues and public policy, 2015（15）: 44-68.

六、总结与探讨

网络公共事件的发生与发展，固然离不开互联网媒体，也离不开传统媒体。而互联网媒体包括了以门户网站为代表的网络媒体和作为本文研究对象的社会化媒体。因此，参与网络公共事件的媒体，可一分为三：传统媒体、网络媒体、社会化媒体。上文分析网络公共事件形成的最初消息来源时已点出这种划分。三种媒体在网络公共事件中是怎样起作用的呢？从前述表 5.14 "网络公共事件的首发媒体类型"可以看出，三种媒体在不同程度上都是网络公共事件的首发媒体。在网络公共事件的产生与发展中，某种媒体首发之后，其他类型的媒体往往会跟进报道，共同推动网络公共事件的发展。具体而言，主要有以下三种情形。

其一，报刊、广播电视最先发布消息或报道，然后网络媒体转载，引发社会媒体参与。在 2003 年的孙志刚事件中，《南方都市报》4 月 25 日率先报道《被收容者孙志刚之死——27 岁大学生广州街头被抓三天后猝死，尸检表明死前曾遭暴打》，并发表评论《谁为一个公民的非正常死亡负责》。当天，新浪网转载，新浪网评论异常火爆，网民一片愤怒。当天晚上，孙志刚纪念网站建立，取名："孙志刚，你被黑暗吞没了"。两小时后，网站访问人数突破 3 000。4 月 26 日，网站易名为"天堂里不需要暂住证"。4 月 28 日 10:40，网站访问量突破 20 000，产生了广泛的社会影响。

其二，网络媒体率先发布消息，社会化媒体积极参与，最后才是传统媒体报道。在 2010 年发生的药家鑫事件中，华商网率先发布《大三学生撞人后 8 刀刺死伤者 因发现被记车号》一文，曝光了药家鑫撞伤行人并将其刺死的行凶案件；2011 年 3 月 23 日，华商网又发表题为《药家鑫案一审择日宣判，律师称是激情杀人》的报道。两天之后，社会化媒体介入。西安张显在微博和博客中强烈呼吁：不除杀人犯，天理难容！张显接连发表博文《村民签名要求判药家鑫死刑》，其中附有村民签名呼吁判药家鑫死刑的照片。4 月 1 日，药家鑫师妹李颖在 SNS 人人网上评论说："我要是他（药家鑫）我也捅……怎么没想着受害人当时不要脸来着，记车牌？"此论一出，引起众多网友的极大愤怒。4 月 3 日，《南方日报》发表题为《药家鑫师妹放厥词遭网友狂批，专家对其很痛心》的报道，传统媒体的介入，使药家鑫事件成舆论关注的焦点。

其三，社会化媒体率先发起议题，引起传统媒体、网络媒体的关注。2007年2月26日，一个名为"史上最牛钉子户"的帖子出现在搜狐新闻，帖子展示了这样一幅图片：在一个深达十几米的巨大楼盘基坑中央，一幢两层小楼孤零零地立在那里，被挖得裸露出房基的小楼在寒风中摇摇欲坠。"史上最牛钉子户"在QQ、天涯中被广泛传播。3月8日，《南方都市报》刊登《网上惊现"史上最牛钉子户"》的报道。3月19日，CCTV"中国法治报道"播出节目《历史上最牛的钉子户》，节目称：重庆市的一个危旧房改造项目，从2004年开始动迁到现在，三年多过去了，可工地的中央至今还矗立着一栋两层的小楼，成了当地颇为独特的一种景象。此后，各种媒体的介入与跟进成就了"史上最牛钉子户"这一网络公共事件。

可见，正是传统媒体、网络媒体、社会化媒体的共同参与，才成就了网络公共事件。而这种共同参与的特点与性质，按西方传播理论的解释，是"媒介间议程设置"[1]的传播效果。中国学者则将其称为"媒体议程互动"[2]。正是通过"媒介间议程设置"或者说"媒体议程互动"，才使网络公共事件成为各种媒体参与下的一种社会舆论聚集现象，成为建构中国网络公共领域的重要推动力量。

就网络公共事件的诱发因素而言，本文对57个案例的分析表明，权力腐败、违背伦理、公共安全、恶性违法是排名前四的因素，四者占所有诱发因素的80%以上。加上土地问题、国家安全和利益两个因素，都属于典型的公共领域的问题，详见表5.16。结合前面表5.12所呈现的57个案例中网络公共事件的利益诉求来看，无论是舆论监督，还是维护正义，都是公民的舆论表达乃至维权抗争，正是网络公共领域的展开与体现。就其结果而言，也取得了相当不错的成效，对涉事人员司法量刑，处理相关官员，涉事机构或人员问责，政策改变或新政出台，详见表5.17。这几个方面的成效，充分彰显了围绕网络公共事件的网络舆论的力量。因此，说网络公共事件推进了中国网络公共领域的建构，并非虚言。

1　SEVERIN W J, JAMES W. Communication theories: origins, methods, and uses in the mass media [M]. New York: Longman, 2000: 267.

2　董天策，陈映. 传统媒体与网络媒体的议程互动 [J]. 西南民族大学学报（人文社科版），2006（07）：134-138.

表5.16　57个案例中网络公共事件的诱因及其频次与比重

诱因	频次	百分比
权力腐败（滥用公权力、贪污、渎职、恶性执法、公信力受损、司法不公）	23	40.35%
违背伦理（背离社会道德）	12	21.05%
公共安全（交通、环境、食品、药品）	6	10.53%
恶性违法	5	8.77%
土地问题（拆迁、征地）	3	5.26%
国家安全和利益	3	5.26%
其他	5	8.77%

表5.17　57个案例中网络公共事件的结局及其频次与比重

事件结局	频次	百分比
对涉事人员司法量刑	25	43.86%
处理相关官员（停职、免职、撤职、处分等）	18	31.58%
涉事机构或人员问责（赔偿、道歉等）	11	19.30%
政策改变或新政出台	11	19.30%
事件平息	8	14.04%

　　网络公共事件之所以具有这样的舆论力量，无疑是得益于社会化媒体的蓬勃发展。如前所述，社会化媒体、网络媒体、传统媒体对网络公共事件都发挥了不可忽视的作用。在网络公共事件中，究竟哪种媒体的作用更大，难以定量回答，人们也可能会有不同看法。本文研究的57个案例表明，从新媒体赋权角度看，社会化媒体的作用则是革命性的、主导性的。

　　什么是赋权？按康奈尔大学赋权研究小组的界定：一种社区有意识地包括互相尊重、批判性反应、关怀和团体参与的过程，通过这个过程，对有价值的资源缺乏平等分享的人们就能对这些资源获得更多的接近和控制。[1]中国学者说得更

—————————————————————————

1　Cornell University Empowerment Group. Empowerment and family support [J]. Networking bulletin, 1989（1）: 1-23.

明确，"赋权指的是社会中民众通过信息沟通、积极参与决策和采取行动的实践性互动过程，通过这个过程实现改变自己不利处境或者提升权力和能力，从而使得整个社会的权力结构发生改变的结果的社会实践状态。"[1]

从传统媒体、网络媒体、社会化媒体几种媒体的性质与运作机制来看，正是社会化媒体切实完成了公民参与社会事务、讨论公共利益、维护社会正义的赋权。正是通过社会化媒体，公民才能直接就共同关心的现实问题提供最新信息，表达真实的想法与诉求，才能激活包括传统媒体在内的所有媒体的运作，从而形成为社会各界广泛关注的网络公共事件，并通过网络公共事件对当代中国的社会变革产生积极影响，并且取得了如上所述的显著成效。

当然，也有学者对当代中国网络公共领域有不同的看法。Lin认为，从现状看，中国的网络世界并不是公众抵抗统治者权力的战场，也不是民主的工具或悲观者所认为的统治者的监视工具。在某种程度上说，中国的互联网避免成为抵抗统治者的战场。它仅仅是在政府的控制下小心翼翼地绕过统治的围墙，倾向于建构一个选择性的，下属阶层的抵抗性公共交流空间，一个"选择性的公共领域"。这一个多元的、非正式的、非共识的选择性公共领域，在中国就像是一个"江湖"，区别于"庙堂"，或其他类似的概念，如古希腊的"广场"。[2]

的确，当代中国的网络公共领域还存在着诸多不足，社会化媒体的负面影响也不容忽视。认真研究本文所探讨的57个案例，就会发现有两种情况值得引起高度重视：

其一，社会化媒体使民族主义情绪找到了一个容易表达的渠道与空间。在2008年发生的抵制家乐福事件中，一篇名为《震惊！竟然是巴黎政府谋杀了奥运圣火》的帖子于4月9日在天涯论坛发布，煽情描写了巴黎市政府在圣火传递过程中的种种敌意行为。在讨论过程中，网友"飞泉鸣琴"首先提出了"抵制家乐福"的观点：他说，"就冲小萨的表现，1个月不上家乐福，哈哈。"网友"一只鸽子飞过"则说，"家乐福的大股东捐巨资给达赖，那我们现在就抵制一下家乐福。"正是网友的这种讨论与动员，最终酿成了抵制家乐福事件，宣泄民族主

1 梁颐，刘华.互联网赋权研究：进程与问题［J］.东南传播，2013（04）：14-17.

2 LIN Z. Internet Jianghu: emergence of China alternative public sphere［J］. China media research, 2015（11）：1-12.

义情绪。

其二，社会化媒体很容易成为民粹主义情绪滋生的土壤。在民粹主义情绪的支配下，人们往往轻信谣言。而谣言与民粹民主义情绪的相互作用，往往使人盲目轻信，盲目行动，最终导致具有破坏性的群体性事件。2009 年 6 月 17 日，湖北石首市某酒店的一位厨师非正常死亡。由于当地政府信息发布滞后，谣言四起，500 个相关主题帖子在贴吧流传，传播关于受害者被虐待、被仇杀、因知道了某领导的秘密所以被灭口等不实谣言。加上处置不当，到 6 月 19 日，众多围观群众在石首市东岳山路和东方大道两大交通要道设置路障，阻碍交通，围观起哄。20 日上午至夜间，部分围观群众多次与警察发生冲突。20 日凌晨，事态恶化，一些人在停放尸体的酒店内纵火，并煽动一些围观群众，袭击前来灭火的消防战士和公安民警，导致多名警察受伤，多部消防车辆和警车被砸坏，酿成一起严重的社会骚乱事件。

从总体上看，当代中国的网络公共领域尚未达到哈贝马斯所说的理想"公共领域"范型。但是，在本文所研究的 57 个案例中，大多数乃至绝大多数的网络公共事件都是富有建设性意义的。可以这样说，正是社会化媒体切实开启了当代中国网络公共领域与市民社会的建构历史，从而成为推动中国变革与社会转型的重要现实力量。

自然，关于社会媒体与网络公共事件在中国变革和社会转型过程中的作用与影响，还需要进行更全面、更多维、更深入的研究。

与博士生梁辰曦、何旭合写，初以英文"Social Media and Internet Public Events"发表于 Telematics and Informatics, vol.34, 2017, pp. 726-739, 后收入 Junhao Hongy 主编专著 China in the Era of Social Media 一书，题为"Social Media and Internet Public Events in China"。